Hans Mayer
Ein Deutscher auf Widerruf
Erinnerungen
I

Suhrkamp Verlag

Zweite Auflage 1985

Druck: May + Co, Darmstadt
Printed in Germany

Inhalt

Erster Teil
Im Zeichen der Fische

Die Vöglein im Walde

Meine Erinnerungen aus der frühesten Kindheit sind kaum bedeutsam. Jedermanns Bildchen, sozusagen. Bemerkenswerte Neurosen waren noch nicht angelegt. Vielleicht sähe es anders aus, hätte ich je auf der Couch des Psychoanalytikers gelegen. So aber waltet über meinen frühen Erlebnisfetzen viel Dunkelheit. Ich beklage das nicht. In seinem Briefwechsel mit Sigmund Freud hat Arnold Zweig für sich über solchen Zustand lamentiert: »Die Amnesie ... ist zäh und will nicht weichen. Aber wir werden es schon schaffen.«

Auch meine Amnesie ist zäh. Da ist ein Flüßchen in der Eifel und man taucht mich hinein. Wohlgefühl und das erste bewußte Erlebnis des Wassers. Im Elternhaus gibt meine Mutter eine Damengesellschaft; ich werde herumgereicht und erinnere heute noch das Décolleté meiner Tante, der jüngeren und sehr schönen Schwester meiner Mutter. Da sind Hunde und Nachbarskinder: alltäglicher Bewußtseinskram.

Der Schulbeginn mit sechs Jahren, also 1913, wird genauer registriert, doch die erste Helligkeit fällt zusammen mit dem Ausbruch des Weltkriegs von 1914. Ich glaube nicht, daß ich mir etwas vormache, wenn ich einen Sommertag wiedersehe, wohl im August und in den Tagen des Kriegsanfangs. Meine Mutter schickt das Mädchen zum Einkaufen, ich sehe auch noch den Laden und den Weg, den das Mädchen zu gehen hatte. Außerdem wird der dicken und braven Köchin eingeschärft: möglichst einige Pfund Butter zu horten. Es sei Krieg, und für alle Fälle.

Man hat den schrecklichen Beginn des zwanzigsten Jahrhunderts damals nicht wahrgenommen. Gelassenheit herrschte vor; daß Deutschland bald gesiegt haben würde, schien keiner der Erwachsenen zu bezweifeln. Die Frauen waren ein bißchen unruhig, weil der Rhythmus des Alltags gestört wurde; darum vor allem erinnere auch ich jene Tage, denn ich war mit dieser Frauenwelt noch eng verbunden. Ich war nicht ›Jahrgang 1902‹, wie der Erzähler in Ernst Glaesers Roman mit eben diesem Titel: weshalb ich auch nicht mit ebenso altklugen wie wohlfeilen Erkenntnissen eines dezidierten Pazifismus aufzuwarten vermag. Freilich, fünf Jahre Unterschied, zwischen dem Jahrgang 1902 und meinem eigenen Jahrgang 1907, machen viel aus: allein ich glaube noch zu ahnen, daß die Männer meiner Familie gelassen waren, auch sie wahrscheinlich sicher des Sieges, doch ohne rauschhaften Exzeß.

Seit einigen Jahren wohnte die Familie nicht mehr in der Stadt Köln, sondern jenseits der Stadtwälle, also jenseits der alten Trennungslinie, die der Kölner Oberbürgermeister Konrad Adenauer nach dem Krieg, durchaus noch während meiner Schulzeit, durch einen »Grüngürtel« neu markieren ließ. Als bürgerliches Pendant zum Arbeitervorort Ehrenfeld entstand damals ein Neu-Ehrenfeld mit breiten Straßen, schönen Baumreihen, Einzelhäusern oder Wohnhäusern mit geräumigen Wohnungen für wenige Familien. Ein Park war nahe, den man, in Erinnerung an das ferne 1813, als Blücherpark deklarierte. Bald darauf gab es zeitgenössische Strategie zu feiern, weshalb das hübsch bewachsene Fleckchen mit einem netten Teich zum Hindenburgpark befördert wurde. Dort habe ich als »Mündiger«, also mit 21 Jahren, einen Sommer lang gesessen und das ›Kapital‹ von Karl Marx durchgearbeitet: drei dicke Bände, und dann noch die ›Theorien über den Mehrwert‹.

Den Kriegsanfang habe ich mithin nicht in der Stadt erlebt, sondern eigentlich als ferne Kunde irgendwo zwischen Stadt und Land. Daher vermag ich keine Bilder an Jubelzüge, muntere Kampfparolen »Nach Paris!« und blumengeschmückte Krieger zu reproduzieren. Man nahm mich nicht mit in die Stadt, um mitzufeiern. Ein Augenblick des Ernstes hingegen blieb und bleibt aufbewahrt. Die Parallelwohnung zu der unsrigen, im Erdgeschoß des großen Bürgerhauses, das übrigens auch den Zweiten Weltkrieg überstand, wurde gleichfalls von einem jungen Ehepaar mit einem einzigen Kind bewohnt: auch einem Jungen. Die Elternpaare trafen sich in den Gärten; dort pflegte ich mit dem dreijährigen Werner zu spielen. Es stellte sich heraus, daß Dr. Horenburg, der Name blieb bei mir, ein Hauptmann war und sofort einrücken mußte. Er nahm mich beiseite, sprach leise zu mir als Mann zum Mann, was mich erschütterte, und vertraute mir den kleinen Werner an. Ich versprach es fest. Sicher war der Ritus auch ernst gemeint von Werners Vater. Der Hauptmann Horenburg fiel wenige Monate danach, noch im Jahre 1914.

Seine Witwe zog fort von Köln; Werner kam später auf die Kadettenanstalt im holsteinischen Plön. Er ist früh gestorben, wohl noch vor der Reife.
Erst seit dem Jahre 1915 besitze ich Erinnerungen, die mehr sind als punktuelle Lichtbilder. Von nun an werden Zeitabläufe markiert, dazu Kausalitäten. Für mich hat der Weltkrieg als begriffene Wirklichkeit erst im Jahre 1915 begonnen: mit dem Ausrücken des Vaters in den Krieg. Ich war damals acht Jahre alt und in der zweiten »Vorschulklasse«. Was damit gesagt war, soll noch erläutert werden. Der Vater war 1914 zurückgestellt worden. Die Sehschärfe seines linken Auges war sehr gering. Er hat mir eine entsprechende Schwäche des rechten Auges vererbt. Immerhin lernte ich bereits im ersten Kriegsjahr die Bedeutung so letaler Begriffe wie: kv, gv und du. Also: kriegsverwendungsfähig, garnisonverwendungsfähig, dauernd untauglich. Der Vater, ein Mann damals Mitte der Dreißig, war gv.
Die Marneschlacht war verloren: der hybride Jubel der Spätsommertage von 1914 wurde abgelöst vom geheimen Zweifel. Wofür soll hier gestorben werden? Meinem Vater ist beim Ausrücken anzumerken, daß er sich weder etwas vormacht, noch den Drückeberger spielen möchte. Man hat jenen, die abmarschieren mit unbekanntem Ziel, das Singen verordnet. »Die Vöglein im Walde, die sangen sangen sangen so wunder-wunderschön.« Der Vater blickt zu uns herüber. Ich glaube nicht, daß er gesungen hat. Ich halte die Hand der Mutter, wir winken und gehen vorerst noch mit: im gleichen Schritt und Tritt. Dann der Auszug aus dem Kasernentor, wir bleiben zurück. In der Heimat, in der Heimat, da gibts ein Wiedersehn.
Mein Vater hat diesen ersten Krieg überlebt. Zuerst kam er an die Front in Frankreich, dann in die belgische Etappe, gegen Jahresende 1917 zu einer Fernmelde-Einheit zurück ins Rheinland. Zuerst hatten wir Feldpostpäckchen expedieren müssen. Die Verwandten und Freunde oben in Oldenburg halfen immer wieder aus. Trotzdem habe ich die Kinderjahre im Krieg als arge Hungerjahre in der Erinnerung. Köln war eine große Stadt, bisweilen sogar das Ziel feindlicher Flieger. Zu essen gab es nicht viel. Damals hörte ich jene Redeformeln, die ich dann nach 1945 unverändert fand. Man sprach vom »Boh-

nenkaffee«, weil es durchaus auch anderes Gebräu gab, das heiß war und schwarz. Es gab die »gute Butter« und den »schwarzen Tee«, der sich nicht etwa vom grünen unterschied, sondern vom Nicht-Tee. Auch die Truppen hatten Hunger. Als der Vater auf Urlaub kam, waren Hungerödeme bei ihm festgestellt worden, die sich auf die Augen geschlagen hatten.

Da der Vater nichts verdienen konnte, lebten wir von der Hilfe der Großmutter, die zusammen mit ihrem Schwager, dem Bruder meines schon 1911 verstorbenen Großvaters, nach Köln gezogen war, in ein hübsches Haus mit schönem Garten unweit von uns. Die Sommerferien verbrachten wir meistens mit der Großmutter in Bad Münster am Stein an der Nahe; noch heute zähle ich, wie damals, die Tunnels zwischen Koblenz und Bingerbrück.

Den Kaiser habe ich oft gesehen. Zuerst bald nach Kriegsbeginn, als er über die Hohenzollernbrücke nach Osten fuhr: im Gegensatz zu seinem Standbild auf besagter Brücke, das auch heute noch dem Westen, hoch zu Roß, zustrebt. In Münster am Stein fuhren sie jeden Tag an uns vorbei: der Kaiser, Hindenburg und Ludendorff. Wir jubelten ihnen zu, den Heroen. Das Hauptquartier befand sich in Kreuznach an der Nahe. Jeden Morgen fuhr man zur Lagebesprechung durch das malerische Münster, das so viele Erinnerungen und Sagen zu bieten hatte: an Rheingrafen und Drachen, an Ulrich von Hutten und Franz von Sickingen, deren Doppeldenkmal auf der nahen Ebernburg mich tief beeindruckte. Ich hielt die monumentale Zweiheit der Hindenburg und Ludendorff für gleichwertig. Der Geschichtsunterricht im Kölner Schiller-Gymnasium legte das nahe. Denn Geschichte hatten wir bereits seit 1917, also seit der Quinta.

Es gab andere Familien aus Köln, jüdische und christliche, die sich in den guten, doch keineswegs luxuriösen Hotels und Pensionen an der Nahe eingefunden hatten. Vom Krieg sprach man, das fiel mir bald auf, nur noch indirekt. Man nahm Bäder, hatte bei den Salinen tief einzuatmen, wir spielten vor einer Salinenpumpe, die im Rhythmus die Bilder von Max und Moritz auftauchen und verschwinden ließ. Das habe ich nicht vergessen. Um das Jahr 1950 reizte es mich plötzlich, auf die Suche zu gehen nach einer verlorenen Zeit. So habe ich mich für eine Woche wieder eingemietet in Bad Münster. Der Zauber war hin. Walter Benjamin hat den Mechanismus erklärt in seiner Parabel von der wunderbaren Maulbeeromelette, die ein König in seiner Jugend und in einem Augenblick der Furcht wahrhaft genossen hatte, und die niemals wieder zubereitet werden kann, wie der Koch erläutert: »Denn wie sollte ich sie mit alledem würzen, was du damals in ihr genossen hast ...« Allein Max und Moritz bewegten sich immer noch im Takt der Pumpe.

Ein bißchen lesen konnte ich schon vor der Schulzeit. Ich habe ein Leben lang immer und voller Lust gelesen. Damals, in einer ersten Kriegszeit und noch vor der Pubertät, las ich gläubig die deutsche Kriegs- und Durchhalteliteratur. Der jüdische Verlag Mosse und der streng deutschnationale Scherl-Verlag, beide in Berlin, waren kaum voneinander zu unterscheiden, ganz sicher nicht für ein achtjähriges Kind, hinsichtlich der Schreibweise und Zielrichtung. Ich habe damals nicht allein die U-Boot-Helden und Kampfflieger bewundert, auch Trauer empfunden bei ihrem Tod, sondern alle Emotionen geliefert, die der ferne Propagandaschreiber freisetzen wollte. Dennoch ist mir eine Story, sie gehörte zu einem richtigen, gut eingebundenen Buch, besonders als Erinnerung geblieben, weil sie – ungemein geschickt – eine damals noch unübliche Mischung aus Heldengeschichte und Horrorgeschichte anzubieten hatte. Es muß um das Jahr 1915 gewesen sein, wohl noch etwas später, als sich der deutsche Generalstab, auf Anweisung Ludendorffs, der polnischen Juden anzunehmen begann. Polen war von deutschen Truppen besetzt; wir sammelten eifrig die Briefmarken mit dem Aufdruck »Generalgouvernement Warschau« und ahnten nichts von dem künftigen Grauen. Ein kluger Journalist hatte kaltschnäuzig, in falscher Sprache und falscher Herablassung, einen Aufruf »Zu die Jiden in Paulen« redigiert, der in Polen durch die Truppe verbreitet wurde.

Die schöngeistige Propaganda hatte dabei mitzuhalten. So bekam ich eine »wahre« Geschichte zu lesen, worin edle Deutsche die polnischen Juden gegen das russische Untermenschentum verteidigten. Der Schreiber hatte gut gearbeitet: noch heute erinnere ich die Szene, wo der hungrige deutsche Offizier von einem Russen ausgefragt wird, während der

Russe sein Frühstück genießt. Weißbrot und Butter und Äpfel, man denke, und nachher die Zigarette, doch der Deutsche blieb standhaft. Er trat ein für die Judenfamilie eines gewissen Leiser Lazarowitsch (sogar der Name blieb mir erhalten!), die pittoresk, fremdartig, doch gutartig geschildert war. Dann mußten sich die Deutschen, im wechselvollen Spiel der Kräfte, vorübergehend zurückziehen, kamen bald aber siegreich zurück. Der Held sucht seine lieben Juden, allein die Russen hatten den Leiser Lazarowitsch inzwischen aufgehängt. Ich war tief erschüttert.

Je länger sich der Krieg jedoch hinzog, um so stärker wurde meine Gläubigkeit in Versuchung geführt. Ich habe die Lüge und das Lügen erst spät gelernt. Als ich etwa zehn Jahre nach Kriegsende den Roman ›Kaspar Hauser oder die Trägheit des Herzens‹ von Jakob Wassermann las, worin ein solches erstes Erlebnis einer Lügenwelt der Erwachsenen geschildert wird, machte mir das Eindruck, obwohl ich sonst gegen Wassermanns Erzählkünste gefeit war.

Wenn mein Vater auf Urlaub kam, wurden Legenden zerstört. Er war kein Rebell, doch ein Soldat, der sich nichts vormachen ließ. Er war damals für die Sozialdemokraten; heute vermute ich, daß er es insgeheim mehr mit den Unabhängigen hielt als mit den verspotteten »Kaisersozialisten«. So konnte es nicht fehlen, daß während solcher Urlaubstage der Streit tobte am Abendbrottisch zwischen dem Urlauber und Onkel Ludwig als dem Hortwalter der deutschnationalen Gesinnung.

Ludwig Meyer-Wachmann kam 1843 zur Welt; er ist sehr alt geworden und wurde bei seinem 80. und 85. Geburtstag gebührend gefeiert. Von seinem 90. Geburtstag hingegen nahm man in Köln nicht Notiz: da pflegte man, nämlich im Jahre 1933, das jüdische Alter nicht mehr zu ehren. Onkel Ludwig starb bald danach. Ich habe ihn als hochgewachsenen, strengen Mann in Erinnerung behalten, mit kurzgeschnittenem schwarzem Kinnbart, sorgfältig gekleidet, herrisch und selbstbewußt als unangefochtene Autorität der Familie von Mutters Seite. Auch der Vater meines Vaters war autoritär, aber als ein jüdischer Patriarch mit schrecklichen Wutanfällen; die Neigung und Begabung dafür hat er mir vererbt. »Onkel Ludwig«, eigentlich der Großonkel, hingegen war ein deutscher Tyrann und Schulmeister mit der unbezwinglichen Lust,

alle und über alles zu belehren. Als meine Kusine, das Kind der Schwester meiner Mutter, von meinen Eltern im Jahre 1920 nach Oberbayern in die Ferien mitgenommen wurde, war unser gemeinsames Hauptthema, Lotte war zwei Jahre jünger als ich, der Onkel Ludwig. Das war der Familien-Fetisch.
Ludwig kam aus der norddeutschen Provinz; er wuchs auf im Großherzogtum Oldenburg. Zusammen mit seinem Bruder, meinem Großvater, betrieb er in Cloppenburg einen Laden für Herrenbekleidung, wenn mir recht ist: ich sah das großelterliche schöne Haus erst, als das Geschäft nach Großvaters Tode aufgelöst worden war. Das Haus steht noch: wenn ich nicht irre, so gehört es heute zum Amts- oder auch Wohnbereich des Bürgermeisters. Cloppenburg ist eine katholische Enklave im protestantischen Norden. Meine Mutter ging zur Schule bei den Schwestern Unserer Lieben Frau; kopfschüttelnd habe ich später in ihren Schulheften geblättert.
Alles muß mitgeholfen haben, den Onkel Ludwig zum entschiedenen Aufklärer zu machen. Aufklärung verlangt, daß man mündig wird durch Lesen. Ludwig hatte eine erstaunlich reichhaltige Bibliothek im Lauf seines Lebens aufgebaut. Es war ausgemacht, daß ich sie einst erben sollte. Dazu ist es nicht mehr gekommen. Dieser norddeutsche Provinzler und Kaufmann besaß nicht allein die damals an der offiziellen Bildungsbörse notierten deutschen Klassiker, sondern auch viel angelsächsische Literatur. Ludwig als ein wohlhabender Mann, der sich nach des Bruders Tode von den Geschäften zurückgezogen hatte ins frühe Rentnertum, liebte es zu reisen. Er war gern in England und in der Schweiz. Bei ihm sah ich zum ersten Mal nicht bloß Dickens, sondern auch Thackeray. Der Name von Washington Irving, einem Liebling des Onkels, war mir wohlvertraut, lange bevor ich in New York, Downtown, dessen einstiges Haus besuchte, als Gast der Tochter von Hofmannsthal.
Aufklärer Ludwig pflegte – natürlich – Heine zu zitieren, wenn von Religion, Riten, Speisegesetzen und der Synagoge die Rede ging. Dann kam das Schlußverdikt aus der »Disputation«, einem schwachen und ausweichenden Heine-Gedicht, wie ich schon damals wußte. In einem mittelalterlichen Spanien disputieren der Rabbi und der Mönch; jeder sucht den anderen durch Lockungen und Drohungen zu konvertieren.

Schließlich macht der König, als es zu lange dauert, seine schöne und dumme Geliebte zur Schiedsrichterin. Sie weiß nicht, wer recht hat, doch es will sie schier bedünken,

daß der Rabbi und der Mönch,
daß sie alle beiden stinken.

Bei diesem Zitat lachte Onkel Ludwig. Man stimmte verlegen ein. Das Zitat war bekannt und durchaus nicht schlüssig, allein nun konnte nichts mehr erwidert werden.

Ludwig vermied den jüdischen Umgang: seine Freunde waren Lehrer, Beamte, Ärzte. Er lud sie nicht zu sich, ging wohl auch nur selten zu ihnen ins Haus. Man traf sich an Stammtischen. Dort wurde politisiert. Der sehr deutsche, betont norddeutsche Jude wurde gut aufgenommen, wie es scheint. Übrigens habe ich den Eindruck, daß Ludwig, unter seinen Freunden in Köln, wohin er mit seiner Schwägerin, meiner Großmutter, gezogen war, den Verkehr mit Norddeutschen oder Westfalen bevorzugte. Sein vertrauter Freund wurde später, auf dem Schiller-Gymnasium, mein Französischlehrer, ein urtümlicher Westfale, der den Zischlaut des Sch stets zu zerlegen pflegte, was bei der Aussprache von Wörtern wie chapeau oder chien etwas hinderlich war. Wenn ich bei Onkel Ludwig darüber spottete, kam unweigerlich die Antwort: »Er ist ein grundgelehrter Mann!«

Bücher, Bildung, Gelehrsamkeit, das waren die Grundbegriffe seiner Lebensführung. Er hatte nicht geheiratet, ich möchte annehmen aus Sparsamkeit, denn den Frauen und sehr jungen Mädchen war er bis ins hohe Alter hinein sehr zugetan. Politisch blieb dieser deutsch-jüdische Aufklärer ein gläubiger Nationalist, der alles glaubte und weitertrug, was die Kriegspropaganda uns wissen ließ. So kam es zum permanenten Konflikt mit meinem Vater, dem Urlauber. Es gab eine schreckliche Szene am kümmerlich bestückten Abendbrottisch, als der Onkel jubelnd verkündete, die deutschen U-Boote hätten das amerikanische Schiff ›Lusitania‹ versenkt: bekanntlich eine Ursache für Amerikas Eintritt in den Krieg. Mein Vater wurde so erregt, wie ich ihn nie zuvor gesehen hatte. Damals sagte er, was ich nie wieder vergessen sollte: »Wir siegen uns tot!«

Wahrscheinlich wurde hier eine Formel wiederholt, die der Vater mitbrachte aus dem Krieg: der Front wie der Etappe. Ich habe prägnante Satzbildungen schon immer geliebt. Diese wurde fast zur Offenbarung. Wie denn? Man kann also gleichzeitig siegen und verlieren? In der Lateinklasse war man noch nicht beim Pyrrhussieg angelangt. Das hatten wir »noch nicht gehabt«. Um so stärker traf mich die dialektische Formel. Ich war damals acht Jahre alt. Eine Photographie zeigt mich neben der Mutter mit dem versorgten Gesicht. Ich bin dünn, schwarzäugig, noch ohne Brille, im unvermeidlichen Matrosenanzug. Als der Zusammenbruch kam im November 18, war ich elf, skeptisch, aufsässig gegen Onkel Ludwig wie gegen meine Lehrer am Städt. Schiller-Gymnasium zu Köln-Ehrenfeld.

Schiller-Gymnasium

Eine Schultüte habe ich nicht bekommen, als ich an Vaters Hand zum ersten Schulweg antrat. Das fiel mir an jenem Tag nicht auf: zu groß waren Erwartungen und Sorgen. Später sah ich andere Kinder mit solchen Tüten, eigentlich war es wohl so, daß der Neuling mit einer solchen Festgabe photographiert zu werden pflegte. Dergleichen gehörte zum belichteten Ablauf eines Bürgerlebens. Mit dem Nacktphoto der Halbjährigen auf dem Eisbärfell des Photographen hatte alles zu beginnen; dann die Schultüte; die Aufnahme der Jungen im Matrosenanzug, der Mädchen im Flügelkleid; das Konfirmationsbild (in Köln war es der Gang zur Ersten Heiligen Kommunion), anschließend Sportszenen, Schulausflüge, die Tanzstunde: das Familienalbum folgte der Geburtsurkunde unmittelbar nach. Der künftige Ablauf hatte sich nach dem Muster der Familiennormalität zu richten. Die Soziologie entwickelte durch Max Weber um jene Zeit die Hilfskonstruktion eines »idealtypischen« Verhaltens. Das Bürgerliche Gesetzbuch war verfaßt mit dem Blick auf das kalkulierbare Verhalten von »Treu und Glauben«, auf die »Sorgfalt des gewissenhaften Hausvaters«; die Gesetzgeber hatten immer wieder bei den Abläufen des Alltagslebens das Konzept einer »generellen Wahrscheinlichkeit« zugrunde gelegt. Auf die Gattung also kam es an, die soziale nämlich. Mit dem Fehlen der Schultüte hatte eine Existenz der Versagungen und Ausnahmen begonnen. Indem ich dies alles genau erinnere, auch noch festzustellen vermag, daß im Augenblick des Ereignisses keinerlei Fehlen beklagt, sondern der Choc erst in der Retrospektive empfunden wurde, habe ich das Grundthema meiner Schulzeit vor Augen.

Die Schultüte war trichterförmig, unten spitz auslaufend, man trug sie im Arm, wie eine Puppe. Die farbenprächtigen Papiere mit Silber und Gold als äußere Umhüllung, die Schokoladen, Backwerke und Früchte als Inhalt, vorbereitet im Elternhaus und nach den Unterschieden der Geldbeutel, alles bedeutete bereits eine erste Kommunion oder Konfirmation: die einer Zugehörigkeit. Da waren Eltern, ältere und jüngere Geschwi-

ster, man konnte Vergleiche anstellen, beneidet werden, es gab Nachbarn und Hausgenossen. Die Zugehörigkeit war bekundet und besiegelt. Der Photograph stellte die Urkunde aus.
Ich war das erste und einzige Kind noch junger Eltern. Man war zugezogen nach Köln, sogar vor kurzem erst in den neuen Vorort gekommen, zu dem das Städt. Schiller-Gymnasium in Köln-Ehrenfeld gehörte, dessen Vorschule ich nach den Ostertagen des Jahres 1913 aufzusuchen hatte. Ich bin im März geboren, gerade noch im Zeichen der Fische, war also damals sechs Jahre alt. Den Eltern fehlte es an Erfahrung; noch hatte man sich nicht mit Nachbarn bekannt gemacht, die Kinder in meinem Alter besaßen und raten konnten, was man tut oder zu unterlassen hat. Das Fehlen der Schultüte war eine schlimme Sache.
Zunächst freilich ließ sich alles gut an. Herr Lehrer Behrens, dem ich vom Vater übergeben wurde, ein älterer, freundlicher Mann, der nett war zu den Kindern, lebte und arbeitete als einer, der Hoffnungen begraben mußte. Das habe ich viel später erst begriffen. Vor jenem Weltkrieg nämlich gab es, als strenge Scheidung der wohlhabenden Elite (samt Kindern) vom ärmlichen unteren Mittelstand, ganz zu schweigen von den Proletariern, die gesellschaftliche Ungleichheit bereits bei der ersten Lebenschance, beim Schulanfang. Die Kinder des »Volkes« hatten vier Jahre lang eine Volksschule zu besuchen. Darauf gaben die Lehrer ein Bulletin für den Einzelfall aus: ob es sinnvoll sein konnte, den Schüler auf die »höhere« Schule zu schicken. Wurde dies Experiment bewilligt, so mußte eine Aufnahmeprüfung für das Gymnasium oder Realgymnasium abgelegt werden.
Die Kinder des selbstbewußten Bürgertums hingegen konnten ein Jahr dadurch einsparen, daß man sie, statt der Volksschule, der »Vorschule« anvertraute, die bereits zum Gymnasium gehörte: als eine Art Vorhof zum Heiligsten. Ich kam mit sechs Jahren auf diese Vorschule und besaß damit bereits die Garantie, wenn nicht alles schiefging, nach drei Jahren und ohne irgendeine Aufnahmeprüfung in die erste Gymnasialklasse, die sogenannte Sexta, übernommen zu werden. Es war einfach eine Geldfrage. Nach 1918 ist diese elementare Ungleichheit rasch abgeschafft worden. Ich habe dadurch ein Jahr gespart.

Lehrer Behrens aber fand sich in der gedemütigten Rolle des Volksschullehrers, der an einem Gymnasium unterrichtet, ohne doch die Befähigung zum höheren Lehramt zu besitzen. Man ließ es ihn fühlen. Schlimmer freilich wurden später, als die Gymnasialjahre begonnen hatten, die Turn-, Gesang- und Zeichenlehrer von den Herren Kollegen behandelt, die klassische oder neuere Philologie studiert hatten. Das Städt. Schiller-Gymnasium leistete sich den Spaß, durch einen ältlichen und gebrochenen Mann sowohl das Zeichnen wie die Musikerziehung nach Lehrplan abspulen zu lassen. Vielleicht dachte man dabei an romantische Konzepte vom Gesamtkunstwerk.

Lehrer Behrens war leise, geduldig und genau. Bei ihm lernte ich fließend lesen, das Schreiben, vor allem aber eine deutliche Aussprache der Buchstaben. Wenn ich es wieder einmal genau zu wissen glaubte und danebentraf, winkte er ruhig und kopfschüttelnd ab: ohne Spott oder Zorn.

Als ich zu Ostern 1916 vom eigentlichen Gymnasium aufgenommen wurde, also mit neun Jahren, lebte man bereits im dritten Kriegsjahr. Der Vater war Soldat, zu Hause die Mutter, das Dienstmädchen, dann die Tanten, die Großmutter, der gewaltige Onkel Ludwig. Man hatte mich auf ein Humanistisches Gymnasium geschickt, dessen Lehrplan auf Säulen ruhte: Latein seit der Sexta, im Lauf der Jahre sanft ansteigend bis zu sechs Wochenstunden; in der Untertertia kam Griechisch hinzu mit drei Wochenstunden. Das waren die gefürchteten Hauptfächer: neben Deutsch und Mathematik, der ich bereits in der Quarta ausgeliefert wurde. Immer noch träume ich, nach einem schweren Abendessen, von den nicht gelösten oder gar nicht angefertigten Aufgaben.

Mit Berichten über irgendeinen Professor Unrat vermag ich nicht aufzuwarten. Neidvoll aber habe ich Elias Canettis Bericht über begabte und anregende Lehrer in Zürich gelesen, die während der Schulzeit nicht bloß Informationen lieferten, sondern Neugier und Gier entfachten auf Unbekanntes. Dergleichen war in Köln-Ehrenfeld nicht zu erwarten. Der Name Friedrich Schillers bedeutete eine Irreführung: ganz wie die übergroße Monumentalreproduktion des Moses von Michelangelo in der Eingangshalle, die einen bereits beim Eintritt mit einem Mann konfrontierte, der, wie Sigmund Freud behauptet hat, im Begriff steht, in einem noch zurückgestauten Zornesanfall über das unbotmäßige Judenvolk, die Gesetzestafeln zu zerschmettern. Nahm man den Moses als Sinnbild einer wütenden Erziehungsdiktatur, so war seine Präsenz berechtigt. Wollte man hingegen an den Humanismus der Renaissance erinnern, worauf nun wiederum die gußeisernen Ritter auf dem oberen Treppenaufgang hinzuweisen schienen (es waren Nachbildungen von Peter Vischers Figuren für das Grab des Kaisers Maximilian), so empfand man solche Idole als dürftiges Alibi. Der geheime Mittelpunkt der Schule war, wie ich nach Kriegsende immer deutlicher erkannte, der katholische Religionslehrer: durchaus nicht allein für die Schüler seines Bekenntnisses. Wurde je im Unterricht auf bildende Kunst hingewiesen, der Ankauf von Kunstbüchern empfohlen, so ging es um geistliche Kunst, um gotische und romanische Dome und Münster, allerdings gab es dabei auch ein erstes, unauslöschliches Erschrecken beim Anblick des Isenheimer Altars. Wir haben in neun Jahren eines Humanistischen Gymnasiums weder über Michelangelo gesprochen, noch Goethes ›Faust‹ im Deutschunterricht behandelt: da war die unangenehme Geschichte mit Gretchen.

Meine Schulzeit war synchron der Aufstiegs- und Verfallsentwicklung des Expressionismus. Als der Krieg zu Ende war, der Vater wieder Geld verdienen konnte, erschreckend viel Geld durch Lebensmittelimporte aus Holland, eine Zeitlang wurde auch von Getreide geredet im Elternhaus, und ich hörte fremde Ortsnamen wie Vancouver oder Winnipeg, konnte er endlich seiner Neigung frönen und Bilder kaufen. Zuerst waren das Bilder der Münchener und Düsseldorfer Meister aus dem 19. Jahrhundert: Achenbach und Lenbach oder Defregger. Durch Verwandte und Freunde der Eltern und Verwandten aber befand ich mich plötzlich versetzt in die Welt der expressionistischen Gegenharmonie zum bürgerlichen Juste Milieu. Ich sah nicht nur die Bilder, sondern traf auch die Künstler zu Hause oder bei den Verwandten: Otto Dix, Heinz Hoerle, Peter Abelen, Jankel Adler; einmal kam, kurz bevor er nach Frankreich zog, der elegante Max Ernst mit den vorzüglichen Manieren, der sich, nach Meinung der Mutter, wohltuend unterschied von den Bohemiens ohne Krawatte, die es meinem Vater angetan hatten.

So hatte ich gleichzeitig in der offiziellen Gymnasialkultur und in der expressionistischen Gegenkultur zu leben. Es kam zu einer ersten Erfahrung mit dem Doppelleben. Was die Schule bot im Zeitablauf von Krieg und Nachkrieg, Umsturz und Mord, Verarmung und nominellem Reichtum, war autarke Pädagogik »an sich«. Mit irgendeiner Wirklichkeit hatte sie längst nichts mehr zu tun. Einst erdacht für die Söhne eines Bürgertums der Bildung und des Besitzes, mußte sie von jungen Menschen im Grunde als zynische Herausforderung empfunden werden: angesichts eines Alltags, der von brutalen Schiebern, entwerteten Ersparnissen, hungrigen und mürrischen Schulbeamten zu berichten hatte. Der Griechischlehrer, ein begabter, doch durch Unglück verwirrter Mensch, bat uns, etwa im Jahre 1923, eines Morgens, auf seinen Unterricht zu verzichten: er sei zu hungrig.
In solcher Gleichzeitigkeit übersetzten wir Herodot und Thukydides, auch die Apologie des Sokrates. Lateinische Texte wurden, ohne irgendeine Beachtung irgendeiner Stofflichkeit, nach dem Prinzip fortschreitender Schwierigkeit ausgewählt: von Livius über Sallust zu Tacitus. Es war wie beim Klavierunterricht, wo Clementi auf den Czerny zu folgen hatte. Französisch bei einem Lehrer, der diese Sprache nicht beherrschte; außerdem wirkte es komisch, wenn man uns ausgerechnet ›La Débâcle‹ von Zola zu lesen befahl, also die Schilderung der französischen Niederlage und des deutschen Sieges im Kriege von 1870/71. Nach 1918 las man das ein bißchen anders. Physik wurde als Nebenfach von Lehrern und Schülern als Bagatelle abgetan, die ohnehin nicht geprüft wird. Bis heute ist mir der Rundfunkapparat ein mystisches Geheimnis geblieben.
Deutsch war natürlich ein Hauptfach. Wir schrieben Schulaufsätze über den Humor in ›Minna von Barnhelm‹, und ich fiel unangenehm auf, weil ich nachzuweisen suchte, übrigens zu Unrecht, aber das konnte mir keiner klarmachen, daß da nichts zum Lachen sei. Ein Aufsatzthema ist Jahrzehnte später selbst zur Literatur geworden. Irgendwann einmal mußte ich über die Frage schreiben: »Was ist uns Deutschen der Wald?« Ich erzählte das, um das Jahr 1963, dem Lyriker Erich Fried, der über mein Schulthema ein Gedicht schrieb, das mir gewidmet wurde. Darin stehen solche Zeilen:

Ein Grund in ihm zu lieben und in ihm zu schießen
ihn tief ins Herz und für den Durchgang zu schließen
in ihm geborgen die ganze Welt zu verneinen
und sich in ihm oder mit ihm zu vereinen
sein Schweigen zu feiern in schallenden Chorgesängen
in ihm Fallen zu stellen und sich in ihm zu erhängen

Die geistige Autarkie und Genügsamkeit eines solchen Schulwesens, das nicht einmal trotzig zu nennen war, beruhte im wesentlichen auf der müden Routine: es war bloßes Weitermachen. Man lebte in einer Übergangszeit. Unsere Lehrer waren als königlich-preußische Beamte ausgebildet worden: nun trieben sie weiter, was man sie gelehrt hatte. Das war in den meisten Fällen nicht einmal als störrischer Protest gegen die neue Republik zu verstehen, gegen die »Judenrepublik«, wie die heimgekehrten jungen Offiziere und nunmehrigen Studenten zu formulieren pflegten. Man war in Köln im allgemeinen gut katholisch und politisch liberal. Weder die Separatisten noch die auf Umsturz sinnenden Monarchisten hatten hier eine wirkliche Chance. Zudem war die katholische Zentrumspartei eine Mitbegründerin und permanente Mitträgerin des republikanischen Parlamentarismus in diesen frühen Zwanziger Jahren.

Von einer längst im Deutschen Reich fälligen politischen und gesellschaftlichen Demokratisierung hatten die im Jahre 1914 ausziehenden Kriegsfreiwilligen ebenso geträumt wie die frühen Expressionisten um Ernst Stadler und Georg Trakl, wie die Macke und Marc, oder ein Musiker wie Rudi Stephan, dessen Oper ›Die ersten Menschen‹ gleichsam die Rückkehr ins Paradies anzutreten schien. Allein all diese, und viele andere ihrer Art und Gesinnung, waren nicht mehr zurückgekehrt. Übrig geblieben waren unsere überalterten Lehrer. Die jüngeren Heimkehrer aber lieferten sich, ein jeder gestützt auf seine Erfahrungen mit Krieg und Revolution, zwischen 1919 und 1923 die Alternativaktionen zwischen Revolution und Gegenrevolution. Wenn sie es nicht vorzogen, gleich jenem Heimkehrer Andreas Kragler in Bert Brechts damals preisgekröntem und als Absage an die Spartakisten verstandenen Theaterstück ›Trommeln in der Nacht‹, bloß noch an sich selbst zu denken, an Schiebergeschäfte, Dollars, Rausch und an das »große weiche weiche Bett«.

Wir hätten damals, wenigstens in unseren Gesprächen und Lektüren, die Suche aufnehmen müssen nach einer neuen Gesellschaft. An Modellen und Gesprächspartnern fehlte es nicht am Rhein. Zwischen 1815 und 1918 war die Beziehung zwischen der Stadt Köln und Preußisch-Berlin stets unerfreulich gewesen. Man mißtraute in Berlin den Kölner Schwarzen und Roten. Die Stadt war immer wieder übergangen worden. Die Kölner Universität, geschlossen unter Napoleon, wurde nicht wieder eröffnet. Bonn machte das Rennen. Die Provinzialverwaltung wurde nach Koblenz gelegt und dadurch im Wortsinne provinzialisiert. Das hatte Methode. Sogar die spätere Technische Hochschule durfte nicht in Köln arbeiten: da war Aachen weit besser geeignet.

In diesen frühen Zwanziger Jahren, also während meiner eigentlichen Schulzeit, hatten sich viele begabte jüngere Menschen in Köln zusammengefunden. Was man heute auf den inzwischen gleichfalls als neuartig und gültig erkannten Photographien von August Sander erblicken kann, wenn er das Publikum damaliger Fastnachtsbälle der Künstler festhielt, ist bemerkenswert nach Nam' und Art. Während des Kriegs hatte man Otto Klemperer als musikalischen Chef an die Oper geholt. Ich erinnere noch ein Opernkonzert mit Schönbergs Kammersymphonie und dem ›Poème de l'Extase‹ von Alexander Skrjabin. Provinziell war dergleichen nicht zu nennen. Die vom Kölner Oberbürgermeister des Nachkriegs, also von Konrad Adenauer, in Berlin durchgesetzte Gründung einer städtischen, mithin nicht staatlich-preußischen Universität brachte gleichfalls recht eigenwillige Geister an den Rhein. Der erste Ordinarius für Philosophie, ein ebenso »suspekter« wie faszinierender Mann, hatte bisher an keiner der angestammten Hochschulen landen können. Nun wurde er nach Köln berufen: Max Scheler.

Wir also hätten wach sein und uns in unserer Stadt umtun können. Man tat das nicht. Nur mein jüdischer Klassenkamerad und Freund Walter Stein, er starb mit zwanzig Jahren an einem schweren Herzleiden, das er sich als Kind im Kriege geholt hatte, war auf dem Schulhof ein Partner, wenn es galt, die Schauspieler Fritz Kortner und Heinrich George, die kurz hintereinander in der Rolle des Königs im ›Don Carlos‹ bei uns gastiert hatten, gegeneinander abzuwägen. Walter war unmu-

sikalisch, doch ein ausgezeichneter Leser der damals neuen Literatur. Über Wedekind und Sternheim, Georg Kaiser und Ernst Toller, O'Neill wie Pirandello waren wir früh schon im Bilde. Den ›Hungerkünstler‹, den Kafka auf dem letzten Krankenlager korrigiert hatte, las ich noch vor dem Abitur.
In der Deutschstunde hingegen bot man uns, zur Einführung in die Welt des Dramas und Theaters, zunächst einmal das Schulmeisterprodukt eines bedeutenden Lyrikers, den der Ehrgeiz nicht ruhen ließ, ein neuer Schiller zu werden. Das Schauspiel ›Herzog Ernst von Schwaben‹ von Ludwig Uhland quälte uns monatelang. Man las es in der Klasse »mit verteilten Rollen«, wobei wir bloß darauf achteten, ob es der Nebenmann noch schlechter machte als unsereiner. Später haben wir Schiller und Goethe systematisch zergliedert, übrigens nur die Dramen: mit Ausnahme des ›Faust‹ natürlich. Doch die ›Braut von Messina‹ hat uns viel Zeit gekostet. Sonderbarerweise schienen alle Deutschlehrer darin übereinzustimmen, daß man uns nur Dramen und Gedichte zumuten dürfe. Episches wurde bisweilen als häusliche Lektüre empfohlen, die man aber nicht kontrollierte, so daß Kohlhaas und Taugenichts ungelesen blieben. Ich wüßte nicht, daß man je mit uns ein Werk der kritischen und essayistischen Prosa erörtert hätte. Mit Ausnahme – nicht etwa der ›Hamburgischen Dramaturgie‹, sondern des ›Laokoon‹.
Ein (schlecht ausgewähltes) Gedicht von Rilke durfte in der Abiturklasse gleichfalls durchgenommen werden. Glücklicherweise enthielt das Lesebuch außerdem die ›Ballade des äußeren Lebens‹ von Hofmannsthal, die mich nicht mehr verlassen sollte. Alles spielte sich folgendermaßen ab: Nach der Lektüre der neuen Lesenummer im amtlichen Lesebuch, die irgendein Aufgerufener heruntergestottert hatte, kam die stets gleiche Frage: »Was meint der Dichter damit?« Das wurde beamtenhaft dahingefragt; irgendeine geistige Neugierde wurde weder geboten noch erwartet. Alles war Schulpensum.
Unsere Antwort hätte sein müssen: daß eben dieses Gebilde alles sei, und zwar in höchst präziser Prägung, was »der Dichter gemeint« haben konnte. Allein der fragende Deutschlehrer war ein Deutscher: man hatte es gelernt, dem Sein der Kunstwerke und ihrer Schöpfer zu mißtrauen. Was sich an-

geblich dahinter verbarg, das vor allem war zu eruieren. Als Sinn, Symbol, in den schönsten Fällen als beherzigenswerte und anwendbare Lehre.
Da ich gern las und ein gutes Gedächtnis hatte, bekam ich immer gute Noten in Deutsch. Bis zum Abitur hatte ich die gesamte Klassikerbibliothek meiner Eltern, alle die rekrutenhaft gleich gekleideten, gut gebundenen und schlecht gedruckten Gesamtausgaben ausgelesen: mitsamt dem Freiherrn von Gaudy, den faden Satiren des Moritz Gottlieb Saphir, eines Metternich-Agenten, mit Otto Ludwigs endlosen Shakespeare-Studien. Büchner war nicht darunter, aber damals erschien die schöne Dünndruckausgabe des Insel Verlages. Irgendein Verwandter schenkte sie mir bei einer festlichen Gelegenheit. Ich las – und hatte plötzlich die gesamte übrige Klassikerlektüre vergessen. Diese Lektüre, das zeigte sich erst viel später, wurde zur Erweckung.
Meine Hausaufsätze aber kamen nur selten über die Note »Im ganzen gut« hinaus. Freund Walter war meist besser gestellt. Er schrieb eleganter, vor allem auch gefühlvoller, weil das gefragt war. So machte er sich einen Spaß daraus, die »Erwartungshaltung« des Deutschlehrers nüchtern zu kalkulieren. Ich schrieb nicht elegant, weil ich stets sagen wollte, was ich zu sagen hatte. Außerdem hatte es mir die Geschichte schon damals angetan. Eine sehr gute Note bekam ich nur einmal für einen selbstgewählten Text. Mit siebzehn Jahren schreckt man vor nichts zurück. Ich schrieb über ›Die Ursachen der Französischen Revolution‹ und machte mir viel Arbeit. Statt des Lobes gab es zunächst ein Untersuchungsverfahren. Wo ich das abgeschrieben hätte. Nirgendwo. Aber die Zitate von Voltaire und Rousseau? Die fand ich beim Lesen. Kopfschütteln, etwa im Sinne des Königs Philipp vor Marquis Posa: »Sonderbarer Schwärmer«.
Ich war kein sonderbarer Schwärmer, wollte aber meine Gedankenarbeit, mein Verstehen (oder Mißverstehen) der gelesenen Texte schriftlich fixieren. Auf den mit Hilfe des Deutschunterrichts zu erreichenden »gewandten Ausdruck« kam es mir dabei nicht an. Im ganzen gut.
Dennoch kam es damals zu einer anderen *Erweckung*. Es muß in der vorletzten Gymnasialklasse gewesen sein, daß unser Deutschlehrer der Klasse anbot, die noch zu behandelnden

deutschen Dichter des 19. Jahrhunderts durch freie Vorträge von Schülern zu absolvieren. Wer wollte, konnte sich einen Poeten aus dem Schaufenster nehmen und für die Schulmahlzeit zubereiten. Es winkte Belohnung, denn man konnte durch ein gutes mündliches Referat einen mißlungenen Hausaufsatz kompensieren. Ich wählte mir den Eduard Mörike. Den glaubte ich gut zu kennen: nicht zuletzt durch den Besuch vieler Gesangsabende mit Mörikeliedern von Hugo Wolf. Die Mozarterzählung hatte mich schon früh beglückt. Der Schwermut und Todesahnung des Schlusses, diesem poetischen d-Moll, konnte man sich nicht entziehen.

So machte ich mich an die Arbeit, verzichtete aber, aus irgendeinem Instinkt, durchaus nicht aus Bequemlichkeit, auf schriftliche Ausarbeitung. Dann war es soweit. Ich sprach im Deutschunterricht etwa eine halbe Stunde lang über den schwäbischen Pfarrer und Lyriker: seine Ängste und schlaflosen Nächte, sein gefährdetes Gottvertrauen und die geheime Todessüchtigkeit. Dies alles beileibe nicht als ein Kenner, sondern als ein junger »Melomane«, der beim genaueren Hinhören und beim Begleiten von Sängern, was ich jahrelang gern trieb, mehr über Mörike erfahren hatte (über den Mörike von Hugo Wolf), als durch das Lesen der poetischen Texte. Im Mittelpunkt stand auch bei mir die Reise nach Prag. Mörikes Mozart war damals auch der meine. Der Mozart des ›Don Giovanni‹, der Streichquintette, der beiden Klavierkonzerte in Moll, der g-Moll-Symphonie. Ich schloß mit dem lyrischen Finale der Mozarterzählung.

Es war still gewesen in der Klasse, während ich sprach. Man hörte zu, ganz ohne Glossen und Kommentare. Auch der Deutschlehrer schien gefesselt zu sein. Dann gab es Räuspern und eine Rückkehr zum Alltag, wie am Ende eines Konzerts. Es gab etwas Lob, die Kameraden sahen mich mit sonderbarem Ausdruck an: etwas in mir hatte sich für sie verändert.

Jetzt hatte mich der Ehrgeiz gepackt, und ich trieb es genauso, wie später noch oftmals, wenn ich einem punktuellen Erfolg nachstoßen wollte. Nun gedachte ich es zu zwingen, mit Hilfe von viel Arbeit und Gedanklichkeit. Das pflegte stets zu mißlingen. So auch hier. Ich nahm mir abermals einen Dichter vor, weil der eigentliche Referent krank geworden war. Diesmal also den Friedrich Hebbel. Daß man den Autor der

›Judith‹ nicht mit den Methoden eines Mörike-Referats präparieren konnte, hatte mir niemand beigebracht. Ich hielt mich an die bewährte Methode, und stieß auf kühle, ungewöhnlich gereizte Ablehnung in der Klasse und beim Lehrer. Ich hatte mich arg übernommen und wurde wieder zurückversetzt in mein früheres Bild, das nicht schlecht gewesen war, doch keineswegs genialisch. Das war eine Niederlage, ohne Zweifel; ich empfand mich als degradiert. Dennoch blieb mir das undeutliche Bewußtsein, zum ersten Mal meine eigenen Grenzen überschritten zu haben.

Während wir die Berichte des Thukydides vom Peloponnesischen Krieg aus dem Griechischen übersetzten, unter Beachtung aller Formen des Aorist, die Gedichte des Horaz durch Grammatikunterricht verdarben, die sphärische Trigonometrie verstehen lernten, falls man sie verstand, englische Vokabeln büffelten und die fragwürdigen Schönheiten der ›Sappho‹ von Grillparzer zu rühmen hatten, lief der deutsche Alltag zwischen Krisen und Katastrophen ab. Räterepublik in München und Einmarsch der – angeblich – regierungstreuen Truppen; Geiselerschießungen, dann Standgerichte. Der einstige deutsche Unterhändler beim Waffenstillstand, ein katholischer Süddeutscher, Matthias Erzberger, wurde im Sommerurlaub im Schwarzwald »über den Haufen« geschossen. Der jüdische Reichsaußenminister Walther Rathenau, der Eindruck gemacht hatte als deutscher Repräsentant auf einer internationalen Konferenz zu Genua, worauf er anschließend und zum ersten Mal mit Vertretern der jungen sowjetrussischen Diplomatie verhandelte, um eine Alternative für die deutsche Politik anzudeuten gegenüber der unerbittlichen französischen Pression, wurde im Berliner Grunewald im offenen Auto ermordet, als er sich an einem Junimorgen anschickte, ins Ministerium zu fahren. Sein Kabinettsvorsitzender, der Reichskanzler Dr. Joseph Wirth, ein katholischer Badener, hielt die Gedenkrede im Reichstag und sprach den Satz: »Der Feind steht rechts!«

Das Wort Valuta kam in den meisten Sätzen der Alltagsrede vor. In den Zeitungen erschien das bärtige, wenig angenehme Gesicht eines gewissen Hugo Stinnes, der sich im Ruhrgebiet, das von Franzosen okkupiert war, im Schutz einer unvorstellbaren Geldentwertung sein Imperium zusammenkaufte. Wir waren unpolitisch in der Klasse, wenn man dem Anschein trauen wollte. Daß es sich anders verhielt, sollte ich außerhalb der Schule erfahren. Wovon noch zu reden sein wird. Die meisten Mitschüler stammten aus katholischen Bürgerfamilien des Rheinlands. Erzberger und der Reichskanzler Wirth: das waren auch ihre Leute. An irgendein ernsthaftes, gar leidenschaftliches Politisieren in der Klasse oder auf dem Schulhof kann ich mich kaum erinnern. Aber dann bekamen wir, für die letzten drei Schuljahre vor dem Abitur, einen neuen Klassenlehrer, einen Mathematiker, und der betrieb, vom Gegenstandpunkt her, meine Politisierung.

Das war ein Elsässer, der nach der deutschen Niederlage und dem Einmarsch der Franzosen für Deutschland optiert und damit die Heimat verloren hatte. Er war offenbar sehr tüchtig in seinem Fach, habilitiert und neben dem Gymnasialamt zugleich Privatdozent an der neugegründeten Kölner Universität. Der spätere Ordinarius für Mathematik, Hans Hamburger, ein Verwandter Albert Einsteins, sprach achtungsvoll von dem älteren Kollegen aus dem Elsaß.

Nun war ich leider ein miserabler Mathematiker. Der Gewaltige hingegen erinnerte stark an Hanno Buddenbrooks Klassenlehrer: er hatte für sich die Schüler eingeteilt in Lieblinge und Statisten. Mit den Erwählten pflegte er vor der Tafel zu meditieren. Ihre Arbeiten schaute er sich genau an. Uns anderen galt kein Blick. Als ich das merkte, und überdies immer weniger verstand von dem Zeug, das die Hochbegabten trieben, beschloß ich, ohne eigentlichen Beschluß, mehr durch Bleibenlassen, gar keine Hausaufgaben mehr anzufertigen. Ich präsentierte einfach bei der Inspektion irgendeine Figur, die Monate vorher drangewesen war. Es wurde kein Auge darauf geworfen, ist auch niemals entdeckt worden.

Man ließ mich im allgemeinen in Ruhe, weil ich nicht zählte. Nur ein- bis zweimal vor den jeweiligen Ferien kam ich turnusweise »dran«, und das war jedesmal von Schmach begleitet. Man rief mich auf zur Tafel, ich verstand nicht einmal, was man verlangte, der Zorn brach los und ich wurde in die Bank zurückgeschickt. Dann war abermals Ruhe für eine Weile. So lief der Ritus ab; ich hatte mich an das Risiko gewöhnt und machte weiterhin keine Mathematikaufgaben.

Bis eine Verschärfung eintrat im letzten Schuljahr, in der

Oberprima. Die fällige Strafaktion vor der Tafel wurde plötzlich um eine neue, diesmal politische Dimension bereichert. Der mächtige Mann schien für planvolle Tücke bei mir zu halten, was bloß als Trotz und Unverstehen zu deuten war. Jäh brach es heraus: »Sie sind auch einer von den Werfel, Landauer und Konsorten!« Damit war ich ersichtlich als Spartakist, Bolschewik oder gar Anarchist charakterisiert. Als ein jüdischer noch dazu. Die Zusammenstellung war unsinnig. Werfel hatte zwar um 1919 in Wien ekstatisch von Erstürmung der bürgerlichen Bollwerke geträumt, doch alles längst vergessen: um irgendeiner neuen poetischen Reizung willen. Landauer war im Frühjahr 1919 mit Gewehrkolben niedergemacht worden. Martin Buber gab seine während des Weltkriegs gehaltenen Vorlesungen über Shakespeare heraus, die ich kannte und sehr liebte.

So antwortete ich denn verhältnismäßig ruhig: ich wüßte nicht, was gemeint sei. Werfel hätte ich noch nicht gelesen, wohl aber Landauer über Shakespeare, und das fände ich sehr gut. Worauf die leise und bebende Antwort kam: »Und ich will Ihnen mal etwas sagen: Der Kerl ist pervers vom Scheitel bis zur Sohle!« Ich habe das noch im Ohr.

Bis heute kann ich mir nicht erklären, worin Gustav Landauers tiefe Perversion bestanden haben soll. Die Zusammenstellung des Landauerschen libertären Sozialismus und der Werfelschen Weltfreundschaft ergab keinen Sinn. Da hatte einer nach Zeitungsberichten, die dahin angelegt waren, für die deutsche Not und Niederlage irgendwelche Schuldigen zu finden, seinen Privatfetisch modelliert. Ich aber hatte offenbar eine gewisse Ähnlichkeit mit dem Popanz. Zumal ich mich nicht für Mathematik zu interessieren schien.

Der Beschimpfung folgte die Drohung. Meine Unkenntnis des Faches Mathematik sei nicht mehr quantifizierbar: sie sei schlechthin ohne Boden. Für solche Fälle aber sähe die Prüfungsordnung die absolute Negation vor. Wer so arg von der Schulnorm abweiche, könne diese Urschwäche nicht durch sehr gute Leistungen in anderen Fächern kompensieren. Ihm müsse das Zeugnis der Reife versagt werden. Nun schaltete sich mein Vater ein. Ein anderer Lehrer des Schiller-Gymnasiums gab mir Privatstunden in Mathematik. Ich verstand plötzlich, weil man sich meiner annahm, die Leistungen wurden besser, ich fand den Anschluß, löste im Abitur immerhin zweieinhalb von vier gestellten Aufgaben und konnte mithin nicht abgewiesen werden. Auch ließ mich der Gewaltige nun, da ich Schüler seines Kollegen war, in Ruhe.

An dieser trivialen Schulgeschichte habe ich noch etwas anderes gelernt. Daß man nicht von der Heftigkeit eigener Gefühle auf die gleiche emotionale Intensität der anderen schließen darf. Jener gymnasiale Despot hatte mich mit tiefem Haß erfüllt; ich hielt es für selbstverständlich, daß ich, einer von den Werfel, Landauer und Konsorten, auch ihm ein Gegenstand des Abscheus sein müsse. Allein mein Klassenlehrer war offenbar dennoch ein Mann von Format, der seine Wutanfälle und Vorurteile in Grenzen hielt. Nach einigen Jahren, als ich längst in Berlin studierte, lernte der Vater bei einer geselligen Veranstaltung meinen ehemaligen Todfeind kennen. Man fand Gefallen aneinander. Mein Vater war ein »typischer Rheinländer« der geselligen Art. Er gab sich schließlich als Vater eines ehemaligen Schülers zu erkennen und nannte meinen Namen. Mein böser Dämon von einst konnte sich an einen Schüler dieses Namens nicht mehr erinnern.

Das glaube ich ihm aufs Wort. Jeder Erzieher, erst recht jeder akademische Lehrer macht die Erfahrung, daß eine Regung der Ungeduld, irgendwann einmal in einem Augenblick der Müdigkeit geäußert, Feindschaft bewirken kann für ein ganzes Leben. Man staunt dann, daß der einstige Schüler oder Student weit später so überaus haßvoll auftritt. Auch die Umkehrung ist nicht selten: daß man fast ebenso absichtslos sich Dankbarkeit und Zuneigung erwirbt, weit über den Anlaß hinaus. Ich also hatte gehaßt und war nicht wiedergehaßt worden.

Die Reifeprüfung bestand ich gegen Ende des Winters 1924/25, noch mit siebzehn Jahren. Ich schrieb einen Aufsatz über das Thema: »Ist Goethes Egmont ein Freiheitsheld?« Es war das einzige zugelassene Thema. Wenn auf solche Weise gefragt wurde, das wußten alle, mußte stets der Freiheitsheld herausgestellt werden, was ich auch tat. Im ganzen gut. Mathematik, eine Übersetzung aus dem Griechischen. Und dann noch, es klingt traumhaft, die Aufgabe, in fünf Klausurstunden einen Text der ›Kölnischen Zeitung‹ ins Lateinische zu übersetzen. Trotzdem herrschte am Morgen, als der Briefumschlag mit der Aufgabenstellung feierlich geöffnet wurde, nicht Entsetzen, sondern Heiterkeit unter den Kandidaten. Offensichtlich waren drei deutsche Texte als Übersetzungsvorlagen dem Provinzialschulkollegium in Koblenz eingereicht worden. Diese Aufgabe hier gehörte dazu. Seit etwa sieben Monaten jedoch hatten wir in der Lateinstunde kaum etwas anderes betrieben, als lateinische Wendungen zu lernen, die bei der geforderten Übertragung vorkommen würden. Wir kannten demnach sämtliche Floskeln. Alles war reduziert auf ein Zusammensetzspiel; außerdem hatte man sich vor falschen Konjunktiven zu hüten.

Wir waren übrigens der letzte Jahrgang, der solchem Unfug ausgesetzt war. Bereits die Abiturienten von 1926 durften eine Übersetzung aus dem Lateinischen anfertigen. Ich habe meine Schule nach dem Abitur nie wieder aufgesucht, den Moses und die Heroen des Erzgießers Peter Vischer nicht wiedergesehen. Im Juli 1946 stand ich vor den Trümmern des Gebäudes. Das Wiedersehen mit Köln war schrecklich, doch beim Anblick dieser Ruinen blieb ich kühl.

Hakenkreuz am Stahlhelm

Mit einem Despoten vom Schlage des Professors Unrat, das wurde bereits angemerkt, kann mein Schulbericht nicht aufwarten. Er hat auch nichts zu melden über Schmähung und Absonderung der jüdischen durch die nichtjüdischen Gymnasiasten des Schiller-Gymnasiums in Köln. In der Hierarchie der Gymnasien meiner Vaterstadt nahm die Neugründung im Vorort Ehrenfeld einen minderen Platz ein. Es war weitaus feiner, das Kaiser-Wilhelm-Gymnasium in der Stadt, oder jenes in der Kreuzgasse, unweit der berühmten Synagoge, wo der Vater von Jacques Offenbach als Kantor gewirkt hatte, zu besuchen und dort das Reifezeugnis zu erwerben. Die graue Mittelmäßigkeit unserer Lehrer war darauf zurückzuführen, daß man die begabteren Studienräte für die traditionsreicheren Schulen im eigentlichen Stadtgebiet reservierte.
Auch die Schüler entsprachen dieser allgemeinen Zweitklassigkeit. Kinder aus den alten und maßgebenden Familien wohnten in schönen Bürgerhäusern der Stadt: im Bereich der Ringstraßen, im Vorort Lindenthal, oder gar am Rheinufer etwas außerhalb der Stadt, noch hinter der Südbrücke. Die Marienburg war das »bessere Viertel« schlechthin. Auch das neue Ehrenfeld galt damals noch als recht gute Adresse. Von dort schickte man den männlichen Nachwuchs zum leicht zu erreichenden Schiller-Gymnasium. Meine Schulkameraden kamen aus dem mittleren Bürgertum, obere Randzone. Söhne von Lehrern und Oberlehrern, von Fabrikanten aus dem nahen Lindenthal, von mittleren Geschäftsleuten und Beamten. In meiner Klasse fehlten die bekannten Namen des Kölner Bürgertums ebenso wie die Namen der angesehenen jüdischen Ärzte und Rechtsanwälte. Es kam selten vor, daß der Beruf eines Vaters mit den »jüdischen« Insignien eines Sanitätsrates, eines Justizrates oder gar eines Kommerzienrates versehen war. Wir waren weitgehend die Kinder von Zugereisten. Das galt auch für die drei Juden der Klasse: für meinen Freund Walter Stein und mich wie für den dritten, der nun wiederum mit uns beiden nichts zu tun haben wollte. Er war der Sohn eines kleinen jüdischen Kaufmanns aus einem Vorort und

bekannte sich früh bereits, und sehr entschieden, zum Zionismus. Man ließ ihn gewähren. Leider kam er schlecht mit in der Klasse, so daß er nach Erwerb des »Einjährigen«, vor den drei letzten Oberklassen, die Schule wieder verließ.
Da die Eltern oft zugewandert, die Beamtenväter aus anderen preußischen Provinzen nach Köln versetzt waren, gab es, für rheinische Verhältnisse, ziemlich viel Protestanten. Dadurch war eine geheime Zweiteilung gegeben, die uns nicht bewußt wurde, weil die Kölner Gemächlichkeit, jeglichem Eifer (in sämtlichen Wortbedeutungen) abhold, ein solches Zusammenleben, auch zwischen jüdischen und nichtjüdischen Schülern, ohne weiteres hinnahm. Es gab keinen Kommentar in der Klasse, wenn beim Einrichten des Klassenbuches zu Beginn des neuen Schuljahrs nach dem Religionsbekenntnis der Schüler gefragt wurde. Man sagte dann nicht einfach »jüdisch«, weil das bei allen für unfein galt, sondern »israelitisch«. Boshafte Beamte schrieben bisweilen, beim Ausstellen irgendwelcher Papiere, statt dessen »mosaisch«: was sie für kränkend hielten.
Auch im Machtbereich der Lehrerschaft und Schulverwaltung hatte sich eine Doppelherrschaft herausgebildet. Das freilich begriff ich erst viel später: als ich die Schule verließ und meine Schuljahre für mich überdachte. Unser letzter Direktor war ein moderner Pädagoge, liberal, republikanisch, aufgeklärt im Sinne des klassischen deutschen Idealismus. Seine Geschichtsbücher wurden gerühmt. Andererseits empfanden wir alle, unabhängig von den Religionen, den katholischen obersten Religionslehrer als geheimen Mittelpunkt der »Anstalt«. Der Priester stand ein für Kontinuität; der Direktor entsprach, in seinem Schwanken und der unmerklich-bemerkbaren Ohnmacht, dem neuen republikanischen Staat von Weimar. Es war kein Zufall, daß er plötzlich begann, uns Primanern selbst Unterricht zu geben in der »philosophischen Propädeutik«. Ich habe die paar Stunden, die das andauerte, sehr genossen. Aber dann war alles auch schon wieder aus. Wer hatte es sich verbeten?
Die letzten Schuljahre fielen zusammen mit einer ebenso vorübergehenden wie relativen Festigung der deutschen Wirtschaft und Staatlichkeit. Vorher jedoch, also bis zur Stabilisierung des Geldes mit Hilfe einer »Rentenmark«, die am

1. Januar 1924 an die Stelle einer Billion alter Währung getreten war, wurde ein Abgrund geöffnet, der sich nie wieder schließen sollte. Die Inflation zerstörte das deutsche Bürgertum in seiner Substanz. Auch das Vermögen meiner mütterlichen Familie war weggeweht worden. Während des Krieges hatte die Großmutter ihren Kindern helfen können; nun war sie selbst auf diese Kinder angewiesen, vor allem auf den Sohn, meinen Onkel, der es zum Prokuristen der Dresdner Bank gebracht hatte: was ihn während des Krieges leider nicht davon abhielt, das mütterliche Vermögen, indirekt auch sein eigenes damit, der gefräßigen und doch immer hungrigen »Kriegsanleihe« zu opfern. Auf dem Höhepunkt der Geldentwertung, als die Zeitungen von der Revolution der Kommunisten oder von Fememorden, exekutiert durch nationalistische Studenten und ehemalige Offiziere, zu berichten hatten, vollzog sich innerhalb unserer Schulklasse, sichtbar für einen jeden, doch von niemand ernsthaft überdacht, eine neue und tiefe Spaltung: jenseits der Religionen und der hastig von uns übergestreiften politischen Überzeugungen. Es war von nun an, jedenfalls bis zur Stabilisierung des Geldes, die Zweiteilung in Kinder der Habenichtse und der neureichen Geschäftemacher.

Die Beamtengehälter hatten alle Kaufkraft verloren, man sah es an den Frühstücksbroten der Söhne. Die Kaufleute jedoch handelten und verhandelten auf Dollargrundlage. Ihnen ging es gut. Auch meine Familie gehörte dazu. In unserer Klasse saßen zwei Mitschüler, nette Burschen übrigens, deren Väter bei uns am Abendbrottisch einfach mit dem lieblosen Ausdruck »Spritschieber« qualifiziert wurden. Die Jungen hatten viel Taschengeld, nämlich solide Valuta. Sie pflegten auf Motorrädern anzufahren, was ganz unerhört war, denn schon ein gutes Fahrrad war heiß begehrt. Die meisten Mitschüler kamen und gingen zu Fuß. Wenn die unerträglichen Schulausflüge stattzufinden hatten, die ich inbrünstig haßte, so fanden sich die Habenichtse mit dem Rucksack ein; man wußte, was er zu enthalten hatte oder enthalten konnte. Harte Eier, etwas Kaffee oder Kakao, schmächtige Brote. Wir Söhne der Nachkriegsgewinner benutzten den ersten Vorwand, um uns angeblich im Wald zu verlaufen. Worauf wir irgendwo einkehrten, großspurig Zeche machten, mit Alkohol, wie es sich versteht, um dann mit der Bahn nach Köln zurückzufahren. Am andern Morgen gab es natürlich Krach in der Schule, aber der war bereits einberechnet. Ich bin damals mitgelaufen im Häuflein der neuen Bourgeois. Doch die Spaltung innerhalb der Klasse fand sich, nach solcher brutalen Kündigung aller Kameradschaft, weiterhin vertieft.

Das merkte ich, als wir, zu Beginn des Jahres 1922, die Untersekunda hinter uns gebracht hatten. Sechs Gymnasialjahre waren für uns abgetan; drei weitere standen vor denjenigen, die weiter zur Schule gehen und das Abitur machen sollten, weil ihre Eltern imstande waren, das Schulgeld zu bezahlen. Wer das Schuljahr, laut Zeugnis, bestanden hatte, galt nunmehr als »Einjähriger«. Im Kaiserreich hätte er nur ein Jahr zum Militär gemußt: nach einem Grundsatz, der höhere Schulbildung gleichsetzte mit höherem Sachverstand. Allein das Kaiserreich war vorbei, es gab keinen Militärdienst, weil es kein deutsches Militär gab, so daß das Zeugnis des Einjährigen, der damit auszog in ein verrottetes Gesellschaftsleben, nichts anderes besagte, als daß einer gescheitert war und Hoffnungen begraben mußte.

Damals stand mein 15. Geburtstag bevor. Der Durchschnitt in der Klasse war etwas älter: ich hatte in der Schule und später auf der Universität stets davon profitieren dürfen, daß ich im März zur Welt kam. Flegeljahre also im Grunde; wir wollten mächtig großtun und beschlossen, einen Einjährigenkommers zu feiern. Alles sollte ablaufen sozusagen wie bei richtigen Studenten, also bei den Erwachsenen. Ich erinnere noch schwach das Hinterzimmer irgendeiner Vorstadtkneipe. Das hatten wir gemietet für unsere Festivitas. Alle hatten gleichmäßig an den Unkosten teilzunehmen. Daß es den einen schwerfiel, den anderen eine Bagatelle war, kam uns nicht in den Sinn. Die Geldentwertung steigerte sich unablässig. Es war Frühjahrsanfang oder Wintersende 1922. Gelernt hatten wir kaum noch in der letzten Zeit: alles erschien uns grotesk neben der Verarmung der einen, der Geldprotzerei der anderen. Ich gehörte, ohne es recht begriffen zu haben, auf die Seite der Profiteure, obwohl ich keinen Grund hatte, an der geschäftlichen Redlichkeit meines Vaters zu zweifeln. Er exportierte und importierte, wie immer seit der Rückkehr aus dem Krieg; ab und zu reiste er in Geschäften nach Holland.

Seine Geschäftsfreunde, die bisweilen zu Tisch kamen, meist übrigens Nichtjuden, wirkten solide und waren es wohl auch. Man schwamm mit dem Strom. Spritschieber oder Leute vom Schlage eines Hugo Stinnes waren nicht darunter.
Wir hatten keinen Anlaß, auf Erlöser zu hoffen. Daß es anders war bei vielen Mitschülern und ihren Eltern, sollte ich jäh erkennen auf diesem Einjährigenkommers der Sechzehnjährigen. Man hatte viel dünnes Bier getrunken und kaum etwas gegessen, auch konnten wir, bei aller Männlichkeit, nicht besonders viel vertragen. Wir gaben an, das versteht sich. Zuerst hatten einige forsche Tänzer und Fachleute für die damals modisch neuen Tänze, für Twostep, Onestep, Slowfox und Tango, die damals gängigen Schlager auf dem Wirtshausklavier heruntergetrommelt. Ich selbst geruhte nicht, als der wohl einzige wirkliche Klavierspieler unseres Jahrgangs, dabei mitzuhalten.
Dann war es so weit. Vom Klavier her kam eine mir unbekannte, vielleicht nicht ganz unbekannte, doch insgeheim beschwiegene Marschweise. Viervierteltakt, die starken Taktteile grob betont. Dies war die Gegenwelt zu meinen Beethovensonaten und Davidsbündlertänzen, auch zum eleganten Berliner und New Yorker Tanzmusikangebot. Das da war deutsch, nichts als das, und zwar trotzig-auftrumpfend. Ein Erlösungsmarsch der Hungrigen und Gekränkten:

> Hakenkreuz am Stahlhelm,
> Schwarzweißrot das Band:
> Die Brigade Ehrhardt werden wir genannt!

Was hier gesungen wurde, war auch mir nicht fremd, doch hatte ich nie vermutet, daß dergleichen ernstgenommen werden könnte am Schiller-Gymnasium: in meiner Schulklasse. Die Farben der Republik waren Schwarzrotgold. Wer sich zur Farbenkombination des Kaiserreichs bekannte, wie es hier singend geschah, lehnte den Staat ab, worin wir lebten, mitsamt der Weimarer Verfassung von 1919. Ebensowenig war mir verborgen geblieben, wenn auch nicht durch kränkende oder gar gefährliche eigene Erfahrung, daß jenes besungene Hakenkreuz den Judenhaß symbolisierte: die entschiedene Absage an bürgerliche Gleichberechtigung. Die Hakenkreuzler, das war wohlbekannt, bekämpften die Republik als »Judenrepublik«. Die Wochenzeitung des ›Centralvereins deutscher Staatsbürger jüdischen Glaubens‹, die man bei uns hielt, berichtete ausführlich über die antisemitischen Kurorte an der Nordsee (Borkum) oder am Tegernsee. Der ›Miesbacher Anzeiger‹ wurde immer wieder, je nachdem angewidert oder belustigt, zitiert von den Redakteuren der »Judenpresse«, etwa dem gleichfalls bei uns gelesenen ›Berliner Tageblatt‹. Von einem Mann namens Hitler wurde noch nicht viel Wesens gemacht; sein Verbündeter, der einstige Weltkriegsstratege Erich Ludendorff, war ernster zu nehmen. Meine Schulkameraden aber hatten in ihrem Gesang nicht irgendeine der völkischen Parteiungen beschworen, sondern den Kapitänleutnant Ehrhardt. Was heißen sollte: den nationalistischen Terrorismus der Freikorps. Führergestalten wetteiferten damals miteinander: Ehrhardt war nur einer von vielen. Es gab die Leute um Rossbach, um den Hochmeister eines »Jungdeutschen Ordens«, Partisanengruppen in Oberschlesien und im Ruhrgebiet. Es gab Helden und Märtyrer in dieser Gegenwelt zur Oberwelt der Weimarer Republik. Die großen Zeitungen entrüsteten sich über Sabotageakte, beim Mord an dem katholischen Politiker Erzberger, beim Vandalentum auf jüdischen Friedhöfen.

Bisher war dies alles für mich bloße Wirklichkeit gewesen aus der Zeitung. Nun aber hatte sich die wohlbekannte Umwelt jäh verändert. Zur Kenntlichkeit oder zur Unkenntlichkeit? Das war noch nicht auszumachen. Vielleicht waren die Sänger aus unserer Klasse auch nur bekenntnisfroh im allgemeinen Sinne: nicht gewillt, von sich aus durch solchen Gesang einen Trennungsstrich zu ziehen zu unsereinem. Sonst hätten sie ein anderes ihrer Lieder anstimmen können:

> Schlagt tot den Walther Rathenau,
> Die gottverdammte Judensau!

Das taten sie nicht an jenem Kneipenabend. Andere taten es und meinten es auch. Ein Vierteljahr später verblutete Rathenau unter den Schüssen der Offiziere Kern und Fischer von irgendeinem Freikorps. Als jene Weise vom Hakenkreuz am Stahlhelm erklang an jenem Kneipenabend, gab es einen Ruck unter meinen Mitschülern. Dergleichen hatte ich nie erlebt. Einige eilten zum Klavier, andere folgten nach. Man scharte sich um den Klavierspieler, um mitzusingen. Das geschah offensichtlich nicht unvorbereitet. Da fanden sich Gleichge-

sinnte zusammen beim wohlbekannten Ritual. Die Gesichter waren schön in ihrem Rettungsvertrauen. Nichts mehr von dumpfer Besäufnis. So war man, das hatte ich erlebt, singend in den Krieg gezogen. Mein Vater hatte nicht mitgesungen, das erinnerte ich noch. Diese hier aber, die wohlbekannten Kameraden aus nunmehr sechs Schuljahren, wollten von neuem marschieren. Hinaus in eine Ferne, wo es keine deutsche Niederlage mehr gab und keinen Versailler Vertrag, keinen jüdischen Reichsaußenminister und keine Spritschieber.
Ich bin nach diesem Gesang unter irgendeinem Vorwand rasch nach Hause gegangen. Am anderen Tage oder auch später hat keiner den Vorgang je wieder erwähnt. Doch sah ich von nun an alles mit anderen Augen. Ich war wiederum der Mitschüler ohne Schultüte. Wichtig war das nicht zu nehmen. Bald darauf entdeckte ich Otto Klemperer am Kölner Opernhaus, die Expressionisten, den eingesperrten Hochverräter Ernst Toller, die ›Weltbühne‹, Fritz Kortner, den ›Tristan‹. Äußerlich hatte sich nichts geändert beim Umgang mit den Klassenkameraden. Mein Geigenspieler Heinz Dramsch übte weiter mit mir die Frühlingssonate; man besuchte einander. Aber nun waren wir, die künftigen Abiturienten, in ein Alter gekommen, wo die gesellschaftlichen Unterschiede und die Gegensätze in der Lebenshaltung stärker zu Tage traten. Die Klasse gliederte sich insgeheim neu. Der Schulbetrieb war wichtig und belanglos in einem. Was war da ernsthaft zu erörtern beim Abspulen der Schiller und Goethe, Sophokles und Platon, Tacitus und Cicero? An jenem Kneipenabend war ich aus einer Gemeinschaft ausgetreten, oder auch entlassen worden, je nachdem. Das hing mit meinem Judentum zusammen, ohne Frage. Ich empfand anders, als jene inbrünstigen Sänger. Als wir, drei Jahre später, das Reifezeugnis erhalten hatten, muß es wohl auch, wie üblich, einen Abiturientenkommers gegeben haben, ich weiß es nicht mehr. Jedenfalls bin ich nicht hingegangen.

Exkurs: Der Mitschüler. Eine Erzählung

Wie das Dämonische aus einem Menschen hervorbricht, also daß der Betrachter solchen Schauspiels plötzlich nicht mehr den bekannten und scheinbar vertrauten Mitmenschen vor sich sieht, sondern eine unmenschliche, gänzlich unberechenbare Gewalt, man hat nicht häufig Gelegenheit, das mitzuerleben. Was sich herkömmlicherweise als Dämonie in unser Tagesgeschehen wagt, ist bloße Parodie, bemühte Anstrengung gutartiger und geltungssüchtiger Mitgeschöpfe. Ein Verhalten, das in sich dämonisch wäre, kann es nicht geben. Aus dem Alltag, dem ruhigen Stromkreis unseres Tagewerks, sickert das Unheimliche und Dämonische hervor. Wo bizarre und außergewöhnliche Requisiten aufgeboten werden, soll man es niemals suchen. Dämonie ist kein Dauerzustand: man kann darin nicht ausgiebiger verharren. Dem Zeugen aber solcher Vorgänge bleibt der Anhauch der Fremdheit, und das Staunen bis an sein Lebensende.
Ich habe das Dämonische in einem Menschen für Augenblicke leuchten sehen. Es hat sich gar nichts Besonderes dabei ereignet. Damals war ich ein Kind, auf der Suche nach meiner ersten selbstgefertigten Lebenshülle. Die Begegnung mit dem Dämonischen fand mich also in einem jener unbefriedigenden Zwischenzustände, wo man noch schutzloser dasteht als sonst. Das ist wohl auch der Grund, weshalb ich fähig war, in einem Alltagserlebnis, von dem ich hier berichten will, alle Bedeutung zu ahnen, die den Tatsachen selber gar nicht ohne weiteres abzulesen war.
Mein Mitschüler Karl Pratt, denn durch ihn lernte ich das Dämonische kennen, nahm damals für ein paar Monate an unseren Unterrichtsstunden teil. Wir anderen in der Klasse zählten alle etwa 14 oder 15 Jahre; er war mit beinahe 17 Jahren der Älteste. Familienverhältnisse, deren Einzelheiten ich vergessen habe, wohl auch nie verstand, hatten ihn monatelang allem Schulbesuch ferngehalten. Ich glaube mich auch zu erinnern, daß er von gelegentlichen kurzen, aber schweren Krankheiten sprach, die hinter ihm lagen. Jedenfalls war es alles andere als Dumpfheit oder Faulheit, was ihn in der

Schulkarriere zurückbrachte. Kaum trat er in unsere Arbeit ein, als er alles um sich her in den Schatten stellte: nicht bloß durch größere Kenntnisse, die er sich früher anzueignen vermochte und uns nun hätte vorsetzen können, sondern durch seine wilde, einer stürmischen Eroberung gleichende Manier, den Lernstoff, alten wie neuen, hart an sich zu reißen und siegreich zu verwalten.

Bald war er der Erste und stand bei uns wie bei den Lehrern gleichsam für sich allein: man hatte nicht das Gefühl, er gehöre zur Klasse; sein Bereich war gesondert, seine Person glich nur sich selber. An Körperübungen und Spielen, wo er vielleicht durch Stärkere oder Gewandtere hätte verdrängt werden können, nahm er aus irgendwelchen Gründen nicht teil. Die Leitung hatte ihn von solcher Pflicht entbunden, ohne daß wir Näheres darüber wußten; auch das mußte mit einstigen Krankheiten zusammenhängen. Dennoch wäre es keinem von uns eingefallen, ihn deshalb zu mißachten oder uns hier eine billige Revanche zu bereiten. Einmal war Pratt groß und offenbar kräftig; sein herrisches und willensstarkes Gebaren schloß den Verdacht aller Feigheit oder Zimperlichkeit von selber aus, so daß jeder ihm zutraute, wenn er nur wollte, auch in allen Körperdingen uns zu überholen; dann aber waren wir offenbar froh, ohne es natürlich zu ahnen, daß er der Gemeinschaft von Sport und Spiel fernblieb. Nirgends bildet sich rascher, argloser und echter eine Gemeinschaft, als beim Zusammenklang der Körper im Spiel. Nur Menschen, die auf der gleichen Ebene stehen, einander zu überblicken vermögen, können im gleichen Rhythmus des Spiels aufgehen. Der Fremde, der ganz Andere mußte den Rhythmus hemmen. Pratt hätte durch sein bloßes Dabeisein unseren Rhythmus gestört. Ich möchte annehmen, daß er es wußte und über seine Dispensierung von der körperlichen Übung nicht unzufrieden war.

Es war nämlich so, daß er keine Verbindung zu uns suchte. Kinder spüren schnell eine Sympathie, die nichts dringlicher begehrt als Einordnung und Mitwirkung. Mag man den Suchenden dann zurückweisen, was für ihn schmerzlich ist, steht er dann durch sein Begehren auf der gleichen Ebene, die ihm in Wahrheit versagt ist, oder aufnehmen: im Innersten gehört beides zusammen. Pratt begehrte nichts; er versagte sich nicht einmal, denn auch solches gewollte Abseitsstehen hätte noch eine geheime Zugehörigkeit bekundet. Er stand ganz einfach in einer anderen Welt, die nicht einmal eine Gegenwelt zu der unsrigen war, sondern schlechthin mit der unsrigen unvereinbar. Warum das so war, worin die Gesetze dieser anderen Welt bestanden, wüßte ich nicht zu sagen. Ich spürte jedoch die Tatsache, und alle spürten sie so wie ich.

Nun fügte es sich aber, daß Pratt zu mir auf die gleiche Bank zu sitzen kam. Und bald vertrugen wir uns auf der gemeinsamen Bank ganz vortrefflich. Da er ebensowenig wie ich die Zuflucht zu »unerlaubten Hilfsmitteln« bei schlechter Vorbereitung verschmähte – von seiner Seite war wohl etwas Verachtung für die Mittelmäßigkeit des Lernbetriebs dabei im Spiel –, hatten wir uns angewöhnt, ein System gegenseitiger Hilfe durchzuführen. Verbotene Übersetzungen unter der Bank und Stichworte bei den Prüfungen spielten dabei die Hauptrolle, ohne daß die Lehrer etwas bemerkt oder – wenn sie es sahen – zum Anlaß genommen hätten, Pratts Stellung und die meine zu gefährden.

Aus solcher gegenseitigen Gewöhnung entstand etwas wie eine – soll man es Freundschaft nennen? Auch die Zuneigung von Freund zu Freund setzt die gleiche Ebene voraus, auf der jener seltsame Zustand aus Achtung und Nachsicht, geistiger Gemeinschaft und bloßer Gewöhnung, den wir Freundschaft nennen, entstehen kann. Das alles konnte es mit Pratt niemals geben. Er achtete niemand: nicht die Mitschüler, nicht die Lehrer, nicht die großen Meister, die man uns – wie unvollkommen! – im Unterricht näherzubringen suchte. Vor seinem Blick, seinem Zugriff schien alles Edle, alles Ehrwürdige, alles Rührende wie zu erstarren: es war nichts als Mechanik, Hilflosigkeit und Mißlingen übrig geblieben, wenn Pratt den Blick von Menschen und Werken abwandte. Ehrfurcht kannte er nicht, vor allem keine Sympathie; er sah offenbar nur das Unvollkommene und fertigte es ab – keineswegs übrigens im Namen einer vorgestellten und leidenschaftlich angestrebten Vollkommenheit. Begeisterungsworte oder auch nur Worte der Anerkennung habe ich niemals aus seinem Munde gehört. Wie hätte es da, beim Fehlen aller Achtung und aller Hinwendung zum Mitmenschen, so etwas wie Freundschaft zwischen uns geben können.

Tatsache war nur, daß wir uns innerhalb der Schule ganz gegen die anderen abschlossen und ausschließlich miteinander verkehrten. In den Pausen gingen wir zusammen, und nach Schulschluß begleitete Pratt mich nach Hause. Das könnte nach freundschaftlichem Wohlwollen des Älteren für den Jüngeren aussehen; dennoch habe ich, soviel ich mich erinnern kann, niemals diesen Eindruck gehabt. Ich fühlte mich weder geehrt noch erfreut durch solche Begleitung nach Hause. Es war insgeheim selbstverständlich, daß ich ihn nicht begleiten durfte. Denn das war es: weit davon entfernt, ein Zeichen des Vertrauens zu bieten, unterstrich die Begleitung bis zu meinem Elternhause durchaus nur den Abstand, die vollständige Andersartigkeit unserer Daseinsebenen. Denke ich nach, so weiß ich nicht einmal so recht, ob ich je das Haus sah, in dem Pratt wohnte. Unsere Stadt war groß – Pratt mußte in einem ganz anderen Vorort wohnen. Jedenfalls war ich nie bei ihm; er lud mich nicht ein, und ich hätte mir derartiges auch gar nicht gewünscht: ein Besuch bei Pratt wäre mir irgendwie schamlos vorgekommen. Außerdem lebte er nicht bei seinen Eltern. Ich glaube mich zu erinnern, daß sie geschieden waren, und daß der Junge schon frühzeitig zwei alten Tanten anvertraut worden war, die ihn bei sich beherbergten und deren körperliche Gebrechen er mit Vorliebe in unseren Gesprächen hervorzuheben pflegte. Was Pratt in den Stunden, wo ich ihn nicht sah, trieb, vermochte ich mir nicht vorzustellen. Außerhalb der Schule kannte er offenbar niemanden; ich wüßte nicht, daß er je einen anderen Namen als den eines Mitschülers, Lehrers oder Autors erwähnt hätte. Wahrscheinlich arbeitete er – und ich sehe ihn recht wohl, wie er mit freudigem Gelächter irgendeine Stupidität eines geachteten und empfohlenen Dichters oder Schriftstellers anmerkte.

Pratts Lachen war sehr seltsam. Im Gegensatz zur Sprechstimme, die baritonal, gut geführt, ebenmäßig klang, war das Gelächter schrill, wahrhaft pfeifend; es bestand aus einem tief ansetzenden, dann hoch hinaufgeschleiften Ton; die Zähne blieben dabei fest geschlossen. Ich bekam dies Geheul, denn das war es, oft zu hören. Jedesmal wenn Pratt mit endgültigen Hieben die Schwäche eines anderen zerschlagen hatte, brach dies seltsame Lachen hervor. Nie hätte ich mitlachen können; es war auch kein Gelächter, das Gemeinsamkeit oder Anstek-

kung verbreitet hätte. Es gehörte Pratt ganz allein, dauerte auch nur einen Augenblick, worauf der ruhige Alltagston wieder angenommen wurde. Jetzt verblassen Pratts Gesichtszüge allmählich in meiner Erinnerung, wenn ich ihn auch jederzeit wiedererkennen würde: dies Lachen aber klingt mir immerfort nach.

Nun muß angemerkt werden, daß ich damals ein Kind war, das allen Menschen bis zu diesem Augenblick volles Vertrauen entgegengebracht hatte. Mit den Lehrern hatte ich gut gestanden, mit den Mitschülern ebenfalls. Die Werke, welche man uns als groß pries, hatte ich für groß gehalten. Meine Liebe aber gehörte den Abenteuergeschichten und Heldensagen, für die sich auch alle meine Kameraden begeistert hatten. Mein Empfinden und Denken entsprach genau dem Alter und Durchschnitt. Nur eine gewisse Empfänglichkeit für ungewohntes Verhalten, für Anschauungen, die anstößig waren, muß mir damals schon eigen gewesen sein: eine innere Unruhe, das Gefühl des Ungenügens vor dem rein Herkömmlichen. Diese innere Gefährdung aber trieb mich zu Pratt und in seinen Bann. Zunächst mag für mich nichts im Spiel gewesen sein – neben einem Gefühl der Befriedigung darüber, als einziger von dem so überragenden Mitschüler nicht zurückgestoßen zu werden – als die leicht grauenhafte Lust, in Pratts Gesellschaft alle anerkannte Größe und Respektierlichkeit einmal völlig nackt und damit lächerlich zu sehen. Unter Pratts Zugriff wurden sie zu Puppen, denen man den Bauch aufschnitt. Dann aber legte es Pratt darauf an, in unseren Gesprächen auch mich zu solcher Bilderstürmerei zu veranlassen, auch mir ähnliche Beobachtungen und Bemerkungen zu entlocken. Ich bemühte mich, es ihm nachzutun. Meine Natur erwies sich als nicht ungeeignet bei solchem Treiben, wenn ich auch, höchst einfältig, in meinem Herzen die Hochachtung und naive Hinnahme der Werke und Menschen, die ich zu entkleiden schien, durchaus unverändert und gleichzeitig beibehielt. Pratt schien das zu bemerken – wo wäre ihm je ein Zeichen der Schwäche, der Unvollkommenheit, sei es auch einer solchen beim Zerstören, entgangen! –, lockte mich aber immer von neuem zu Urteilen bittersten Hohnes über die ganze gemeinsam vertraute Welt des Lehrplans, der Lehrer und der Mitschüler.

Natürlich blieb solche enge Verbundenheit nicht ohne Rück-

wirkungen auf meine eigene Stellung in der Klasse. Die Lehrer schwiegen dazu: es schien, als empfänden sie alles, was Pratt anging, als ein heikles Gebiet, als etwas zwar Unangreifbares, aber Anstößiges. So habe ich auch niemals gehört, daß einer der Lehrer versucht hätte, Pratt Vorhaltungen zu machen. Kam es vor, daß Pratt nicht zu antworten wußte, so ging der Lehrer schnell darüber wie über seine eigene Niederlage hinweg. Pratt selbst blieb in solchen Augenblicken völlig gelassen: ihm mochte wohl das Bewußtsein genügen, er könnte auch diese Frage glänzend beantworten, wenn er sich nur genügend Mühe nähme.

Umschloß somit ein geheimer Zirkel des Heilig-Ruchbaren alle Handlungen und Äußerungen Pratts, so mußte ich bald verspüren, wie meine Beziehung zu dem geheimnisvollen Mitschüler auch mich allmählich aus der Gemeinschaft ausschied. Seltsam war es dabei zu sehen, daß keinerlei Feindseligkeit oder gar Verachtung sich kundtat: man verkehrte im Gegenteil, ganz im Gegensatz zu unserer sonstigen herzlich-nachlässigen Schülersprache, in ausgesuchtester Höflichkeit auch mit mir. Nur die Fremdheit wuchs. Bei gemeinsamen Plänen und Spielen wurde mein Name nicht mehr genannt; machte ich meine Rechte geltend und erklärte ich, mitmachen zu wollen, so gab man selbstverständlich sofort den Platz für mich frei. Ich spielte ein wenig die Rolle des Prinzen, der in der Schule »ganz gleich wie die übrigen Schüler behandelt werden soll«. Das alles erfolgte durchaus nicht wie auf Verabredung. Kein Wort der Abweisung oder des Tadels wurde laut: so wie es auch niemandem eingefallen wäre, Pratt grob oder verächtlich zu behandeln. Hätte einer das gewagt, die anderen wären schnell darüber wie über das Tun eines Wahnsinnigen oder Kindischen hinweggeglitten. Tatsächlich aber gehörte ich nicht mehr dazu. Auch ich stand nun im Zauberkreis.

Habe ich unter solcher Entfremdung gelitten? Ich glaube es nicht: zu stark war damals noch der Reiz, den Pratts Umgang für mich besaß. Je höhere Autoritäten unseren Gesprächen zum Opfer fielen, je brutaler Pratt die Siegel der Dummheit, der Feigheit und der Eitelkeit den Stirnen aufpreßte, je williger und gelehriger ich es ihm gleichzutun versuchte, ihn gar noch überbietend, um so fester wurde ich an ihn gekettet. Es kam so weit, daß ich die Heimkehr mit ihm nicht abwarten konnte und ihm schon in der letzten Schulstunde vor Schluß ein Billett hinüberreichte, wo ich ein neues Hohnwort, eine neue enthüllende Beobachtung angemerkt hatte. Pratt verzerrte dann sein Gesicht: ganz leise glaubte ich sein Gelächter zu hören.

Um diese Zeit aber begann sich Pratt in seinem Benehmen seltsam zu verändern. Er, der sich sonst auf das Äußerste von allen abgeschlossen hatte, suchte nunmehr das Gespräch mit anderen Mitschülern, solchen vor allem, die er bis dahin und in unseren Gesprächen am härtesten gezeichnet hatte. Bald suchte er eine kurze Unterhaltung, bald lieh er sich unter Vorwänden kleine Gegenstände – Bleistifte oder ein Löschblatt – aus, obwohl ich wußte, daß er selber dergleichen bei sich trug. Bald auch half er den schwächeren Schülern durch Einflüstern, gab in der Pause Auskünfte – alles Dinge, die er sonst nie getan und die niemand zu erbeten gewagt hatte. Es kam gar vor, daß Pratt auf dem Sportplatz erschien und den Spielen zusah. Alle fühlten es wie eine Ehre und waren sichtbar eifriger und erhitzter bei der Sache, bemüht, vor Pratts Augen Sieger zu werden. Pratt war äußerst höflich; er lobte und tröstete, wenn ich auch bei gelegentlichen Unfällen oder Ungeschicklichkeiten eines Spielers das leise Gelächter zu spüren meinte.

Es kam nun auch vor, daß Pratt ohne mich nach Hause ging, und daß er sich anderen Kameraden anschloß: niemals den selben übrigens. Ich vermochte wenig daran zu ändern; Vorhaltungen verboten sich von selbst. Zudem war er frei, zu wählen oder zu verwerfen. Versuchte ich, wie sonst mit ihm heimzugehen, so hatte er bald bereits eine andere Gruppe gewählt, bald ging er allein. Er warf auch wohl ein Wort der Erklärung hin, etwa daß er eilig heim müsse. Mich beunruhigte diese Veränderung: ich kam mir verworfen und verlassen vor. Nicht etwa, daß ich besondere Gefühle der Zuneigung zu Pratt verspürt hätte, die mich nun leiden gemacht hätten. Meine Beziehung zu ihm war nicht solcher Art: er war nicht mein Freund oder Vertrauter. Er hatte mich gewählt, im Hassen gewählt – nun wählte er offenbar andere. Damit stand ich da als ein Ausgestoßener, der nirgends mehr Heimat besaß. Pratt hatte mich der Gemeinschaft entführt; jetzt ließ er mich auch außerhalb seines eigenen Bannkreises stehen. Jetzt erst war ich wirklich allein.

Es zeigte sich nämlich, daß Pratts Hinwendung zu den übrigen für mich die schlechtesten Folgen hatte. Weit davon entfernt, auch mich wieder in den alten Kreis zu führen, schien das neue Bündnis des Mitschülers mit der Horde auf meine Kosten geschlossen zu sein. Ich allein schien draußen zu stehen: doch nicht, wie einst Pratt, in frei gewählter Absonderung, sondern als Verfemter und Verachteter. Es war, als habe Pratt seine Hand von mir abgezogen und mich damit wehrlos, verächtlich gemacht. Bald ließ man es mir gegenüber an aller Höflichkeit fehlen; man freute sich, wenn ich in der Klasse versagte. Pratts Gelächter klang anfeuernd vom Platze neben mir in den Raum.

Schlimmer war, daß einzelne allmählich begannen, mich zur Rede zu stellen. Man warf mir vor, spöttische Bemerkungen oder schadenfrohe Feststellungen gemacht zu haben. Es wurden Einzelheiten wiederholt. Sie waren richtig. Ich hatte mich in solcher Weise vor Pratt und unter seinem Einfluß geäußert. Fragte ich nach der Herkunft solcher Beschuldigungen, so antwortete niemand. Man reagierte nur mit verstärkter Wut gegen mich. Immer mehr kamen und forderten Rechenschaft. Es gab keinen Zweifel mehr: alle kannten nun Einzelheiten meiner Gespräche mit Pratt, wenn auch niemand seinen Namen erwähnte. Auch ich – etwas anderes kam mir gar nicht in den Sinn – enthielt mich jeder Berufung auf ihn und versuchte, so gut das noch möglich war, die Bosheiten abzuschwächen und die gesprengten Beziehungen notdürftig zusammenzuflicken. Das war um so schwerer, als Pratt offenbar immer neue Tatsachen anbringen konnte: nicht umsonst hatten wir monatelang in endlosen Gesprächen einen Reichtum aufgehäuft, der jetzt zur Verteilung kam.

Meine Lage in der Klasse wurde immer ungünstiger. War ich vor kurzem noch höflich außerhalb der Gemeinschaft gehalten worden, so stand ich jetzt wieder darin, aber so, wie der Verbrecher oder Infamierte zu einer Gesellschaft gehört, die ihn nur in Äußerungen des Hasses und der Verachtung als den ihren anerkennt. Pratt stand nach wie vor draußen, doch die Beziehungen zwischen ihm, der allein stand, und der Gruppe waren herzlich: es waren Beziehungen zwischen befreundeten, aber souveränen Staaten.

Ich nahm das alles hin, ohne recht zu begreifen. Der Weg, den ich jetzt in so kurzer Zeit durchlief – von der Gemeinschaft über den Zauberkreis des seltsamen Mitschülers zur Rolle des Paria innerhalb der gleichen Gemeinschaft –, war zu ungewöhnlich, als daß ich ihn klar hätte überblicken oder gar deuten können. Ich duckte mich unter dem Ansturm der Schande und Gehässigkeit, versuchte die Dinge einzurenken – und wartete offenbar im Stillen, daß Pratt sein Schweigen brechen und mich rehabilitieren werde. Ihm selbst jedoch machte ich keine Vorhaltungen. Es hatte sich so ergeben, daß wir jetzt stumm in unserer Bank nebeneinander saßen, ohne daß ich den Versuch gemacht hätte, ihn zur Rede zu stellen. Übrigens war es klar, daß Pratt von sich aus kein Wort der Kritik über mich geäußert hatte. Er hatte den anderen bloß berichtet und die Stichworte geliefert. Allen Anwürfen gegen mich hielt er sich fern: wer ihn jedoch kannte, wußte um seine Freude an solchem Zustand. Dennoch muß ich damals, wie auf ein Wunder, auf eine neuerliche Erwählung gewartet haben. Aus kleinsten Anzeichen glaubte ich auf geringe Besserungen in Pratts Verhalten zu mir schließen zu können. Ich lauerte auf die mindeste Änderung, auf den Augenblick, wo Pratt, wie ich meinte, genug haben müsse von der Gemeinschaft mit Leuten, über die er sich so oft und so entblößend geäußert hatte. Daß er genauso auch über mich reden könne, kam mir nicht in den Sinn. Bis die Tatsachen mich auch diesem Wahn entrissen und meine Beziehung zu Pratt in die Katastrophe lenken sollten.

Wir hatten wieder eine der regelmäßig wiederkehrenden Klassenarbeiten zu machen, die in einer Übersetzungs ins Lateinische zu bestehen hatte. Für diese Übung hatte der Professor ein Stück aus unserem Lehrbuch gewählt, das uns bisher unbekannt war und das wir, dem Lehrplan gemäß, erst in einigen Wochen hätten behandeln sollen. Jetzt wurden uns deutsche Sätze diktiert, die wir dann in lateinische Prosa zu übertragen hatten. Im Lehrbuch dagegen standen die Sätze bereits in lateinischer Fassung; im gewöhnlichen Unterricht hätten wir sie ins Deutsche übersetzen müssen. Da es sich um ein bisher unbekanntes Übungsstück handelte, konnte der Professor sicher sein, die Klassenarbeit werde wirklich den genauen Stand der Sprachkenntnisse der einzelnen widerspiegeln. Nun hatte ich aber zufällig dieses außerhalb des Stundenplanes liegende Übungsstück gelegentlich zu Hause durchgesehen. Eine gewisse Neugierde auf die kommenden Schularbeiten hatte mich dazu veranlaßt, vielleicht auch ein mäßiger Ehrgeiz, schon im voraus zu wissen, was die anderen erst in einigen Wochen erfahren würden; viel Bequemlichkeit zudem, denn was ich jetzt bereits lernte, würde ich später nicht mehr nachholen müssen. Kaum also hatte der Professor seine ersten Sätze für die Klassenarbeit angesagt, als mir die entsprechenden lateinischen Phrasen des Übungsstückes einfielen. Ich wußte nunmehr genau, wo die lateinische Übersetzung in unserem Übungsbuch zu finden sei, außerdem hatte ich den größten Teil der Sätze bereits im Kopf, denn mein Gedächtnis war in jenen Jahren ungemein treu und zuverlässig. Heimlich schlug ich unter der Bank die mir bekannte Stelle des Buches auf, allerdings nur, um mein Gedächtnis rasch wieder zu stützen. Das Buch legte ich dann sofort wieder weg. Genügende Durchschnittskenntnisse des Lateinischen, zufällige Vorbereitung auf einen Text, der hier zur Prüfungsarbeit geworden war, heimliche Nachprüfung an Hand der gedruckten Übersetzung: alles half mir, daß ich sehr rasch und sorglos meine Klassenarbeit beenden konnte.

Pratt saß wie stets neben mir. Natürlich bemerkte er, daß ich das Buch unter der Bank aufschlug und darin nachschaute. Wir hatten das oft bei ähnlichen Anlässen getan und gemeinsamen Vorteil daraus gezogen. Diesmal machte er sich nicht bemerkbar: er verzichtete offenbar darauf, von mir leise Auskunft einzuholen, die ich ihm so gern gegeben hätte. Unwillen zeigte er aber nicht. So ging die Schulstunde wie gewohnt zu Ende. Es stellte sich schnell heraus, daß die meisten von uns manchen Übersetzungsfehler gemacht hatten, denn das Übungsstück war nicht leicht gewesen. Wenige Tage später erhielten wir bei Rückgabe der Hefte die Bestätigung: es gab viele unzureichende Arbeiten. Auch Pratt hatte nur mäßig abgeschnitten. Meine Arbeit war fehlerlos und bei weitem am besten.

Pratt sagte nichts. Übrigens schadete ihm der Mißerfolg, der zudem wenig beträchtlich war, nicht im geringsten. Im Gegenteil schien es in letzter Zeit, als habe sich seine Stellung womöglich noch gefestigt. War zu der Achtung der Schüler durch seine größere Zugänglichkeit jetzt so etwas wie Herzlichkeit hinzugekommen, so schien allmählich auch ein Weg von Pratt zu den Lehrern sich aufzutun. Man sah nun manchmal – was früher undenkbar gewesen wäre und auch schlecht zu Pratts Urteilen über die Professoren zu passen schien –, wie der Schüler mit dem einen oder anderen der Lehrer eindringlich redete, wobei der Lehrer achtungsvoll, als höre er einem Höherstehenden zu, beistimmte. Besonders der Klassenlehrer, der gleichzeitig alte Sprachen und Geschichte vortrug und den Pratt so oft als fossilen Esel gehöhnt hatte, schien nun Gnade zu finden: häufig sah man jetzt Pratt mit dem Professor nach Unterrichtsschluß reden, der Ältere gab dem Schüler jedesmal sehr ernsthaft die Hand zum Abschied.

In jenen Tagen nun, da sich die Geschichte mit unserer Lateinarbeit abspielte, sah man Pratt besonders häufig und eindringlich mit dem Klassenlehrer reden und beraten. Daß es sich nicht um seine, Pratts, mäßige Leistung handeln konnte, war jedem klar. Solche Rückschläge besagten nichts gegen Pratts Stellung im ganzen oder einzelnen. Er selbst hätte sich geschämt, darüber auch nur ein Wort zu verlieren. Die Klassenarbeit schien überhaupt längst vergessen, als eines Morgens der Professor mich zu Beginn der Stunde anrief und aufforderte, in der vordersten Bank Platz zu nehmen. Er habe die Gewißheit erlangt, daß meine fehlerlose Arbeit durch Täuschung zustandegekommen sei, weshalb ich nunmehr allein eine Wiederholung anfertigen müsse. In der Tat diktierte er mir einen neuen Text – er entstammte abermals dem gleichen Übungsstück – und hieß mich ihn übertragen. Ich machte also eine neue Arbeit, konnte mich aber wieder auf meine früheren Kenntnisse stützen und lieferte erneut eine fehlerlose Leistung: diesmal ohne Hilfe des Buches.

Trotz erfüllte mich, während ich schrieb. Der Professor war über meinen damaligen Betrug aufgeklärt worden, das sprang in die Augen. Er besaß ein schlechtes Gewissen, denn sonst hätte er die damalige Arbeit einfach für ungültig erklärt und den Betrug der Schulleitung angezeigt, statt mir eine Wiederholungsarbeit aufzuerlegen. Das alles deutete auf eine Kenntnis des Sachverhaltes, die er sich nicht selbst verschafft hatte, deren er sich vielleicht sogar schämte. Daß Pratt mich angezeigt hatte, darüber gab es für mich plötzlich keinen Zweifel mehr. Ich versuchte mir seine Beweggründe auch jetzt noch klar zu machen, denn nach wie vor schieden Neid und Eifersucht bei zwei so unermeßlich an Wert verschiedenen Menschen, wie wir beide es waren, von vornherein aus. Ein

Mann wie Pratt neidete nicht einem Schüler wie mir seine kleinen Gelegenheitserfolge. Immer deutlicher wurde mir nun, daß Pratts Hinneigung zu mir wohl nie einem anderen Wunsch entsprungen war als dem, seine Macht zu üben, mich meiner Ordnung zu entfremden und dann zu verstoßen, Lehrer und Schüler mit dem Netz seiner Strategie zu überspannen. Alle trügerischen Wünsche nach Wiederherstellung der alten Beziehungen zwischen uns waren damit von nun an ohne Gegenstand: sie waren nicht einmal wünschenswert. Was Pratt veranlaßt haben mochte, gerade mich für sein Spiel zu erwählen, blieb mir auch weiterhin verborgen: vielleicht hatten meine Anfälligkeit und innere Aufgeschlossenheit für die Botschaft des Hasses den Dämon in ihm angezogen. Denn dämonisch, geheimnisvoll blieb dies Spiel, dieser Verrat ohne Liebe und Haß, ohne Suche nach einem Vorteil, und wahrscheinlich ohne Neid oder Eifersucht.
Mein Herz klopfte. Ich vermochte Pratt nicht anzuschauen. Er selbst war offenbar gleichmütig wie je, wenn es mir auch nicht so vorkam, als schüttle ihn das leise, pfeifende Gelächter. Vielleicht erschrak das Kind, das auch er noch war, vor den Gewalten, die in ihm wirkten. Mir war es, als habe mein Leben plötzlich einen neuen Sinn bekommen, seit es den Verrat, und gleich in seiner reinsten, weil uneigennützigen Form kennenlernte. Pratts Hinneigung hatte mir geholfen, die andere, die schwache Seite an den Menschen und Werken zu sehen; Pratts Abkehr weitete mir den Blick auf eine Welt ohne Liebe und Vertrauen, ohne Mitleid und Obdach. Meine Brust war von solcher Erkenntnis wie von einem eisernen Reifen umspannt. Ich fühlte mich wie nach einem schweren Sturz, und gleichzeitig gekräftigt, gleichzeitig stärker als zuvor.
Mit Pratt habe ich nicht wieder gesprochen. Er hörte plötzlich von neuem auf, sich um Lehrer oder Mitschüler zu kümmern, gleichsam als sei sein Werk nunmehr erfüllt. Die Achtung aller, auch die meine, blieb ihm erhalten; nur stand er von nun an wieder ganz auf seiner eigenen, der unerreichbaren Ebene. Übrigens verließ er bald darauf unsere Schule. Es hieß, seine Verwandten hätten ihn zu neuen Studien ins Ausland geschickt. Ich habe ihn nie wiedergesehen. Rufe ich mir seine Züge zurück, so bin ich kaum sicher, sie nicht zu verfälschen. Nur sein Lachen klingt weiter nach.

Das menschengläubige und vertrauende Kind, das ich war, ließ sich auch später, nach der Begegnung mit dem Dämonischen, nicht irremachen. Nur wußte ich von nun an, daß es Bereiche gibt, in denen das Humane nicht mehr gilt. Stieß ich später auf Verrat, so entsprang er zumeist den Menschengefühlen der Schwäche, Feigheit oder Dummheit. Ich nahm sie unter meine Erfahrungen auf und versuchte, mit ihnen häuslich zu leben. Allerdings traf ich nie wieder auf einen Menschen von der Art des Karl Pratt, meines Mitschülers. *(1940)*

Deutsche Staatsbürger jüdischen Glaubens

Heute weiß ich, daß man es schon immer gewußt hat. Alles war auf Widerruf angelegt. In der ehemals Freien Reichs- und Hansestadt Köln konnte das bürgerliche Judentum mit viel Duldung und keiner ernsthaften Gleichberechtigung rechnen. Das hing zusammen mit alten, gar uralten Überlieferungen. Als Kind habe ich noch gehört, wie Kinder hinter den kleinen Juden herliefen, um den schönen Spruch aufzusagen:

> Jid, Jid, Jid, Hep, Hep, Hep,
> Steck de Nas inne Wasserschepp!

Wir wußten nicht, auch die Spötter wußten es nicht, wie sie zu jenem »Hep« gekommen waren. Köln war eine wichtige römische Kolonie. Von daher kam der Name der Stadt. Hier war Agrippina zur Welt gekommen. Daran erinnerte ein Straßenname, übrigens auch das Agrippina-Kino. Seit dem Fall Jerusalems aber und der Zerstörung durch Titus im Jahre 70 hatte man im weiten Römerreich die Juden mit ebendieser Formel »Hep« gekränkt und an ihre Machtlosigkeit erinnert. Denn jenes Hep war eine römische Abkürzung, die damals wohlverstanden wurde, besagte sie doch: Hierosolyma est perdita. Jerusalem ist verloren.

Das sang man noch im 20. Jahrhundert: im schnellen Zweivierteltakt und nach einer lustigen Weise, die an spätere Karnevalslieder erinnerte. Römisch und katholisch: die Formel war wörtlich zu nehmen. Höhepunkte der Scholastik waren mit dieser Stadt am Rhein verbunden. Hier hatten Thomas Aquinensis und Albertus Magnus gelehrt: auch daran erinnerten noch Straßennamen. Freilich war die alte Universität im ausgehenden Mittelalter immer mehr zum Inbegriff eines eifernden und »pfäffischen« Dogmatismus geworden. Ulrich von Hutten und seine humanistischen Freunde richteten kurz vor Anbruch des Reformationszeitalters die Satire ihrer »Dunkelmännerbriefe« ausdrücklich gegen die Kölner Dominikaner. Als Aufklärer und selbsternannter Erbe der Französischen Revolution wußte Napoleon Bonaparte, warum er die Schließung der Universität dekretierte. Das lutherische Preußentum wußte nicht minder, warum es nach 1815 von einer Wiedereröffnung absah.

Freilich war dies nur eine der Seiten. Für Hutten und noch für Heinrich Heine war die Stadt mit dem riesigen Torso einer gotischen Kathedrale zum Sinnbild der kirchlichen Unduldsamkeit geworden, des abergläubischen Reliquienkults mit den Heiligen Drei Königen und den elftausend Jungfrauen der Heiligen Ursula (an beides erinnerte und erinnert noch das Kölner Stadtwappen!) und für ein zur Duckmäuserei angehaltenes Kleinbürgertum. Im ›Wintermärchen‹, einem Reisebild, wird die Zwischenstation Köln dazu benutzt, dieser permanenten Gegenaufklärung den Kampf zum Tode anzusagen.

Dummheit und Bosheit buhlten hier
Gleich Hunden auf freier Gasse.
Die Enkelbrut erkennt man noch
An ihrem Glaubenshasse.

Der Jude und Düsseldorfer Heine glaubte sich nach wie vor von Kölner Dunkelmännern verfolgt. Auch in München hatte er den politischen Katholizismus für seine Mißerfolge verantwortlich machen wollen.

Heine hat ›Deutschland. Ein Wintermärchen‹ nach der Rückkehr vom Besuch bei der Mutter und zu einer Zeit entworfen, da er in Paris engen Umgang pflegte mit den deutschen Emigranten Karl Marx und Friedrich Engels. Allein vier Jahre später, als die Revolution ausgebrochen war im März 1848, gründeten eben diese Marx und Engels, bald nach der Publikation des ›Kommunistischen Manifests‹, ihr Blatt der ›Neuen Rheinischen Zeitung‹ eben in Köln: dieser Stadt der Dunkelmänner und Obskuranten. Sie wußten aber, daß sie in Köln auch eine Gegenwelt vorfinden konnten, die ihren Plänen günstig war.

Es gab in Köln nicht bloß die Welt der Dunkelmänner, sondern auch die Gegenwelt der Neinsager. Für Hutten oder Heine mochte das nicht sichtbar sein, trotzdem war es vorhanden. Daß der Stadtname Köln gleichzeitig ein mächtiges Erzbistum bezeichnete und eine Freie Reichsstadt, deutete auf solche Gegenwelten. Köln war eine Erzdiözese, deren Gläubigkeit unbestritten schien; allein die Kölner hatten den weltlichen Fürsten dieses Erzbistums nach gewonnener Feldschlacht aus ihren Mauern getrieben, um reichsunmittelbar werden zu können. Eine Freie Reichsstadt mitten im Erzbistum. Dunkelmänner und kaufmännische Hansetradition.

Scholastik und losgelassene Aufsässigkeit am Fastelovend. Die Rheinische und die Neue Rheinische Zeitung. Die antipreußische Komponente beim bürgerlichen Katholizismus und der der nach der Industrialisierung stark angewachsenen Arbeiterbevölkerung. Im ersten Weltkrieg hatten sich all diese Strömungen, eher aus traditioneller Gegnerschaft denn aus planender Bündnisbereitschaft, zu einer instinktiven Neinsagerschaft vereinigt, die nichts mehr zu tun haben wollte mit der sakralen Formel »Kaiser und Reich«. Auch der rheinische Expressionismus konnte hier gedeihen.

Das bürgerliche Judentum jedoch vermochte sich auf niemand zu stützen: nicht auf den reichen und einflußvollen bürgerlichen Katholizismus, ebensowenig auf die diffusen und in sich uneinigen Neinsager. Als Bürger konnten die Kölner Juden nicht gemeinsame Sache machen mit der Arbeiterschaft. Als Juden verfielen sie der theologischen Verurteilung. Deutsche Staatsbürger jüdischen Glaubens. Sie hatten nichts für sich anzuführen, als die Gleichheit vor dem Gesetz. Das war zu wenig.

Köln war nicht Frankfurt oder gar Berlin. Die Freie Reichsstadt am Main hatte sich zur Reformation bekannt. Köln blieb in allen Glaubensfragen, die weit hinausragten über den eigentlichen theologischen Bereich, abhängig vom Walten seines Erzbischofs. Seit das Kurfürstentum Köln vergangen war mit dem Heiligen Römischen Reich Deutscher Nation, erst recht seit Errichtung einer preußischen Rheinprovinz, hatte der Einfluß des geistlichen Oberhirten immer mehr zugenommen. Die Juden wurden geduldet, freundlich toleriert, doch nicht eigentlich gebraucht. Die Struktur der Stadt vermochte in allen Bereichen ohne sie auszukommen.

Es gab jüdische Bankhäuser in der Stadt neben den gut christlichen. Allein die katholischen Bankiers hatten bessere Verbindungen. Die ›Kölnische Zeitung‹ war in der Welt verbreitet: in ihrer politischen Grundrichtung nicht unähnlich der ›Frankfurter Zeitung‹, vielleicht eine Nuance konservativer, auch im Feuilleton, allein sie war, im Gegensatz zur Frankfurter Konkurrenz, durchaus kein »Judenblatt«. Gegen Ende der Weimarer Ära redigierte der Schweizer Max Rychner, ein Schüler und Freund Hugo von Hofmannsthals, das Feuilleton der ›Kölnischen‹. Er hat damals, tief beeindruckt als Beobachter eines Berliner »Gipfeltreffens« von Intellektuellen, einen Aufsatz geschrieben über die drei »Großen Doktoren«, die er im Gespräch antraf: Walter Benjamin, Ernst Bloch und Georg Lukács. Allein ich wüßte mich nicht zu erinnern, daß er sie jemals für sich schreiben ließ.

Nicht einmal der rheinische Expressionismus besaß ein jüdisches »Fundament«. Seewald, Räderscheidt, Heinz Hoerle, Peter Abelen, andere noch hatten kaum Verbindung zu den wohlhabenden jüdischen Kreisen der Stadt, die sich, als Sammler, immer noch lieber an die Naturalisten hielten, äußerstenfalls an die Impressionisten. Ich erinnere mich an den jüdischen Maler Jankel Adler, der gleich den anderen Künstlern bei meinen Verwandten verkehrte, als an eine bemerkenswerte und »malerische« Ausnahme.

Das jüdische Bürgertum der Stadt war, wenn ich es richtig sehe, sich selbst überlassen: es durfte dabeisein, ohne irgendwo mitbestimmen zu können. Ich glaube nicht, daß die Berufung Klemperers nach Köln oder (1924) die Ernennung des Darmstädter Intendanten Gustav Hartung zum Leiter des Schauspielhauses unter Protektion jüdischer Bürger zustandekam. Übrigens verließ Hartung, weil sein Spielplan und seine Spielweise mißfallen hatten, sowohl dem Oberbürgermeister Adenauer wie der ›Kölnischen Zeitung‹, bereits nach einer einzigen Spielzeit die Stadt, die entschieden nichts wissen wollte von irgendwelcher ästhetischen »Entartung«.

Man blieb unter sich: auf beiden Seiten. Dem eng unter sich verbundenen katholischen Bürgertum der Oberschicht waren im Grunde nur die bedeutenden jüdischen Künstler als Umgang willkommen: am besten, wenn es sich um Musiker handelte. Man liebte die Musik und verstand etwas davon. Weshalb man Max Bruch und Ferdinand Hiller gern im 19. Jahrhundert bei sich aufnahm. In einem Gürzenichkonzert war die Fünfte Symphonie Gustav Mahlers unter des Komponisten Leitung zum ersten Mal aufgeführt worden, übrigens erfolgreich. Sonst aber war der gesellschaftliche Verkehr zwischen jüdischer Großbourgeoisie und Kölner Patriziat auf die notwendigen, oder unvermeidlichen Höflichkeiten beschränkt. Bisweilen gab es Ausnahmen: wenn ein jüdischer Bankier namens Levy so reich und mächtig geworden war, daß mit ihm gerechnet werden mußte. Natürlich ging er zur Taufe,

nahm einen anderen Namen an als Louis Hagen, und gehörte jetzt dazu. Man sprach davon leise, durchaus nicht unwillig im jüdischen Kölner Bürgerhaus. Es war abermals Joseph im Ägypterland. Aber das schien man nicht zu begreifen.
Schadlos hielt man sich innerhalb der deutsch-jüdischen Staatsbürgergemeinschaft durch strenge Hierarchisierung. Mit wem man verkehren konnte und mit wem nicht, das war genau sichtbar; übrigens wurde es ausgiebig beredet. Um den gesellschaftlichen Rang im einzelnen Falle fixieren zu können, hatte man sich im Lauf der Zeit ein doppeltes Kategoriensystem erarbeitet: ein geistliches und ein weltliches. Im Religionsbereich war nach wie vor die Scheidung aus der Gettozeit wirksam: wer zur Taufe gegangen war, wurde scheu, durchaus nicht feindselig abgelehnt. Man vermied unbefangene Geselligkeit. Den Konvertiten konnte man nicht zu einem Festessen am Purimfest einladen. Andererseits hatten es die katholischen Konvertiten in der katholischen Gesellschaft des Erzbistums Köln nicht minder schwer. Die Taufe kann nichts ungeschehen machen. Man respektierte zwar in der Kölner Oberschicht den neuen Katholizismus des Philosophen Max Scheler und des Musikers Otto Klemperer, doch mit Unbehagen. Ganz geheuer war das nicht. Als Klemperer, der sich damals mit Inbrunst der neuen Religion ergeben hatte, im Gürzenich-Konzert seine ›Missa sacra‹ aufführte, gab es mokantes Geflüster.
Das jüdische Bürgertum, nach wie vor abgetrennt durch unsichtbare Gettomauern von seinen deutsch-christlichen Partnern, folgte fast instinktiv, doch instinktsicher, den Gliederungen der eingesessenen Bourgeoisie. Auch hier unterschied man nach dem bürgerlichen Grundprinzip von Bildung und Besitz. Das hatte der große Gotthold Ephraim Lessing, der Freund Moses Mendelssohns, den Juden bereits um 1750 als Faustregel der Assimilation verkündet: man solle materiell sorgenfrei werden, um der Kriecherei nicht länger zu bedürfen, und man solle die deutschen Bücher der Aufklärung studieren, und mit ihnen die deutsche Sprache. Das Weitere werde sich ergeben. So hatte Lessing argumentiert, um sein frühes Lustspiel ›Die Juden‹ gegen den Widerspruch selbst aufgeklärter deutscher Professoren zu verteidigen. Man hatte ihm nicht geglaubt, doch die deutschen Juden hatten sich daran gehalten.

In Köln gab es, wie auch in anderen großen Städten, die jüdische Oberschicht der sehr reichen Leute und der sehr angesehenen Akademiker. Das jüdische Kapital war in Banken investiert und in großen Handelshäusern, worunter die Warenhäuser, etwa solche der Dynastie Tietz, besonders hervortraten. Die Kölner Industrie jedoch gehörte dem uralten »Kölner Klüngel«, besaß auch eigene Bankverbindungen. Da gab es nach 1933 kaum etwas zu »arisieren«. Aber die späteren »Kaufhöfe« in deutschen Städten waren Produkte einer fröhlichen Entjudung.

Auch der jüdische Akademiker gehörte durchaus nicht bereits als solcher zur Oberschicht. Davon gab es zu viele. Den kleinen jüdischen Hausarzt, der nahe wohnte, berief man bei leichten Erkrankungen; wurde es ernst, so mußte es mindestens ein Sanitätsrat sein. Der Geheimrat Auerbach, ein Geheimer Sanitätsrat, übrigens offensichtlich ein tüchtiger Mann, spielte in meiner Kinderzeit die Rolle eines mystisch verehrten Zauberers. Unweit unserer Wohnung befand sich das geräumige allgemein gerühmte Israelitische Krankenhaus: die dortigen Chefärzte wurden zum Inbegriff eines jüdischen Honoratiorentums. Bei den Rechtsanwälten unterschied man die Geheimen von den bloßen Justizräten; ein Rechtsanwalt beim Oberlandesgericht war mehr als einer beim Amts- und Landgericht. Die nach dem Kriege neu- oder wiedergegründete Universität Köln schaltete aus: dort wurde nach wie vor einstweilen der Taufschein gefordert. Das änderte sich gegen Ende der Zwanziger Jahre in einigen Fällen, allein diese neuen jüdischen Universitätsprofessoren zählten nunmehr zur Oberschicht schlechthin; sie waren dem jüdischen Bürgertum entwachsen.

Immerhin gab es fließende Grenzen zwischen den wohlhabenden und den reichen Familien, auch zwischen Bildung und Besitz, zumal auch die Akademiker zu Wohlstand gekommen waren. Streng hingegen schloß man sich ab vom Kleinbürgertum in den Vorstädten, wohl gar in den Kölner Arbeitervierteln. Ich hatte stets mit dem Widerstand meiner bürgerlich-bewußten Mutter zu rechnen, wenn ich Freunde aus der Arbeiterschaft ins Haus brachte. Allein die Kinder des jüdischen Kleinbürgertums waren noch weniger erwünscht.

Es kam hinzu, daß das jüdische Kleinbürgertum, zu schweigen

von den Handwerkern und den ominösen »Ostjuden«, wenig Neigung zeigte, in die Rolle deutscher Staatsbürger jüdischen Glaubens hineinzuwachsen. Dort hatte man sich früh bereits für den Zionismus entschieden. Wenn man im assimilierten Bürgertum von einem Klub »Blauweiß« sprach, so war der feudale Tennisklub gemeint. Die anderen meinten die blauweißen Farben einer zionistischen Organisation. Man vereinigte sich dort im Zeichen »Bar Kochba« oder »Makkabi«: die Staatsbürger jüdischen Glaubens sahen es voller Unbehagen. Es schien ihnen, mit Recht natürlich, die Zurücknahme zu bedeuten aller Bereitschaft zur deutsch-jüdischen Symbiose. Die Begriffe deutsch und jüdisch wurden bei den einen, den Staatsbürgern, als Integrationsprinzip verstanden, bei den Zionisten hingegen als unversöhnlicher Gegensatz. Auch hier gab es fließende Übergänge im einzelnen Fall. Als der Briefwechsel zwischen Sigmund Freud und Arnold Zweig im Jahre 1968 veröffentlicht wurde, entdeckte ich, daß der Zionist Zweig vor 1933 versucht hatte, gleichzeitig auch die Rolle des deutschen Schriftstellers jüdischen Glaubens zu spielen, und daß Freud bemüht war, ihm diese Illusion zu nehmen. »Aber vielleicht arbeiten mir die Nazis einmal in die Hände«, heißt es in einem Brief Freuds vom 18. August 1932. »Wenn Sie mir von Ihren Grübeleien erzählen, kann ich Sie von dem Wahn befreien, daß man ein Deutscher sein muß.«

Es gab noch einen dritten Antagonismus in der jüdischen Gemeinschaft, die keine war: den geistlichen Gegensatz der reformierten oder liberalen, eigentlich der unjüdischen Juden, und der orthodoxen Anhänger mosaischer Gesetzgebung. Weitgehend fiel er zusammen mit dem gesellschaftlichen Kontrast innerhalb der Bürgerwelt, und auch mit der Scheidung in Staatsbürger und Zionisten. Das jüdisch-orthodoxe Kleinbürgertum, vielfach aus Polen oder Litauen eingewandert, hatte sich die Tradition der jüdischen Lehrhäuser und Talmudschulen auch in Köln bewahrt; man sprach vielfach Jiddisch zu Hause, nicht das Hochdeutsch der Staatsbürger. Man hatte eigene Synagogen und Wohnviertel. Die deutsch-jüdische Bourgeoisie empfand das als kränkenden Rückfall ins Gettoleben. Sie selbst besuchte, etwa dreimal im Jahr, die große und hübsche, freilich ein bißchen an eine neuromanische Kirche erinnernde Synagoge in der Roonstraße. Dort bin auch ich an meinem 13. Geburtstag im Jahre 1920 feierlich »aufgerufen« worden, um ein Stück des hebräischen Textes der Bibel, der gerade zur Lesung stand, vorzutragen und damit in die Gemeinschaft aufgenommen zu werden: wie das Gesetz es verlangte. Ich hatte Unterricht erhalten, konnte meinen Part auswendig und machte gute Figur zur Freude der Familie. Ich erinnere mich aber, daß ich bewundernd die schöne Schrift der Tora anstarrte, während ich meinen Text rezitierte.

Es gibt klassische Zeugnisse für den unvermeidlichen Gegensatz zwischen einer liberalen jüdischen Schrumpfreligion, die aus Trotz, aus Pietät, aus einem unterschwelligen Sicherungsbedürfnis immer noch beibehalten wird, und der allgemeinen Forderung nach Assimilation. In Franz Kafkas Brief an den Vater wird die Leere eines Rituals, das an den Besuchen der Synagoge am Versöhnungstag, sogar am eintägigen Fasten aus diesem Anlaß festhält, im übrigen aber die religiösen Vorschriften als Vorwand zu Festen degradiert, in doppelter Weise widerlegt: vom Standpunkt der Assimilation wie von jenem der jüdischen Religiosität. Es gibt Dokumente für Sigmund Freuds Widerstand gegen alle Versuche seines Vaters Jakob, den Sohn zurückzugewinnen für den hebräischen Gottesdienst und seine Rituale. Allein Freud trennt scharf die jüdische Herkunft, zu welcher sich der Naturforscher und Arzt frei bekennt, von aller Bindung an eine Glaubensgemeinschaft.

Auch Walter Benjamin hat im Bericht über seine ›Berliner Kindheit um Neunzehnhundert‹ die Widersprüche zwischen assimiliertem Staatsbürgertum und beibehaltener Scheinreligion gedeutet. Einmal als Ausdruck eines bourgeoisen Selbstbewußtseins, das es sich leisten will, auch ohne Taufe zurechtzukommen, dann als traditionalistische Starrheit. Benjamin stammte aus wohlhabendem Berliner Bürgertum; sein Vater, von dem er wirtschaftlich nahezu ein Leben lang abhängen sollte, handelte mit Kunstwerken und Antiquitäten. Die Großeltern der einen Seite liberale, der anderen hingegen orthodoxe Juden. Er selbst empfand das gleichzeitig trotzige wie selbstbewußte Festhalten an rituellen Floskeln, die nichts mehr besagten, als neue Erscheinungsform eines Gettos.

Als ich Benjamins Bericht las über seine deutsch-jüdische Kindheit um 1900, stand mir sogleich die eigene deutsch-jüdische Erfahrung vor den Sinnen. Auch ich kannte ihn, den häuslichen Silberschatz, den Benjamin mit Begriffen wie Hort und Schrein gleichsam als mythisches Gebilde versteht. Jene Mokkalöffel aus vergoldetem Silber, die massiven Silberplatten, wenn Gäste mit uns zu Abend aßen, und das Chateaubriand herumgereicht wird mit den vielen Beilagen. Solche Zeugnisse des Wohlstandes durften vorgewiesen werden, sie mußten wohl auch vorhanden sein, wollte man mitzählen. Ganz wie die Perlenkette der Gastgeberin, wie die Pelzmäntel der Damen, wobei Seal und Persianer anerkannt waren, der Zobelmantel genoß mystische Verehrung. Der Nerz als Symbol ist mir nicht erinnerlich.

Dennoch gab sich der Wohlstand einigermaßen bescheiden. Das Protzentum der Neureichen wurde bespöttelt. Als ein Schieber verlauten ließ, man werde die Ferien in »Kannes, Schweiz« zubringen, war unsere Heiterkeit groß am Abendbrottisch. Wir fuhren, gleich den meisten Freunden der Familie, nach Oberbayern oder nach Freudenstadt, wo ich übrigens Gerhart und Benvenutò Hauptmann kennenlernte. Bei unserem letzten Beisammensein in Baden-Baden, im Rahmen der Hauptmann-Gesellschaft, haben Benvenuto und ich alte Erinnerungen an den Schwarzwald ausgekramt. Er starb bald darauf.

Die Schweizerreise war ein Ereignis. Italien schaltete aus: der Vater wollte mit den Faschisten nichts zu tun haben. Reisen in exotische Länder hätten dem Kredit geschadet: wie ein allzu aufwendiger Wagen. Als ein Inhaber des großen Warenhauses Michel, mit Vornamen Moritz, sich bei der Automarke vergriff, wurde er als »Moritz Maybach« verspottet.

Man lebte, ohne es zu wissen, jedenfalls ohne es wissen zu wollen, in einem deutsch-jüdischen Getto. Benjamin hat konstatiert, daß die armen Leute, wenn man von ihnen sprach, einfach als »Bettler« fungierten. Das war anders geworden nach der Revolution von 1918. Bei uns wurde sorgfältig unterschieden zwischen wirklichen Arbeitern und armseligen kleinen Leuten. Mein Vater hatte viel mit Arbeitern zu tun und kam gut mit ihnen aus. Ein paar Jahre lang hatten wir als Chauffeur einen behäbigen Rheinländer, der auf den gut katholischen Vornamen des Eisheiligen Servatius hörte. Der zwang mich in Vaters Auftrag zum Radfahren. Als ich aber hinfiel und mir einen Teil der oberen Schneidezähne abbrach, was mit vielen Zahnarztbesuchen verbunden war, durfte ich selbst entscheiden, wann ich radfahren wollte und wann nicht. Mein Vater war ein vorzüglicher Autofahrer: schon im Jahre 1920 unternahmen wir die Ferienreise nach dem Allgäu im offenen Auto. Reifenpannen gehörten dazu. Kam man vom Sonntagsausflug in die Eifel oder ins Siebengebirge ohne Reifenwechsel zurück, so galt das als ein buchenswertes Ereignis.

Arbeiter waren ebenso respektabel wie notwendig. Anders stand es mit Leuten, die mein Großvater aus Neuß am Rhein mit einem Ausdruck, den man wohl aus dem einstigen Jiddisch der Vorfahren beibehalten hatte, es konnte auch bloß ein Ausdruck des jüdischen Kaufmannsjargons sein, als »Gescht« bezeichnete. »Mit Gescht soll man nichts anfangen!« Das war eine Lebensmaxime des Patriarchen. Gemeint waren nicht die eigentlichen Bettler oder Schnorrer: die Verachtung zielte genauer. Gescht waren Leute ohne Kapital, doch mit großen Projekten, für welche sie sich ein bißchen Betriebskapital auszuleihen gedachten. Man wußte aus Erfahrung: das Geschäft wird nichts werden, das Geld ist verloren, daran wird bloß ein Rechtsanwalt verdienen. Gescht – das waren nicht die Armen, sondern die Glücklosen. Die Wunschmillionäre. Mit Gescht soll man nichts anfangen. Übrigens war das nicht bloß eine Maxime der deutschen Staatsbürger jüdischen Glaubens, sondern Bürgermaxime schlechthin. Man erhält viel leichter sehr viel Geld, wenn man ein Projekt anzubieten hat, als sehr wenig.

Das Getto war verinnerlicht im deutsch-jüdischen Alltag. Plötzlich jedoch erhoben sich die Gettomauern von neuem, wenn nichtjüdischer Besuch zu erwarten stand. Dann wurde nicht allein der Hort enthüllt; es zeigte sich vielmehr bei allen Teilnehmern der Tafelrunde, daß nichts als selbstverständlich hingenommen werden durfte. Es gibt viele Gründe, den Roman ›Soll und Haben‹ von Gustav Freytag, dies Erzeugnis eines wohlmeinenden Nationalliberalismus, als Leser abzulehnen. Mich hat bereits beim frühen Lesen in der Schulzeit weit weniger der rothaarige Schurke Veitel Itzig gestört, als die verständnisvolle Herablassung, die dem »guten Juden« Bernhard Ehrenthal vom Autor gewährt wird. Empörend fand ich schon damals die Szene des Abendessens im Hause des reichen Hirsch Ehrenthal, der noch ein bißchen Jargon spricht und die klugen Bücher nicht gelesen hat, deren Kenntnis zur Grundlage wurde einer – sozusagen – Freundschaft zwischen dem todkranken Bernhard und seinen deutschen Freunden Fink und Wohlfart. Der Herr von Fink und der bürgerliche Anton Wohlfart werden von den alten Ehrenthals empfangen, als habe sich der Kalif einem unwürdigen Hause des Untertanen genaht. Auch hier wird der »Hort« vorgezeigt. Dann erscheint auch noch, gleichsam als Höhepunkt eines orientalischen Gelages, die schöne Tochter des Hauses, Bernhards Schwester: die mythische »schöne Jüdin«.

Natürlich ging es bei uns nicht mehr in solcher Weise zu. Auch die Großeltern und wohl auch deren Eltern hatten die Sprache aller anderen Deutschen gesprochen: die Mutter das etwas spitze und freiwillig schroffe Hochdeutsch der Niedersachsen, mein Vater das behäbige und etwas singende Idiom der Leute vom Niederrhein. Man war ein Deutscher wie andere auch. Freilich gab es unangenehme Antisemiten im Reichstag und bisweilen auch im Alltag, allein die brauchten uns nicht zu kümmern. Wenn das Nordseebad Borkum einen nicht haben wollte und durch ein »Borkumlied« verkünden ließ

> . . . doch wer sich naht mit platten Füßen,
> die Nase krumm, die Haare kraus,
> der soll nicht unsern Strand genießen,
> der muß hinaus, hinaus, hinaus!,

so reiste man eben nach Norderney. Das waren Bagatellen. Hat man sich wirklich so sicher gefühlt? Ich habe mich das später, nach allem, was geschah, oft gefragt: ob ich die Zeichen an der Wand jemals wahrnahm, ob sie überhaupt gelesen werden konnten. Immerhin bewiesen die gesellschaftlichen Veranstaltungen, daß man trotz allem – in aller Höflichkeit zwischen den bürgerlichen Deutschen und den nicht minder bürgerlichen Juden – unter sich geblieben war. Auch der weise Nathan bei Lessing war am Schluß, bei der Opernapotheose der Religionen, allein geblieben, draußen, mit niemandem verwandt und verschwägert: gleichsam als ein Ehrengast, der nicht dazu gehört.

Die Freunde und Gäste meiner Eltern, die jüdischen vor allem, waren mir in meiner Schulzeit ein Greuel. Durchaus nicht aus einem Gefühl von jüdischem Selbsthaß. Ich hatte in der letzten Schulzeit, die auch Tanzstundenzeit zu sein hatte, wie sich das gehörte, vor allem jüdische Freunde aus dem Milieu unserer Gesellschaftsschicht. Auch da wurde streng gewacht über den Umgang: wen man einladen konnte und wen nicht, wo man eingeladen wurde und wo nicht, das war wichtig, bisweilen leidvoll. Mich störten die Bürger, nicht die Juden. Den Kaufleuten galt meine Verachtung. Wohl fühlte ich mich bei Freunden und ihren Eltern, die sich mit mir ereifern konnten über neue Dramatik, über den Sänger Karl Erb, den Evangelisten der Matthäuspassion, die gescheit zu reden wußten und nicht den Kopf schüttelten beim Anblick eines Bildes von Dix, einer Plastik von Barlach. An Partnern fehlte es nicht, damals in Köln. Mein Vater, von seinen Geschäftsfreunden höflich belächelt ob seiner Ankäufe der modernen und so häßlichen Kunstwerke, ließ sich – sehr gut natürlich – durch den Dr. Haubrich beraten. In den Sechziger Jahren wurde in der Westberliner Akademie der Künste eine Ausstellung von Werken der Breslauer Künstler aus der Weimarer Ära eröffnet. Plötzlich stand ich vor einem schönen Landschaftsbild von Oskar Moll. Das hatte im Schlafzimmer der Eltern gehangen. Ich schaute im Katalog nach: in der Tat, das Bild gehörte einer bekannten Kölner Galerie.

Auch ich hatte die Zeichen nicht lesen können. Als Halbwüchsiger glaubte ich, man könne sich einfach entscheiden gegen die Bürger, jüdische und andere, und für die Künstler. Zwar hatte ich meinen Thomas Mann gelesen, ein Schulfreund hatte mich in dessen Zauberkreis geholt, allein ich teilte nicht Tonio Krögers Sehnsucht nach den bürgerlichen »Wonnen der Gewöhnlichkeit«. Wußte ich, daß ich mich damit zum Außenseiter entworfen hatte? Vielleicht: doch den jüdischen Anteil an diesem Außenseitertum schlug ich gering an. Jener Augenblick der Erweckung beim Anhören des Liedes vom »Hakenkreuz am Stahlhelm« war vergessen worden: bis auf weiteres.

Ich absolvierte damals, nach dem Abitur und etwa bis zu meinem 21. Jahr, eine mondäne Jugendzeit mit Begeisterungen für die französischen Tennisspieler Lacoste und Borotra, mit den reichen jungen Leuten vom Tennisclub Rotweiß, wo zwischen Juden und Nichtjuden dem Anschein nach nicht unterschieden wurde, mit viel Klavierüben, auch die Sonate opus 1 von Alban Berg war bereits darunter, mit gelangweiltem Herumsitzen in den juristischen Kollegs der Kölner Universität, die ich seit dem Sommersemester 1925 zu besuchen hatte. In diesen ersten Studentenjahren, so empfinde ich es heute, muß ich wie unter einer geistigen Lähmung dahingelebt haben. Ich wußte nicht, was aus mir werden könnte, wußte nicht einmal, was ich nicht wollte. Ach ja, nicht Medizin, und nicht Naturwissenschaft. Aber sonst? Ich galt in meiner Umwelt als sehr begabt: geistig und künstlerisch. Nur teilte ich insgeheim durchaus nicht diese Meinung. Frau Meyerfeld hatte meiner Mutter einmal gesagt: »Ihr Hans ist superklug!«, und das war keineswegs als ein Lob gemeint, wurde auch richtig verstanden. Superklug hieß: vielseitig begabt, und das war zu wenig.

So hatte ich mich halb gelangweilt bereit gefunden, die Rechtswissenschaft zu studieren. Da konnte man weiter sehen. Wirtschaftswissenschaft hätte mich wieder den Kaufleuten ausgesetzt. Die Finger waren zu kurz für einen Pianisten, auch übte ich nicht allzugern. Philologie bedeutete: Studienrat. Germanistik studierten die Mädchen aus der Tanzstunde, aber das nur bis zur Verlobung. Also Jurist. Es war von Anfang an gleichfalls auf Widerruf angelegt. Immerhin habe ich schließlich dabei eine Menge gelernt, denn Lethargie und »aufschiebend bedingte« Bereitschaft zum Studium der Rechte blieben konstant bis zum Jahr 1933.

Zunächst freilich war dieses Studium ein Graus. Die junge Kölner Universität hatte keinen der namhaften Juristen einer anderen Universität abwerben können. Man hielt sich an gute Könner, die aus irgendwelchen Gründen, in zwei Fällen wegen jüdischer Abkunft, nicht anderswo untergekommen waren, oder an junge Privatdozenten. Die »Einführung in die Rechtswissenschaft« wurde von Prof. Franz Haymann gehalten, einem Richter aus Frankfurt, der spezialisiert war auch im Römischen Recht, so daß über seine Abkunft weggesehen werden konnte. Mir ging auf die Nerven, wie dieser erste Ordinarius in meinem ersten Kolleg voller Beflissenheit und etwas zu oft von »uns Deutschen« sprach. Uns Jurastudenten machte er mit einer Phrase aus dem Offizierskasino klar, wir seien sozusagen »die Garde vons Zivil«. Das war nichts für mich. Ich ließ mich treiben, schrieb gelangweilt die Übungs-

arbeiten, blieb sonst aber den juristischen Kollegs meist fern. Leopold von Wiese, der Soziologe, war ein interessanter Mann, doch ein farbloser, stark formalistischer Dozent. Von Max Scheler soll noch berichtet werden. Dem Germanisten Ernst Bertram gelang es mühelos, jegliches Gelüst nach einem Studium der deutschen Literatur bei mir mit jedem Kolleg zu ersticken. Ich wußte, daß er mit Thomas Mann befreundet, der Pate der jüngsten Mann-Tochter war. Um so unangenehmer empfand ich die häufigen Sticheleien gegen die moderne Literatur, die sich als verächtliche Romanschreiberei präsentiere, offenkundig beeinflußt durch die nicht minder verächtlichen Franzosen. Heute weiß ich, seit der Briefwechsel zwischen Bertram und seinem Freunde, dem Romancier in München, entschlüsselt wurde, daß der Germanist auf dem neuen Kölner Lehrstuhl, auch er jahrelang von der Zunft übergangen, ein mühevolles Doppelspiel als vielfacher Außenseiter durchzustehen hatte. Es hat ihn schließlich um sein Amt gebracht; daß er sein Brot wieder erhalten durfte, dafür hat nach 1945 der verratene Thomas Mann gesorgt.
Ich sehe ihn noch, wie er das Kolleg zelebrierte: in der gesteilten Diktion der Leute aus Stefan Georges Schule. Allein Bertram war nicht schön und strahlend wie Friedrich Gundolf mit der unreinen Abkunft. Er verschwand in der Ergriffenheit hinter dem Rednerpult und tauchte langsam wieder auf, wenn er in tiefen, langgezogenen Tönen den Namen Goeoeoethe wie eine Beschwörung erklingen ließ.
Nach drei Semestern wußte ich, es war im Sommer 1926, daß an irgendeine neue Erweckung nicht zu denken sei. Ich ließ mich treiben. Was ich trieb, war weder gut noch schlecht. Im ganzen gut. Seit 1920 war ich immer gern nach Berlin gereist, wenn sich ein Anlaß bot. Einladungen durch die dortigen Verwandten waren stets willkommen. Nun wollte ich weg aus Köln. Nur nach Berlin, mich reizten weder die Idyllen in Heidelberg und Freiburg, noch die Gerüchte vom neuen Denken, das in Frankfurt praktiziert würde. Nach wie vor ging ich zu Tanzereien. Selbst in Berlin hörte das schein-mondäne Treiben nicht auf. Was ich mir von Berlin als Universitätsstadt erhoffte, wußte ich nicht. So mußte auch das mit einer neuen Enttäuschung enden.

Im Dickicht der Stadt Berlin

Zu Beginn des Wintersemesters 1926/27 traf ich in der Reichshauptstadt ein. Die Kommunistische Internationale in Moskau, damals noch in Leninscher Tradition um nüchterne Analysen bemüht und nicht durch Stalin dazu angehalten, unsinnige Theorien über Sozialfaschismus zu produzieren, womit die Sozialdemokratie gemeint war, hatte auf ihrem V. Weltkongreß, dem ersten nach Lenins Tod, von einer »relativen Stabilisierung des Kapitalismus« gesprochen. Man konnte es nicht besser sagen.

Die Geldentwertung war behoben. Nicht bloß im Feuilleton der großen Zeitungen redete man von einer »Neuen Sachlichkeit«. Man stellte sich genußvoll auf den bekannten Boden der Tatsachen. Genußvoll, denn unter dem Boden hatte man die Weltfreunde und Neuen Menschen aus der expressionistischen Ära begraben, mitsamt den einschlägigen Büchern, darunter dem ›Geist der Utopie‹ von Ernst Bloch, dessen zweite Ausgabe von 1923 eine kurze Weile ein Modebuch der bürgerlich aufsässigen Jugend gewesen war. Nun gedachte man den Frieden in Wirtschaft und Gesellschaft zu genießen.

Genuß freilich gab es auch vorher: als man in Moskau noch von einem »ersten Turnus der Kriege und Revolutionen« gesprochen hatte. Allein unsere »Exzesse« einer ausgehenden Pubertät, die wir auch mit diesem Ausdruck bezeichneten, wirkten wie unfrohe Orgien. Wir schändeten das Elternhaus, genossen die Stellvertretung in ehelichen Schlafzimmern, falls man uns, während einer Ferienreise der Eltern, das Haus überließ. Ich bin fest davon überzeugt, daß uns die ältere Generation für durchaus gesittet und tanzstundenmäßig hielt. Man sprach nicht zwischen Eltern und Kindern über solche Dinge. Mich hatte ein Schulfreund aufgeklärt, als ich elf war: ich hatte seinen Bericht für Schwindel gehalten, obwohl er glaubhaft sein mußte. Ein Kind aus dem deutschen Kleinbürgerhaus, das ältere Geschwister hat, kennt sich aus. Erst die beginnende Pubertät zwang dazu, den »Fall« mit einem etwas älteren Jungen »aus unseren Kreisen« zu bereden. Es stimmte also.

Nach wie vor auch hier das unsichtbare, nur undeutlich wahrgenommene Getto. Daß man sich sexuell mit der deutschen Welt kopulieren dürfe, im übrigen aber an Partner aus der Welt der deutschen Staatsbürger jüdischen Glaubens zu halten habe, war nicht einmal Geheimlehre. Man sprach offen darüber am Abendbrottisch. Da wurden die Verkäuferinnen und Sekretärinnen namhaft gemacht, die den jüdischen Ehemännern das Leben mit einer Ehefrau ohne eigenen Beruf, alternd, ungeeignet zur Ratgeberin in Augenblicken der Sorge, erträglich machten. Das war in der Ordnung. Allerdings war von Gegenseitigkeit keine Rede. Von einer jüdischen Bürgersfrau mit einem Geliebten aus anderen Kreisen, womöglich weitaus jünger, habe ich nie etwas gehört. Vielleicht weil ein solcher Skandal ausgiebig beschwiegen werden mußte. Es gab für solche Fälle ein gutsitzendes Vokabular der Beschönigungen. Die ältere Schwester meines Vaters war von der Familie mit einem jüdischen Geschäftsmann verheiratet worden, der an den Folgen einer frühen Geschlechtskrankheit körperlich und geistig dahinsiechte. Seine drei Kinder hatten eine schwere Erbschaft zu tragen. Die Tochter, meine Kusine, nahm sich später das Leben. Als die fortschreitende Paralyse dazu zwang, den Onkel in eine geschlossene Anstalt zu bringen, ich war damals noch ein halbes Kind, ahnte aber undeutlich, was vorging, wurde der Fall so erklärt: »Er war schon immer sehr nervös.«

Alle Geschlechtlichkeit, die unserer Eltern wie auch die unsrige, stand im Zeichen des Doppellebens. Das hatte man »draußen« zu erledigen. Vor der Tür des Bürgerhauses und vor der Tür des Judentums. Dem lüsternen Wunschbild der »schönen Jüdin« entsprach auf jüdischer Seite die »Goite«. Wenn wir uns innerhalb des angestammten Kreises vereinigten, geschah das unfroh, nahezu blasphemisch. Es fand keine Befreiung vom Doppelleben statt, sondern gleichsam eine – erschwerende – Verdoppelung dieser Doppelexistenz. Da ich mich damals weder mit meinen geistigen noch meinen sinnlichen Neigungen auskannte, erscheint mir die Pubeszenz als eine undeutliche, ungern erinnerte, wirre Lebensphase voller Versuche und Enttäuschungen. Daran vermochte auch die Studentenzeit in Berlin kaum etwas zu ändern.

Ich war trüb gestimmt, als ich im Oktober 1926 als Untermieter meine zwei Zimmer bezog in einer großen Wohnung in der Nähe des Nürnberger Platzes. Die Verwandten hatten alles vorbereitet. Natürlich sollte man im Bayerischen Viertel wohnen: zwischen dem Wittenbergplatz und dem Innsbrucker Platz. Dort hatte sich das mittlere jüdische Bürgertum angesiedelt. Auch meine Vermieter gehörten dazu. Sie hatten aus der geräumigen Wohnung eine Pension gemacht. Geplant war, daß man das Frühstück möglichst gemeinsam im Eßzimmer einnehmen solle: um sich ganz zu Hause zu fühlen. Ich setzte es unter großen Widerständen gegen Vermieter und Verwandte durch, daß man mir das Frühstück in mein Wohnzimmer brachte. Mit meinem Taschengeld hätte ich gut auskommen können, es lag weit über den Beträgen, die meinen Kommilitonen zur Verfügung standen: auch dann, wenn sie nicht genötigt waren, selbst sich das Studium zu verdienen. Allein ich kam von den Fatzkereien meiner mondänen Existenz immer noch nicht los. Ausgesuchte Kleider, Taxifahren, Tennis im Grunewald, Blumen für die Gastgeberin bei vielen Einladungen, Theater bei Reinhardt und Leopold Jessner, die Philharmonie in der Bernburger Straße unweit des Potsdamer Platzes: dafür reichte der Monatswechsel im mindesten nicht. Ich erpreßte Zusatzgelder in Köln oder weinte mich durch bei der Familie. Mein Haar begann sich früh schon zu »lichten«, das war ein Erbteil von Vaters Seite. Einmal habe ich damals in Berlin beim teuersten Friseur auf dem Kurfürstendamm, er nannte sich »Figaro« sinnigerweise, eine Riesenrechnung gemacht: stundenlange Behandlungen, man genoß das in schläfriger Stimmung, es muß der Höhepunkt gewesen sein in meinem mondänen Treiben, denn ich erinnere den Vorgang noch genau und nicht ohne Beschämung. Die Rechnung war nicht übel und ich mußte einen weiteren Bettelbrief schreiben.

Man sah es mir zu Hause nach, denn wenige Wochen vor Beginn des Berliner Semesters, während der Sommerferien, war mein Freund Walter Stein plötzlich an seinem Herzleiden gestorben. Er hatte die letzten Jahre seiner Schulzeit und danach seine ersten drei Semester als stud. rer. pol. wochenlang im Krankenbett verbringen müssen; wie es um ihn stand, wußte er genau. Er sprach sachlich von seiner Krankheit, hatte ihr einen erfundenen Namen gegeben, sie also für sich gleich-

sam objektiviert. Er starb, als er im Begriff stand, mich anzurufen.
Dennoch reicht das nicht aus, meinen Trübsinn während dieser Berliner Studentenzeit zu erklären. Immer stärker empfand ich mein gesamtes Tun als ein bloßes Mitmachen. Die mondänen Gesellschaften im Grunewald oder am oberen Kurfürstendamm langweilten mich mehr und mehr. Das modische Gerede ging mir auf die Nerven, denn ich hatte immerhin einiges von dem wirklich gelesen, worüber bei solchen Gastereien und Tanzereien bloß nach der Feuilletonlektüre geplaudert wurde. Einmal tanzte ich mit einem dicken und schwerfälligen Mädchen, das mir beim Tango heftig auf die Füße trat. Sie entschuldigte sich nachlässig: »Ich bin immer so müde, denn ich habe so schreckliche Inzestträume!« Der heilige Freud ging damals um: wer keinen Ödipuskomplex aufzuweisen hatte, zählte nicht so recht.
Ich aber hatte mir, neben den verschiedenen Arten eines Doppellebens: zwischen den Gesellschaftsschichten, den Geschlechtern, den Religionen, noch zusätzlich einen Widerspruch zugelegt zwischen meinem gesellschaftlichen Sein und meinem Bewußtsein. Der Geist eines nunmehr Zwanzigjährigen gab sich nicht mehr zufrieden mit einem affirmativen Dahintreiben samt Doppelleben und naivem Zynismus. Vor allem, weil die naive Genußsucht nicht gestillt wurde. Die immer stärker empfundene Leere zwang dazu, die eigene Existenz in Frage zu stellen. Jene tiefe Befriedigung, die ich zwei Jahre später empfand, als ich meine ersten marxistischen Bücher las, ist so allein zu erklären. Ich bin nicht als Vorkämpfer für das Proletariat zum Sozialismus gekommen, sondern als Leser des ›Kommunistischen Manifests‹ und der frühen Schriften von Marx und Engels.
Damals freilich, im Berliner Herbst des Jahres 1926, entdeckte ich nicht den Marxismus, doch immerhin die ›Weltbühne‹ und Kurt Tucholsky. Gelesen hatte ich die roten Heftchen schon während der Schulzeit: da ich genug hatte von den Bulletins des ›Centralvereins deutscher Staatsbürger jüdischen Glaubens‹, von dem wohl Tucholsky, wenn ich nicht irre, gesagt hat, man solle besser von »Deutschen Staatsjuden bürgerlichen Glaubens« sprechen. Auch das ›Berliner Tageblatt‹ war mir seit langem verleidet. Alfred Kerr hatte ich jahrelang bewun-

dert: ich habe später Jahre gebraucht, um mich als angehender Kritiker von Kerrs romantisierender Verwechslung der kritischen Analyse mit einer Dichtung aus zweiter Hand freizumachen. Es waren auf die Dauer nicht die selbstverliebten Unarten des berühmten Kritikers, die mich anwiderten, sondern seine offenkundigen Fehlurteile: besonders im Falle von Brecht. Nun war freilich auch Tucholsky kein guter Ratgeber, wenn es sich um Brecht handelte und die Seinen. Das konservative und pessimistische Aufklärertum des Mannes mit den »5 PS« kam beim literarischen Urteilen rasch an seine Grenzen. Aber Tucholsky als Gesellschaftskritiker Peter Panter, in den politischen Chansons des Theobald Tiger, in der Justizkritik als Ignaz Wrobel: das war ein Mann nach meinem Herzen.
Nicht zufällig überdies, daß es mir eine der fragwürdigsten Kunstfiguren des Peter Panter angetan hatte: der Herr Wendriner. Das war eine »idealtypische« Erscheinungsform des Berliner jüdischen Bourgeois, vermutlich aus der Konfektionsbranche, irgendwo in der Nähe des Spittelmarkts, aber man wohnte natürlich im Bayerischen Viertel. Zugezogen wohl vor einigen Jahrzehnten aus Posen, das damals noch preußische Provinzhauptstadt gewesen war, oder aus Breslau. Wendriners hatte ich auch in Köln kennengelernt, doch sie waren nicht häufig bei uns zu Gast gewesen. Hier in Berlin hatte ich sie immerfort vor Augen: ihre überhebliche Unsicherheit; das ewige Besserwissen aus Unkenntnis; das Nachschwätzen der Leitarikel von Theodor Wolff aus dem ›Berliner Tageblatt‹; Anbetung aller Erfolge, gleich welcher. Der jüdische Selbsthaß hatte Tucholsky zu dieser Kreation verholfen; ein bißchen hatte er den Herrn Wendriner sogar nach seinem Ebenbild entworfen. Auch das hatte der kluge Mann natürlich gewußt.

Mir hat er meine Aversionen bewußt gemacht, der Herr Wendriner. Vermutlich wirkte der latente jüdische Selbsthaß dabei mit, der mich niemals verlassen sollte, und der immer von neuem rational kontrolliert werden muß. Später war ich jedoch auf der Hut. Ich habe Karl Kraus niemals so unkritisch und jüngerhaft gelesen wie die Polemiken Kurt Tucholskys: damals in Berlin und mit zwanzig Jahren.

Natürlich wäre es praktischer gewesen, irgendwo im alten Berliner Stadtzentrum zu wohnen, statt im sogenannten

Neuen Westen. Die Universität befand sich Unter den Linden, unweit der Staatsoper, des Schauspielhauses am Gendarmenmarkt, der Bühnen Max Reinhardts in der Schumannstraße, der Staatsbibliothek. So verlor ich viel Zeit durch das Hin- und Herfahren. Allein ich liebte die Berliner Untergrundbahn, liebe sie noch immer, fast mehr als die Pariser Métro. Außerdem schien meine Mutter, die alles organisiert hatte, von sämtlichen Verwandten unterstützt, ein Wohnen im Umkreis der Friedrichstraße, worüber aufgeregt geraunt wurde, für undenkbar zu halten. Mir war alles recht. Ich hatte noch nicht einmal entdeckt, daß der Liebesmarkt im Umkreis des Bahnhofs Friedrichstraße und des Schiffbauerdamms nur mit Provinzonkels und eiligen Geschäftsreisenden zu rechnen hatte. Die besseren Sachen gab es längst gerade dort, wo man mich unterbrachte: zwischen Nollendorfplatz und Joachimsthaler Straße.

Als ich 25 Jahre später den Lebensbericht Klaus Manns las, den er vor dem Freitod im Jahre 1949, als erweiterte Fassung des Buches ›The Turning Point‹ für deutsche Leser redigiert hatte, gab es Anlaß, die Berliner Jahre Klaus Manns und ihre Beschreibung in dem Lebensbericht ›Der Wendepunkt‹ mit meinen eigenen Erfahrungen zu vergleichen. Der älteste Sohn Thomas Manns, geboren 1906, war nur wenig älter gewesen als ich. Dennoch sind unsere Berliner Erfahrungen fast unvergleichbar. Klaus war wirklich frühreif. Von mir wurde das nur behauptet: meist abschätzig. Von dem achtzehnjährigen jüngsten Literaten aus der Mann-Dynastie pflegten die Zeitungen ausgiebig zu berichten. Ich las es als Gymnasiast. Klaus Mann war allen Schulen entlaufen, den staatlichen Anstalten wie den Freien Schulgemeinden, um nur sich selbst und der Literatur zu leben. Er kam auch nach Köln, hatte in einer Buchhandlung, wo ich zu kaufen pflegte, den Text einer ›Kindernovelle‹ vorgetragen und war von der griesgrämigen Lokalkritik mit ironischem Respekt empfangen worden. Freilich beneidete ich ihn nicht, kam auch nie auf den Gedanken, mich vergleichen zu wollen. Was immer ich mir als Zukunftsdasein vorstellen mochte, übrigens stellte ich mir nichts vor, ausgeschlossen hielt ich es auf jeden Fall, daß ich Schriftsteller werden könnte oder auch wollte: wie der vielberedete Literat aus dem berühmten Hause.

Klaus Mann probierte alles, was vielleicht Spaß machen konnte: die Schauspielerei und die Droge. Er muß seine Berliner Jahre sehr genossen haben, will man der Schilderung im ›Wendepunkt‹ glauben. Daß er selbst nicht viel später voller Unbehagen die eigene Wichtigtuerei und Skandalexistenz verurteilte und danach strebte, ernstgenommen zu werden, läßt vermuten, daß ich damals nicht allzuviel versäumte.
Doch, ich habe damals viel versäumt. Ich hätte mich früher entdecken können. Klaus Mann hatte alles bereits gelesen, was ich mir mit langsamem Ungeschick, unterstützt bald und bald gehemmt durch Zufälle, im Lauf der Zeit zusammensuchen mußte. Eine der wichtigsten Entdeckungen meines Lebens verdanke ich ihm. Da mich Klaus Mann in einer schwer begreifbaren Weise faszinierte, las ich alles, was er schrieb und sogleich auch drucken ließ: seinen – sozusagen – Roman ›Der fromme Tanz‹, der mich als Leser in eine Welt fragwürdiger Berliner Nachtlokale versetzte, die ich nicht zu besuchen beschloß und in der Tat auch nicht besuchte; die ›Kindernovelle‹; die Essays eines rastlosen und immer noch kindlichen Autobiographen. Dieser Autor suchte sich Leser nach seinem Ebenbilde; sie sollten alles lesen und bewundern, was er gerade entdeckt hatte.
So las ich denn in einem dieser richtungweisenden Essays von Klaus Mann, um die Zeit meiner Berliner Studienjahre: eigentlich lohne es sich nur für ein einziges Buch, die Anstrengung des Denkens auf sich zu nehmen. Das sei verfaßt von *Ernst Bloch* und heiße ›Geist der Utopie‹. Es wiege alle anderen Bücher der Zeitgenossen auf. Hier schrieb der Sohn Thomas Manns. Ich kaufte mir sogleich den ›Geist der Utopie‹, es handelte sich um die veränderte zweite Auflage, begann zu lesen, und legte den Band beiseite. Ich hatte nichts verstanden. Es war noch zu früh. Später habe ich Bloch von diesem Prozeß einer Nicht-Erweckung berichtet. Er sprach achtungsvoll von Klaus Mann.
Ich habe meine beiden Berliner Semester als ein Provinzler und als ein Zuschauer verbracht. Klaus Mann kannte sich aus und ließ sich ein auf alles. Begeistert wird im ›Wendepunkt‹ berichtet, wie eine streng blickende Frau mit Stiefeln und Peitsche im Vorübergehen die Frage hinüberzischt: »Magste Hiebe?« Ich bin damals auf der Tauentzienstraße nicht in

solcher Weise angesprochen worden, hätte auch nicht gewußt, was das bedeuten soll. Den männlichen Strich auf dem Potsdamer Platz entdeckte ich durch Zufall. Als Zuschauer betrachtete ich, ziellos flanierend, die Reisenden, die abreisten und ankamen. Ein junger Mann sprach mich an, etwas älter als ich. Das gab es also auch.

Mein Bild von Berlin hätte zu dem späteren Klischee des Films ›Cabaret‹ nicht übel gepaßt: es war in jeder Weise verzerrt. Gleich der Welt jenes Films, dem Christopher Isherwood die literarische Grundlage gab, ein Freund Klaus Manns aus damaligen Tagen, reichte auch meine Berliner Geographie vom Grunewald bis zum Berliner Schloß. Die Villen und Tennisklubs im Grunewald; der Kurfürstendamm mit den nicht recht geheuren Seitenstraßen; das jüdische Bürgertum im Bayerischen Viertel. Wenn man Glück hatte, kam die Einladung in eine Villa des Tiergartenviertels durch einen Mitstudenten zustande. Die billigen Gaststätten und Konditoreien der Leipziger Straße, wo wir uns ernährten, um Geld zu sparen für Kunst und gesellschaftliche Angeberei; die Universität mit der Bibliothek.

Der Roman ›Berlin Alexanderplatz‹ war noch nicht erschienen. Also war in dieser Gegend offenbar nichts für mich zu entdecken. Die Gegend um den Schlesischen und den Stettiner Bahnhof, den Berliner Osten also, habe ich erst nach dem Krieg und der Zerstörung angeschaut. Auch den berühmten Wedding besuchte ich damals noch nicht: den nahm ich erst um 1930 wahr, als ich den Marxismus und die Arbeiterbewegung entdeckt hatte.

Ich habe damals meine Zeit vertan in Berlin. Die Stadt entzog sich. Auch die Universität entzog sich. Im Hörsaal blieb ich erst recht der Zuschauer und der Provinzler. Das schöne Gebäude am Ausgang der Straße Unter den Linden, einstiges Prinzenpalais aus König Friedrichs Zeiten, dann als Sitz ausgewählt für die Friedrich-Wilhelms-Unversität, die geistige Schöpfung Wilhelm von Humboldts, wirkte nicht bösartig, aber es hatte auf Abstand zu halten, wer dort zu arbeiten wünschte. Für die sogenannt guten Manieren sorgten nicht erst die Präsiden und Fuchsmajore bei ihren Verbindungsbrüdern: das verstand sich von selbst für einen jeden, der hier lehrte und auch lernte. Übrigens war die Universität der

Reichshauptstadt in einer jungen Republik durchaus kaisertreu geblieben. Hier sollte – trotzigerweise – das Jahr 1914 nicht als Zäsur empfunden werden. Niemand hätte es wagen können, den Namen des dritten Preußenkönigs Friedrich Wilhelm zu eliminieren. Heute wird mit den Namen einer Humboldt-Universität an Wilhelm und Alexander von Humboldt erinnert. Dafür muß man in unseren Tagen mit mancherlei Ausweisen und Bewilligungen den Eintritt ins Gebäude zu erwirken suchen. Jeder Besucher dieser Universität eines Staates der Werktätigen als virtuelles Sicherheitsrisiko.

In jenen Zwanziger Jahren gab man sich liberal. Man war nach wie vor unter sich: nichts ließ vermuten, daß wenige Jahre später massige Schlägertrupps, Leute mit und ohne Abitur, die jüdischen und marxistischen Untermenschen hinausprügeln würden. Es hatte auch noch keine Bücherverbrennung stattgefunden auf dem großen Platz gegenüber der Universität, auf der anderen Straßenseite.

Dabei war alles insgeheim, wie ich heute weiß, für alles vorbereitet. Diese Alma mater, die sich freundlich ausnahm, trotz der formvollen Kühle, war erstaunlich steril. Unzeitgemäß nicht allein in ihrem schwarzweißroten Habitus aus Kaisers Zeiten. Das Kaiserreich hatte, jedenfalls im Bereich des allmächtigen Preußenstaates, eine allgemein bekannte Hierarchie der Universitäten entwickelt: als ungeschriebenes, doch respektiertes Gesetz. Das kannte jeder, der sich anschickte, den Beruf eines »o. ö. Universitätsprofessors« zu »erstreben«, was wörtlich verstanden werden muß. Wie das anzustellen sei, dafür gab es zahlreiche Gebrauchsanweisungen in Form von Akademikerwitzen. Gut geboren, christlich, möglichst lutherisch, Geld von Hause aus, so daß man die Berufung nach der Habilitation abwarten konnte, ohne einen offenbar schändenden Zwischenberuf, gar als Studienrat, annehmen zu müssen. Einheirat bei einer Geld- oder Professorendynastie. Dann die kleine Hierarchie: Promotion, Assistent, Habilitation, Privatdozent: bis die erste Berufung auf einen provinziellen Lehrstuhl, etwa in Rostock, erfolgen konnte. Da mußte man hingehen, sonst ging es nicht weiter. Es war nicht zu empfehlen, sich in der Zwischenzeit irgendwo zum außerordentlichen Professor ernennen zu lassen. Dann ging es auch nicht weiter.

Die Aufstiegsmöglichkeiten waren der Laufbahn von Offizieren und höheren Verwaltungsbeamten nachgebildet. Es gab auch im akademischen Preußen die Klippen, die den Hauptmann daran verhinderten, jemals Major zu werden, und die einen Unglücklichen in Schlesien oder Westfalen zum ewigen Landratsamt verdammen konnten.
Von Juden wurde die Taufe verlangt. Auch dann war die oberste Stufe des Ordinarius fast unerreichbar. Sogar im sächsischen Leipzig blieb der Goetheforscher Georg Wittkowski, ein Bruder Maximilian Hardens, nur Extraordinarius: bis man ihn hinauswarf und ins Exil trieb.
Hatte man die kleine Hierarchie absolviert und den ersten »Ruf« erhalten, so begann der Kampf um die große. Ganz oben stand, wenigstens im königlichen, nunmehr republikanischen Preußen, die ordentliche Professur eben hier, Ende der Linden, im friderizianischen Bereich. Daß einer den Ruf nach Berlin ausschlug, um lieber in Heidelberg zu bleiben, wie der – noch dazu jüdische – Germanist Friedrich Gundolf, wurde von Professoren wie Studenten aufgeregt debattiert. Der Berliner Ordinarius galt als unbestrittener, höchstens von ewigen Privatdozenten benörgelter Meister seines Faches.
Nun also durfte ich sie hören und sehen, diese Meister. Die Namen der hier lehrenden Juristen waren mir wohlbekannt seit dem ersten Kölner Semester. Wer das Bürgerliche Gesetzbuch studieren wollte, mußte vertraut sein mit den Lehrbüchern von Enneccerus, Kipp und Wolff. Der Geheimrat Enneccerus war in Marburg geblieben, aber beim Geheimrat Kipp machte ich meine erste Berliner Übung: er war höflich-uninteressiert bei so vielen Studenten, ließ die Assistenten und Hilfsassistenten allein mit den vielen Klausuren, die wir zu schreiben hatten. Im Kolleg trug er vor, was gedruckt bereits vorlag. Ich mied das Kolleg, besuchte die Übungen, um meinen Schein zu machen. Das war unfrohe, indolente Routine beim Professor wie beim Studenten.
Martin Wolff war von anderem Format. Der war kein Geheimrat, doch hatte er es als Jude immerhin bis zum Berliner Ordinarius gebracht. Wolff war sehr klein, wirkte zwergenhaft, wohl auch ein bißchen verwachsen. Sehr ernst, ganz humorlos, völlig konzentriert beim Vortrag. Das Kolleg war überfüllt: das »Sachenrecht« von Wolff war eine bewunderte

Leistung. Mir setzte er damals alle Feinheiten des Erbrechts auseinander, und ich habe es für mein Leben gelernt. Seine glänzend formulierten Sarkasmen gegen Universitätskollegen mit abweichender Meinung, möglicherweise sogar in München lehrend, wurden genußvoll wiederholt. Wenn eine dumme Antwort eines Studenten aus dem Seminar oder Staatsexamen dem Gelächter preisgegeben wurde, duckten wir uns. Martin Wolff spielte uns Tragödien vor, die Mitleid und Furcht erregten. Die Sprache dieses großen Juristen war klar, doch völlig bürokratisiert. Wenn wieder einmal armselige Fehlleistungen aus der Referendarprüfung analysiert werden sollten, begann er so: »Als ich jüngst bei einer amtlichen Gelegenheit . . .«. Solche zersetzenden Bosheiten sind nicht vergessen worden. Nach der Kristallnacht war auch seines Bleibens nicht mehr. Man holte ihn 1938 nach Oxford. Er starb 1953 im englischen Exil.

Eindruck im Hörsaal machte er allein, dieser kleine jüdische Mann der Rechtswissenschaft. Sonst aber? Ich hatte Max Scheler in Köln gehört, den Juristen Carl Schmitt in Bonn, bei gelegentlichen Besuchen in Heidelberg auch Gundolf und den Soziologen Karl Mannheim. Sie alle bedeuteten, wie immer man es bewerten mochte, ein zeitgenössisches Denken. Die Berliner Koryphäen jedoch waren Welt und Wissenschaft von gestern, hinfällig geworden seit dem Krieg. Schlimm war dabei, daß sie es nicht wußten, nicht einmal ahnen mochten. Ob konservativ oder deutsch-national oder auch völkisch-romantisierend: der politische Anachronismus fand sich wieder in ihren Büchern und in dem, was sie vortrugen.

Der polternde Altgermanist Gustav Roethe, viel belachter Feind des Frauenstudiums und bekenntnisfreudiger Monarchist, übrigens Erster Vorsitzender jener Goethe-Gesellschaft, die sich dann im Frühjahr 1933 so bereitwillig »entjuden« und gleichschalten ließ, war kurz vor meiner Ankunft in Berlin im Urlaub gestorben. Ich hätte ihn mir ohnehin nicht angehört: was dazu gesagt werden mußte, stand bereits bei meinem Tucholsky.

Der versponnene Geschichtsphilosoph Kurt Breysig tat es mir an. Ihn habe ich bisweilen gehört, um den alten schönen Kopf zu betrachten und der Innigkeit zu lauschen, die eine »Seele« der Völker und Generationen zu evozieren suchte. Es ging redlich dabei zu, war nicht zu vergleichen mit Ernst Bertrams Verrenkungen auf dem Katheder, wenn er seine Goethe und Stifter beschwor, um sich verachtungsvoll zu schütteln, wenn französische Literatur zitiert wurde.

Vom Geheimrat Werner Sombart erhoffte ich mir viel. Der hatte schon am Ausgang des letzten Jahrhunderts den ästhetischen Bannkreis bloßer Geistesgeschichte, also wissenschaftlich verstanden als Denken über Bücher, schroff durchbrochen, um sich mit kruden Alltagsphänomenen wie dem Kapitalismus und der Arbeiterbewegung zu beschäftigen, mit den Juden im modernen Wirtschaftsleben und dem Phänotyp des »Bourgeois«. Gegen ihn, das wußte ich immerhin, hatten Kautsky und Lenin polemisiert, obwohl (oder weil!) die erste Auflage des Buches ›Sozialismus und soziale Bewegung‹ von 1896 unverkennbar marxistisch gefärbt gewesen war. Freilich hatte es sich auch bis zu mir herumgesprochen, daß der jetzige Geheimrat und Berliner Professor, unter dem Eindruck der marxistischen Diatriben wie beim Erleben der Revolutionen von 1917 und 1918, dem konservierenden Sozialdenken zuzurechnen war.

Ich sehe ihn vor mir: den schlanken, hochmütig und zerstreut wirkenden Mann auf dem Katheder. Ist es Scheu vor dem Anblick der demutsvoll mitschreibenden Kommilitonen oder barer Hochmut, wenn Sombart im Wortsinne zum Fenster hinaus doziert: indem er nämlich beharrlich den Kopf in Fensterrichtung dreht, dabei aber frei vorträgt. Ohne uns als Adressaten zu suchen, erst recht nicht bemüht, uns irgend etwas klarmachen zu wollen. Es war ein Monolog am Fenster, vermutlich oft rezitiert, mithin langweilig geworden. Ich war in eine Repertoirevorstellung geraten. Noch einmal wiederholte ich meinen Besuch im Kolleg. Wiederum die Abonnentenvorstellung. Das genügte.

Max Herrmann, damals bereits ein Mann von 62 Jahren, hatte das theaterwissenschaftliche Institut der Universität begründet. Er war außerordentlicher Professor geblieben, aus doppeltem Grund: als Jude, und weil man die Theaterwissenschaft nicht ernstnahm. Im Kolleg setzte er auseinander, warum Schillers ›Fiesco‹ dramaturgisch schlecht gebaut sei. Das mochte richtig sein, allein ich hatte Fritz Kortner in der Rolle des Republikaners Verrina gesehen und begriff plötzlich, beim

Vergleich meiner Eindrücke mit den Analysen von Professor Max Herrmann, daß hier einer die Wissenschaft vom Theater zu lehren suchte, ohne sich um das Theater seiner eigenen Zeit zu kümmern. Unzeitgemäß mithin auch dies. Der Professor wirkte freundlich, doch bedrückt. Da hatte einer viel Demütigendes erfahren müssen, ehe er hier stehen durfte. Auch dies war nicht das Ende. Max Herrmann wurde ins Konzentrationslager Theresienstadt transportiert und starb dort im November 1942: ein honoriger Bürger aus Berlin, ein Mann von 77 Jahren.

Das Fleisch schlägt auf in den Vorstädten
Der Streicher spricht heute nacht.
Großer Gott, wenn wir ein Ohr hätten
wüßten wir, was man mit uns macht.

Brechts Ballade von der ›Judenhure‹ Marie Sanders habe ich stets, seit ich sie zuerst las im Exil, als Verdichtung meiner kaum bewußten, gar gewußten Emotionen in den letzten Jahren der Weimarer Rechtsordnung empfunden. Ich wußte nichts, am wenigsten über mich selbst, doch hatte ich immerfort das Gefühl: *dies hier kann nicht dauern.* Die Berliner Universität mochte sich entziehen: nicht weniger hielt ich selbst Abstand zu ihr, als ein Zuschauer, bald bereits als ihr Kritiker. Da war kaum etwas zu lernen. Erweckung durfte nicht erwartet werden. Man schrieb Klausuren und holte sich die notwendigen Übungsscheine ab. So war die Zeit nicht ganz vertan.

Die Studentenpolitik und die politischen Studenten kamen aus dem Lustspielfundus des späten Carl Sternheim. Das sollte sich ein paar Jahre später ändern: als die Wirtschaftskrise alles Gerede über relative Stabilisierung hinfällig werden ließ. Man hatte, gerade als Wirtschaftswissenschaftler, nicht sehr viel begriffen, noch weniger vorausgesehen. Nach dem Schwarzen Freitag an der New Yorker Börse, als die Krise in Deutschland einzog, die Konkurse angemeldet und die Schalter von Großbanken geschlossen wurden, erschien eben zur besten Zeit das Buch des Berliner Wirtschaftsweisen Professor Julius Hirsch, worin einleuchtend nachgewiesen wurde, daß die kapitalistischen Krisen nunmehr der Vergangenheit angehörten. Die Panne wurde allgemein belacht; allein wer damals lachte, hätte auch sich selbst meinen müssen.

Noch war auch sie unernst, die Studentenpolitik. Später ging es blutig zu im Vorgarten des Universitätspalais, als die braunen Studenten, die ein weißes Hemd trugen ohne Jacke, denn das Braunhemd war verboten, dazu Stiefel, Koppel, braune Kniehosen (die nicht verboten waren), unterstützt durch nichtstudentische SA-Leute aus Horst Wessels Bereich, auf die kommunistischen und sozialistischen Kommilitonen einschlugen. Verhaftet wurden durch die Polizei anschließend vor allem die Opfer.

Noch genoß man die Neue Sachlichkeit. Der Ball der Berliner Studentenschaft war ein gesellschaftliches Ereignis, mehr noch als der Presseball. Die Korpsstudenten im Frack, die Verbindungsstundenten im Smoking, vollzählig das diplomatische Korps. Der päpstliche Nuntius ließ sich die Mitglieder des Studentenrats und noch ein paar Kommilitonen vorstellen: unsere Manieren waren einwandfrei. Auch mir hat der stattliche, sehr gut deutsch sprechende Priester, der römische Fürst Pacelli, der dann Pius XII. werden sollte, damals die Hand gegeben.

Haften blieb mir die Farce einer politischen Veranstaltung in der Universität, die wahrlich an Lustspielkonstellationen bei Sternheim gemahnte. Die »Gruppe Revolutionärer Pazifisten«, also die Grurepa, lud ein zu einem Vortrag von Kurt Hiller. Ich ging hin, denn über Hillers Beiträge in der ›Weltbühne‹ pflegte ich mich ausgiebig zu ärgern: außer wenn dieser gelernte Jurist mit guten, doch allzeit wirkungslosen Argumenten gegen die Anachronismen des deutschen Strafgesetzbuchs losging. Das war verdienstvoll, wenngleich für meinen Geschmack immer beeinträchtigt durch Hillers krampfige Schreibweise, die er für genial hielt, und durch sein geistesaristokratisches Pochen auf die anzustrebende Herrschaft der geistigen Hillerianer: auf die Logokratie. Das hatte ich einmal sehen und hören wollen. Vorerst jedoch kam es nicht dazu. Der Saal war mäßig besetzt. Viele Mitglieder der Kostufra, der kommunistischen Studentenfraktion, hatten sich eingefunden. Ein Logokrat aus Hillers Reihen eröffnete, wurde aber sogleich durch den kommunistischen Sprecher unterbrochen, der Hiller nicht haben wollte, weil er aus irgendeinem politischen Grunde verächtlich sei. Auch dieser Redner war offensichtlich ein Jude. Stark hervorquellende blaue Augen,

Berliner Akzent, makellose Diktion: alles sprach offenbar dagegen, dem revolutionären Pazifisten auch bloß eine Weile zuzuhören. Die makellose Diktion jedoch schaffte es nicht. Andere Redner wollten Hiller hören, deshalb sei man hergekommen, diskutieren könne man hinterher. Die Kostufra unterlag bei der Abstimmung, Hiller trat ans Pult, die kommunistischen Studenten zogen ab, ohne diskutiert zu haben. Der Hillerianer konnte am Schluß einen Erfolg verbuchen. Was Hiller sagte, weiß ich nicht mehr, doch läßt es sich aus seinen Texten rekonstruieren.
An jenem Abend, aber das weiß ich erst heute, hatte sich Dialektik der Aufklärung entfaltet, worin jeweils der Mythos die Aufklärung freisetzt, die ihrerseits dann neue Mythen hervorbringt. Der Hillerianer hieß Franz Leschnitzer, wurde Parteikommunist, emigrierte nach Moskau, konnte dort überleben, wofür es manche Argumente zu geben schien; verspätet kehrte er in die DDR zurück. Johannes R. Becher hat ihn ausgiebig gehaßt. Nach der Rückkehr las man Leschnitzer in einer roten Ostberliner Revue, die sich ›Weltbühne‹ nannte: kein Stalinist konnte es besser.
Der an jenem Abend als kommunistischer Sprecher unterlegen war, ging später den Weg vom Mythos zur Aufklärung. Als Emigranten saßen wir vor dem Krieg in Paris im Café du Dôme, und ich ärgerte mich, als der ehemalige Mann der Kostufra auseinandersetzte: »Wo Stalin hintritt, da wächst kein Gras mehr!« Den Freund *Richard Löwenthal* habe ich später noch oft getroffen: in Berkeley, in Bonn und in Berlin. Seltsamerweise sprach ich ihm nie von jenem Abend mit Kurt Hiller und den Revolutionären Pazifisten.
Ich habe diesen Abend, und ein paar andere der Studentenpolitik, als Theater erlebt: wie anderes Theater auch. Meine begrenzte Berliner Geographie ließ es nicht zu, daß ich den Alexanderplatz und den Berliner Osten wahrnahm, den roten Wedding und die braun-roten, sehr realen gesellschaftlichen Spannungen auf dem Hermannplatz in Neukölln. Immer noch der Zuschauer und der Provinzler.
Folglich hielt ich mich – mit Brecht zu sprechen, dem ich ein paar Jahre später kurz vorgestellt wurde, was damals nicht sehr harmonisch ablief – an das »richtige« Theater-Theater. Als man im Jahre 1977 in Berlin eine große Ausstellung präsen-

tierte über »Tendenzen der Zwanziger Jahre«, wurde die Kleinigkeit übersehen, daß nahezu alles, was hier voller Stolz exponiert war, einer *Welt der Neinsager* zugerechnet werden mußte. Im realen Deutschen Reich und seiner Reichshauptstadt wurde dergleichen damals verhöhnt, bekämpft, ausgehungert, verboten. Krolloper unter Klemperers Leitung und Piscatorbühne am Nollendorfplatz, Otto Dix und George Grosz, Bartók und Hindemith, das Bauhaus und der russische Film. Nach der Uraufführung des ›Wozzeck‹ von Alban Berg unter Erich Kleibers Leitung im Jahre 1925 schrieb ein Kritiker der rechtskonservativen ›Deutschen Zeitung‹: »Ich halte Alban Berg für einen musikalischen Hochstapler und einen gemeingefährlichen Tonsetzer . . . Es handelt sich im Bereich der Musik um ein Kapitalverbrechen.«
Dem ideologischen Überbau des Weimarer Staates waren Max Liebermann und Gerhart Hauptmann zuzurechnen, auch Thomas Mann natürlich, Richard Strauss, Max Reinhardt und das nachexpressionistische Staatstheater Leopold Jessners. Sehr respektabel und durchaus noch nicht unangefochten. Dennoch gehörten Strauss und Hauptmann, der Impressionismus Liebermanns und der Expressionismus Jessners zu einer Neinsager-Welt von gestern, die inzwischen affirmativ geworden war, so daß man sie gegen die Neinsager von heute ausspielen durfte.
Ich habe einmal die offizielle Kultur der Weimarer Republik erlebt. An jenem Abend bereits spürte ich, daß sich hier, in allem Glanz, ein Ende vorbereitete. Man feierte Gerhart Hauptmanns 65. Geburtstag, der freilich erst im November 1927 begangen werden konnte, schon im Frühsommer durch eine Festaufführung des ›Florian Geyer‹ in Schinkels Theaterbau am Gendarmenmarkt. Vorn in der ersten Reihe der Reichsaußenminister Gustav Stresemann, ein Mann von noch nicht fünfzig Jahren. Zwei Jahre später war er tot. Der Reichspräsident von Hindenburg war nicht erschienen: das hatte auch niemand erwartet. Gerhart Hauptmann im Frack in der Intendantenloge neben dem Hausherrn und Spielleiter des Abends Leopold Jessner. Die Antipoden der Berliner Theaterkritik: Alfred Kerr im Smoking mit der bewußt altmodisch geschlungenen schwarzen Halsbinde, und Herbert Jhering im rituellen grauen Anzug.

Der schwarze Geyer wurde von Walter Franck gespielt: mehr ein nachexpressionistischer Intellektueller, als ein Ritter und Bauernführer. Sein Scheitern wirkte plausibel, aber aus Gründen des Charakters, nicht der geschichtlichen Konstellation. Zum ersten Mal führte man im letzten Akt die Szene vor, wo die besiegten Bauern gepeitscht und gefoltert werden. Niemand dachte sich etwas dabei. Es war bloßes, vielleicht kühnes Theaterspiel. Assoziationen wären abgeschmackt gewesen. Das war ein festlicher Theaterabend. Ich bin froh, das gesehen zu haben, doch weiß ich heute, wie sehr alles hippokratisch gezeichnet war: der Hausherr des Theaters, den man bald darauf fortschicken wird; die historische Verzerrung des Theaterstücks; die hohl-repräsentative Haltung eines Schriftstellers, der einstmals die ›Weber‹ geschrieben hatte und die ›Ratten‹. Nicht zuletzt die Unbereitschaft einer festlichen Menge, irgend etwas zuzulassen, das den Genuß durch Reflexion gestört hätte.

Seine Spielzeit 1926/27, die mit dem ›Florian Geyer‹ kulminieren sollte, hatte Leopold Jessner im September 1926 mit einem wirklich kühnen Wagnis begonnen, das prompt zu einer Anfrage der Rechten im preußischen Landtag führte: was die Regierung zu tun gedenke, um das Publikum der Preußischen Staatstheater vor einem »bolschewisierten Schiller« zu bewahren. Erwin Piscator spielte die ›Räuber‹, so gut es ging, als marxistisches Lehrstück, einschließlich der Moskauer Aktualitäten, denn Spiegelberg, der von den anderen umgebracht wird, erschien (gespielt durch den klugen Paul Bildt) in der Maske des gerade entmachteten Leo Trotzki: mit Kneifer, Stöckchen und einem lächerlichen steifen Hut. Die Räuber wie entlaufen aus einem Russenfilm von Eisenstein oder Pudowkin.

Zwei Monate später zeigte Piscator, der damals noch an der sozialdemokratischen Volksbühne im Osten der Stadt arbeitete, jedoch bereits sein eigenes Theater anstrebte, das ›Nachtasyl‹ von Maxim Gorki. Zum 9. Jahrestag der Russischen Revolution, als Hommage für den großen sowjetrussischen Klassiker und als Gegenentwurf zu Max Reinhardts berühmtem Modell einer Aufführung der Gorkischen Szenen ›Aus der Tiefe‹ vom Beginn des Jahrhunderts. Keine lyrische Wehmut, sondern Proletarisierung der Nichtproletarier dieses Stückes, das unter Deklassierten spielt und Kriminellen. Der Satin, von Heinrich George gespielt, wird ernstgenommen mit seinem dahergeschwatzten Satz »Ein Mensch – wie stolz das klingt!« Der Dieb als Freiheitskämpfer: in der Wahl und Interpretation dieses Stückes durch Piscator vollzog sich eine politische Vorwegnahme. Das offizielle kommunistische Theater hatte sich von den fachlich tüchtigen und politisch geschulten Berliner Arbeitern immer mehr entfernt. Die KPD warb unter den Deklassierten: mit wachsendem Erfolg seit dem Einbruch der Krise und der millionenhaften Arbeitslosigkeit. Die Gegenkultur der Neinsager, wozu immerhin Piscator gehörte und Brecht, Hanns Eisler und Ernst Busch, Schauspieler wie Paul Wegener, Tilla Durieux und Alexander Granach, damals auch noch George, verlor dadurch ihre gesellschaftlichen Adressaten: die klassenbewußten Arbeiter. Dem Kleinbürgertum waren sie ohnehin ein Greuel, ebenso dem nationalen Bürgertum. So mußte man gleichzeitig die deklassierten, von der sozialdemokratischen Bürokratie enttäuschten Arbeiter umwerben – und die liberale, in vielen Fällen jüdische Bourgeoisie mitsamt ihren Intellektuellen.

Ich habe damals fast alle Aufführungen *Piscators* in seinem Haus am Nollendorfplatz gesehen. Von der Eröffnungspremiere am 3. September 1927 mit Ernst Tollers Zeitrevue ›Hoppla, wir leben!‹, über ein schlechtes Rasputinstück von sowjetischer Machart, über eine Dramatisierung der ›Abenteuer des braven Soldaten Schwejk‹, bei der Brecht mitgeholfen hatte, bis zu einem anderen schlechten Entlarvungsstück, das Piscator in seiner Filiale am Lessingthetar herausbrachte. Als überlebender Zeuge widerspreche ich allen Legenden und behaupte, daß es sich, wie auch immer verstanden, um mäßig gutes Theater gehandelt hat. Immer stärker verdrängten am Nollendorfplatz die technischen Tricks, die Filmmontagen und belehrenden Bühnentraktate sowohl die kulinarische Theaterkunst der bürgerlichen Tradition wie auch die von Brecht angestrebte Vorzeigekunst. Piscator spielte für Rechtgläubige: dem eigenen Denken der Leute im Saal traute er wenig zu, so wie er auch dem Dichter der ›Räuber‹ nichts zugetraut hatte.

Nirgendwo fand ich in dieser republikanischen Hauptstadt eine Alternative zu meiner vegetativen und lethargischen Existenz eines degoutierten Bürgers. Die kaiserliche Universität Unter den Linden *und* Piscators theaterhafte Revolutionen am Nollendorfplatz: ich glaubte ihnen kein Wort. Haften blieben einige Theateraufführungen: Shakespeare, Shaw, Wedekind. Als ich das viel später zusammendachte und bilanzierte, fiel mir auf, daß alle wichtigen und prägenden Theaterabende zu ein und demselben Regisseur hinführten: zu *Erich Engel.* Den lernte ich spät erst kennen, nach dem zweiten Weltkrieg, durch Brecht, während der Arbeit an den großen Inszenierungen des »Berliner Ensembles«. Ich habe den leisen und so klugen, philosophisch beschlagenen und höflichen Mann, der stets zu frieren schien und sein seidenes Halstuch wie eine Bitte um Schonung einsetzte, wenn er lästige Auskünfte vermeiden wollte, sehr gern gemocht. Nach Brechts Tod kam er zusammen mit Elisabeth Hauptmann zu uns nach Leipzig, um sich mit den Studenten zu besprechen. Es hat ihn gefreut, daß ich just seine Aufführungen aus den Zwanziger Jahren im Gedächtnis behalten hatte. Daß ich in Leipzig nicht bleiben mochte und wohl auch nicht konnte, hat mir Erich Engel nicht verziehen. Es tut mir weh, wenn ich daran denke.

Von Berlin hatte ich mir eine Illumination erhofft, eine Sinngebung, eine andere Lebensform. Als ich im Herbst 1927 wieder nach Köln zurückmußte, um dort weiterzustudieren, war alles beim alten geblieben. Man bewilligte mir einen Sommerurlaub in Oberbayern und in Tirol. Ich nutzte ihn immerhin, mir Mut zuzusprechen und einen Brief an Kurt Tucholsky zu schreiben.

Kurt Tucholsky

Warum gerade Tucholsky? Er hatte bisher für mich als Gegenarznei gewirkt, als kontrastierendes Moment zu den wohlmeinenden Liberalismen des ›Berliner Tageblatts‹ und auch des, nach dem großen Berliner Vorbild in der Vaterstadt herausgegebenen ›Kölner Tageblatts‹, von deren Theater- und Musikkritiken ich mich in meinen Schuljahren zu nähren pflegte. Tucholsky war der absolute Kontrast, wie mir damals schien. Er hielt nichts von wohlmeinenden Liberalismen; die deutsche Justiz und die von ihr ausgelegten Gesetze bezeichnete er als anachronistisch und mithin gefährlich; er war lieber in Frankreich als in der deutschen Heimat, haßte die deutschen Stammtische und Männergesangvereine, behagliche Kriegserlebnisse am Biertisch und das feinsinnige Geschwätz in Berliner Salons; den sozialdemokratischen Parteiapparat empfand er als kraft- und funktionslos, den Kommunisten warf er ihre abstrakten Antithesen vor. Das war ein Mann nach meinem Herzen. Auch der unverkennbare jüdische Selbsthaß Tucholskys erweckte in mir sympathetische Empfindungen. Zudem habe ich vermutlich schon damals geahnt, beim Lesen der roten Heftchen seiner ›Weltbühne‹, daß Tucholsky hoffnungslos war. Abermals ein »Enfant perdu«, nach der Formel Heinrich Heines: ein »verlorner Posten in dem Freiheitskriege«. Das Prinzip Hoffnung war seine starke Seite nicht; der Mann der fünf PS blieb ein Anhänger Schopenhauers; den Dr. Ernst Bloch hat er, soweit ich sehe, nicht zur Kenntnis genommen. Viel später habe ich Tucholsky einmal einen »pessimistischen Aufklärer« genannt, was darauf hinausläuft, daß einer Aufklärung praktiziert, doch nicht mehr so recht daran glaubt.

Ich hatte mit meinen zwanzig Jahren noch keinen – von mir aus gesehen – berühmten Mann kennengelernt, geschweige denn mit ihm korrespondiert. Ich kannte die rheinischen Größen des Theaters und des Musiklebens. Klemperer und Gustav Hartung waren fortgezogen, zwar blieben tüchtige Leute, die mich aber kaum interessierten. Der rheinische Expressionismus war modisch geworden und daran zugrunde gegangen. Auf Künstlerfesten spielte man noch ein bißchen herum: so wie früher, um 1920. Auch als Berliner Student hatte ich nicht viel ausgerichtet beim Suchen nach einem Umgang, der illuminieren konnte. Der älteste Sohn Thomas Manns kannte alle Berühmtheiten des Tages und sogar des Zeitalters. Der brauchte nur zuzulangen am Buffet der Prominenz. Ich war lethargisch, unsicher, traute mir kaum etwas zu. An wen hätte ich mich wenden sollen, und womit?

Ohne einen Anlaß zum Ärger hätte ich nicht plötzlich aus Innsbruck an Tucholsky geschrieben. Aber man konnte auch in Tirol die ›Weltbühne‹ kaufen, und da las ich einen Aufsatz von Kurt Hiller. Dessen sogenannt revolutionären Pazifismus hatte ich niemals annehmen mögen; nun kam der enttäuschende Eindruck hinzu von jener zuerst so umkämpften, dann so langweiligen Lesung Hillers an der Berliner Universität. Wieder stand da nun, in dem neuen roten Heftchen, ein Text der revolutionären Pazifisten. Man schrieb den Sommer 1927: die Vokabel der Revolution machte keinen rechten Sinn, der Pazifismus der Expressionisten war ranzig geworden. Ich regte mich auf, und schrieb mit der Hand einen langen Brief an Tucholsky, den ich an die Redaktionsadresse in Berlin-Charlottenburg richtete. Jahrelang habe ich meine Texte mit der Hand geschrieben, sie waren im allgemeinen gut lesbar. Erst spät habe ich entdeckt, daß man auch, als Schriftsteller, mit Hilfe der Schreibmaschine schreiben kann. Weshalb ich damals getrost annehmen durfte, daß der Empfänger meinen Brief entziffern und folglich lesen werde. Der Ärger war verraucht. Ich hatte die Geschichte nahezu vergessen. Ich rechnete nicht mit einer Antwort. Was war da zu erwidern? In meinem Brief eines zornigen jungen Menschen hatte ich, wenn mir recht ist, den Herausgeber der ›Weltbühne‹ aufgerufen, den Mitarbeiter Dr. Kurt Hiller hinauszuwerfen.

Ich blieb noch etwa zehn Tage in Tirol und Oberbayern, mußte dann zurück ins Elternhaus und fand hier einen langen Brief mit der Unterschrift Kurt Tucholskys. Das war ein großer Augenblick. Zunächst bestaunte ich die hübsche und am Schluß schroff nach unten abfahrende Signatur. Er hatte mir also wirklich geschrieben, und er hatte sogar unterschrieben. Tucholsky nahm sich die Mühe, dem unbekannten Studenten sehr ernsthaft und sachlich zu antworten. An den

Inhalt glaube ich mich ungefähr noch erinnern zu können. Der Schreiber machte kaum ein Hehl daraus, daß er mit Hillers Positionen durchaus nicht immer übereinstimme. Andererseits sei Hiller ein alter Mitarbeiter des Blattes; dahinter stehe eine langjährige Freundschaft mit Siegfried Jacobsohn. So sei es nicht zu vermeiden, daß ich auch künftig den Hiller in der ›Weltbühne‹ lesen und mißbilligen müsse. Ich glaube mich auch zu erinnern, daß Tucholsky in diesem Brief, der ziemlich lang war, auf die Frage des Pazifismus und der Wandlungen einging, die dieses Klischee seit Kriegsende durchgemacht habe.

Ich war begeistert, habe sofort geantwortet, weiß aber nicht mehr was und in welchem Sinne. Tucholsky ging nicht mehr darauf ein. Erst später, als wir in Köln zusammengetroffen waren, kamen noch ein paar Briefe, die ich leider bei der Flucht im Sommer 1933 zurücklassen mußte, ebenso wie einige Briefe Carl von Ossietzkys, den ich nach 1930 in Berlin kennenlernen sollte. Auch meine jugendbewegten Briefe an die Leute der ›Weltbühne‹ sind verloren, weil ich sie an die Redaktion gesandt hatte, deren gesamte Korrespondenz dann von der Geheimen Staatspolizei kassiert wurde.

Nach dem plötzlichen Tode Siegfried Jacobsohns mußte Tucholsky als Herausgeber in Berlin amtieren, also in Deutschland arbeiten. Nach wie vor gab es in der ›Weltbühne‹ eine pazifistische Fraktion, die übrigens nützlich war und viel Arbeit zu leisten hatte: vor allem im Kampf gegen eine geheime Aufrüstung der Reichswehr und gegen illegale Waffenschiebungen. Hiller war isoliert und ein Sonderfall. Im Kampf aber gegen dunkle Machenschaften des Reichswehr-Ministeriums, darunter dem ständig Ränke spinnenden Kurt von Schleicher, fanden sich Carl von Ossietzky und Hellmuth von Gerlach in der Redaktion der ›Weltbühne‹ zusammen. Ich habe Gerlach später im Pariser Exil gesehen: ein nobler Mann, doch mit wenig Sinn für politische Tatsachen. Im Jahre 1934 glaubte er jeden Tag an den inneren Zusammenbruch des neuen deutschen Regimes.

In jenen Jahren, da er in Deutschland sein mußte, bis es möglich geworden war, die Chefredaktion dem Freund Ossietzky anzuvertrauen und wieder nach Frankreich zurückzukehren oder nach Schweden, fand sich Tucholsky bereit, in einigen Städten als Redner aufzutreten. Der Ausdruck »Redner« ist richtig, denn es wurden jedesmal zwar Vorträge von Kurt Tucholsky angekündigt, doch vor uns stand ein – glänzender – Redner, der alle Register der Rhetorik ebenso beherrschte wie alle Nuancen des literarischen Handwerks. Einen ersten Vortrag Tucholskys hörte ich in dem verhältnismäßig kleinen, aber hübsch klassizistischen Saal des »Kunstvereins«. Es war wohl der Kölner Kunstverein selbst, der Tucholsky eingeladen hatte. Da stand der untersetzte, sehr temperamentvolle Mann im eleganten blauen Anzug und legte los. Tucholsky war damals Ende dreißig. Er versuchte uns die völlig andere Lebens- und Denkart des bürgerlichen Frankreich darzustellen. Nicht durch lange theoretische Analysen, sondern mit Hilfe von Beispielen, meinetwegen von Anekdoten. Er bot eine Typologie französischer Existenzformen, von denen mir, weil das so völlig allen deutschen Überlieferungen widersprach, die Schilderung der Pariser Concierges noch gut in Erinnerung ist. Tucholsky war geübt im Geschichtsdenken. So gelang es ihm, ohne daß die Leichtigkeit des improvisierten Erzählens verlorenging, die Geschichte dieser furchteinflößenden und staatserhaltenden Pförtnerinnen und Pförtner aus der napoleonischen Zeit des Polizeiministers Fouché abzuleiten. Man lachte sehr, und man lernte viel. Einige Kommilitonen, die mitgekommen waren, gaben vor, im Grunde enttäuscht zu sein. Das war ihnen zu anekdotisch, nicht grundsätzlich genug. Mir hatte es sehr gefallen, aber ich gab ihnen nach, aus Konformismus, bemühte mich also nicht um eine Begegnung mit meinem Briefpartner.

Damals bildeten sich, gefördert durch die Berliner Redaktion, in einigen deutschen Städten sogenannte »Vereinigungen der Weltbühnen-Leser«. Ein findiger junger Mann, er kam übrigens aus Wien, hatte auch in Köln eine solche Vereinigung geplant und ließ im roten Blättchen die Gleichgesinnten einladen zum Stelldichein. Ich stellte mich ein, fand den munteren jungen Manager ziemlich unerträglich, er seinerseits hatte das Gefühl, daß ich ganz gut geeignet sei als Aushängeschild, so kam es zu einer ephemeren Gruppenbildung. Wir entzweiten uns unverzüglich, das Gebilde zerfiel. Wir gaben einander die Schuld, aber in Wirklichkeit reichte das Lesen der ›Weltbühne‹ als Integrationsprinzip keineswegs aus. Da auch die ›Weltbühne‹ Kurt Tucholskys, was sich später bei Ossietzky ein bißchen ändern sollte, gegründet war auf einer »Negativen Dialektik«, konnte eine Vereinigung der Weltbühnen-Leser zu nichts anderem führen als zu einer Zusammenkunft der Mißvergnügten.

Als Tucholsky bald darauf zu einem zweiten Vortrag nach Köln kam, war es mithin unvermeidlich, daß wir ihn mit unseren Streitigkeiten behelligten. Diesmal sprach er im Großen Saal der Bürgergesellschaft, wo meistens Kammermusik-Abende abliefen, weshalb es ein richtiges und erhöhtes Podium gab. Das mußte auf einer ziemlich steilen Treppe vom Auftretenden erklommen werden. Tucholsky war angekündigt als Redner über die deutsche Justiz, was damals für jeden gleichbedeutend war mit einer Auseinandersetzung über die Praxis monarchistisch-nationalistischer deutscher Richter, mit dem Versanden einer ewig verschleppten Strafrechtsreform, mit der Rechtsprechung des Leipziger Reichsgerichts in Sachen »Landesverrat«, wenn wieder einmal ein Journalist gewagt hatte, den Schleier über den geheimen Rüstungspraktiken der Reichswehr ein bißchen zu lüften. Das alles war wohlbekannt. Gerade die ›Weltbühne‹ hatte, schon zu Jacobsohns Zeiten, später erst recht unter Carl von Ossietzky, die kritische Auseinandersetzung mit der deutschen Gesetzgebung, Rechtsprechung und Praxis des Strafvollzugs als wichtige und dringliche Aufgabe übernommen. Sie stand damit ziemlich allein in Deutschland und hatte alle Folgen und Kosten zu tragen. Den Carl von Ossietzky hat es schließlich das Leben gekostet.

Man wußte in Köln, wovon die Rede sein werde in Kurt Tucholskys Vortrag über die deutsche Justiz, und wurde nicht enttäuscht. In der Bürgergesellschaft behandelte man den Vortrag dieses ungewöhnlichen Referenten nicht anders als das Auftreten eines Streichquartetts. Als es Zeit war, kam das Klingelzeichen. Der Große Saal war dicht gefüllt, man wartete auf den Redner, der aus dem Künstlerzimmer zu treten hatte, dann die steile Treppe, da stand ein Rednerpult mit dem üblichen Glas Wasser, wenn er oben war, würde es den Begrüßungsapplaus geben wie beim Streichquartett, dann konnte man anfangen. Es öffnete sich die Tür zum Künstlerzimmer. Heraus kam, sehr rasch vorwärtsstrebend, der untersetzte Mann, schon vor der Treppe fing er an zu reden, man war verblüfft, wurde plötzlich ganz ruhig, um zu vernehmen, was da hervorgestoßen wurde. Nun die Treppe, jetzt war er oben, an Begrüßungsapplaus war nicht zu denken, man war schon mittendrin. Ich erinnere mich, daß er oben, sozusagen als ersten Satz des eigentlichen Referats, den Satz formulierte: »Was nun die Justitia betrifft, die mit der Binde vor den Augen, so ist das so:«. Alles Gerede oder Gemurmel zwischen der Tür zum Künstlerzimmer, dem Stückchen Saal, der Treppe und dem Podium war so etwas gewesen wie ein ziemlich ausdrucksloses Streicher-Tremolo vor dem Eintritt des symphonischen Themas. Nun konnte es losgehen.

Was Tucholsky im einzelnen vortrug, braucht nicht rekonstruiert zu werden. Man kennt das aus seinen Schriften. Daß es aktuell blieb und geblieben ist, weiß man auch. Abermals sprach Tucholsky ohne Manuskript, wenn mich die Erinnerung nicht trügt. Er strebte weg vom Rednerpult, das Glas Wasser blieb unberührt, denn es war nur dem schlechten Redner in Peter Panters »Ratschlägen für einen schlechten Redner« empfohlen worden, dem Publikum von Zeit zu Zeit ein Glas Wasser vorzutrinken. Panter = Tucholsky aber war ein guter Redner. Er hielt sich an die gleichfalls verkündete einzige Maxime eines guten Redners: Hauptsätze, Hauptsätze, Hauptsätze.

Hinterher waren wir mit ihm zusammen. Die Vereinigung der Weltbühnen-Leser, soweit es sie überhaupt noch gab, saß vor dem Herausgeber des Blättchens. Nur kurze Zeit übrigens, denn Tucholsky wurde anschließend auch bei den Veranstaltern des Abends erwartet: im Domhotel. Dort wohnte er auch. Albernerweise habe ich es ihm damals übelgenommen. Das Domhotel war fein, folglich auch teuer. Ich selbst war keineswegs ein ärmliches Kellerkind. Was also hatte ich erwartet? Tucholsky war elegant und unauffällig angezogen. Auch daran habe ich vermutlich Anstoß genommen. Warum eigentlich? Ich selbst trug Maßanzüge.

Unsere Querelen schienen Tucholsky zu langweilen. Er war auch müde nach dem Vortrag, hatte sich als Redner wahrhaft ausgegeben. Großer Beifall, im übrigen hatte sich nichts verändert. Das wußte der pessimistische Aufklärer Tucholsky. Ich habe ihn dann nur einmal noch in Berlin wiedergesehen, es gab auch noch ein paar Briefe, die aus Anlaß irgendwelcher Artikel in der ›Weltbühne‹ gewechselt wurden. Merkwürdigerweise habe ich niemals den Wunsch verspürt, selbst etwas zu schreiben und der Redaktion einzuschicken. An Stoff hätte es nicht gefehlt, allein ich traute mir nicht einmal einen Leserbrief zu. Abermals die geheime Lethargie. Die Begegnung mit Tucholsky hatte mich enttäuscht. Was hatte ich mir vorgestellt? Was hätte ich ihm bedeuten können, diesem einsamen und hoffnungslosen Mann, der – nach eigenem Geständnis – alle und alles zu betrügen pflegte: mit seiner Schreibmaschine.

In jener Zeit wurde ich volljährig: nach Vollendung des 21. Lebensjahres. Nun war ich geschäftsfähig, wo waren meine Geschäfte? Ein mündiger Bürger? Daran fehlte es allenthalben. Nach wie vor lag ich den Eltern »auf der Tasche«: in Augenblicken der unvermeidlichen Auseinandersetzung wurde es mehr oder weniger diskret angedeutet. Damals habe ich oft daran gedacht, einfach davonzugehen. Aber wohin und womit? Mein Mangel an Welterfahrung war erschreckend, doch nicht einmal das machten wir uns klar, denn so wie mir ging es den meisten jungen Leuten aus »unseren Kreisen«. Für die Mädchen muß es unerträglich gewesen sein. Sie ertrugen es: mit ein bißchen Germanistik und Klavierspiel, die unfrohen Gastereien nicht zu vergessen. Augenblicke einer frenetischen Erotik machten ahnen, was da entbehrt wurde an Freiheit und Selbstbestimmung. Junge Damen mit vorzüglichen Manieren.

Abermals Köln und das provisorische Universitätsgebäude am Rheinufer, folglich wieder die täglichen und langen Fahrten mit der Straßenbahn: von Ehrenfeld zum Ring, dann die endlose Retrospektive deutscher Geschichte, beginnend mit dem »Ring« der Hohenzollern, der mühelos das Jahr 1918 überstanden hatte. Habsburger, Hohenstaufen, Salier, Sachsen, Karolinger, zurück endlich zu den legendären Ubiern. Nun war man da und konnte ins Juristische Seminar gehen, um irgendeine Hausarbeit vorzubereiten.

Ich betrieb alles weiterhin lustlos und lethargisch. Die Scheine über irgendeine Übung im Prozeßrecht oder Strafrecht bekam ich. Einmal geriet ich mit dem noch jungen Ordinarius für bürgerliches Recht aneinander: mit Hans Karl Nipperdey, dem späteren Präsidenten eines Bundesarbeitsgerichts. Es war heiß im Sommersemester 1928, als ich eine Klausur zu schreiben hatte. Der Fall schien nicht besonders kompliziert. Ich fing fast mechanisch an, meine Lösung in Hexametern zu verfassen, bekam Spaß an der Sache, so leicht war das also, und führte die Redaktion zum guten Ende. Zu einem sehr schlechten, denn jetzt begann der Skandal. Nipperdey hielt sich und sein Fach für verhöhnt, dabei respektierte ich gerade ihn. Erst als ich bei der Vernehmung darauf hinwies, die juristische Lösung sei doch einwandfrei, wenn man einmal absehe von den Versen, kam ich davon. Im ganzen gut.

Da mir alles in hohem Maße sinnlos erschien, kam ich, wie viele junge Studenten in ähnlicher Lage, auf den Gedanken, die *Philosophie* könne mir helfen. Damit hatte ich damals in Köln sowohl Glück wie Pech. Auf den zweiten philosophischen Lehrstuhl neben Max Scheler hatte man inzwischen den Balten Nicolai Hartmann berufen, der vorher in Marburg lehrte. Hartmanns ›Ethik‹, offensichtlich inspiriert durch Schelers Gedanken über eine »materiale Wertethik«, war eindrucksvoll; ich hatte mir auch dieses Buch sofort gekauft, las etwas darin und freute mich an den strengen und, im Gegensatz zu Scheler, so gar nicht genialischen Induktionen. Hartmann hielt sein erstes Kolleg über Ethik. Ich habe ihn später immer wieder »belegt«, vor allem, als er griechische Philosophie vortrug. Wie Hartmann über Sokrates und das »Ich weiß, daß ich nichts weiß« meditierte, blieb unvergessen. Ein redlicher Denker: das hat er später bewiesen. Meine Vorstellung vom akademischen Lehrer auf dem Katheder wurde durch ihn geprägt. Als ich später selbst im Hörsaal stand und Kolleg hielt, habe ich immer wieder ein bißchen an den Philosophen mit dem bräiten baltischen Akzent gedacht.

Max Scheler konnte und wollte niemand ein Vorbild sein. Später gab es für mich Augenblicke mit Ernst Bloch, wo ich, durch Kleinigkeiten des Gehabes, durch die Haltung eines monologisierenden Denkers, jäh an Scheler gemahnt wurde. Sie waren einander begegnet. Bloch berichtete über den gescheiterten Privatdozenten und nunmehrigen Privatgelehrten Scheler, den er vor 1914 in München gekannt hatte: interessiert, doch kaum von Scheler angezogen. Georg Simmel wurde mit größerer Herzlichkeit erinnert. Vermutlich hatte der Weltkrieg die Entzweiung bewirkt. Während Bloch außerhalb des Deutschen Reiches, in der Schweiz, am ›Geist der Utopie‹ arbeitete, ließ Scheler, elf Jahre älter, seine Durchhaltegedanken unter dem Titel ›Der Genius des Krieges und der deutsche Krieg‹ erscheinen. Da war geistige Versöhnung nicht möglich.

Scheler hatte etwas von einer Kunstfigur. Bei Wassermann

taucht er in abenteuerlicher Maskierung auf im ›Fall Maurizius‹. Ein Element des Scharlatanesken war mitgegeben, wenn der Mann dozierte. Wer das ein Semester lang dreimal wöchentlich erlebt, weiß, wovon er redet. Scheler betrat den Hörsaal mürrisch und blicklos, aber pünktlich beim akademischen Viertel. Fünf Minuten des leisen, stockenden, fast unwilligen Vortrags. Dann aber hatte ihn das Daimonion gepackt, der kahle Schädel rötete sich, Scheler schwoll an, sprach in Zungen, dabei höchst präzis, die Stunde ging zu Ende, der Denker schwoll wieder ab und beendete mit dem Glockenzeichen sein Kolleg. Das war montags um 11; am Dienstag um 10 ging es weiter.

Anregungen hat dieser unordentliche Denker gegeben, die bis heute nachwirken, auch wenn man ihn nicht mehr dabei erinnert. Sein Kölner Kolleg über »Leib und Seele« machte mir klar, daß die Psychoanalyse ein ernsthafter Forschungsgegenstand sei. Seine Betrachtungen zu einer Soziologie des Wissens nahmen das marxistische Problem des geistigen Überbaus an und auf. Der Jude und katholische Konvertit Scheler quälte sich ab mit einer Anthropologie, die ein absolutes Sein postulierte, ohne es jedoch mit irgendeiner Religion gleichzusetzen. Die Gedanken aus jener letzten Kölner Zeit hat er in der kleinen Schrift ›Die Stellung des Menschen im Kosmos‹ zusammengefaßt. Das Vorwort ist datiert: »Frankfurt am Main, Ende April 1928«. Drei Wochen später, am 19. Mai 1928, war Scheler in Frankfurt plötzlich gestorben. Man hatte ihn auf den soziologischen Lehrstuhl berufen, doch konnte er das neue Lehramt nicht mehr antreten.

Den Lehrstuhl erhielt später der aus Ungarn stammende Karl Mannheim, der in seinem Buch ›Ideologie und Utopie‹ von 1929 gleichzeitig Schelers Gedanken über eine Soziologie des Wissens, Blochs Betrachtungen über den Geist der Utopie und die ideologiekritischen Analysen seines ungarischen Landsmanns Georg Lukács zusammenzudenken suchte. Das Buch hat mich, als es erschien, ungemein beschäftigt: vor allem in der Form des Widerspruchs. Das aber war erst möglich, als viele kleine Niederlagen und Privatkatastrophen meine Lethargie aufbrachen und zu einer neuen kleinen »Erweckung« führen konnten.

Die kam zustande durch das erste Erlebnis einer geistigen

Gemeinschaft, und durch ein Buch von *Georg Lukács* mit dem Titel ›Geschichte und Klassenbewußtsein. Studien zur marxistischen Dialektik‹ (Berlin 1923). Der gelb broschierte Band aus dem Malik Verlag hat in meinem Leben eine beträchtliche Rolle gespielt. Bei der ersten Emigration konnte ich ihn noch mitnehmen, verlor ihn dann, er war auch nicht zu ersetzen, denn der Autor Lukács verleugnete sein Buch, wollte es nicht wieder publizieren, gab den Neudruck erst frei im Jahre 1968 für die Gesamtausgabe. Ich hatte mir aber ein Exemplar der Erstausgabe wieder beschaffen können, besitze es noch. In Leipzig gab ich heimtückisch den Auftrag, dies häretische Frühwerk von Lukács genauso in nüchtern dunkelblaues Kunstleinen zu binden wie die scheinbar orthodox-marxistischen Spätwerke des großen kleinen Dialektikers aus Budapest, der im Palast eines geadelten jüdischen Bankiers aufgewachsen war.

Den Hinweis auf Lukács verdankte ich einer Marxistischen Studentengruppe an der Universität zu Köln. So nannte man sich, gemeint aber war eine Kommunistische Studentengruppe. Oder eigentlich auch wieder nicht, denn die Mitglieder dieser Marxistischen Studentenzelle gehörten zwar immer noch, bis auf weiteres, wie sich zeigen sollte, der KPD an, lasen auch brav die ›Rote Fahne‹, doch ihre Linientreue ließ zu wünschen übrig. Da hatte sich eine Gruppe von »Rechten« etabliert, von Brandlerianern, denen man demnächst in Moskau den Prozeß machen würde. Sie mißbilligten den kommunistischen Parteikurs, der unter Stalins Anleitung herausgefunden hatte, daß die Sozialdemokraten, die man als Sozialfaschisten titulierte, gefährlicher und demnach bekämpfenswerter seien als die Leute um Herrn Hitler.

Trotzkis Bemühung, die Brandlerianer, denen man übrigens in der Komintern gerade *nicht* ihren Putschversuch des Jahres 1923 vorhielt, sondern die Erkenntnis in letzter Minute, das aussichtslose Unterfangen abgesagt zu haben, zu Verbündeten gegen Stalin zu gewinnen, scheiterte am Antitrotzkismus dieser deutschen kommunistischen »Rechten«. Ein Kompromiß mit Stalin in Moskau mißlang, weil sich Brandler und Thalheimer solidarisch fühlten mit einem anderen Widersacher Stalins, mit N. I. Bucharin. So gerieten sie zwischen alle Fronten. Im Jahre 1928 fand in Moskau der VI. Weltkongreß der Kommunistischen Internationale statt. Er verdammte erwartungsgemäß die Rechten um Bucharin in der Sowjetunion, und folglich, gleichsam rituell, auch die deutschen Brandlerianer. Deren Führer durften immerhin nach Deutschland zurückkehren, um ihre Kritik an Komintern und KPD öffentlich zu äußern. Die Folge war natürlich der Parteiausschluß; ihm folgte die Gründung einer eigenen politischen Organisation: der Kommunistischen Partei Deutschlands (Opposition), abgekürzt als KPO. Die Parteiformel entsprach der These Heinrich Brandlers: von nun an werde der deutsche Kommunismus in doppelter Weise repräsentiert: durch die KPD *und* durch die KPO. Ziel sei die Wiedervereinigung: falls Moskau und Berliner Zentralkomitee bereit seien, die Brandlerianer und Bucharinisten zu rehabilitieren. Hat Brandler selbst daran geglaubt?

Dazu kam es nie, wie bekannt. Immerhin trafen sich im Jahre 1935 in Paris die emigrierten Vertreter der KPD, nämlich Franz Dahlem und Heinrich Rau, mit den gleichfalls exilierten Brandler und Thalheimer. Es kam nichts dabei heraus. Etwas später erschien Bucharin, als offizieller Referent einer antifaschistischen Schriftstellertagung, ebenfalls an der Seine. Bei seinem Moskauer Prozeß, dem die Hinrichtung folgte, warf man ihm vor, mit den Brandlerianern konspiriert zu haben. Übrigens hat Brandler nach 1928 wiederholt geschildert, wie er – vor der Rückkehr nach Deutschland und dem fälligen Parteiausschluß – noch einmal mit Stalin zusammentraf. Der wollte mit sich reden lassen, wenn man Bucharin preisgab. Er habe auch, sehr pragmatisch, durchaus nicht die Möglichkeit ausgeräumt, wieder mit den alten deutschen Genossen zu arbeiten, wenn die Entwicklung ihnen recht gegeben hätte.

In diese Konstellation war ich geraten, als ich eines Abends im November 1927 die Marxistische Studentengruppe aufsuchte im Hinterzimmer einer Vorstadtkneipe. Hier sollte, laut Ankündigung am Schwarzen Brett der Studentenorganisationen, im Wintersemester 1927/28 eine »Arbeitsgemeinschaft über Historischen Materialismus« abgehalten werden. Ich konnte mir unter dem Historischen Materialismus nicht das mindeste vorstellen. Davon war weder im ›Berliner Tageblatt‹, noch in der ›Weltbühne‹, noch in einem meiner bisherigen Kollegs oder Seminare je die Rede gewesen. Ich war neugierig und stellte mir eine Nebenphilosophie undeutlich vor: neben Scheler und Nicolai Hartmann. Nicht neukantianisch oder husserlianisch, vielleicht im Sinne der Materialisten aus dem 19. Jahrhundert, den Ludwig Büchner, Karl Vogt oder Moleschott. So viel wußte ich immerhin.

Jener Abend bei der Marxistischen Studentengruppe hat mein Leben verändert. Allerdings muß ich den damaligen Kommilitonen bestätigen, daß sie alles taten, um mich sogleich wieder wegzuekeln. Ich war unter Häretiker geraten, die sich bereits verurteilt wußten. Dantonisten im Gefängnis und in Erwartung der Guillotine. Meinen Büchner, Georg kannte ich recht gut.

Man schien unangenehm berührt, als ich beim Eröffnungsabend auftauchte und die Absicht kundtat, an dieser Arbeitsgemeinschaft mitzumachen. Daß ich zu den Kommunisten gegangen war, wußte ich. Marxistische Studentengruppe hieß: KPD. Das störte mich nicht, war aber auch kein Anlaß für Faszination. Es ging mir, dem angehenden Juristen, der sich mit Philosophie abplagte, wirklich um jenes X mit Namen Historischer Materialismus.

Natürlich gab man sich proletarisch in Kleidung und Benehmen. Bürgerlich jedoch war in fast allen Fällen die Herkunft der marxistischen Studenten. Einer gab den Ton an: sehr hochmütig und wenig duldsam. Er befragte mich, den Ankömmling, ohne alles Wohlwollen. Übrigens war er bereits promoviert. Jahrzehnte später, nach dem Kriegsende, entdeckte ich den Namen wieder auf dem Titel eines Taschenbuchs. Der Verfasser wurde als ordentlicher Professor vorgestellt. Ob er sich noch erinnerte an jene Arbeitsgemeinschaft?

Taktik ist niemals die Stärke der Kommunisten gewesen; diesmal und hier ließen sie es auch an aller Strategie fehlen. Wozu auch Strategie? Die hätte darin bestehen müssen, neue Adepten für den Marxismus und damit für die Kommunistische Partei zu gewinnen, vielleicht gar der Attraktion von Karl Marx zu vertrauen, um seine Lehre im wissenschaftlichen Universitätsbetrieb zu integrieren. Allein die Zellenleiter der Marxistischen Studentengruppe sahen ersichtlich nur ihre eigenen Parteikonflikte: das Studentenseminar war ein Vorwand entweder für Zellenbildung innerhalb der Zelle, oder für den

Nachweis linientreuer Aktivität im drohenden Ausschlußverfahren.
Bei alledem störte ich nur. Man ließ es mich fühlen. Ich war ein gut angezogener Bourgeois; sie gaben sich rüde und schlampig, was als proletarische Lebensform verstanden werden sollte. Ich befand mich, das in der Tat, unter gebildeten Marxisten. Die neben jenem arroganten Doktor beherrschende Frau des Kreises hatte in Moskau beim Marx-Engels-Archiv gearbeitet und mitgeholfen bei der Edition der Frühwerke von Friedrich Engels. Man zeigte mir den Band der blaugebundenen MEGA (Marx-Engels-Gesamtausgabe), wo ihr Name vermerkt stand.
Nun wurde das Seminarprogramm bekanntgegeben, da ich nun einmal nicht abzuschütteln war. Auch Propädeutik war hier nicht gefragt. Man hatte im Grunde schon alles zu wissen, wenn man mitarbeiten wollte. Keiner machte uns klar, denn auch andere Studenten hatten sich eingefunden, wovon die Rede sein solle. In einem Beethoven-Konzert wird vorausgesetzt, daß man weiß, wer das ist. Ich aber wußte nichts von Marx und Engels, von materialistischer Dialektik, von Basis und Überbau. Woher auch?
Die Sowjetunion hat in jenen Zwanziger Jahren in meisterhafter Weise die ganz oder teilweise unbekannten Jugendwerke der beiden Autoren des ›Kommunistischen Manifests‹ ediert und rasch in billigen Broschüren zugänglich gemacht. Das graue Bändchen ›Über historischen Materialismus‹, worin ich zum erstenmal die ›Einleitung zur Kritik der Hegelschen Rechtsphilosophie‹ von Marx, die ›Thesen über Feuerbach‹, auch Marxens Aufsatz zur Judenfrage zu lesen bekam, hat mich jahrzehntelang begleitet. Es hat, zusammen mit der Büchner-Ausgabe des Insel-Verlags, mehr für meine geistige Formation getan, als die gesamte Klassikerbibliothek im Bücherschrank meiner Eltern.
Da unsere marxistischen Studenten offensichtlich ein Seminar für ihresgleichen geplant hatten, wenn überhaupt irgend Planung stattfand, mußte der Anfänger sehen, wie er mitkam. Ich war nicht einmal ein Anfänger, denn ein solcher weiß ungefähr, was er vorhat, ich hingegen wußte gar nichts. Man nannte mir Namen und Buchtitel: ich kannte keinen, abgesehen von Marx und Engels. Themen wurden verteilt für

Referate. Aufs Geratewohl machte ich mich anheischig, über die Bücher der Lu Märten zu berichten. Die hatten Überschriften wie ›Wesen und Veränderung der Formen/Künste‹. Die verbindende Trennung dieser Floskel »Formen/Künste« machte mich neugierig. So fing ich an zu lesen. Regelmäßig fand ich mich ein: die kommunistischen Ketzer waren erst verwundert über mein Stehvermögen, dann gewöhnten sie sich an mich. Von Wohlwollen war nach wie vor nicht die Rede. Das galt übrigens auch für das Verhalten miteinander. Vermutlich hatte man auf der Hut zu sein: da saßen auch linientreue Parteifreunde, die jede Abweichung registrierten und annoncieren würden.

Man begann, wie billig, mit den Klassikern. Die Jugendschriften wurden durchgesprochen. Ich verstand nicht allzu viel bei den Fachdebatten, die dominiert wurden von jenem künftigen bürgerlichen Ordinarius und von der aus Moskau heimgekehrten Genossin. Doch ich las Marx, und da kam ich recht gut mit. Karl Marx ist, etwa bis zu seinem 35. Jahr, bis zur Abrechnung mit dem ›18. Brumaire des Louis Bonaparte‹, ein sehr guter, bisweilen etwas manierierter Schriftsteller. Allein gerade jene Manierismen: die verhüllten Zitate, eleganten Antithesen, die prophetenhaften Visionen, zogen mich besonders an. Ich las – überwältigt – das ›Kommunistische Manifest‹ und kann auch heute noch verstehen, daß sich Brecht, zwanzig Jahre später, im fernen Kalifornien damit abmühte, das (wie er betonte) Prosakunstwerk von 1848 in ein Kunstwerk neuer Art, ein Epos in Hexametern, zu transponieren. Mein anderes Lieblingswerk kaufte ich mir etwas später: die ‹Deutsche Ideologie‹, jenes niemals vorher publizierte Manuskript von 1845, das Marx und Engels, der Auseinandersetzung überdrüssig mit den Junghegelianern und auch mit Ludwig Feuerbach, einfach weggetan und, wie Engels später formulierte, der »nagenden Kritik der Mäuse« überlassen hatten. Sogar Franz Mehring ließ bloß Auszüge drucken. Inzwischen hatte man in Moskau eine vollständige und genaue Edition erarbeitet. Auch heute noch ist die ›Deutsche Ideologie‹ ein Lieblingsbuch geblieben: das mag kennzeichnend sein für mein Verhältnis zum Marxismus; doch gibt es vielleicht für meine Vorliebe auch objektive Gründe.

Es verstand sich, daß die marxistischen Studenten all dies, ein

bißchen geniert, als genialische Jugendsünde der Klassiker abtaten. Man denke: so viel geistvolles Eingehen auf evidente idealistische Flausen der Herren Bauer, Stirner oder Feuerbach. Und noch keine Spur einer Kritik der politischen Ökonomie. Es wurde uns Junioren empfohlen, an das Manifest uns zu halten, was richtig war; an den ›Anti-Dühring‹, worüber ich heute meine eigenen Gedanken habe; und an ›Geschichte und Klassenbewußtsein‹ von Georg Lukács.
Irgendwann in der zweiten Semesterhälfte, zu Beginn des Jahres 1928, war ich dran. Was unter dem Historischen Materialismus zu verstehen sei, hatte ich mittlerweile erfaßt, allein es gab damals kaum Texte einer rudimentären Sekundärliteratur. Vor Franz Mehring warnte man uns: damit befanden sich unsere Kölner Marxisten in voller Übereinstimmung mit Lukács, der eben um jene Zeit bemüht war, ebenso intelligent wie bisweilen ungerecht und wissentlich übertreibend, den politisch schätzenswerten Mehring als unverbesserlichen Lassalleaner und mithin als Sozialdemokraten zu denunzieren. Das war damals sehr schlimm. Ich habe den großen Historiker und Literaturkenner Franz Mehring erst ein paar Jahre später entdeckt: unter Anleitung seines Schülers und Nachlaßverwalters August Thalheimer.
Kein Mehring also. Den sozialdemokratischen Versuch von Alfred Kleinberg, eine politisch-soziale deutsche Literaturgeschichte zu entwerfen, taten die marxistischen Kölner mit Hohngebärden ab. Sie hatten nicht durchaus unrecht, allein auch heute noch ärgert mich die Verachtung Walter Benjamins für Kleinbergs Unternehmen. Kleinberg war gewißlich kein Benjamin: weder im Wissen noch im Denken. Dennoch gehörte er, in der damaligen Weimarer Umwelt der sozialdemokratischen Doktrin, zu jenen »Privatgelehrten«, die sich nicht zufriedengaben mit der Professorengermanistik der Germanistikprofessoren.
Nun also Lu Märten. In den späten Sechziger Jahren hat man auch sie wiederentdeckt. Jetzt wurde sie zur Vorläuferin. Schon damals . . . Bedeutsam erschien mir schon bei meiner ersten Lektüre der Versuch, die Werke der Kunst und der Literatur nicht nach irgendeiner »Aussage« zu bewerten, sondern Wesen und Veränderung der Gebilde im Zusammenhang zu betrachten mit Wandlungen des gesellschaftlichen Unter-

baus. »Marxistisch« war das wohl nicht, eher ein Versuch, morphologische Sehweisen zu erproben, denn Lu Märten hielt es eher mit der Bildenden Kunst als mit der Literatur.
Mein Referat über Lu Märten war ein Debakel; ich wurde zerfetzt. Was man mir vorwarf, blieb bei so viel abschätziger Polemik einigermaßen unklar. Man verwarf mich mit der Lu Märten, oder aber: man warf mir vor, die Bücher der Lu Märten einigermaßen verständnisvoll vorgestellt zu haben. Meine Universitätspraxis hatte mich gelehrt, die juristische vor allem, einen Tatbestand möglichst sachlich und genau darzustellen, bevor es zur Bewertung der Vorgänge kommen konnte. Ich habe später bei meinen Arbeiten für die beiden juristischen Staatsprüfungen immer wieder erfahren müssen, wie schwer es ist, aus unklaren Sachverhalten und wirren Einlassungen der Beteiligten einen nachprüfbaren Bericht zu destillieren. Lu Märten aber schrieb entweder spekulativ-versponnen, oder auch rhapsodisch. Ich versuchte folglich, ihren Denkprozeß nachzuvollziehen. Umfassende, gleichsam erledigende Polemik hatte ich mir als Berichterstatter versagt. Nun polemisierte man gegen uns beide.
Zum ersten Mal begegnete ich bei meinen Kritikern einer heruntergekommenen Nachäfferei der leninistischen Art und Weise, mit Gegnern umzuspringen. Lenin war ein sehr klarer und scharfsinniger Debattierer, doch ein Schriftsteller ohne Witz und ohne literarische Schärfe der Formulierung. Seine Ironie wirkte mühselig. Von ihm bereits stammte jene billige Methode einer sublimen Ironie der Gänsefüßchen. Durch Anführungszeichen glaubt man sich über angemaßte Benennungen lustig zu machen: »DDR«, »Nationalpreisträger«, »Professor«, »Schlichtungskommission«. Lenin hielt es immer wieder für lustig, seine Gegner gleichsam als anrüchige Kreaturen zu behandeln, von denen in guter Gesellschaft im Grunde nicht geredet werden dürfe. Dann entschuldigte sich der Polemiker mit einem »mit Verlaub zu sagen«. XY habe erklärt in seiner »mit Verlaub zu sagen, Polemik . . .«. Solche Klischees der politischen Streitkunst gelten seitdem in der Sowjetunion und bei ihren Vasallen, weil geheiligt durch Lenin, als höchste Kunst einer feinsinnigen Eristik. Gar nicht zu reden vom Tagesjournalismus.
Lenin war damals bereits vier Jahre tot, doch seine mühsame

Art der streitbaren Auseinandersetzung hatte, unter Anleitung des grobschlächtigen J. W. Stalin, allgemein Schule gemacht. Auch unsere marxistischen Kommilitionen wußten, daß der Gegner in der Auseinandersetzung von Anfang an *total negiert* werden müsse. Nichts durfte man ihm zugute halten. Seine Theorie war eine »Theorie«, sein Buch war ein »Buch«. Ich hatte mithin gegen ein Ritual verstoßen. Immer wieder wurde ich auch später rückfällig. In der rituellen Kommunistischen Terminologie pflegt man das als »Objektivismus« zu bezeichnen. Ismus ist immer schlecht.

Die Niederlage traf mich sehr. Jetzt war auch dies wieder mißlungen. Ich hatte mich fleißig vorbereitet, glaubte meiner Sache sicher zu sein; nun hatte ich wieder einmal versagt. Das Semester ging zu Ende, ich trennte mich von den marxistischen Studenten.

Mit einem von ihnen jedoch kam es später zu einer neuen, diesmal verständnisvollen Beziehung. Auch Erich Sander hatte mich hart kritisiert an jenem Abend, doch war er weder hochmütig noch bösartig. Ihm ging es wirklich um den Marxismus und das Proletariat. Der Sohn eines hochbegabten Photographen, unschön und behaftet mit einem Hüftleiden. Sein Gesicht kennen viele Menschen in aller Welt, ohne von ihm zu wissen, denn die Lichtbilder seines Vaters *August Sander* gelten inzwischen als Meisterwerke in der Geschichte der Photographie. Das Gruppenbild mit Arbeiterstudenten aus jenen späten Zwanziger Jahren wurde immer wieder reproduziert: man hielt es für stellvertretend, obwohl nur zwei aus jener Gruppe, es waren Kölner Studenten, wirklich aus der Arbeiterschaft kamen. Erich ist der Brillenträger auf jener Photographie. Ein kluger und redlicher Sozialist. Im Zuchthaus des Dritten Reiches kam er um. Sein Vater überlebte ihn, hat noch den Ruhm erfahren: traurig und skeptisch.

Geblieben war mir von jenem Wintersemester mit der neuerlichen Niederlage eine Erweckung, doch wußte ich das nicht. Nach wie vor erschien ich auf Tanzereien in reichen Bürgerhäusern. Ich lud auch selbst ein zu einem Ball der »Typen, die es nicht mehr gibt«. Wir tanzten unter einem Kaiserbild, viele hatten sich karnevalsmäßig in Uniformen geworfen aus der scheinbar so endgültig überholten Ära von Glanz und Gloria. Wir lachten. Die Wirtschaftskatastrophe kam erst ein Jahr später. Die Typen, die es nicht mehr gibt, zogen erst fünf Jahre später umjubelt durch die deutschen Straßen.

Ich quälte mich ab mit dem Buch ›Geschichte und Klassenbewußtsein‹, dann aber besaß mein Denken eine neue Dimension. Liest man heute dies Buch von neuem, das scheinbar heterogene Themen wie »Legalität und Illegalität« oder »Methodisches zur Organisationsfrage« zusammenbindet mit einer exemplarischen Programmatik von Untersuchungen über den »Orthodoxen Marxismus« und das »Phänomen der Verdinglichung«, so wird es schwer, die Faszination von damals zu begreifen. Lukács konnte recht gut schreiben in seinen Anfängen. Noch seine ›Theorie des Romans‹ von 1920 war als literarische Leistung dem Gegenstand angemessen. Zwischen 1920 jedoch und 1923, während der Arbeit an ›Geschichte und Klassenbewußtsein‹, mußte der geheime Ästhet und offene Klassizist aus Budapest fast ein Gelöbnis der schriftstellerischen Askese vor sich abgelegt haben. Das klingt nach Spott, kommt aber der Wahrheit ziemlich nahe. Bei einem langen und letzten Gespräch mit Lukács, im Herbst 1962 und in seiner Budapester Wohnung am Belgrad-Kai, kam er selbst, ganz ungefragt, darauf zu sprechen. Er habe jahrelang schlecht geschrieben: willentlich, denn die Zeit reichte nicht aus zur stilistischen Durcharbeitung. Bedauern klang auf. Der naheliegende Einwand: dieser Autor habe mit der Zeit sein Talent als Schriftsteller eingebüßt, ist nicht schlüssig, denn der späte Lukács hat plötzlich wieder – in seiner Studie über ›Minna von Barnhelm‹ – so vorzüglich und genau schreiben können, wie in seinen Anfängen.

Trotzdem hing die schwerverständliche und manchmal fast obskure Diktion des Buches ›Geschichte und Klassenbewußtsein‹ eher mit der Sache zusammen, als mit literarischer Askese. Es hatte mit der Hegelei auch die hegelisierende Diktion übernommen. Im Vorwort zur späten Neuausgabe des bedeutenden Buches (1968) ist Lukács dieser Genealogie nicht ausgewichen: »›Geschichte und Klassenbewußtsein‹ bedeutet den damals vielleicht radikalsten Versuch, das Revolutionäre an Marx durch Erneuerung und Weiterführung der Hegelschen Dialektik und seiner Methode wieder aktuell zu machen.« Das war es. Ein so scharfsinniger Denker wie *Helmuth Plessner* (er war durch Scheler als außerordentlicher

Professor der Philosophie nach Köln geholt worden) machte sich nichts vor. Um 1930 veranstaltete er zusammen mit dem Soziologen Erwin von Beckerath und dem Wirtschaftswissenschaftler Alfred Müller (-Armack) ein Marxismus-Seminar. Ich war der erste Referent. Mein Thema hieß: »Was ist orthodoxer Marxismus?« Das entsprach dem ersten Kapitel bei Lukács. Als ich geschlossen hatte, meinte Plessner, etwas belustigt, aber auch nachdenklich: Wenn man das akzeptiere, was soeben vorgetragen wurde, so laute die Folgerung, daß man orthodoxer Hegelianer sein müsse, um ein orthodoxer Marxist zu werden.

Verständlich also, daß Ernst Bloch, ein Jugendfreund von Lukács aus der Vorkriegszeit, dann in Distanz geraten zu dem Parteikommunisten in Ungarn, ebenso leidenschaftlich wie herzlich, bei leisen Vorbehalten, die geistige Nähe dieses Buches von Lukács zum ›Geist der Utopie‹ spürte und pries. Blochs Rezension von ›Geschichte und Klassenbewußtsein‹ aus diesem Jahr 1923 erklärt besser als alle spätere Rückschau, warum dieser broschierte gelbe Band von Lukács aus dem Malik Verlag, mühselig zu lesen und mit Exkursen befrachtet, die entbehrlich sein mochten, weit mehr gewesen ist als ein literarisches Ereignis: es hat Menschen verändert und Politik gemacht. Etwas verlegen hat der Autor bei der Retrospektive sich selbst zu diesen Folgen bekannt: »Ich kenne eine ganze Reihe von guten Kommunisten, die eben dadurch für die Bewegung gewonnen wurden.«

Bloch wurde dadurch nicht gewonnen. Er hat jedoch als erster die historische Bedeutung dieser sonderbaren, sogleich nach Erscheinen parteimäßig geächteten, bald darauf vom Verfasser verleugneten Publikation analysiert. Er versteht das Buch des Freundes als ein erstes Element der Vorwegnahme. Erstaunlich ist die historische Schärfe, die den Kontext nachzeichnet: »So gewaltig ist der Riß zwischen Leibl und Chagall, Wagner und Schönberg, Keller und Döblin, wie vielleicht noch niemals einer war innerhalb der ›Kultur‹ der Neuzeit, ja innerhalb des kulturellen Gesamtkomplexes von Athen bis zum Klassizismus.« Hierzu gehöre Lukács; er habe »als Einziger fast das Niveau der fälligen, gültigen Sache selbst betreten«.

Natürlich kann man heute lachen, denn ausgerechnet Lukács hat später, gemeinsam mit den Russen, bisweilen als ihr

Pfadfinder, die Chagall und Döblin und Schönberg, zu schweigen von Kafka oder Joyce, als bare spätbürgerliche Dekadenz von sich geschüttelt. Dennoch hat Bloch recht. Ein anderes ist das Selbstverständnis eines Autors von seinem Buch, ein anderes dieses Buch selbst. Es ist unbestreitbar, daß Lukács sein Buch ›Geschichte und Klassenbewußtsein‹ wirklich und insgeheim, nicht bloß aus taktischer List, verleugnet hat. Es war in der Tat kein Buch für Parteikommunisten. Nicht allein im Ausspielen der Rosa Luxemburg gegen Lenin, sondern in einem sonderbar idealistischen Hegelianismus, der glaubte, aus der realen Existenz des Proletariats werde, wenn man den Arbeitern diese Existenz deutlich mache, in unaufhaltsamer Subjekt-Objekt-Relation, das richtige Klassenbewußtsein entspringen: ohne viel Vermittlung durch Parteien und Apparate. Moskau wütete sogleich gegen diese neue Abart einer »Spontaneitätstheorie«. Lukács widerrief, allein just dieses anarchische wie religiöse Element: das Proletariat verstanden als prädestinierte Substanz für ein »richtiges« Bewußtsein, mußte den Verfasser von ›Geist der Utopie‹ begeistern. Weshalb Bloch die Überschrift seiner Rezension als ›Aktualität und Utopie‹ formulierte.

Sehr merkwürdig überdies, blickt man heute zurück, daß Bloch den geschichtlichen Zusammenhang bestimmt hatte durch Namen und damals aktuelle Werke, die sämtlich eine *neue Religiosität* manifestierten. Richard Wagner, Wilhelm Leibl, Gottfried Keller: das waren realistische Aufklärer: Wagner und Keller hatten sich zu Feuerbach bekannt. Chagall aber und Arnold Schönberg und Alfred Döblin: das bot sich dar als neu-alte Religiosität sowohl des Alten wie auch des Neuen Testaments. Es paßte zu Bloch, der den ›Geist der Utopie‹ geschlossen hatte mit Betrachtungen über »Karl Marx, der Tod und die Apokalypse«. In Lukács sah er damals einen Gefährten.

Mir gab Lukács im unmittelbaren Sinne einen *Standort.* Ich durfte mich als kleinstes Teilchen einer »konkreten Totalität« verstehen. Geistige Vorwegnahmen waren meine Sache nicht; den ›Geist der Utopie‹ hatte ich zwar zu lesen begonnen, doch wieder weggelegt. Metaphysik war nicht meine starke Seite. Auch mißfiel mir mancherlei in den Exkursen zur Philosophie der Musik. Meine Affinität zu Bloch begann erst im Exil, als ich ›Erbschaft dieser Zeit‹ in die Hand bekam. Auch ›Thomas Münzer als Theologe der Revolution‹ war nicht mein Thema. Ich begriff beim Lesen von Lukács, daß auch er zurückschrak vor diesem Amalgam aus Theologie und Revolution. Lukács sprach mir nicht von der Vorwegnahme, sondern von meiner Gegenwart. Daß man nicht gleichzeitig als ein Bürger leben *und* der Verdinglichung entgehen könne. Sein Bürgerhaß war real wie der meine, allein er war reflektiert und geschichtlich strukturiert. Was ich bei der Lektüre gespürt hatte, war nicht bloß naive Identifikation meines Daseins mit den Gedanken von Lukács. Auch sein Buch war nicht frei von Aversionen. Im Vorwort von 1968 wird das zugestanden: »Dem Fehler, den ich bei vielen Arbeitern und kleinbürgerlichen Intellektuellen oft beobachten konnte, daß ihnen die kapitalistische Welt letzten Endes doch imponierte, bin ich nie verfallen. Mein aus der Knabenzeit stammender verachtungsvoller Haß gegen das Leben im Kapitalismus hat mich davor bewahrt.«

Sartre hat belustigt konstatiert, der frühe Tod seines Vaters habe ihn zwar vor einem Ödipuskomplex bewahrt, dafür um ein Über-Ich gebracht. Ich glaube nicht, daß der Ödipuskomplex, in unmittelbarer oder invertiert-vermittelter Form, in meinem Leben wichtig geworden ist. Allein ich habe auch nie ein Über-Ich bekämpft oder imitiert. Nicht Kelsen und nicht Horkheimer, weder Brecht noch Bloch. Daß es mit Thomas Mann nicht so weit kam, dafür sorgte dieser selbst.

Lukács wies mir als seinem Leser nach, wo ich im geschichtlichen Augenblick stand, oder auch stehen könnte. Nun war es innerlich für mich vorbei mit dem lethargischen Hinnehmen des Bestehenden, das mir immer unerträglicher vorkam: obwohl oder weil es an nichts fehlte. Außer an irgendeinem Sinn. Ich entdeckte die Geschichte und das marxistische Denken. Der Widerspruch zwischen meinen Büchern und meinem Lebenslauf wurde quälend. Was aber war zu tun? Die Marxistischen Studenten jedenfalls konnten mir nicht helfen.

Auch Lukács selbst wurde zu einer Enttäuschung. Er kam bald darauf nach Köln und sprach in einer kommunistischen Parteibuchhandlung über den »Sozialfaschismus in der Literatur«. Was er damals vortrug, weiß ich nicht mehr, doch läßt es sich unschwer rekonstruieren. Gemeint waren die zur Sozialdemokratie tendierenden Autoren, vermutlich mit Heinrich Mann an der Spitze. Noch 1932 polemisierte die proletarisch-revolutionäre ›Linkskurve‹ in ihrem Sonderheft zum Goethe-Jubiläum gegen den Präsidenten der Sektion Dichtung in der Preußischen Akademie der Künste, den Verfasser des ›Untertan‹, der nunmehr selbst ein Untertan geworden sei! Ich habe dem Referenten, das weiß ich noch, an jenem Abend widersprochen. Lukács war offenbar, das haben mir auch seine Freunde wie Becher oder Anna Seghers bestätigt, jahrelang unfähig, einem anderen zuzuhören. Er hatte alle denkbaren Argumente für sich bereits durchgespielt. Kam eines davon auf, so lag die Schallplatte bereit. Dieser gütige, musikalische, unersättlich neugierige Mann und Denker war ein arger Schulmeister. Er hat immer wieder Selbstkritik üben müssen, und war bis zum Lebensende davon überzeugt, stets richtig gedacht zu haben. Thomas Mann las ihn gern, zog es aber vor, dem Menschen Lukács aus dem Weg zu gehen. Er war ihm wohl auch zu häßlich. Ich habe die letzte Begegnung der beiden miterlebt: das war in Weimar bei der Schillerfeier im Mai 1955. Es blieb bei einem frostigen Gruß. Briefe aus Budapest sind offenbar nicht beantwortet worden. Im August 1955 starb Thomas Mann in Zürich. Lukács hat die Sprödigkeit des bewunderten Erzählers niemals verwunden. Das traf ihn härter als alle Todesgefahr im Jahre 1956.

Auch ich muß, wenn ich mich erinnere, meine Begegnungen mit Lukács eher als Irritation deuten, denn als Bestätigung des Gelesenen. Es gab Meinungsverschiedenheiten zwischen Lehrer und Schüler in Menge: über die Romantiker und Heinrich von Kleist, Kafka und Proust und Joyce, die Expressionisten und Brecht. Bisweilen glich er, wenn er monologisierte als einer, der alles schon vorgedacht hat, in der Tat ein bißchen dem kleinen Naphta aus dem ›Zauberberg‹, auch wenn Thomas Mann bloß die Sprechweise und das Äußere von Lukács zu kopieren gedachte, nicht seine Gedanken. Trotzdem ist Lukács, vielleicht dank solcher Ferne, mein Lehrer gewesen. Denke ich heute an ihn zurück, so sehe ich den alten Mann mit dem schön gewordenen Gesicht, höre die leise, redliche und sorgenvolle Stimme in der Dunkelheit jenes Herbstabends von 1962. So darf und will ich ihn sehen.

Sozialistische Studenten

Das erste Jahr meiner Volljährig- und Geschäftsfähigkeit erwies sich als schlechtes Geschäftsjahr. Es steuerte im Herbst 1929 auf ein neues und schweres Debakel zu. Der Vorgang selbst war alltäglich und verhältnismäßig leicht zu reparieren: ein schweres Staatsexamen wurde nicht beim ersten Anlauf bestanden, sondern mußte, einige Monate später, teilweise wiederholt werden, was auch gelang: sogar recht ehrenvoll. Dennoch war etwas geschehen, dem man mit Vokabeln wie Mißerfolg, Pech oder Rückschlag nicht beikam. Ich sah zum erstenmal die Welt, worin ich aufgewachsen war, im unbekleideten, gleichsam natürlichen Zustand, und hatte zu verstehen. Familie, Freunde, Leute aus unseren Kreisen. Dies alles mußte jäh abgeschrieben werden. Ein Besitz, der über Nacht wertlos geworden war. Ich ließ es mir gesagt sein. Dank jener Examenspanne mußte ich mich aufmachen, eine neue, diesmal wertbeständige Identität zu suchen.

Da ich immer noch als hochbegabt galt, obwohl nichts aufzuweisen war, was dafür sprechen mochte, auch vom Repetitor Dr. Löwenwarter, einem legendären juristischen Einpauker zahlloser Rechtsstudenten, im gemeinsamen Repetitorium sichtlich bevorzugt wurde, meldete ich mich viel zu früh, um das Referendarexamen abzulegen. Im Grunde war ich für den Schöngeist von Repetitor weniger dank meiner juristischen Subsumtionen interessant, als weil mir der Ruf eines Kenners der expressionistischen Kunst und Literatur vorauslief. Mein kurzes Studium der Rechte betrug die minimalen sechs Semester: nur etwa ein Drittel davon hatte ich wirklich dem Fach gewidmet. Der Rest war Allotria, mondänes Getue, Klavierüben und Kammermusik, Hospitieren in fremden Fakultäten: von der Philosophie bis zur Kriminalpsychologie. Schlimmer war, daß ich mir eingestehen mußte, den Zugang zum spezifisch juristischen Denken nach wie vor nicht gefunden zu haben. Beim Repetitor lernte man Paragraphen und Faustregeln ihrer Anwendung auf »Fälle« aus dem Alltag. Das war immerhin mehr und angemessener, als jene Mixtur aus rechtstheoretischer Spekulation, mokanter Kollegenschelte und politisch konservativer Rechtspolitik, wie sie in Köln und Berlin vom Katheder herab zelebriert worden war: bei den Fachvertretern des Privat- und des Strafrechts. Erst recht natürlich des Öffentlichen Rechts.

Das Staatsexamen galt damals, durchaus zu Recht, als sehr schwer. Dem Zustrom junger Juristen auf das lebenssichernde Amt eines Richters, Staatsanwalts oder Regierungsrats, auch auf den immer noch lukrativen freien Beruf des Rechtsanwalts und Notars konnte man nur, wollte man das gesellschaftliche Prestige und das Lebensniveau aufrechterhalten, durch rigorose Auswahl bei den beiden Staatsprüfungen entgegenwirken. Das war die allgemeine Ansicht bei den Behörden, übrigens auch bei uns Studenten. Der operative Eingriff hatte, auch darüber gab es Einigkeit, vor allem während des Referendarexamens zu erfolgen. Da mußte die Selektion frühzeitig dafür sorgen, daß Nichtskönner, besonders aber nach Mentalität wie Benehmen ungeeignete Bewerber ferngehalten wurden. Hatte man einmal bei der frühzeitigen Auswahl nicht aufgepaßt und Unwürdigen die Möglichkeit geboten, durch die verschiedenen »Stagen« juristischer Praxis, vom Grundbuchamt bis zum Oberlandesgericht, ihren Lehrlingsweg zu gehen, so war es viel schwerer, nach zwei mißglückten Assessorprüfungen, die Türe zuzuhalten. Das war allgemein bekannt.

Man mußte zunächst eine Sechswochenarbeit schreiben: als juristische Beurteilung eines Falles; diesmal aus dem Zivilrecht. Mir wurde auferlegt, die komplizierten Rechtsverhältnisse zu entwickeln, welche durch eine Mischung aus Kauf und Tausch, aus Anlaß der beiden Pferde Ajax und Achill, entstanden waren. Das machte mir Spaß: fast sechs Wochen lang. Die Arbeit wurde sehr günstig bewertet; beim negativen Verdikt über meine anderen Prüfungsleistungen klang das Bedauern des Senatspräsidenten beim Kölner Oberlandesgericht an: man habe sich nach dieser großen Arbeit von mir Besseres versprochen. Immerhin blieb die Untersuchung über die beiden homerischen Rosse als gültige Leistung anerkannt: ich mußte nicht abermals sechs Wochen über einem Fall brüten. Dann waren vier Klausuren zu schreiben. Ich vergrübelte mich über dem Fall aus dem Strafrecht. Die drei anderen Arbeiten waren durchschnittlich, also ausreichend. Mir hätte nichts geschehen können, wenn ich im mündlichen Examen auch im Bereich der

»strafbaren Handlungen« ein Durchschnittsdenken und -wissen produziert hätte.

Das aber tat ich durchaus nicht, als der Tag herankam. Man wurde damals zwei Tage lang von wechselnden Prüfern befragt: ein erster Tag mit einem Vormittag und einem Nachmittag, dann noch einmal ein Vormittag mit Fragen aus dem Staats-, Verwaltungs- und Völkerrecht. Es gab ängstliches Geraune früherer Kandidaten: wonach bei solchem Anlaß bisweilen auch Kenntnisse des Kirchenrechts abgefragt worden seien. Damit jedoch war es auch im katholischen Köln gar schlecht bestellt.

Es war mir klargeworden, daß man in der Familie von mir einen Triumph erwartete. Ebenso deutlich jedoch spürte ich, daß es nun zu Ende sei mit der Hochstapelei eines, der zwar einige Kenntnisse angesammelt hatte, doch nach wie vor der eigentlichen Rechtswissenschaft und ihrem spezifischen Denken so fremd gegenüberstand, wie am Beginn des lethargisch akzeptierten Studiums. Sollte es trotzdem noch einmal gut gehen? Die Strafrechtsklausur jedenfalls war eine schlimme Sache.

Es ging nicht gut aus. Ich saß einem Professor aus Bonn gegenüber, einem Fachmann des Kriminalrechts, er selbst nervös und ungeduldig, dem ich, ein verquälter und daher wohl vorlauter Kandidat, auf die Nerven ging. Bald hatte es sich entschieden, daß meine ungenügenden Kenntnisse genau ins Bild der ungenügenden schriftlichen Arbeit paßten. Als die Prüfung am Abend des ersten Tages unterbrochen wurde, war ich durchgefallen: daran zweifelte niemand, auch ich nicht. Deutsche Juristen der Weimarer Ära hielten gar nichts von Psychologie. Beim Prozeß gegen den Sexualmörder Haarmann in Hannover hatte man den Psychologen und Philosophen Professor Theodor Lessing als unerwünscht aus dem Gerichtssaal gewiesen. Man bedurfte solcher Leute keineswegs. Ähnliche Verachtung der Menschen und ihrer Gefühle verriet sich beim Verlauf unserer Prüfung. Der erste Prüfungstag war ein Samstag, dann vertagte sich die Prüfungskommission auf den Montagmorgen. Das war bequem für die amtlichen Befrager, eine Seelenqual für uns Prüflinge. Ich fuhr nach Hause, einem Wochenende der Verzweiflung und Selbstverachtung entgegen.

Die Verachtung wurde geteilt. Als ich andeutete, man solle sich nicht auf eine Sieges-, sondern eine Trauerfeier einrichten, kam es plötzlich zutage, denn es waren Verwandte im Hause und zu Besuch. Man hatte es immer geahnt. Das konnte nicht gut gehen. Auch meine Mutter, die oft schon voller Befremden das einzige Kind betrachtet hatte und nichts zu ahnen schien vom klassisch-freudianischen Fall, schien es plötzlich geahnt zu haben. Der »superkluge« Hans Mayer war eine Niete. Man ließ es mich spüren, spendete den schlechtesten Trost: vielleicht sei alles gar nicht so schlimm und am Montagmorgen werde man weitersehen.

Es lief aber schulgerecht ab an jenem Montag. Nur ich selbst fand mich plötzlich verändert. Die Zerknirschung schlug am Sonntag in Trotz um. Ich sagte mich insgeheim los von der Familie: den Vater ausgenommen, der sich als einziger meinetwegen Sorge machte und das Prüfungsgezeter als Bagatelle abtat. Dergleichen ließ sich reparieren. Er hatte den Krieg überstanden und war dort skeptisch geworden gegenüber den etablierten Hierarchien und den Wertsystemen von Onkel Ludwig.

Als ich am Montag wieder mit der Straßenbahn zum Oberlandesgericht fuhr am Reichensperger Platz, im schwarzen Anzug, wie sich das gehört, war ich innerlich entwurzelt, aber auch von einer Last befreit. Man würde weitersehen, nach dieser Katastrophe. Ich war ruhig während dieser Prüfung im Öffentlichen Recht, gab richtige Antworten, auch die dazugehörige Klausur hielt ich mit Recht für einwandfrei. Die Entscheidung wurde mit einem gewissen Befremden verkündet. Der zweite Prüfungstag galt als bestanden und wurde mir mitsamt der Klausur erlassen. Auch die große Arbeit blieb akzeptiert. Zu wiederholen war der erste Prüfungstag mitsamt den dazugehörigen drei Klausuren. Ich war gefallen, doch ziemlich weich. Ein solches Prüfungsergebnis galt als selten. Entweder konnten die Leute was, dann kamen sie durch; oder sie konnten nichts, dann wurde ihnen meistens auch nichts erlassen.

Einiges Mitleid zu Hause, wie erwartet. Ich schloß mich ein und lehnte alle Kommentare ab. Da war kein schurkischer Prüfer, der mich hereingelegt hätte. Im Grunde hatte ich mich auf die Katastrophe seit langem eingestellt.

Abermals kam mir der Vater zu Hilfe. Er verbat sich alle Anklagen und Klagen und schickte mich zunächst einmal für zwei Wochen zur Erholung an den Rhein. Es war Ende Oktober geworden und regnete meistens in Rolandseck, wo ich in einer kleinen Pension untergekommen war, doch konnte man spazierengehen. Damals entdeckte ich meine tiefe Liebe zu dieser Landschaft. Niemals kann ich Rolandseck passieren und den vertrauten Anblick der sieben Berge wirken lassen, ohne daß mir der ratlose junge Mensch von 1928, wie ein vertrauter Doppelgänger, als ein leises Zucken der Seele, von neuem gegenwärtig wird.

Als ich zurückkam, war ich verändert, und bin es geblieben. Ich vertraute keinem mehr, doch traute ich mir selbst von nun an mehr zu als bisher. Trotz und Gedanken wie: Das wollen wir doch einmal sehen! Mitleid und Hohn schüttelte ich ab. Ich hatte mich »emanzipiert« im wörtlichen und strengen Sinne des Römischen Rechts. Identität ließ sich, wie ich spürte, nur jenseits der Familie, der deutschen Staatsbürger jüdischen Glaubens, auch jenseits des alten wie des neuen Wohlstands für mich erreichen.

Ich habe dann im Wintersemester 1928/29 noch einmal, jetzt aber konzentriert und ohne »Nebendinge zu treiben«, wie es in damaliger Schulmeistersprache zu heißen pflegte, meine Rechtswissenschaft studiert. Den Repetitor hatte ich gewechselt. Der neue Mann war uninteressiert an der Belletristik, doch brachte er mir das nüchterne juristische Denken bei. Im Frühjahr meldete ich mich von neuem zum Examen und gelangte rasch bis zur mündlichen Prüfung, da jene sechs Wochen der häuslichen Arbeit diesmal wegfielen. Wieder drei Klausuren, abermals vergrübelte ich mich beim strafrechtlichen Thema, warf meine naheliegende Entscheidung beim Schreiben wieder um und stürzte mich in gewagte Konjekturen. Abermals drohte Gefahr, allein diesmal kam es ganz anders. Als Prüfer fungierte der Professor *Max Grünhut* aus Bonn: ein philosophisch und soziologisch interessierter Mann aus alter österreichischer Juristenfamilie. Nach 1933 mußte er emigrieren und wurde, ähnlich wie der ältere Martin Wolff, nach England berufen, wo er zu neuen Ehren kam.

Ihm habe ich nicht bloß zu danken, daß ich diesmal, und zwar mit Anerkennung, das Referendarexamen bestand. Grünhut

nämlich hielt meine vergrübelte Klausur für hochinteressant. Er bewertete sie mit Sehr gut, was eine Sensation bedeutete. Ich war schon ein sonderbarer Jurist. Die erste Strafrechtsklausur ist ungenügend, die Wiederholung wird mit der besten Note ausgezeichnet. Tiefenpsychologen werden nicht um eine Begründung verlegen sein, zumal gerade beim Strafrecht.
Die Prüfungsentscheidung wurde bereits nach dem ersten Tag bekanntgegeben, da der zweite Tag für mich wegfiel. Ich hatte »Voll befriedigend« bestanden. Es war abermals so etwas wie jenes »Im ganzen gut« meiner Schulzeit. Max Grünhut lud mich ein, an seinem Seminar zur Rechtssoziologie in Bonn teilzunehmen. Das tat ich auch, mit großem Gewinn.
Damals las ich fast alle Bücher und Aufsätze von *Max Weber.* Auch das hat mir gutgetan.
Nun wurde ich an der Familienbörse wieder als wertvolles Papier gehandelt, allein das neue Zutrauen machte mir keinen Spaß mehr. In Rolandseck war etwas gestorben.
Der Künstlerlosung aus dem 19. Jahrhundert: »Frei, aber einsam« traute ich nichts zu. Identität, das ahnte ich schon damals, ist nur durch Bindung möglich. Nach wie vor las ich die ›Weltbühne‹; auch hatte ich nichts vergessen von meinen Erfahrungen bei den marxistischen Studenten und mit ihren Büchern. Eine Marxistische Studentengruppe fungierte nicht mehr am Schwarzen Brett: die einstigen Exponenten waren vermutlich oder sicherlich in der Zwischenzeit als Verräter entlarvt und ausgeschlossen worden aus der KPD. Einige Semester später meldete sich, ohne alle Beschönigung, eine Kommunistische Studentengruppe, die sich aber als Studentenfraktion deklarierte, um den engen Zusammenhang sowohl zur Partei wie überhaupt zu allen Werktätigen zu betonen. Fraktion hieß überdies: strenge Parteidisziplin. Doch die Zauber dieser Kostufra vermochten mich nicht mehr zu binden. Ich befand mich inzwischen in der verächtlichen Gesellschaft der sogenannten Sozialfaschisten. Was heißen soll: ich hatte mich, nicht bloß für einen Kurs und ein Semester, zu den *Sozialistischen Studenten* gesellt.
Wie es dazu kam, auch das weiß ich noch. Abermals ein Anschlag am Schwarzen Brett: wie damals, vor einem Jahr, als eine Marxistische Studentengruppe eingeladen hatte zu Gesprächen über den Historischen Materialismus. Diesmal luden

die Sozialistischen Studenten ein, dem Professor Karl Grünberg aus Wien zuzuhören. Über Grünberg, den Wiener Soziologen und Sozialisten, glaubte ich ein wenig Bescheid zu wissen. ›Grünbergs Archiv‹ war eine angesehene sozialwissenschaftliche Revue. Am Abend jedoch standen wir, mitsamt dem Referenten, einem kleinen Mann mit scharfen Augen, die jetzt ärgerlich blickten, vor einem leeren Hörsaal, den wir nicht betreten durften, weil zwei Pedelle den Eintritt verwehrten. Die Universität zu Köln hatte entschieden, ein Vortrag von Karl Grünberg, noch dazu veranstaltet von einer Sozialistischen Studentengruppe, könnte mit der akademischen Würde nicht vereinbart werden.

Ich weiß nicht mehr, wer damals Rektor war: das wechselte jährlich nach strengen Sukzessionsregeln, es ist auch ohne Belang. Vermutlich hatte ein Verwaltungsmann mit gut katholischer Gesinnung der Magnifizenz ein solches Verbot nahegelegt. Es war also nichts zu machen. Die enttäuschten und zornigen Kommilitonen gefielen mir. Man hatte das Hinterzimmer in einem nahen Gasthof eilends gemietet: dorthin zogen wir nun.

Der Raum war natürlich überfüllt. Grünberg begann zu reden, enttäuschte uns aber ein bißchen, denn er fing damit an, ausführlich seinen Lebensweg und seine Verdienste aufzuzählen: einem solchen Manne sei also von der Universität zu Köln der Hörsaal verweigert worden. Wir alle fanden, diese Rechtfertigung sei unnötig; für uns war ohnehin klar, was sich abspielte. Herbst 1928: ich war zurück aus Rolandseck und hatte das aufdiktierte Zusatzsemester begonnen. Meine Stimmung war offensichtlich gut, denn der Zorn über diesen antisozialistischen Rigorismus meiner Heimatuniversität hatte alle Art der Selbstbemitleidung verjagt.

Ich kam ins Gespräch mit den Veranstaltern, gab auch dem Professor Grünberg die Hand, und wurde vom jungen Vorsitzenden der Gruppe, einem blonden Westfalen, den man im Frühjahr 1933 verhaftete und mißhandelte, und der im Krieg gefallen ist, freundlich eingeladen, wiederzukommen und die »Gruppe« (so war der Sprachgebrauch) in ihrem »Heim« zu besuchen.

Das habe ich getan, und auch dies hat mein Leben verändert. Ein großes Wort, doch bin ich sicher, daß es sich so verhalten hat. Da ist ein junger Mensch, gar nicht mehr so jung, immerhin volljährig, einziges Kind, aufgewachsen unter Menschen, die ihm, mit wenigen Ausnahmen, kaum etwas bedeuten; eine geistlose Schule; es gibt die Musik, das Klavier, Konzerte und Abende in der Oper, aber es reicht nicht aus, um Musiker zu werden: das spürt man. Die Literatur? Davon könne einer nicht leben, hat man vernommen. Also Jurist. Aber was ist das, die Rechtswissenschaft, gar mit der Aussicht auf eine Anwaltskanzlei, erfolgreich meinethalben, geachtet und mit einem Abonnement bei den Gürzenich-Konzerten. Der Familie ist nicht zu trauen, das hat sich gezeigt. Das gesellschaftliche Milieu? Du lieber Himmel! Politik? Welche denn? Ganz gewiß nicht das herrische und argwöhnische Sklaventum der Leute von der Marxistischen Studentengruppe. Außerdem sind die kommunistischen Zeitungen unlesbar. Die sozialdemokratischen übrigens auch.

Das »Heim« der Sozialistischen Studenten bestand aus ein paar Räumen im Oberstock eines Hauses mitten in der Stadt, das wohl den Gewerkschaften gehörte. Ich glaube mich zu erinnern, daß ein paar Jahre später, als sich die Studenten ungebärdig zeigten und gegen die Politik der SPD protestierten in jener Endphase der Weimarer Republik, ein törichter Zank darüber entstand, ob man diese Ruhestörer weiter in ihrem Heim belassen solle. Es war schön dort oben: man fühlte sich bei sich selbst, nämlich durchaus nicht »zu Hause«, wie die Redensart behauptet. Das war nicht zu vergleichen mit jenem Gesellschaftsraum im Gasthof, wo die Marxisten getagt und gestritten hatten: stets argwöhnisch, daß einer hereinkommen könne, um alles zu entlarven. Vielleicht die politische Polizei, was noch angehen mochte; vielleicht aber auch die zuständigen Leute des Parteiapparats.

Derlei war im »Heim« nicht zu befürchten. Die SPD regierte mit in der Stadt und als Partner des Oberbürgermeisters Konrad Adenauer. Mit den Oberen der Partei aber stand man damals noch gut. Ich habe später ein bißchen dabei mitgeholfen, daß es sich änderte, doch lag das weniger an mir oder gar an meinem politischen »Charisma«, als an den neuen Ereignissen in der deutschen und internationalen Politik.

Die kommunistischen Studenten der Kölner Gruppe gehörten ins Bürgertum. Bei den sozialistischen Studenten gaben die

Arbeiterkinder den Ton an, was leicht zu verstehen war. Es gab damals bereits, von vielen bürgerlichen Landesregierungen kunstvoll erschwert, was man später als Zweiten Bildungsweg bezeichnet hat: nämlich die Möglichkeit für begabte Kinder der Arbeiterschaft (man forderte ausdrücklich, daß sie »hochbegabt« seien, weshalb die für solche Kandidaten vorgesehene Prüfung als »Hochbegabtenexamen« firmierte), nach Ablegung einer Sonderprüfung das Studium an einer Universität oder Hochschule beginnen zu können. Sie standen dann den übrigen Studenten mit Abitur vollkommen gleich. Nun gab es unter den sozialistischen Kommilitonen im Heim ziemlich viele solcher »Hochbegabter«. Kein Wunder also, daß sie sich weder in der Gruppe noch in den Seminaren an der Universität scheu herumdrückten. Sie hatten alles, was mir abging: Lebenserfahrung, Zutrauen zu sich selbst, Solidarität. Doch waren sie freundlich. Man hatte es ihnen schwer gemacht, woraus sie nicht folgerten, man müsse es nun auch »den anderen zeigen«. Das eben unterschied sie vom Kleinbürger. Einige sind im Krieg gefallen, andere erschlagen worden als Staatsfeinde. Ich wüßte aber nicht, daß einer sich gleichgeschaltet hätte im Dritten Reich.

In diesem Kreis, dem ich kurz darauf beitrat, also in einer ersten Gemeinschaft, die mich wirklich umschloß, entdeckte ich sogar nach und nach *ein neues Selbst.* Plötzlich war nichts verlorengegangen von meinen bisherigen, so halbherzigen und fahrigen Aktivitäten. Ich hatte auf dem Städt. Schiller-Gymnasium – trotz alledem! – einige historische Kenntnisse erworben; meine Expressionisten sah ich jetzt mit anderen Augen und verstand sie als Zeitphänomene; der Marxismus war mir gleichfalls gut bekommen. Mit seiner Hilfe errichtete ich mir eine Gegenposition zur bürgerlichen Umwelt. Das hatte zwar für den Augenblick keine Folgen, denn ein Exodus aus der Familie war nicht möglich, wohin auch und mit welchen Mitteln?, allein ich gehörte nun irgendwo dazu, und durfte mir auch beweisen, daß ich recht getan hatte.

Nun meldete ich mich zu Wort in der Gruppe, wagte mich gar an Referate, und es wurde kein Debakel daraus. Eher durfte ich an jene ephemere Erweckung damals im Deutschunterricht denken. Man hörte mir zu, schien froh zu sein, daß ich mitmachte. Ein Kölner wird niemals zugeben, daß ihm ein

Freund und Landsmann irgend Eindruck macht. Er wird das mit einem Witz fortwischen. Im Jahre 1947 lud mich der damalige Generalintendant der Kölner Bühnen, Herbert Maisch, zu einem Vortrag ein. Anwesend waren auch ein paar Überlebende aus unserer Gruppe. Sie waren sehr froh, weshalb sie lauter Witze machten hinterher über die Leute und auch über mich: wie ich so dagestanden hätte. Man verstand sich. Damals in der Gruppe, wohl im Winter 1929, muß ich sehr gut geredet haben, ich weiß nicht mehr worüber, denn der Adelsmann unter uns, mein damaliger und heutiger Freund Peter von Haselberg, sprach anschließend das erlösende Wort: »Den Namen Mayer wird man sich merken müssen.«

Bei den Marxistischen Studenten war es eindimensional zugegangen. Es gab die parteilich verordnete Orthodoxie, der man insgeheim eine ketzerische Gegenorthodoxie konfrontierte. Bei den Sozialistischen Studenten herrschte ein fröhlicher Eklektizismus. Der war gerade nicht auf die Bürgerkinder unter uns zurückzuführen, sondern umgekehrt auf den Einfluß der Arbeiterkinder, der »Hochbegabten«. In ihrem redlichen Bemühen um Bildung und Wissen wollten sie alles kennenlernen, alle Wasser probieren, die trüben wie die abgekochten. In der Kommunistischen Internationale hatte der noch von Lenin eingesetzte Generalsekretär aus dem georgischen Flecken Gori längst dafür gesorgt, daß intellektuelle Neugier beim Umgang mit dem Marxismus untersagt und mit dem Parteiausschluß bestraft wurde. So hatte man sich die selbständigen Denker wie August Thalheimer oder Karl Korsch, zu schweigen von N. I. Bucharin oder gar von Trotzki, vom Hals geschafft. Georg Lukács durfte weiter als Genosse betrachtet werden, allein er hatte es rechtzeitig verstanden, die häretischen Gedanken des Buches ›Geschichte und Klassenbewußtsein‹ selbst zu widerrufen und zu indizieren.

Was in Stalins geistigem Bereich als sündhaft galt und beschwiegen wurde, zog uns unwiderstehlich an. Zwar paßte es schlecht zum allgemeinen Interesse an allem, was damals neu in die Buchhandlungen kam und von uns gekauft und erörtert wurde: der späte Rilke und die Partitur des ›Wozzeck‹ von Alban Berg, die ersten Bücher Martin Heideggers und auch ›Ideologie und Utopie‹ des ungarischen Soziologen Karl

Mannheim. Allein für mich, und dafür gewann ich Anhänger unter den sozialistischen Studenten zu Köln, schlug der »orthodoxe Marxismus« von Lukács, allen Widerrufen zum Trotz, nach wie vor durch. Im Gegensatz zu einigen Kommilitonen, die sich um Nicolai Hartmann scharten und mit ihm die Positionen Husserl und Scheler, Hartmann und Heidegger gegeneinander abwogen, kam ich zwar noch zurecht mit Heideggers Gedanken über ›Kant und das Problem der Metaphysik‹, weil es von der Historie ausging und mich als Gegenentwurf zur Kant-Kritik von Lukács faszinierte, aber die Denkweise des Buches ›Sein und Zeit‹, das 1927 erschienen war und gierig gelesen wurde von den Kommilitonen, blieb mir fremd. Daran hat sich nichts geändert.
Der fröhliche Eklektizismus jedoch, der bloß neugierig ist auf das jeweils Interessante und Neue, wurde mir bald genauso widerwärtig, wie früher, bei den »Marxisten«, der schrille Dogmatismus. Nun hatte die Sozialistische Studentengruppe den guten Vorsatz, im Lauf der Semester interessante Professoren oder auch nichtprofessorale Verfasser bemerkenswerter Bücher zu Vorträgen einzuladen. Sie kamen alle zu uns: entweder in einen Hörsaal der Universität, oder gar »ins Heim«. Bezahlen konnten wir bloß die Reisekosten und Spesen. Allein das hinderte sie nicht, die Karl Mannheim aus Frankfurt oder Eduard Heimann aus Hamburg oder den von nationalistischen Studenten aus Hannover weggeekelten Philosophen Theodor Lessing, vor uns zu referieren.
Ich habe damals das große Wort geführt. Man ließ es zu, weil hinter meinen Auftritten der Ernst spürbar wurde, der romantischen bloßen Interessantheit im Denken zu entgehen, die mich früh bereits an den soziologischen Methoden Leopold von Wieses irritierte, wo alle gesellschaftlichen Relationen zwischen den Einzelnen und innerhalb der Sozietät als unablässiges Weben von »Beziehungen« gedeutet wurden. Geschichtliche Zuordnung war verpönt, irgendeine Bewertung der aus solchen Beziehungen entstandenen »Gebilde« verbot sich ausdrücklich. Meinen Ingrimm gegen die damals noch junge Soziologie trug ich bald darauf in meine Dissertation, wo ich wütend einschlug auf Theodor Litts Buch ›Individuum und Gemeinschaft‹ (1919/1926).
Als *Karl Mannheim* zu uns kam, der übrigens ungemein

freundlich und klug diskutierte, uns wirklich ernstnahm, versuchte ich ihn zu reduzieren: einmal auf einen säkularisierten Ernst Bloch, dessen Buch ›Geist der Utopie‹ ich zwar nicht mochte, weil mir ein Amalgam aus Marx und Apokalpyse Johannis unerlaubt vorkam, der aber ein genuiner Denker war, kein Epigone; zum anderen auf einen Lukács ohne Marxismus. Natürlich ahnte ich nicht, daß in unserem Heim und im Jahre 1930, zwischen Mannheim und seinen studentischen Gastgebern, jene Debatte anlief, die bald darauf in Frankfurt selbst zwischen Mannheim und Horkheimer, später auch im gemeinsamen Exil, geführt werden sollte. Heute kennt man die Auseinandersetzung, die sich dialektisch transformierte, als Abfragethema im Staatsexamen: nämlich als »Positivismusstreit in den Sozialwissenschaften«. Es hatte schon seinen Grund, daß wir Kölner sozialistischen Studenten gegen diese Art der Gesellschaftslehre auch politische Einwände vorzubringen hatten. Es könnte sein, daß wir damals in unserer herrischen und wenig fundierten Art einiges vorzubringen hatten, was sich auch Mannheim selbst, der im heimischen Budapest sowohl die ephemere Revolution erlebt hatte wie die weiterlastende Konterrevolution, heimlich eingestehen mochte.
Nichts hingegen war mit Argumenten gegen *Theodor Lessing* auszurichten, der uns die Grundthemen seines Buches ›Geschichte als Sinngebung des Sinnlosen‹ vortrug, fast zelebrierte. Der hochgewachsene Mann mit dem langen, damals ungewöhnlichen Bart, starr blickend beim Vortrag und auch ins Gehäuse gebannt bei der Debatte, wich allen Versuchen aus, die historischen Abläufe genauer zu betrachten und nach irgendeiner Sinnhaftigkeit zu befragen. Da stand ein illuminierter Nietzscheaner, der Nietzsches durchaus historisch motivierte Kritik an einem spezifischen Historismus ausweitete: einerseits in Negierung aller Geschichtsbetrachtung, in apodiktischen Aktionismus zum anderen. Was sollten uns diese »vorlogischen, logischen und paralogischen Betrachtungen«, wenn es um Geschichte ging.
Wenn ich heute in Lessings Buch nachlese, was mich an jenem Abend in Köln empörte, so kann ich verstehen, was damals erbitterte. Etwa solche Thesen: »Solange es noch Denker gibt, die von Fortschritt, Lebenssinn, Weltvernunft, sittlicher Welt-

ordnung als von letzten Wirklichkeiten faseln, kann von heroischer Lebensführung nicht die Rede sein . . . Vollendete Sittlichkeit ist die volle Verwirklichung des Glaubens in freie Tat.« Also sprach Theodor Lessing: der Sozialist und Sozialdemokrat. Ich muß sehr scharf erwidert haben, denn Lessing gab mir nicht die Hand beim Abschied. Seine Mörder, die ihn abschossen (aus dem Dunkel) in Marienbad, am 30. August 1933, während in Nürnberg das Parteispektakel ablief, begingen zwar keine »freie Tat«, denn es waren gedungene Mörder, doch verwirklichten sie den nunmehr offiziell gewordenen »Glauben«. War das aber als vollendete Sittlichkeit zu verstehen?

Der Rote Kämpfer

Ein Sonntag im September 1930 hat dann alles verändert. Der 14. 9. 1930 war Wahltag. Ein neuer Reichstag mußte zusammengestellt werden. Es waren fristgemäße Wahlen, den Termin hatte der Reichskanzler Dr. Heinrich Brüning festgelegt: ein westfälischer Katholik und Zentrumsmann, Jurist und Wirtschaftsfachmann, den man sich in der Umgebung des Reichspräsidenten und Generalfeldmarschalls von Hindenburg am 30. März dieses Jahres 1930 als Regierungschef aussuchte, nachdem der sozialdemokratische Kanzler Hermann Müller drei Tage vorher den Rücktritt seines Kabinetts beschlossen hatte.

Daß der neu zu wählende Reichstag anders aussehen werde als sein Vorgänger, der noch in Tagen einer relativen Stabilisierung der Wirtschaft und Staatsmacht zustandekam, wußte jedermann. Es hatte am 25. Oktober 1929 den Black Friday in Wallstreet gegeben; an neue Auslandsdarlehen für das tief verschuldete Deutsche Reich, das aus gepumpten Geldern die Reparationen für die Siegerstaaten beglichen und gleichzeitig die eigene Wirtschaft rationalisiert hatte, durfte keiner denken. Nun mußte aus der eigenen Kasse bezahlt werden. Womit aber? Das deutsche Bankwesen bekam die Folgen der New Yorker Katastrophe zu spüren. Das kündigte sich schon unter Hermann Müllers Regierung an, doch erst Kanzler Brüning wurde konfrontiert mit zeitweiliger Schließung der Darmstädter Bank, mit einer sichtbaren Krise der Dresdner Bank. Das waren für ein Bürgertum, das sich eben erst von den Folgen der Geldentwertung zu erholen schien, ganz apokalyptische Vorstellungen. Die Dresdner Bank!

Heinrich Brüning war national und konservativ: auch in seinen Ansichten von der Wirtschaft und der Politik. Die bürgerliche Sparsamkeit eines »guten Hausvaters« und die Schutzzollmaximen eines Friedrich List aus dem frühen 19. Jahrhundert, dargeboten als »Nationales System der politischen Ökonomie«, daran gedachte er sich zu halten. Sparsamkeit in allen Staatsausgaben; Reglementierung der wirtschaftlichen Prozesse ohne Rücksicht auf Rentabilität;

Gesundschrumpfen: was unter Brünings Kanzlerschaft in den zwei Jahren bis zu seiner jähen Entlassung durch den verehrten Reichspräsidenten, am 30. Mai 1932, zu einer millionenhaften Arbeitslosigkeit führen sollte. In der Außenpolitik gab es nur den Westen, damit aber keinerlei Spielraum gegenüber Paris und London. Als bankrotter Bittsteller mußte Brüning mit der Downing Street telefonieren, wurde nach Chequers eingeladen und bekam Stundung.

Dies alles wurde am 14. September 1930 quittiert. Vor Brüning hatten die Sozialdemokraten, die Katholiken vom Zentrum, die bürgerlichen Demokraten und die Nationalliberalen von der Deutschen Volkspartei eines Gustav Stresemann, allgemein zusammengefaßt im Begriff der »Weimarer Parteien«, das Reich regiert. In den Ländern sah es anders aus: freilich blieb im größten Bundesland Preußen, unabhängig von Brünings Reichskanzlerschaft, die Weimarer Koalition mit einem sozialdemokratischen Ministerpräsidenten Otto Braun und einem sozialdemokratischen Innenminister und Polizeichef Karl Severing weiter im Amt. Zwei kontrastierende Regierungen mithin in Berlin, sogar in engster Nachbarschaft: zwischen Potsdamer Platz, Wilhelmstraße und der einstigen Triumphstraße Unter den Linden. Brüning regierte mit einem konservativen und nationalen Bürgerblock, die SPD stand in der Opposition.

Nun war plötzlich alles verändert. Noch blieben die Sozialdemokraten, die vor allem an die stark angewachsene KPD verloren hatten, stärkste Partei. SPD rangierte nach wie vor als Liste 1. Die Deutschnationalen hatten sich behauptet: die wählte man auf den Rittergütern der Junker aus Ostpreußen und Pommern, auch in Schlesien wußten die Pless und Henckel-Donnersmarck, wie man dem Gesinde klarmacht, was es zu wählen hat. Das war alte preußische Tradition, hatte den Wegfall eines »Herrenhauses« überdauert. Der Bibelspruch »Seid untertan der Obrigkeit« wurde in diesen Provinzen sehr wörtlich ausgelegt. Die Obrigkeit saß im jeweiligen Schloß, nicht im fernen Berlin. Auch beim Reichspräsidenten in der Wilhelmstraße ging es deutschnational zu. Dort berieten die Junker den Sohn Hindenburg und machten ihm klar, wie er den Vater zu beraten habe. Heinrich Brüning war im gleichen Augenblick verloren, da er, in seinem strengen Sparsamkeits-

denken, die Subventionen an die permanent notleidenden Großgrundherren abschaffen wollte. Plötzlich ließ man ihm durch den verehrten und sehr greisen Dienstherrn mitteilen: das sei offenbar Agrarbolschewismus. Brüning verstand und ging.
Mehr als hundert braune Parteigenossen aber waren in freien, gleichen und geheimen Wahlen an jenem 14. September in den Reichstag entsandt worden. Nur Männer, wie sich das versteht. Im vorigen Parlament hatte die Gefolgschaft ihres Führers unter den kleinen Parteien rangiert. Nun hatte sie die arg zusammengeschmolzenen Parteien der bürgerlichen Mitte weit überholt. Mit ihnen, und mit den ebenfalls gestärkten Kommunisten, mußte jeder Reichskanzler von jetzt an rechnen. Nicht im Sinne einer Regierungsbeteiligung freilich, wie Brüning versicherte. Auch Hindenburg hatte vorerst bloß Verachtung für den »böhmischen Gefreiten«, wie er mit etwas unsicherer Geographiekenntnis über den Mann aus Braunau am Inn verlauten ließ. Allein das wollte nicht viel besagen. Der Siegeszug der Braunen hatte sogleich zur Folge, daß eine jede Reichsregierung vorerst gegen diese Opposition auf der rechten Seite des Plenarsaales und gegen die Kommunisten auf der linken zu regieren hatte. Die bürgerliche Mitte und Rechte waren auf die Dauer zu schwach und zerrissen. Die Deutschnationalen um den einstigen Krupp-Direktor Hugenberg kokettierten, einstweilen erfolglos, mit den Leuten um den Fraktionsführer Hermann Göring, wurden von denen jedoch, getreu der Maxime der Horst-Wessel-Hymne, als »Reaktion« verachtet.
Blieben die Sozialdemokraten. Jetzt standen sie in der Opposition, aber das trug nichts ein: das hatte man bei den Kommunisten aus erster Hand. Auch waren Görings Leute durch den Berliner Gauleiter Dr. Goebbels angewiesen worden, so viel wie möglich im Reichstagsgebäude durch Krawall von sich reden zu machen. Diesen Wettlauf um die lärmendste Absage an das parlamentarische Zusammenspiel konnten die bewährten Abgeordneten, deren Fraktion nach wie vor in Paul Löbe den Reichstagspräsidenten stellte, keinesfalls gewinnen.
Also eine gespielte Opposition, die insgeheim oder eigentlich: erklärtermaßen dem Kanzler Brüning das Weiterregieren er-

möglichte? Darauf lief es hinaus. Damals wurden zur Erläuterung für die Wähler und Parteimitglieder im Lande groteske Formeln geprägt, die bis heute, erbittert zitiert und erinnert, im politischen Disput nachwirken. Der Gewerkschaftstheoretiker Fritz Tarnow fand die Losung, die Arbeiterschaft müsse jetzt, in einer evidenten wirtschaftlichen Strukturkrise, den »Arzt am Krankenbett des Kapitalismus« verkörpern. Wie sollte das einer den ausgesteuerten Arbeitslosen und den vor einer neuen Bankenkrise zitternden Sparern klarmachen? Während die Kommunisten, deren offizielle Doktrin alle Unterschiede zwischen Brüning, den Junkern, dem Herrenklub, den Industriellen an der Ruhr, dem Stahlhelm und der SA negierte, weil alle einfach »Faschisten« waren, zum Sturz des Brüningfaschismus aufforderten, versuchten die sozialdemokratischen Funktionäre klarzumachen, man müsse besagten Brüning »tolerieren«, bis auf weiteres. Er sei das kleinere Übel.

Verständliche Empörung bei den Sozialistischen Studenten ebenso wie bei den arbeitslosen Jungsozialisten. Es kam hinzu, daß die Folgen der Brüningpolitik, der Arbeitslosigkeit nichts bedeutete, wofern bloß eine »gesundgeschrumpfte« Wirtschaft wettbewerbsfähig blieb, besonders innerhalb der deutschen Arbeiterschaft fast als Klassenkonflikt zwischen den – noch – Arbeitenden und den strukturell Erwerbslosen sichtbar wurden. Die Sozialdemokratie stützte sich, wie traditionell, auf die qualifizierten und auch unter Brüning nach wie vor unentbehrlichen Fachleute. Die vor den Arbeitsämtern herumlungernden Erwerbslosen, erst recht die hoffnungslos »Ausgesteuerten«, hörten auf die Parolen der Kommunisten: mit ihnen hatte man die Gewerkschaften gespalten und »Rote« Gewerkschaften etabliert; mit ihnen stand man beim Streik der Berliner Verkehrsbetriebe vorübergehend in Kumpanei mit den von Goebbels hingeschickten braunen Protestlern. Das war Praxis zur Theorie vom Sozialfaschismus.

Ich kam nicht mehr oft ins Heim der Sozialistischen Studenten. Nach dem Staats- und dem Doktorexamen hatte ich drei Jahre lang alle Institutionen der streitigen und freiwilligen Gerichtsbarkeit kennenzulernen: Staatsanwaltschaft und Grundbuchregister, erste Instanz, Berufungsgericht und Revisionsverfahren beim Kölner Oberlandesgericht; ein halbes

Jahr habe ich im Jahre 1932 auch als Referendarvertreter eines Rechtsanwalts amtieren dürfen, was mir Spaß machte, besonders wenn einmal nicht vertagt, sondern plädiert wurde. Übrigens hatte ich mich, als Gerichtsreferendar, wie ein Beamter zu benehmen: wie gering und widerrufbar dieser Status auch sein mochte. Immerhin war er legal so weit abgesichert, daß man mir am 10. Juli 1933, nachdem ich 6 Tage vorher die große Staatsprüfung im Preußischen Justizministerium zu Berlin bestanden hatte, was mir der Staatssekretär, er hieß Roland Freisler, bescheinigte, offiziell mitteilen mußte: »Mit dem Zeitpunkt des Zugangs dieser Verfügung sind Sie aus dem Justizdienst ausgeschieden.« Keine Begründung. Die verstand sich von selbst.

Noch aber war es, im Herbst 1930 und nach den Septemberwahlen, nicht so weit gekommen. Im Heim der Sozialistischen Gruppe ging es nicht mehr harmonisch zu. Die älteren Studenten, und auch ehemalige Mitglieder der Gruppe, die schon im Partei- und Gewerkschaftsapparat eingesetzt waren, gerieten aneinander mit den jungen Kommilitonen, die empört das Schauspiel betulicher Hilflosigkeit der SPD sowohl in den Parlamenten wie im Lande erleben mußten. Die bürgerlichen Nationaliberalen wurden immer nationaler. Die sehr gebeutelte Demokratische Partei, mitsamt dem ›Berliner Tageblatt‹ und den Ullstein-Blättern, kokettierte mit dem »Hochmeister« eines »Jungdeutschen Ordens«, einem Mann namens Arthur Mahraun, um vielleicht doch bei kommenden Wahlen ein paar garantiert nationale Wähler der mächtigen und vielseitigen Konkurrenz auf der Rechten abwerben zu können.

Auch die deutsche Sozialdemokratie wollte nicht abseits stehen. Wie im August 1914 gedachte sie daran zu erinnern, wie in den schlechten Versen eines Arbeiterdichters, daß der Arbeitsmann der treuste Sohn des Vaterlandes sei. Die ›Rheinische Zeitung‹ in Köln zitierte am 6. 2. 1931, was der Kölner Parteivorsitzende der SPD, Wilhelm Sollmann, der eine kurze Zeit auch Reichsminister des Innern gewesen war, im Reichstag verkündet hatte: »Wir lassen nicht nach, bis wir die deutsche Jugend hingeführt haben zu dem demokratischen Patriotismus eines Scharnhorst, Ernst Moritz Arndt und Ludwig Uhland, zu den antimonarchischen Staatsgedanken eines Freiherrn vom Stein, zu dem sozial-freien Volksstaat eines

Lassalle, Bebel und Ebert.« Die Konfusion war vollkommen, ebenso die Hilflosigkeit.

Ich habe damals (das erkannte ich beim Wiederlesen nach vielen Jahrzehnten sogleich wieder, wenngleich die Glosse nicht gezeichnet werden konnte) in unserem bald nach den Septemberwahlen 1930 gegründeten Oppositionsblatt *›Der Rote Kämpfer‹* (Untertitel: Marxistische Arbeiter-Zeitung) den schwungvollen Patriotismus Sollmanns so kommentiert: »Eine herrliche Reihenfolge. Warum nennt Sollmann nicht gleich Bismarck, Seeckt und Arthur Mahraun? Das sind doch alles Patrioten. Und Mahraun ist doch sogar der Erfinder des ›sozial-freien Volksstaates‹. Wie sagt Sollmanns Lieblingsdichter, Ernst M. Arndt? ›Der Gott, der Eisen wachsen ließ, der wollte keine Knechte.‹ Das sollte die Sozialdemokratie gegenüber Brüning beherzigen. Den alten Bebel aber sollte man bei solchen patriotischen Phrasen aus dem Spiel lassen.«

Wieder einmal führte ich ein *Doppelleben* in jenen Tagen. Allein es war nicht quälend wie jenes andere, das ich allzulange in der Familie hatte manipulieren müssen: als Kontrast zwischen dem Familienmitglied und dem Außenseitertum eines, der seit jener Katastrophe des ersten Staatsexamens die falsche Geborgenheit der Familien- und Bürgergemeinschaft verwerfen mußte. Dies neue Doppelleben war seelisch gut zu ertragen. Damals gab es die Verdoppelung aus gespielter Gemeinschaft und realer Einsamkeit. Jetzt erzwang Klugheit, als eine gute Ratgeberin, die Aufteilung meines Lebens in das tadelfreie Tun eines Gerichtsbeamten auf Widerruf, der sich wohl verhalten muß, und des aktiven Politikers und politischen Redakteurs, der sich um eine Marxistische Arbeitspolitik bemüht und sehr wohl weiß, daß er es dabei mit dem in Köln mächtigen sozialdemokratischen Parteiapparat, folglich überhaupt mit der Macht, zu tun bekommt.

Im Sommer 1930, noch vor den Wahlen, hatte ich, um besser mit den Freunden von der Gruppe innerhalb der Partei wirken zu können, die Aufnahme in die SPD beantragt. Ein Jahr lang galt man als Kandidat: auf Widerruf. Ende 1930 aber hatten wir in Köln, gemeinsam mit Jungsozialisten aus dem Ruhrgebiet, die Arbeiter waren, unser Oppositionsblättchen des ›Roten Kämpfer‹ gegründet. Natürlich wußte der Parteivorstand, daß ich mit dahintersteckte. Ein führender Parteifunktionär hatte sich mit mir und meinen Freunden in unserem »Heim« auseinandersetzen müssen. Er muß mich erschröcklich beschrieben haben, denn nach Ablauf des Probejahres teilte man mir mit, man wolle mich nicht als Parteimitglied. Der Widerruf war erfolgt.

Er berührte mich nicht: das war zu erwarten, es war auch folgerichtig. Längst hatten wir erkannt, daß die Einheit der SPD bei weiterem »Tolerieren« des Brüningkurses nicht aufrechtzuerhalten sei. Die Wiedervereinigung der Ebert-Partei mit den durch Abwanderung zur KPD geschwächten Unabhängigen im Jahre 1922 und das Heidelberger Programm der Vereinigten Sozialdemokratie von 1925, sie hatten keine innere Festigung bewirken können. Das Heidelberger Programm bekannte sich noch zum Marxismus, doch die praktische Politik führte zur Tolerierung Brünings und seiner arbeiterfeindlichen Staatsverwaltung. In Sollmanns Rede kam Marx nicht mehr vor. Bebel als Konzession, dann aber Lassalle und Friedrich Ebert.

Man konnte nicht mehr so tun, als habe am 14. September 1930 bloß eine Reichstagswahl mit überraschendem Ausgang stattgefunden, die möglichst bald durch neue Wahlen mit einem besseren Ergebnis revidiert werden müsse. Wer so dachte, und das tat man beim Parteivorstand in Berlin ebenso wie im Bezirksvorstand in Köln und in den Leitartikeln der ›Rheinischen Zeitung‹, hatte nichts begriffen. Es häuften sich die Anzeichen dafür, auch in der Bürgerwelt, daß die Brücken zur Vergangenheit gesprengt waren, vielleicht eingestürzt. Die relative Stabilisierung des Kapitalismus, wie man zu Lenins Zeiten in Moskau formuliert hatte, ging zu Ende. Auch das Staatssystem von Weimar konnte nicht mehr bleiben, was es zwischen 1924 und 1930 gewesen war. »Weimar – und was dann?« überschrieb der sozialdemokratische Staatsrechtler Otto Kirchheimer, der damals von seinem Lehrer Carl Schmitt hochgerühmte Fachmann für Staatsrecht und politische Wissenschaft, eine Broschüre, die wir eifrig zitierten, übrigens auch kritisch kommentierten.

Vertreter der bürgerlichen Gesellschaft hatten schneller und genauer auf den 14. September 1930 reagiert, als die Politiker des deutschen Proletariats. Bei den Kommunisten galt die sorgfältige Sozialanalyse nichts mehr seit der Entmachtung von N. I. Bucharin auf dem VI. Weltkongreß der Internationale im Jahre 1928. Die Verlautbarungen Stalins ersetzten jegliche Anstrengung des Begriffs. Vergebens suchten marxistische Denker aus der Schule Rosa Luxemburgs, wie der 1928 als »Bucharinist« ausgeschlossene August Thalheimer, dem Gerede von den »beiden sozialen Hauptstützen der Bourgeoisie: Faschismus und Sozialfaschismus«, eine ernsthafte Analyse des Geschehens in Deutschland entgegenzustellen. Allein Stalin wollte nicht Analyse, sondern Gehorsam.

Wer Augen hatte, damals hätte er sehen müssen. Es begann unmerklich so etwas wie eine *freiwillige Arisierung*. Bei Ullstein oder Mosse oder in einigen anderen Verlagen wurde bei Besetzung vakanter Stellen darüber beraten, ob es nicht besser sei, einem Nichtjuden als Bewerber den Vorzug zu geben. Die Opportunisten gingen behutsam vor: man konnte nicht wissen. Tucholsky schrieb das Stimmungsbild »Herr Wendriner steht unter der Diktatur«. Als ein »Was wäre, wenn ...«. Damals erfand er auch eine komplette Presseauslese zum – fingierten – Gesetzentwurf über Einführung der Prügelstrafe. Die Haltung der Demokratischen Partei definierte Tucholsky, und das Wort ist seither unendlich oft zitiert worden, als »Jein«.

Wenige Wochen nach den Septemberwahlen begann wie üblich das Kölner Wintersemester. Das Vorlesungsverzeichnis enthielt eine unerwartete Novität. Drei Dozenten hatten sich zusammengetan, um »Übungen über Marxismus« abzuhalten. Der Ordinarius für Volkswirtschaftslehre und Soziologe Erwin von Beckerath, seit langem interessiert an Soziologie der Politik und an Überbauproblemen; der außerordentliche Professor für Philosophie Helmuth Plessner, Schüler von Max Scheler und wie sein Meister fasziniert vom Phänomen einer »Soziologie des Wissens«; als Dritter ein Privatdozent der Nationalökonomie, Dr. Alfred Müller, der sich, im Gegensatz zu den meisten seiner Fachkollegen, ernsthaft mit Karl Marx eingelassen hatte und mit der Krisentheorie im Zweiten Band des ›Kapital‹. Nach dem Kriege und in den Fünfziger Jahren wurde Alfred Müller-Armack weithin bekannt als Staatssekretär des Bundesministers Ludwig Erhard und als Organisator einer »sozialen Marktwirtschaft«.

Zu Ende des Sommersemesters 1930 hatte ich das Doktorexamen bestanden, durfte aber den Titel erst nach Drucklegung der Dissertation führen. Trotzdem wurde ich allgemein als »Dr. Mayer« tituliert, als ich der Bitte meiner Freunde von der Sozialistischen Studentengruppe entsprach und an den Übungen über Marxismus teilnahm. Die Dozenten reagierten freundlich, obwohl ich eigentlich gar nicht mehr immatrikuliert war. Man hatte offenbar Spaß an den Debatten mit uns von der Sozialistischen Studentengruppe. Die offiziellen Kommunisten machten nicht mit: wahrscheinlich wurde dort unser Treiben als widerlicher Klassenverrat gewertet.

Zu Beginn der »Übungen über Marxismus« war ersichtlich, daß sich die drei Herren des Lehrkörpers keinerlei Vorstellung gemacht hatten über den Ablauf des Seminars, das immerhin in einem ziemlich großen und gutbesetzten Hörsaal ablief. Man wollte es von uns wissen: den angeblichen Marxisten. Denke ich an den späteren harten Widerstand der nach dem Zweiten Weltkrieg restaurierten bundesdeutschen Universitäten, sich mit dem Marxismus auch nur als »pluralistischem« Lehrstoff einzulassen, so muß man jene Veranstaltung von 1930 als hellsichtig und vorwegnehmend deuten. Sie war offenbar auch eine –vorweggenommene – Reaktion auf die Wahlergebnisse des 14. September.

Da vom Katheder kein Angebot kam, schlugen wir vor, vermutlich hatte ich mich dabei meiner Erfahrung mit den Marxistischen Studenten erinnert, das Buch ›Geschichte und Klassenbewußtsein‹ von Lukács zur Grundlage der Übungen zu machen. Das wurde akzeptiert. Das Buch war nach wie vor erhältlich: der Widerruf des Verfassers spielte keine Rolle beim Vertrieb. Für die Dozenten ergab das eine fruchtbare Arbeitsteilung. Plessner bekam den Hegelianismus und die Entfremdungsphänomene; Beckerath die Kritik an der russischen Revolution und die Gedanken über Klassenbewußtsein; Alfred Müller hat die Debatten über Rosa Luxemburgs Krisentheorie geleitet.

Mir wurde das erste Referat anvertraut. Einführung in das Werk von Lukács und Darstellung des ersten Traktats über »Was ist orthodoxer Marxismus?« Seit jener Katastrophe mit dem Bericht über Lu Märten hatte ich Fortschritte gemacht. Ich kannte mich besser aus: so gut wie die Herren Dozenten. Das Referat wurde gut aufgenommen und wohlwollend debattiert. Plessner leitete und sprach damals jenen Satz: daß man offenbar ein guter Hegelianer sein müsse, wenn man sich als Marxist bekenne. Jahrzehnte später, gegen Ende der Sechziger Jahre, haben wir, der Meister Plessner und ich, im sommerlichen Sils Maria wieder an diese Anfänge unserer Beziehung erinnert. Ich verdanke jenen Übungen über Marxismus die Begegnung mit einem Denker, dessen Arbeiten über ›Macht und menschliche Natur‹ und über Deutschland als eine »verspätete Nation« mein eigenes Denken mitgeprägt haben.

Helmuth Plessner hat nicht allein als Philosoph und Soziologe über solche Zusammenhänge nachgedacht wie Spiel und Sport, Menschenverachtung und Unmenschlichkeit; der Titel einer Sammlung seiner Studien, nämlich ›Diesseits der Utopie‹, sollte bezeugen, daß Humanisierung ein immanenter Prozeß innerhalb der Gesellschaft sein muß. Mißtrauen gegenüber jeglicher Heilserwartung gehörte für Plessner zur intellektuellen Redlichkeit. Das Gegenbeispiel Max Schelers mußte ihn gewarnt haben. Darum wurde es zwei Jahre später, also 1932, als Hans Kelsen aus Wien die Berufung nach Köln angenommen hatte, sehr leicht, eine Fortsetzung jenes Marxismusseminars anzukündigen und Kelsen, zusammen mit Plessner, Beckerath und Alfred Müller, als Mitveranstalter zu gewinnen. Der Neukantianer Kelsen und Plessner als Schüler der Phänomenologen fanden sich im Widerwillen gegen ideologisches Denken mit Heilscharakter. Damals aber lebte man bereits in der Endzeit. Kelsen wurde nach Genf, dann nach Kalifornien verschlagen. Helmuth Plessner hat mit 74 Jahren, als einer, der davonkam, im Jahre 1966 sein Buch ›Diesseits der Utopie‹ »Der Universität Groningen in Ehrerbietung und Dankbarkeit« gewidmet. Sie sorgte dafür, daß er, in jeglichem Wortsinne, überleben konnte.

Was wir damals trieben, sozialistische Studenten an der Universität zu Köln, darüber kann man heute nachlesen: es wurde Bestandteil der Sekundärliteratur. Die Marburger Dissertation von *Olaf Ihlau* von 1968 trägt den Titel: ›Die Roten Kämpfer. Ein Beitrag zur Geschichte der Arbeiterbewegung in der Weimarer Republik und im Dritten Reich‹. Sie war natürlich angeregt durch Wolfgang Abendroth. Man liest das mit sonderbaren, durchaus »gemischten« Gefühlen. Ein bißchen Stolz: mit unserem vielleicht nicht ganz ernsthaften Treiben im

Hinterzimmer einer Bürgerwohnung, wo wir, völlig unbewandert in solchem Handwerk, den Umbruch einer jeweils neuen Nummer des ›Roten Kämpfer‹ zusammenklebten, trugen wir also etwas bei zur »Geschichte der Arbeiterbewegung«. Trauer beim Lesen: so viele Namen von Erschlagenen; von Freunden, die in den verhaßten Krieg eines verhaßten Regimes ziehen mußten und darin umkamen.
Der Historiker Ihlau schildert, wie sich der seit 1929 in Köln von uns und von jungen sozialdemokratischen Arbeitern gegründete Diskussionskreis zusammenfand mit anderen Oppositionsgruppen vor allem im Ruhrgebiet. »Geleitet wurde dieser Kreis von den Studenten Hans Mayer und Albert Jovishoff . . .« Jovishoff war das Modell eines Intellektuellen der Neuen Sachlichkeit. Aus reichem jüdischem Hause. Dem Vater gehörte ein Warenhaus in Halle an der Saale. Jovishoff hatte zuerst in Berlin studiert und war – was Wunder! – in den Bann von Manès Sperber geraten. Bei dem war Neuestes zu holen: Individualpsychologie des Wiener Meisters Alfred Adler, dessen Schüler in Wien der junge, im Jahre 1905 geborene Sperber gewesen war, dazu ein Marxismus, den Sperber allerdings, der sich bei seinen brillanten Vorträgen in dieser Hinsicht diskret verhielt, durchaus im Sinne des offiziellen Kommunismus interpretierte. Ich habe Sperber damals in Köln, wo er um 1931 einige Vorträge hielt und Kurse als Individualpsychologe veranstaltete, durch Jovishoff kennengelernt. Es gab aber sogleich politische Differenzen zwischen uns. Von Jovishoff stammten im ›Roten Kämpfer‹ die oft sehr witzigen Glossen über manches Getön der sozialdemokratischen Funktionäre. Ich verlor ihn schon 1932 aus den Augen. Nach China ist er dann emigriert und starb in Shanghai im Exil: offenbar noch sehr jung.
Die erste Nummer des ›Roten Kämpfer‹ erschien in Bochum am 9. November 1930, acht Wochen also nach den Reichstagswahlen und zwölf Jahre nach Ausbruch der Novemberrevolution von 1918. Im Mittelpunkt steht daher die Konfrontation der Postulate von 1918 mit den Kompromissen von 1930. Der ›Rote Kämpfer‹ betont, er sei geschrieben »Von Sozialdemokraten und für Sozialdemokraten«. Das stimmte damals noch. Die Parteibürokratie reagierte sogleich mit der Denunziation: alles sei ein getarntes kommunistisches Machtwerk, allein die

Einschüchterung mißlang. Auch paßte die Schreibweise durchaus nicht zum erstarrten Kaderdeutsch der KPD: freilich hatten sich die Leute vom ›Roten Kämpfer‹ nicht zufällig auf die Schlußworte des ›Kommunistischen Manifests‹ berufen: auf die Vereinigung der Proletarier aller Länder. Der RK deklarierte sich im Untertitel als eine »Marxistische Arbeiterzeitung«, und auch das stimmte. Ohne beträchtlichen Rückhalt bei den oppositionellen jungen Sozialdemokraten und ihrer Organisation der Sozialistischen Arbeiter-Jugend (SAJ) hätten die sozialistischen Studenten bloß ein Sektiererblättchen redigieren können. Die politische Bildungsarbeit der SPD hatte nämlich gefruchtet: das bekam der Parteivorstand zu spüren. Der eigentliche Anreger der Sammlung um den ›Roten Kämpfer‹ war wohl Heinz Hoose aus Bochum. Ihn sehe ich vor mir gleichsam als Modell des jungen sozialistischen Arbeiters aus dem Ruhrgebiet: gut aussehend, beredt, vertrauenerweckend. Sein Wort galt bei den jungen Arbeitern: sie haben den RK finanziert. Hoose ging dann mit uns zur SAPD, dieser Abspaltungspartei zwischen SPD und KPD, die immerhin noch in ihrer Niedergangsphase bei den Reichstagswahlen am 31. 7. 1932 auf mehr als 70 000 Stimmen kam. Sie hatte sich im April 1932 auch an den Wahlen zum preußischen Landtag beteiligt und dort sogar noch besser abgeschnitten.
Natürlich blieb alles ein ohnmächtiges Protestieren, auch mein eigener Weg hat davon weggführt. Trotzdem kann ich den ›Roten Kämpfer‹ auch heute noch mit Zustimmung lesen. Er macht ahnen, was damals hätte geschehen müssen, um den Ausbruch eines Dritten Reiches zu verhindern. Bereits in der ersten Nummer des RK hieß es: »Der ›Rote Kämpfer‹ will dazu beitragen, das Proletariat zu befreien von den Täuschungen und Verhüllungen bürgerlichen Denkens und bürgerlicher Gesinnung. Damit werden die Voraussetzungen geschaffen zur Veränderung der bürgerlichen Wirksamkeit und des bürgerlichen Staates, zur entschiedenen Bekämpfung des Faschismus und zur Entfaltung eines einheitlichen proletarischen Klassenbewußtseins.«
Opportunismus war bei uns nicht zu konstatieren. *Wir wußten alle, daß wir als Verlierer antraten.* Ein Reservoir der politischen Talente, weitgehend hervorgebracht durch die sozialdemokratischen jungen Arbeiter des Ruhrgebiets, in Sach-

sen und in Berlin, fand sich bestätigt durch Thesen und Schreibweise des ›Roten Kämpfers‹. Heinz Hoose hat überleben können: er kehrte nach dem Krieg zur SPD zurück und hat dort als Kommunalpolitiker im heimischen Bochum und beim Parteivorstand gearbeitet. Auch der junge Heinz Kühn befand sich im Umkreis des RK. Die Berliner Jungsozialisten hielten Verbindung zu uns und trafen sich später mit uns in der – ephemeren – Sozialistischen Arbeiterpartei Deutschlands (SAPD). Ihre Führer hießen Edith Baumann und Hans Seigewasser. Beide fand man wieder nach 1945 als führende Kader der SED in Ostberlin. Seigewasser als Mitglied der Regierung der DDR, als Staatssekretär für Kirchenfragen. Edith Baumann als Mitarbeiterin im Zentralkomitee: zeitweilig verheiratet mit Erich Honecker. Daß auch der junge Frahm aus Lübeck, der spätere Willy Brandt, im Herbst 1931 der SAP beigetreten war, ist bekannt. Wunderlicher Kontrast zwischen unserem, trotz allem etwas spielerischen Getue als Redakteure einer Marxistischen Arbeiterzeitung – und den Strömungen einer realen Welt, also nicht allein in der Heimeligkeit eines Studentenklubs, die wir damals, fast unwillentlich, repräsentierten.

Einen Text aus dem ›Roten Kämpfer‹ habe ich beim Wiederlesen sogleich erinnert und wiedererkannt. Er steht in der Nummer 7 vom 27. Mai 1931 und hat die Überschrift ›Der Weg nach Leipzig‹. Gemeint ist der damals bevorstehende Leipziger Parteitag der deutschen Sozialdemokraten. Es wurde ihr letzter bis zum Ende eines zweiten Weltkriegs. Von allem, was ich damals schrieb oder als politische Rede konzipierte, hat sich bloß dieses Dokument erhalten: neben meiner Dissertation und einigen staatstheoretischen Aufsätzen, die zwischen 1930 und 1932 gedruckt werden konnten. Es gab auch ein paarmal kleinere Artikel zu Theaterfragen, die wohl, wenn ich es recht erinnere, im Programmheft des Kölner Schauspielhauses erscheinen durften. Im Theater hatte ich ein paar Gönner. Nichts davon hat sich erhalten; es hat sich auch nicht gelohnt.

Den Artikel über den »Weg nach Leipzig« aber möchte ich nicht verleugnen. Auch dies lese ich heute mit gemischten Gefühlen. Richtiges scheint mir konstatiert zu sein, was heute noch – oder wieder – evident wurde. Meine Forderungen einer strengen Klassenpolitik der Arbeiterklasse, die ich damals der opportunistischen Haltung von Otto Wels oder dem preußischen Innenminister Karl Severing entgegenstellte, wirken moralistisch und weltfremd: sogar dem Streben der SPD nach Erwachsenenbildung mit Hilfe von Volkshochschulen vermag ich, der promovierte Bürgersohn, nichts abzugewinnen. Das seien kulturpolitische Illusionen.

Gegenspieler der jungsozialistischen Revolte im Parteivorstand, der in Leipzig dann die Exkommunizierung des ›Roten Kämpfer‹ durchsetzte, war *Erich Ollenhauer.* An ihn wandte sich unser Text, wenn er, weniger ironisch als bedrückt, zu Beginn feststellte: »Der Parteitag der Sozialdemokratie ist vorbereitet. Seine Resultate, seine Wahlvorschläge und Wahlergebnisse sind festgelegt ... Offiziell eine Heerschau für die Öffentlichkeit. Parteimäßig eine neue Entfaltung des Machtapparates, vor der alles persönlich Schwache und Kleine wie immer zusammenbrechen wird. Demokratie nach außen betont – wird nach innen praktisch abgebaut werden.« Genauso ging es dann zu in Leipzig.

Der Aufsatz stellt die »Verkleinbürgerlichung der Partei« als Folge der Politik in der Novemberrevolution dar. »Die weiteren Folgen waren: Völlige Abkehr vom revolutionären Marxismus, Wirtschaftsdemokratie, Koalition, Politik des ›geringeren Übels‹, Schlichtungswesen, Notverordnung, Vorbereitung neuer Vaterlandsverteidigung.« Der marxistische Rigorismus des Artikelschreibers verwirft offensichtlich die schwer erkämpften Errungenschaften einer reformistischen Arbeiterpolitik wie das Schlichtungswesen, und auch die der bürgerlichen Bildungshierarchie abgetrotzten Bildungswege für Kinder der Arbeiterschaft, zugleich mit den Brüningschen Notverordnungen, die von der SPD toleriert werden, und mit den nationalistischen Rüstungsplänen, die man damals nur als Ausdruck einer künftigen deutschen Angriffspolitik deuten konnte. Die Politik der SPD sei illusionär in allen Bereichen: in der Wirtschaft, der Innenpolitik, auch im Bereich der Kultur. Da sei zu konstatieren: »Versumpfung oder Reaktion, oder beides, auf der ganzen Linie. Kampf gegen künstlerische und wissenschaftliche Freiheit jeder Art. Kampf gegen Freidenkertum und freie Schule. Verpfaffung hinten und vorne.« Diese Einbeziehung der Kulturpolitik war mein originärer Beitrag in

das allgemeine politische Konzept der Leute vom ›Roten Kämpfer‹, das ich hier formuliert hatte. Es war auch der Bereich, den ich selbst am ehesten beurteilen konnte.
Die Schlußfolgerung liest man heute mit Verstörung. Es ist so abgelaufen, wie es am 27. Mai 1931 vorausgesagt wurde: »Wir stehen morgen vor der bürgerlichen Koalition einschließlich Hitler; wir stehen vor weiteren Kniefällen und neuen Trümmerhaufen. Trotz offizieller Zahlenzunahme, und am Ende vor der Spaltung der Partei.«
Natürlich war ich selbst nicht zum Parteitag delegiert worden. Ich war Mitglied auf Widerruf, bald danach, als Folge der Parteitagsbeschlüsse, Nichtmehrmitglied nach Widerruf.
Um jene Zeit lernte ich *Fritz Sternberg* kennen. Wir hatten ihn ins Heim der Studentengruppe eingeladen: die Wirkung des Mannes war außerordentlich, weit stärker als diejenige all der anderen Referenten mit oft berühmten Namen. Der Volkstribun eines Typs, den es in Deutschland kaum je gegeben hat in der wirklichen Arbeiterpolitik. Ein jüdischer Danton gleichsam, gedrungen, mit zornigen Armbewegungen und einem ansteckenden Hohngelächter, wenn er verkündete: »Die Bourgeoisie ist nicht mit der Demokratie verheiratet, sondern mit dem Profit!« Dem geschichtlichen Georges Danton auch darin vergleichbar, daß Sternberg einen komplizierten Weg, den er für sonnenklar hielt, zu gehen suchte zwischen dem Reformismus der neuen Girondisten und dem abstrakten Robespierrismus der durch Stalin motivierten Parteikommunisten. Fritz Sternberg war jedoch nicht bloß ein mitreißender Redner, der in jenen Tagen durch Deutschland reiste, überall von jungen Arbeitern und Studenten mit Begeisterung angehört, sondern ein bemerkenswerter Theoretiker der marxistischen Wirtschaftsdoktrin. Seinen Weg zu den Kommunisten hatte er sich durch das Buch ›Der Imperialismus‹ und eine spätere Duplik über ›Der Imperialismus und seine Kritiker‹ verbaut, worin er Lenins Theorie des Imperialismus, die inzwischen in Moskau heiliggesprochen war, angriff, um auf Rosa Luxemburgs Analyse der marxistischen Krisentheorie zurückzugehen.
Sternberg hatte sich in die Ableitungen zur Krisentheorie aus dem zweiten Band des ›Kapital‹ von Marx voller Besessenheit eingearbeitet. Für ihn war seitdem berechenbar, wann der

unvermeidliche Zusammenbruch des Imperialismus, als Folge unlösbarer wirtschaftlicher Widersprüche, eintreten müsse. Wir Zuhörer erlebten täglich diese absurden Antagonismen in Form von Konkursen, Selbstmorden der Bankiers, riesenhafter Arbeitslosigkeit, autoritärer Wirtschaftspolitik, die nichts bewirkte. Was Sternberg vortrug, leuchtete ein. Den jungen Sozialisten unserer Generation war die hier gezeigte Linie: Marx–Luxemburg–Sternberg weitaus vertrauter, als die offizielle russische Koppelung von Marxismus und Leninismus.

Sternberg entschloß sich, da er im Rheinland und im Ruhrgebiet mit seinen Vorträgen starken Widerhall fand, und da er von seinen Vorträgen und den Artikeln, die er für die ›Weltbühne‹ schrieb, zu leben hatte, vorübergehend in Düsseldorf zu wohnen. Ich hatte sein Vertrauen erworben und durfte ein paarmal wöchentlich zu ihm kommen, so oft ich mich als Referendar freimachen konnte. Sein bisheriger Sekretär Richard Löwenthal war nach Berlin zurückgekehrt; nun durfte ich aushelfen. Ich habe Sternberg, der krank war, wohl zuckerkrank, aber ein Leben führte, das ihm nur schaden konnte, sehr bewundert, was er einem nicht leicht machte. Mit uns ging er, der nie zur SPD gehört hatte, zur SAP. Hier allerdings trennten sich unser beider Wege. Das Programm nämlich, das Sternberg schließlich, zu Ostern 1932, in Berlin auf dem Parteitag der SAP durchpaukte, war in erschreckender Weise »dantonistisch«: damit war weder reformistische noch revolutionäre Politik zu machen. Ich habe den ungewöhnlichen Mann später nur noch einmal im Pariser Exil gesprochen. Er hatte ein interessantes Buch über den Faschismus geschrieben; darüber sprach man natürlich. Sternberg wartete immer noch auf den unvermeidbaren wirtschaftlichen Zusammenbruch des Dritten Reiches.

Nach dem Krieg kam er zurück aus den USA. Ich las bisweilen darüber, als ich in Leipzig war. Nun beriet er die Leute von der Sozialistischen Internationale, aber ich meine, daß er das wirtschaftliche und gesellschaftliche Geschehen der Nachkriegszeit nicht mit seinen Grundpositionen vereinbaren konnte. Sternberg ist verhältnismäßig jung gestorben, ohne die Geltung erlangt zu haben, die sein Talent verdiente. Bei ihm habe ich viel gelernt.

Gleichfalls von Düsseldorf aus versuchte inzwischen eine andere marxistische Formation und Doktrin, mit Hilfe der Leute um den ›Roten Kämpfer‹ zu einer materiellen Basis für ihre Arbeiterpolitik zu kommen. Das waren häretische und exkommunizierte Kommunisten. Als erste hatte man sie fortgewiesen: übrigens besaßen sie zu Anfang der Zwanziger Jahre ihre eigene Partei, die Kommunistische Arbeiterpartei (KAP), mit der sich noch Lenin in Moskau auf dem Zweiten Weltkongreß der Internationale im Jahre 1920 auseinandergesetzt hatte. Nun lernte ich die damaligen Widersacher Wladimir Iljitschs kennen. Die KAP war eingegangen; man hoffte in der Wirtschaftskrise auf besseren politischen Wind für einen stark syndikalistischen Kommunismus, der entschieden antiparlamentarisch auftrat. Lenin vollzog den Bruch, als die Leute von der KAP alle Beteiligung an Wahlen als baren Reformismus ablehnten. Sie hatten immer noch in Berlin eine kleine Sozialwissenschaftliche Vereinigung (SWV), als Schule für neue Anhänger. Nun kamen sie zu uns, die Leute von der Moskauer Diskussion von 1920. Ein Jahrzehnt war vergangen. Sie waren überzeugt, daß es ihnen recht gab.

Der Weg des ›Roten Kämpfers‹, den es auch noch gegeben hat in der Illegalität nach 1933, und dessen letzten Anhängern der Prozeß der Volksgerichte gemacht wurde, ist mehr und mehr, vor allem nach der unvermeidlichen Krise der SAP, durch die Männer von der KAP bestimmt worden. Das habe ich nicht mehr erlebt, kann es mithin auch nicht erinnern. Olaf Ihlau hat diesen Weg verfolgt. Eine noble und rührende Geschichte. So viel inbrünstige Überzeugung, die noch aus den Tagen der russischen und deutschen Revolution stammte. War es nicht auch ein unzeitgemäßer politischer Expressionismus?

Karl Schröder kam zu uns nach Köln, eingeführt durch unseren Mitstudenten Hermann Neumann. Damals ein Mann Ende der Vierzig, der noch mit Franz Mehring freundschaftlich zusammengearbeitet hatte. Er besaß auch expressionistische Weggefährten, denn Schröder war selbst Romancier, doch trennte er sich von Franz Pfemfert in den Tagen der KAP. Seit 1922 gehörte er wieder als Redner und Schulungsleiter zur SPD. Neumann war sein begeisterter Schüler. Mit Schröder kamen die anderen vom Moskauer Kongreß. Alexander Schwab und Bernhard Reichenbach, Schwab wurde am

30. Oktober 1937 vom zweiten Senat des Volksgerichtshofes als Leiter der illegalen Roten Kämpfer zu acht Jahren Zuchthaus verurteilt. Er wurde mißhandelt in Zuchthäusern und im KZ Börgermoor und starb 1943 im Zuchthaus, angeblich an einer Lungenentzündung. Schröder erhielt vier Jahre, lebte nach dem Krieg in Ostberlin, wo er der SED beitrat und als Lektor beim Schulbuchverlag ›Volk und Wissen‹ arbeiten konnte. Dort habe ich ihn noch einmal wiedergesehen. Die Haft und die Lager hatten ihn zerstört. Er starb 1950 mit 65 Jahren. Reichenbach konnte rechtzeitig emigrieren im Jahre 1935, während die Haussuchungen der Gestapo langsam anliefen. In England trat er der Labour Party bei. Nach dem Krieg ist er als Englandkorrespondent der Presse und des Fernsehens bekannt geworden. Wenn wir heute dieses so sonderbar debütierende Blättchen vom Herbst 1930, den ›Roten Kämpfer‹, tatsächlich als einen Beitrag zur Geschichte der Arbeiterbewegung in der Weimarer Republik und im Dritten Reich interpretieren können, so ist es Reichenbach zu danken.

Gern denke ich zurück an *Alexander Schwab*. Als er, zu den Zeiten der SAP, als politischer Ratgeber nach Köln kam, hat er bei uns gewohnt. Der Dr. Schwab, mit vorzüglichen Manieren, machte sogar meiner Mutter starken Eindruck, die meinen Umgang meistens mißbilligte. Hier war beste deutsche Tradition eines freien und aufgeklärten Denkens und Handelns: der Sohn eines deutschen Kapellmeisters, in Stuttgart geboren im Jahre 1887, mithin ein Jahrgangsgenosse der Expressionisten. Ein fast exemplarischer Lebenslauf: Lehrer bei Gustav Wyneken an der Freien Schulgemeinde Wickersdorf; führender Theoretiker der Freideutschen Jugend und Teilnehmer am Treffen auf dem »Hohen Meißner« im Oktober 1913; ein Kriegsfreiwilliger des Jahres 1914, den man aus Gesundheitsgründen abweist; Freund von Karl und Rosa und Mitglied des Spartakus; dann der Weg von der KPD zur KAP, zur Konfrontation mit Lenin; später Pressechef der Reichsanstalt für Arbeitsvermittlung und Arbeitslosenversicherung, hinausgeworfen im April 1933; Illegalität und Haft und Folter und der Tod im Zuchthaus mit 56 Jahren. Spuren des Prinzips Hoffnung im deutschen zwanzigsten Jahrhundert.

Carl Schmitt und Hans Kelsen

Aus dem Doppel- wurde ein Tripel-Leben. Jetzt war ich nicht allein gleichzeitig preußischer Gerichtsreferendar und Roter Kämpfer, sondern zum ersten Mal auch den Verlockungen eigener Schreiberei erlegen. Das hatte die Arbeit an meiner Dissertation bewirkt.

Gleich nach dem Staatsexamen im Frühsommer 1929 holte ich mir beim Professor für Staatsrecht und Allgemeine Staatslehre an der Universität zu Köln die Genehmigung, bei ihm promovieren zu dürfen. Fritz Stier-Somlo wurde mein »Doktorvater«. Freundlich und gelassen, tüchtiger Fachmann für Fragen des Verwaltungsrechts, in dieser Eigenschaft bedeutsam für den Oberbürgermeister Konrad Adenauer, der ihn, den getauften, nicht mehr jungen Juden, an die neue Universität berufen hatte, fand er, bei Gesprächen im Seminar, offenbar Gefallen an meinem aufklärerischen Rationalismus, der so offensichtlich im Gegensatz stand zu dem auch von Stier-Somlo tief mißbilligten neuen Irrationalismus.

Die Folgen des amerikanischen Börsenkrachs im Herbst dieses Jahres 1929 konnte man vorerst, noch vor jenen Reichstagswahlen vom 14. September 1930, an einer modisch-apokalyptischen Stimmung der Intellektuellen spüren. Das ›Berliner Tageblatt‹ hatte Visionen. Man druckte plötzlich Artikel, die von sozialistischer Planwirtschaft schwärmten. Die Neue Sachlichkeit schien in jedem ihrer Porträtbilder, melancholischen Chansons und Alltagsberichte von Angestellten, arbeitslosen Akademikern und Animiermädchen der Losung zu huldigen »Schön schaun wir aus!«

Auch die Sozialwissenschaften beteiligten sich an der Apokalyptik. Schüler Karl Mannheims sprachen vom »totalen Ideologieverdacht«: alle Thesen über Gesellschaftliches seien nicht bloß »standortgebunden«, was sich verstand, sondern unrein, weil verdächtig der schieberhaften Interessen. Nur den reinen Intellektuellen schien Mannheim eine relativ freischwebende Intelligenz und damit eine Erkenntnischance zuzubilligen. Arbeitslose Intellektuelle konnten interesseloser forschen.

Dergleichen war kaum bedenklich. Allein die Fachleute der politischen Theorie, was angehen mochte, und des Verfassungsrechts beteiligten sich gleichfalls am melancholischen Untergangsdenken. Bei Max Weber ging es in der Staats- und Rechtssoziologie noch handfest zu. Das Problem der Bürokratie, dem sich Weber kühl analysierend zuwandte, war real. Darüber konnte man, je nachdem erbittert oder technologisch, nachprüfbare Aussagen machen. Der nunmehr gängige Irrationalismus jedoch strebte fort von solchen Nachprüfungen. Das »Eigentliche« lasse sich nicht rational erfassen.

An den Schlingerfahrten des strahlendsten unter diesen Auguren der politischen Theorie, natürlich an *Carl Schmitt,* ließ sich diagnostizieren, was »die Stunde geschlagen hatte«. Schmitt schien sich, seit Beginn der Zwanziger Jahre, gleichsam wie der kleine Naphta aus Thomas Manns ›Zauberberg‹ aufzuführen: noch dazu vor Erscheinen des erst seit 1924 greifbaren Romans. Naphta mokierte sich bekanntlich, nach dem Willen Thomas Manns, über westlichen Parlamentarismus, öffentliche Meinung und Moral, Parteien, Presse und Politische Salons. Demokratie bedeutete Gespräch und Kompromiß: der lungenkranke Doktor Naphta, ungarischer Jude und Konvertit, Mitglied der Gesellschaft Jesu, war gegen Gespräche und Mittelwege. Es gab das Absolute: halb jesuitischer Gottesstaat, halb bolschewistische Diktatur. Die durch höhere Absicht geheiligte Lüge und eine Ethik des expressiven Leidens.

Alles war schon vor Naphta bei Carl Schmitt proklamiert worden, der seinerseits durchaus nicht besonders erfinderisch zu sein brauchte. Er schwamm einfach früher im Flüßchen: noch bevor es sich zur breiten Strömung entschlossen hatte. Auf dem Höhepunkt der wirren deutschen Nachkriegsgeschichte, zwischen gehemmter Revolution und noch unreifer Gegenrevolution, also im Jahre 1922, während Thomas Mann in München, bereichert durch die Erfahrungen mit einer Räterepublik der Ideologen von »Geist und Macht«, den kleinen Naphta schwatzen und perorieren ließ, hatte Carl Schmitt den Begriff der *»Politischen Theologie«* von neuem installiert. Gleichzeitig wurde, denn die Destruktion gehört zur Etablierung neuer Heilslehren, dem soeben erst im republikanischen Deutschland erprobten Parlamentarismus

durch Schmitt seine »geistesgeschichtliche Lage« erklärt. Die war schlecht. Ranzig und wenig zeitgemäß; immerhin hielt sich Schmitt, ordentlicher Professor in Bonn, der unbedingt nach Berlin berufen sein wollte, noch ein bißchen zurück.
Diese neue Politische Theologie gab sich betont laizistisch, sie war säkularisiert, nicht zu vereinnahmen durch irgendeine herkömmliche Religion. Eben darum hatte sich Schmitt schon früh mit der katholisierenden »Politischen Romantik« Adam Müllers und Friedrich Schlegels angelegt. Auch diese berühmte Studie war nicht politisch absichtslos entworfen worden. Schmitt hielt nichts von der Zukunft irgendwelcher Ständestaaten nach italienisch-faschistischem oder katholischem Credo. Die ständische Ordnung der romantischen Staatslehre arbeitete immer noch mit *Kompromissen*: da war abermals Toleranz zu finden und ein bürgerliches Mittelstandsdenken, was Schmitt verabscheute. Das hat er bewiesen, auch im Leben und Verhalten. Höhnisch wird konstatiert, im Organismusdenken der alten wie der neuen politischen Romantiker sei »der Gegensatz der Geschlechter aufgehoben im Gesamtmenschen, der Gegensatz der Individuen im höheren Organismus, dem Staat oder dem Volk«. Reine Unpolitik, dies alles.
In der Politik aber, so lehrte dieser Mann der zeitgemäßen Strömung, komme es nicht an auf Vereinbarung, Toleranz, Aufgehen in einer höheren Ordnung, wie immer sie aussehen möge, sondern auf Polarisierungen: auf die sichtbare Abgrenzung zwischen Freund und Feind. Diese Lehre ist verhängnisvoll gewesen und geblieben. Sie kennt als Maxime allein das Entweder – Oder, nicht das angeblich impotente Sowohl – Als auch. Was sie nicht bedacht, jedoch bewirkt hat, diese aktuell gebliebene Doktrin, lange im Bonner Staat durch Schüler des offiziell verfemten, heimlich verehrten Carl Schmitt praktiziert, zum Beispiel im Freund-Feind-Denken gegenüber der DDR, das jede Annäherung als Verrat verwarf, ist der durch allzu scharfe Polarisierung *fast unvermeidliche Rückfall ins Unpolitische.* Wo es nur noch Leute von Uns gibt – und die verächtlichen Anderen, erlahmt alle Neugier und damit alles Interesse am Treiben des Staates und seiner Sachwalter. Dem Entweder-Oder antwortet das gelangweilte Weder-Noch.

Ich hatte alles von Schmitt gelesen, als ich das Schreiben einer Dissertation erwog. Diese scheinbar so gegenbürgerlichen Gedankengänge bewegten mich. Übrigens konvergierten sie mit gewissen Thesen von Lukács, so sonderbar das klingen mochte. Durch Max Grünhut, den Bonner Juristen und Rechtssoziologen, der mich eingeladen hatte nach meinem Examen, an seinem Seminar über Max Weber teilzunehmen, wurde ich Schmitt vorgestellt. Der besaß damals noch ein Faible für »nichtarische« Schüler. Im März 1930 veröffentlichte er in der Neuen Rundschau einen Vortrag über den Schöpfer der Weimarer Verfassung, den jüdischen Staatsrechtler Hugo Preuss. Es lag noch in weiter Ferne, daß Schmitt als Staatsrat Hermann Görings öffentlich dazu auffordern sollte, die deutschen Namen jüdischer Verfasser durch angeblich »echtere« hebräische zu ersetzen. Wobei er tapfer voranging und den konservativ-protestantischen Staatsdenker Friedrich Julius Stahl (1802-1861) von nun an als Joel Jolson zitierte.
Als ich ihn kennenlernte, war Schmitt bereits nach Berlin berufen worden. Allerdings nicht, zu seinem Leidwesen, an die Universität, sondern an die bourgeoise Handelshochschule: als Nachfolger just von Hugo Preuss, der bereits 1925 gestorben und gegen dessen Konzept einer »organischen Staatslehre« ursprünglich die schnöde Abfertigung aller politischen Romantik durch Schmitt gerichtet war. An der Berliner Handelshochschule empfahl sich Toleranz, besonders auch Freundlichkeit gegenüber den Juden. Das fiel Schmitt durchaus nicht schwer. Er besaß keine wirklichen Vorlieben oder Aversionen im Leben. Da war er von den jeweiligen »Gelegenheiten« abhängig, wie nur je einer der verachteten Romantiker.
Zu mir war er freundlich. Mein Umgang mit dem Marxismus gefiel ihm. Mir mißfiel an ihm, bei näherem Zusehen, die Substanzlosigkeit eines interessanten Denkers, der es so hindenken kann, oder auch so. Zuletzt sah ich ihn gegen Ende des Jahres 1932 in Köln. Da ging es um die Berufung auf den Lehrstuhl des inzwischen verstorbenen Stier-Somlo. Schmitt hatte meine Dissertation gelesen und wußte, daß ich mit Hans Kelsen zu tun hatte, von dessen Votum die Berufung nach Köln abhing. Er wirkte gequält, verzerrt, spielte damals, wie ich heute rekonstruieren möchte, gleichzeitig mit zu vielen

Bällen und hatte, im Interesse der Karriere, alles Denken in Polaritäten von sich gewiesen. Bei Kelsen machte er Besuch, warb um Zusammenarbeit und bot, trotz offenkundiger wissenschaftlicher Gegensätze, die Gipfelfreundschaft an der beiden Großen in einer mediokren Fakultät: Hans Kelsen und Carl Schmitt. Kelsen war ein guter Kerl, der gern glauben wollte. Er gab die Zustimmung zu Schmitts Berufung. Das war Ende 1932. Kelsen hat mir den Vorgang damals gleich erzählt. Dann kam der 30. Januar 1933. Zu Beginn des Frühjahrssemesters erschien der neuberufene Nachfolger des nichtarischen Fritz Stier-Somlo am Rhein und forderte als erstes die sofortige Entlassung des Juden und Marxisten Hans Kelsen. Was auch geschah.

Damals freilich, am Ende des Jahres 1932, meinem letzten Jahresende in Deutschland und als Deutscher ohne Widerruf, war ich längst in den Bann Hans Kelsens geraten und damit auch in den Normenpalast seiner Reinen Rechtslehre. Als ich meine Dissertation schrieb, zwischen September 1929 und Frühjahr 1930, wofür ich mir ein paar Monate Urlaub nahm vom Dienst des Gerichtsreferendars, schwankte ich noch zwischen den so eindeutigen und erbitterten Gegenspielern Carl Schmitt und Hans Kelsen. Wie es zur Themenwahl meiner Doktorarbeit kam, weiß ich nicht mehr so recht. Das Buch ›Verfassung und Verfassungsrecht‹ von *Rudolf Smend* war 1928 erschienen. Wir hatten in Stier-Somlos Seminar zur Allgemeinen Staatslehre darüber diskutiert. Ich ereiferte mich gegen diesen neuen Irrationalismus, der alle Rechtswirklichkeit im Verfassungswesen auflöste in Gefühlsbewegung zwischen den Bürgern eines Verfassungsstaates, deren unkontrollierbares Verhalten »ihrem« Staat gegenüber von Smend in der damals wohl zum ersten Mal gebrauchten, seitdem international benutzten und abgenutzten Formel von der »Integration« erfaßt werden sollte.

Stier-Somlo freute sich über meinen Ärger und schlug mir vor, darüber oder besser: dagegen zu dissertieren. Während ich an der Arbeit war, erschien Hans Kelsens polemische Abrechnung mit Smend unter dem Titel ›Staat als Integration‹. Damit wurde meine Arbeit determiniert als doppelte Negation: ich war gegen Rudolf Smend und seine Integrationslehre, hielt damals aber den kritischen Ausgangspunkt Kelsens, der natürlich seinem rechtstheoretischen Grundkonzept entsprang, für dubios.

Es kam etwas hinzu, was die Arbeit abermals komplizierte. Rudolf Smend, bei dem ich Kolleg in Berlin gehört hatte, ohne daß der in sich gekehrte, etwas fahrig herunterlesende Staatsrechtler großen Eindruck gemacht hätte, war in seinem Verfassungskonzept wesentlich beeinflußt durch den damals in Dresden lehrenden Soziologen Theodor Litt und sein erfolgreiches Buch ›Individuum und Gemeinschaft‹. Mich erbitterte das weitgehend verbale und terminologische Denkspiel Theodor Litts, das mühelos auf eine idealistische Dialektik der Hegel-Nachfolge zurückzuführen war. Es ging Litt um die Frage einer »Wertgesetzlichkeit des Geistes«, was heißen sollte: er suchte in der Sphäre des Seins nach bestimmbaren Wertvorstellungen, betonte aber gleichzeitig, daß sich Wert und Wertindifferenz nur in der »Sinnsphäre« finden könnten, deren Beziehung zur Seinssphäre zwar beredet, doch nicht geklärt wurde.

Rudolf Smend war in der Nachfolge Litts noch weiter gegangen. Da er den Staat durchaus als organische »Gemeinschaft« zu deuten suchte, als einen seelischen Prozeß mithin, der zwar ausgelöst werden *kann* durch Verfassungsnormen, ohne aber dieser Kausalität zu bedürfen, gelangte Smend zu der Folgerung, jeder Staat, demnach auch jeder Verfassungszustand, müsse als Gemeinschaftsprozeß gedeutet werden. Die idealistische Trennung Litts zwischen Sein und Sinn war aufgehoben. In dem Buch ›Verfassung und Verfassungsrecht‹ wurde der reale, nicht bloß der wünschbare und mögliche Staat als »Gemeinschaft« interpretiert. Der Zusammenhang mit romantischer Rechtslehre war offensichtlich.

Für Carl Schmitt hätte diese Neuauflage einer politischen Romantik unerträglich sein müssen; sie war es wohl auch, allein der Opportunismus eines Bonner Ordinarius, der gern nach Berlin berufen sein wollte, wo nun einmal Rudolf Smend amtierte, zwang zur Vorsicht. Vorerst einmal verkündete Schmitt voll schallender Begeisterung: das sei endlich einmal ein wichtiger neuer Ansatz der staatsrechtlichen Reflexion.

Ausgetragen wurde der schwelende Konflikt erst im Dritten Reich. Da war Carl Schmitt in Berlin und an der Macht. Was lag näher, als Rudolf Smend weichen zu machen und nach

Göttingen zu verschicken. Dort hat Smend, nobel und würdig und ohne Kompromisse, das Dritte Reich überdauert. Er hat auch noch erlebt, daß ich als Professor nach Hannover, also in die Landeshauptstadt von Niedersachsen, berufen wurde. Meine Dissertation über »Die Krisis der deutschen Staatslehre und die Staatsauffassung Rudolf Smends« hatte er nicht vergessen. Daher fragte er den befreundeten Staatssekretär, ob meine Berufung unbedingt erfolgen müsse. Als das bejaht wurde, sagte der redliche Gelehrte: dann sei es doch viel gescheiter, seinen jugendlichen Widersacher von einst nach Göttingen zu holen, statt nach Hannover. Es wäre leicht und naheliegend gewesen, von Hannover aus den Besuch in Göttingen zu machen, um alte Zeiten zu bereden. Ich habe aber Rudolf Smend nicht wiedergesehen.

Meine Doktorarbeit ist in der Folge ziemlich bekannt geworden in der Fachwelt, was mit der ideologischen Karriere des Integrations-Begriffs zusammenhing. Der eigentlichen Auseinandersetzung mit der hegelisierenden Gesellschaftslehre von Theodor Litt und der emotionalisierten Verfassungslehre Rudolf Smends hatte ich ein umfangreiches Einleitungskapitel vorangestellt über »Die Krisis der deutschen Staatsrechtslehre und ihre Ursachen«. Mein Doktorvater Stier-Somlo sah die Notwendigkeit nicht ein und murrte ein bißchen, war aber sonst offenbar beeindruckt. Dies Eingangskapitel hatte ein jugendlicher Adept des Historischen Materialismus geschrieben. Es war, soweit ich sehe, der erste Versuch, die Entwicklung des Staats- und Staatsrechtsdenkens in Deutschland seit der Romantik als *Ideologiekritik* zu betreiben. Der Einfluß von Lukács blieb unverkennbar. Schon in dieser Studie hatte ich einen Prozeß beschrieben, den Lukács selbst viel später, erst im russischen Exil in den Dreißiger und Vierziger Jahren, als Vorgang einer »Zerstörung der Vernunft« definierte. Meine These wagte es, noch vorsichtig, denn es ging um einen Doktortitel, trotzdem deutlich nachzuweisen, daß sowohl die politischen Gemeinschaftsideologien Rudolf Smends, wie auch die dazu schroff kontrastierenden Freund/Feind-Antithesen Carl Schmitts dem totalen Ideologieverdacht zuzurechnen seien. Ich hatte meinen Karl Mannheim gut gelesen und betrieb mit ihm die »ideologische und soziologische Interpretation der geistigen Gebilde«.

Daraus ergab sich die Folgerung: daß Rudolf Smend (zusammen mit Theodor Litt) eine Gemeinschaft innerhalb der Gesellschaft und gar innerhalb der damaligen Verfassungswirklichkeit nur deshalb so inbrünstig behauptete, weil die Verfassungs*wirklichkeit* an jedem Tag ihr Gegenteil demonstrierte. Die schroffe Antithetik aber bei Carl Schmitt verstand ich, durchaus mit Recht und nicht ohne prophetische Hellsicht, als neue Ideologie der gesellschaftlichen und erbarmungslosen Konfrontation zwischen klassenmäßig verschiedenen »Feinden«.

So würde ich es auch heute noch sehen. Die Doktorarbeit wurde im Sommersemester 1930 von der Fakultät angenommen, ich bestand die mündliche Prüfung, hatte dann aber während des übrigen Jahres 1930 so viel zu tun mit meinem Doppelleben als Gerichtsreferendar und als Roter Kämpfer, daß ich erst im Frühjahr 1931 dazu kam, die Arbeit für den Druck vorzubereiten. Erst nach Aushändigung der gedruckten Exemplare erhielt man das Diplom, durfte dann erst den Titel führen. Fünfzig Jahre später, am 1. September 1981, wurde mir das Diplom erneuert von der Kölner Fakultät.

Inzwischen war *Hans Kelsen* eingetroffen, um den für ihn eigens neu begründeten Lehrstuhl für Völkerrecht und Rechtsphilosophie zu übernehmen. Antisemitische Exzesse in Wien hatten ihm das dortige Lehramt verleidet. Man hatte ihn unter ehrenvollen und günstigen Bedingungen nach Köln geholt. Dort begann er sein Amt im Frühjahrssemester 1931. Die Sozialistischen Studenten waren vollzählig im Hörsaal, als er das erste Kolleg begann. Daß Kelsen in Wien in enger Verbindung gestanden hatte zur österreichischen Sozialdemokratie, war allgemein bekannt. Für sie hatte er die österreichische Verfassung entworfen. Auch der entschiedene Kantianismus von Kelsen entsprach den besonderen Überlieferungen des Austro-Marxismus. Kant und Marx: mit Hilfe dieser – unmöglichen – geistigen Synthese hatte der Wiener Sozialist Max Adler, der großen Einfluß besaß bei den deutschen und österreichischen Jungsozialisten, eine Formel geliefert, um die bürgerliche Aufklärung zum Bestandteil der sozialistischen Gesellschaft zu machen.

Die Roten Kämpfer, als Leser und Schüler von Lukács, hielten das für eine geistesgeschichtliche Manscherei. Auch Hans

Kelsen war diese intellektuelle Unreinlichkeit tief zuwider. Nachdem er soeben in der Schrift ›Staat als Integration‹ das terminologische Spiel Smends mit Gemeinschaft und Integration bekämpft hatte, machte er sich unverzüglich an eine kantianische Auseinandersetzung mit dem Historischen Materialismus, die im Grunde gegen Max Adler und die Wiener Austro-Marxisten gerichtet war.

Bei seiner ersten Vorlesung sahen wir einen eher kleinen, zierlichen und gut gebauten Mann, ungewöhnlich elegant wirkend im dunkelblauen Anzug, auf dem Katheder, der keinen Versuch unternahm, anders als durch die Mittel klaren Denkens auf sein Auditorium einzuwirken. Er las ab, erlaubte sich keine Improvisation, skandierte und akzentuierte den Kollegtext ganz nach der reinen Sinnbedeutung, schien fremd unter uns, kaum ansprechbar. Das änderte sich unmittelbar, wenn man mit ihm zusammentraf. Da war er herzlich, offen, teilnehmend, neugierig auf Menschen, stets auf der Suche nach neuen Anhängern und künftigen Aposteln für sein Denksystem der Reinen Rechtslehre.

Er war den Damen sehr zugetan, um es mit altertümlicher Wendung zu sagen, die Kelsen, dem in Prag geborenen Österreicher, vermutlich gefallen hätte. Ein Freund sagte einmal, als ich danebenstand: »Wenn man Ihren Geist und Scharfsinn vor Ihnen lobt, so werden Sie das gelassen hinnehmen. Wenn aber eine Dame erklärt: Sie seien doch ein gut aussehender Mann, so werden Sie sich innig freuen!« Kelsen lachte und stimmte zu.

Als er zu uns kam, im Frühjahr 1931, hatte er den 50. Geburtstag gefeiert. Bei der offiziellen Antrittsvorlesung erschien er, feierlich geleitet, im Frack und Talar, um über »Wesen und Wert der Demokratie« zu sprechen. Demokratie sei nur möglich als Diskurs, weil keine absolute Wahrheit vorausgesetzt werden dürfe. Das letzte Wort hatte der Landpfleger Pontius Pilatus, dessen »Pilatusfrage« (»Was ist Wahrheit?«) streng demokratisch genannt wurde. Freilich habe sie Pilatus an den einzigen Partner gerichtet, vor dem sie gegenstandslos bleiben mußte.

Schmitt brillierte als Formulierer, Kelsen war ein Denker. Mit ihm mußte man sich ganz einlassen, oder auch gar nicht. Was sich die meisten seiner juristischen Fachkollegen gesagt sein ließen: insoweit, als sie einer ernsthaften Auseinandersetzung mit Kelsens Reiner Rechtslehre aus dem Wege gingen. Statt aller Auseinandersetzung hielt man sich an Floskeln der höflichen Ablehnung, die weitergereicht wurden an die Studenten, denen man alle Beschäftigung mit dem Denken des schrulligen, zwar scharfsinnigen, doch offenbar weltfremden Österreichers widerriet.

Kelsen war das Gegenteil eines Träumers. Kein weltfremder Denkspieler hatte die österreichische Bundesverfassung entworfen. Dieser Kantianer aber verabscheute alle Vermanschung gegensätzlicher Standpunkte zugunsten einer für den Augenblick vielleicht nützlichen, doch brüchigen Harmonie. Scharf unterschied die Reine Rechtslehre zwischen den Sphären des Seins und des Sollens. Was für Kelsen gleichbedeutend war mit der Trennung des positiven Rechts von aller »Gerechtigkeit«. Damit vollzog der Demokrat und Sozialist eine schmerzhafte Aufspaltung der eigenen Person. Das auch für ihn selbst wünschenswerte System eines Staates und einer Rechtsordnung war unwesentlich, bloßes Wunschdenken, solange es nicht positiv normiert und als geltendes Recht etabliert worden war. Umgekehrt ließ sich auch das schreiend ungerechte Ordnungssystem nicht ignorieren, wenn es – leider! – in Geltung war.

Der oberflächliche Einwand drängte sich auf: Kelsen legalisiere den Unrechtsstaat, und er mache sich nichts aus der Gerechtigkeit. Auch hier war das Gegenteil richtig. Er litt unter den Folgerungen seines denkerischen Rigorismus. Herzlich gern hätte er sich, wie so viele Rechtsphilosophen, die geachtet wurden, auf irgendein Naturrecht berufen. Allein alles Naturrecht, das in geschichtlichen Wandlungen stets anders postuliert wurde, so daß man die Verlegenheitsformel von einem »Naturrecht mit wechselndem Inhalt« erfunden hatte, schien vor den harten Befragungen durch den Positivisten Kelsen als ideologischer Dunst zu zergehen. Dies machte ihn leiden, den redlichen Mann.

Als er die judenfeindlichen Intrigen im heimatlichen Wien satt haben wollte und die Berufung nach Köln annahm, war er insgeheim aufgebrochen zu einer umfangreichen Abrechnung mit den geistigen Wurzeln eines jeden sogenannten Naturrechts. Da gab es viel Arbeit, allein Kelsen war fleißig. Die Hauptschuldigen glaubte er entdeckt zu haben: das waren

Platon und die Platoniker. So legte sich der Ideologienfeind Kelsen an mit der platonischen Ideenlehre. Zuerst enthüllte er den Aristokratismus der platonischen Staatslehre, dann machte sich der Schüler Sigmund Freuds an eine ebenso erhellende wie gelehrte Auseinandersetzung mit dem platonischen Eros. Die Meisterstudie über ›Die platonische Liebe‹ konnte noch 1933 in Freuds Zeitschrift ›Imago‹ erscheinen. Inzwischen war Kelsen in Köln längst beim mythisch-magischen Denken der sogenannten Primitiven angelangt. Sein Dualismus von Sein und Sollen wurde nunmehr formuliert in dem Gegensatz: die Seele und das Recht.
Dies alles durfte ich unmittelbar in den beiden Abschiedsjahren 1931 und 1932 als Teilnehmer unablässiger Denkprozesse und Selbstbefragungen miterleben. Kelsen schien mich zu mögen; er hatte auch Freude an unserem Kreis der Roten Kämpfer. Wöchentlich einmal lud er uns in sein Arbeitszimmer, wo wir referierten oder vom Meister mit seinen neuen Arbeiten vertraut gemacht wurden. Es gab Tee und viele, gut belegte Brote. Kelsen freute sich, wenn die oft hungrigen Arbeiterstudenten nach der Schüssel griffen. Ich habe kaum jemals eine so reine, uneitle, scharfsinnige Denkarbeit zwischen einem großen Gelehrten und seinen Schülern erlebt.
Dieser Professor kannte seinen Rang: er brauchte nicht aufzutrumpfen. Außerdem war er skeptisch geblieben sogar gegenüber den eigenen Resultaten. Mir vertraute er einmal, unsicher lächelnd, den Herzenswunsch an: unter angenommenem Namen ein Buch zu schreiben gegen Kelsen und seine Reine Rechtslehre. Er sei doch der einzige, der sie kenne, die schwachen Stellen.
Für mich war diese Begegnung ein Glücksfall, dessen Folgen immer noch nachwirken. Der erste bedeutende Mensch, mit dem ich Umgang haben durfte, und der mich annahm. Er regte an, die Gedanken meiner Doktorarbeit weiterzuführen und vielleicht, nach Abschluß des Großen Juristischen Staatsexamens, eine Habilitationsschrift über den neuen und modisch gewordenen Irrationalismus in der deutschen Staatstheorie zu wagen, also vor allem über Carl Schmitt.
Dazu ist es nicht mehr gekommen. Als Schmitt, ein Mann der Stunde, den gefürchteten Gegenspieler aus Köln verjagte, war es auch für mich an der Zeit, zuerst die Stadt Köln zu verlassen,

dann das Deutsche Reich. Kelsen holte mich nach Genf. Als der Weltkrieg etappenmäßig vorbereitet wurde, was jedermann sah und keiner zuzugeben schien, nahm Kelsen die Berufung an die Universität von Kalifornien in Berkeley an. Dort ist er hochbetagt gestorben. Erlebt hat er noch, daß der preußische Staatsrat Carl Schmitt in Nürnberg befragt werden mußte. Jetzt schien sich Schmitt, der nach den Morden des 30. Juni 1934, mit den Opfern von Röhm bis Schleicher, deklariert hatte, die Tötungen seien »rechtens« aus dem originären Recht des Führers, von neuem der politischen Theologie zuzuwenden, wobei der Akzent auf die Theologie gelegt wurde. Ein Mann der Stunde.

Wem Gott will rechte Gunst erweisen

Alles ging dann sehr rasch. Im März dieses Jahres 1932 hatte ich 25 Lebensjahre absolviert. Mein Status war immer noch der eines preußischen Gerichtsreferendars; ich durfte den Titel eines Doktors der Rechte führen. Gegen Jahresende würde ich die Meldung zur Großen Juristischen Staatsprüfung einzureichen haben. Das Examen mußte im Justizministerium des Staates Preußen in der Berliner Wilhelmstraße abgelegt werden. Klausuren schrieb man in einem Saal des Berliner Kammergerichts. Das letzte Jahr hatte der Referendar als Gehilfe eines Rechtsanwalts, anschließend als Hilfskraft bei einem Senat des Oberlandesgerichts zu agieren. Da sich besagtes Oberlandesgericht in Köln befand, entfiel für mich wieder einmal die Möglichkeit, wenigstens ein paar Monate fern vom Elternhaus zuzubringen.

Meine zweite Existenz als Roter Kämpfer war zu Ende. Am 4. Oktober 1931 hatten die Reichstagsabgeordneten Max Seydewitz und Kurt Rosenfeld, damals Sprecher der oppositionellen Sozialdemokraten, insbesondere der Sozialistischen Arbeiterjugend, auf einer nach Berlin einberufenen Reichskonferenz der SPD-Opposition zur Gründung einer »Sozialistischen Arbeiterpartei Deutschlands« (SAPD) aufgerufen. Die meisten Gruppen des ›Roten Kämpfers‹, mit Ausnahme übrigens der starken und einflußreichen Dresdner Arbeitsgruppe, traten der neuen Partei bei; nur wenige Freunde gingen zu den Kommunisten.

Auch unser Kreis in Köln, im Bezirk Mittelrhein der SPD, beschloß den Übertritt zur SAP: das war eine unvermeidliche Folgerung aus unserer Kritik, die wir »als Sozialdemokraten und für Sozialdemokraten« vorgetragen hatten. Unsere im ›Roten Kämpfer‹ immer von neuem formulierte Kritik an der stalinistischen Strategie und Taktik des linken Sektierertums brachte kaum einen auf den Gedanken, es nun mit dem Zentralkomitee Ernst Thälmanns zu versuchen.

Wir in Köln hielten nicht viel vom lavierenden Opportunismus des Sachsen Max Seydewitz, der stets ein Getriebener war, kein Stratege des Klassenkampfes. Wohl oder übel mußte man ihn als Parteiführer akzeptieren. Der Rechtsanwalt Kurt Rosenfeld, als Berliner im Reichstag, blieb mir in guter Erinnerung. Er unterschied sich im Typ nicht sehr von den anderen jüdischen Intellektuellen, die in der Revolution von 1918 und im Nachkrieg in der deutschen Arbeiterbewegung hervorgetreten waren: vor allem in ihren linken und radikalen Verzweigungen. Als Paul Levi oder Kurt Eisner, als Toller und Landauer, als »rechter« Abweichler August Thalheimer und als »linke« Abweichlerin Ruth Fischer.

Rosenfeld wünschte sich eine sozialistische Arbeiterpartei, die zwar programmatisch das bürgerliche Sozialsystem überwinden, im Augenblick aber, und mit Recht, vor allem mithelfen sollte, eine Machtergreifung der Nazis zu verhindern. Er kam zu uns nach Köln, wohnte in unserm Haus, gefiel meiner Mutter (ein Rechtsanwalt, ein MdR, ein Jude!), aber auch mir. Ein Jahr darauf ging er nach Schweden ins Exil und trat dort zur KPD über, ganz wie Max Seydewitz, den ich später, bei meiner Berufung nach Leipzig im Jahre 1948, als obersten Dienstherrn, nämlich als Ministerpräsidenten des Landes Sachsen, und als hohen Funktionär der SED wiederfinden sollte. Wir hatten einander nicht vergessen, man ging behutsam um miteinander. Dann wurde das Land Sachsen dem Zentralismus der DDR geopfert. Seydewitz als einstiger Gründer der SAP erhielt einen schönen Altersberuf: man machte ihn zum Generaldirektor der Kunstsammlungen zu Dresden. Da kam es zwischen uns noch einmal zu herzlichen, nicht genierten Gesprächen.

In der SAP hingegen, und im Jahre 1932, gerieten wir arg aneinander. Programmatisch hatte Seydewitz für seine neue Partei, nach den Erfahrungen mit Diktaten des Parteivorstands in der SPD, vom Stalinismus zu schweigen, ein Höchstmaß an innerparteilicher Demokratie versprochen. Auch dies Versprechen mußte bald gebrochen werden. Das neue Gebilde mit Namen Sozialistische Arbeiterpartei Deutschlands erwies sich, in einem wenig dialektischen Sinne, als Einheit der Widersprüche: zusammengehalten bloß durch die gemeinsamen Gegensätze zu den Bürokratien der Sozialdemokraten und der Kommunisten. Im übrigen aber?

Begriffe wie rechts und links waren längst hinfällig geworden angesichts all dieser Negationen. Dennoch arbeiteten wir, nach dem Vorbild übrigens der Moskauer Strategen, die ein scharfsinniges System der Sektenkunde entworfen hatten, worin es Rechte gab und Linke und Ultralinke und Zentristen und Versöhnler, gleichfalls mit solchen Unterscheidungen. Daher gab es auf der »Rechten« dieser SAP eine Gruppe der Pazifisten, die sich von der SPD trennten, weil die einstige Partei Bebels und Wilhelm Liebknechts beim Tolerieren der Kredite für deutsche Panzerkreuzer angelangt war. Zu dieser Fraktion gehörte der Abgeordnete Theo Liebknecht, ein Sohn von Wilhelm und ein jüngerer Bruder von Karl.

Die Gruppe um Seydewitz und Rosenfeld war ihrer Mehrheit sicher auf diesem Berliner Kongreß: ihr Parteiprogramm hatte sie sich von Fritz Sternberg und Klaus Zweiling anfertigen lassen. Es wurde mit Mehrheit beschlossen. Darin blieb man weitgehend sozialdemokratisch im Bekenntnis zur Machtergreifung der Arbeiterklasse mit »friedlichen Mitteln«, was auf Wahlsiege hinzielte. Es gab auch nicht die rituelle kommunistische Formel von der Diktatur des Proletariats. Ein Programm des goldenen Mittelwegs. Die kommunistische ›Rote Fahne‹ stellte prompt die Diagnose, es sei der bare »Zentrismus«. Bedeutung hatte dies alles nicht: man lebte im Frühling 1932.

Auch Klaus Zweiling war damals mein Gast in Köln. Sehr klug, redlich erbittert über die Schlaffheit der sozialdemokratischen Politik, ein vorzüglicher Redner, dem die Arbeiter gern zuhörten. Den Weg durch die Gefängnisse hatte er noch vor sich. Auch ihn traf ich wieder nach dem zweiten Weltkrieg. Da hatte ihn das Zentralkomitee der SED zu uns nach Leipzig geschickt, in die Philosophische Fakultät. Er sollte die offizielle Lehre des sowjetisch approbierten Dialektischen Materialismus verkünden. Als Gegengewicht zum Direktor des Philosophischen Instituts und zu dessen offensichtlich verwirrender Doktrin. Klaus Zweiling contra Ernst Bloch.

Ich war als Delegationsführer nach Berlin entstandt worden. Man hatte auf der Kölner Delegiertenkonferenz einen Antrag beschlossen, der die SAP aufforderte, den beiden großen Arbeiterparteien eine Allianz gegen den Faschismus vorzuschlagen. Unser Antrag wurde auf dem Parteitag durch das Präsidium weggewischt. Ich hatte mich früh schon als Redner gemeldet, bekam aber das Wort nicht. Seydewitz kannte mich als guten Rhetoriker. Immer wenn ich daher an die Reihe kommen sollte, mußte etwas Dringliches vorher abgehandelt werden. Schließlich war es zu spät, denn es wurde Schluß der Debatte beschlossen.

Mir war es recht, obwohl ich in ritueller Weise öffentlich protestierte und den Protest zu Protokoll gab. Bedeutung hatte auch dies nicht, denn seit Gründung der SAP, die ich in Köln mitgeschaffen hatte, war mein Ich abermals gespalten. Einmal der Dualismus des Gerichtsreferendars und des Ideologen der Revolution; zum anderen die Mitgliedschaft bei einer Organisation, an die man nicht glaubt, und die man dialektisch »aufheben« möchte. Was heißen soll, daß ich von irgendwelcher Opposition einstiger Sozialdemokraten, die es geblieben waren, nichts mehr hielt. Ebensowenig von den Offiziellen des J. W. Stalin. Ich versuchte zum Kommunismus Lenins zurückzugehen. Dafür gab es noch Zeugen: der wurde nach wie vor, und sehr eindrucksvoll, verkündet durch die ausgeschlossenen Kommunisten um N. I. Bucharin in der Sowjetunion und durch ihre Freunde Heinrich Brandler und August Thalheimer in Berlin. Sie hatten sich als KPD(O) firmiert und wollten durch diese Art der Schreibweise andeuten, daß sie nach wie vor als Teil des deutschen Kommunismus zu verstehen seien. Deutscher Kommunismus: das war die Summe aus KPD und KPD(O). So las man es in den theoretischen Aufsätzen der Zeitschrift ›Gegen den Strom‹ ebenso wie in der Zeitung ›Arbeiterpolitik‹.

Mir sagte das zu: mein gelernter Marxismus war hungrig geblieben unter den Sozialdemokraten, auch unter ihren Linken. Es war nicht rückgängig zu machen, daß ich im Winter 1927/28 die Schüler Thalheimers als strenge und unfreundliche Lehrmeister gehabt hatte. Erich Sander, den ich damals kennenlernte, machte mich mit Brandler und Thalheimer bekannt. Während jenes Osterparteitags der SAP wohnte ich bei Heinz Brandler, dessen Sarkasmus ich teilte, wenn ich von den Debatten zwischen Rechten und Linken und Kompromißlern berichtete.

Es war eine schiefe Lage: ich spürte das nicht. Eigentlich täuschte ich meine Auftraggeber in Köln. Das kümmerte mich wenig, denn ich wollte ihnen, wie ich wähnte, auf meine Art zum besseren politischen Bewußtsein verhelfen: indem ich mithalf, die SAP hinüberzuführen zum oppositionellen Kommunismus.

Das mißlang gründlich. Unter grotesken Umständen, die abermals die Hilflosigkeit dieser ernst gemeinten und richtig denkenden linken Arbeiterpolitik erkennen machten. Ich hatte die sozialdemokratische in eine kommunistische Opposition umwandeln wollen. Kurz vor dem Berliner Parteitag jedoch war es zu einer politischen Wanderbewegung in der umgekehrten Richtung gekommen. Gespalten hatte sich diesmal die kommunistische Opposition. Angesehene Freunde Brandlers, wie der erste Biograph Rosa Luxemburgs, Paul Frölich, oder der Gewerkschaftsführer Jakob Walcher, waren es leid geworden, den Stalin und Ulbricht die reine Lehre zu verkünden und auf Rehabilitierung zu warten. Man wollte selbst wieder deutsche Arbeiterpolitik machen. Vielleicht mit Hilfe jener »zentristischen« neuen Partei der Seydewitz und Rosenfeld. Jedenfalls trennte sich die Gruppe ihrer Anhänger, eine »Minderheit«, wie Brandler konstatieren ließ, von der KPD(O), um der SAP beizutreten. Walcher und Frölich, die ich natürlich kennengelernt hatte, erschienen auf der Berliner Konferenz und stimmten für das Programm von Sternberg und Zweiling.

Man kann dies alles als Sektenkunde belächeln. Peter von Haselberg erfand damals die wissenschaftliche Disziplin der »Tomologie«. Befragt, was das sein solle, kam die Antwort: »Die Entomologie beschäftigt sich mit der Insektenkunde. Folglich bedeutet Tomologie die Wissenschaft von der Sektenkunde.« Trotzdem drückten all diese Parteichen und Grüppchen, zu denen sich auch noch die Trotzkisten gesellten, zweierlei aus: einen verzweifelten Versuch, den Unglauben der sozialdemokratischen Funktionäre an die politische Einsicht der deutschen Arbeiterschaft und gleichzeitig den bloß verbalen Radikalismus des kommunistischen Zentralkomitees durch eine Bündnis- und Sammlungspolitik angesichts der Nazigefahr zu überwinden. Zum anderen die Hoffnung, in Moskau werde noch, wie zu Lenins und Trotzkis Zeiten, eine Politik des »proletarischen Internationalismus« entworfen, die zwar fehlerhaft sei, jedoch mit vernünftigen Argumenten und »Druck von unten« berichtigt werden könnte. Sogar Trotzki selbst, der die Formel von der durch Stalin »verratenen

Revolution« prägte, schien überzeugt zu sein von der Chance, den Stalinismus von unten und von innen her zu überwinden: um zurückzufinden zur reinen Strategie und Taktik des »ersten Turnus der Kriege und Revolutionen«.
Ich las Trotzkis Bücher voller Bewunderung. Welch ein Schriftsteller! Von der »Permanenten Revolution« hielt ich wenig: ganz wie Thalheimer und Brandler, die mit Stalin gearbeitet hatten und nach wie vor glaubten, daß bei ihm die »Arbeiterpolitik«, wenn man sein eigensinniges Mißtrauen überwinden könne, in guten Händen sei. Sie haben nicht geahnt, die Freunde Bucharins und der Rosa Luxemburg, die Partner Lenins, wessen er fähig sein würde, der »wunderbare Georgier«. Auch ich hätte es mir nicht ausmalen können, als Roter Kämpfer, wenn ich in Arbeiterversammlungen die Einheitsfront der Kommunisten und der Sozialdemokraten gegen die braunen Bataillone forderte, daß es am Ende dieser Dreißiger Jahre einen Stalin-Hitler-Pakt geben werde, Folterungen und Genickschüsse in den Kellern der GPU, Mordbefehle zur Beseitigung des Schöpfers der Roten Armee. Doch hat mich später keine Nachricht aus Moskau wirklich überrascht und verstört. Bei der Trauerfeier zu Ehren des toten Stalin in der Leipziger Universität war meinem Gesichtsausdruck, den viele beobachteten, nichts abzulesen. Trauer war es nicht, das darf ich sagen.
Die übriggebliebenen Roten Kämpfer überließ ich Reichenbach und seinen Freunden, die übrigens gleich mir in Konflikt gerieten mit Seydewitz und der neuen Partei. Im August 1932 schloß man Bernhard Reichenbach aus der SAP. Ich selbst war schon ein paar Wochen vorher gefeuert worden. Abermals ein Widerruf: wie damals bei der SPD. Dafür sorgten die Überläufer aus Brandlers Lager. Sie konnten einen geheimen Brandlerianer nicht gebrauchen in der Sozialistischen Arbeiterpartei. Mir war es recht. Endlich klare Verhältnisse. Seydewitz und Zweiling bedeuteten mir nichts, aber der gedrungene einstige Fliesenleger Heinz Brandler, der aus dem Böhmischen kam und damals 51 Jahre alt war, ein wahrhaft gebildeter Arbeiter ohne alle Kleinbürgerlichkeit, geprägt durch Mehring und Rosa und Lenin: der hatte mein Vertrauen. Brandler ist sehr alt geworden; er starb 1967 in Hamburg, mit 86 Jahren. Ihn hatten die alliierten Behörden 1949 zurückkeh-

ren lassen aus Kuba, wo er zusammen mit dem Freunde August Thalheimer nach dem französischen Zusammenbruch ein Asyl fand.
Thalheimer durfte nicht zurück nach Deutschland: man verweigerte ihm die Heimkehr. So starb er auf Kuba am 19. September 1948, mit 64 Jahren. Dieser jüdische Schwabe oder schwäbische Jude, Dr. phil., Historiker und Philosoph und Literarhistoriker und leninistischer Berufsrevolutionär, hat mir ein unvergeßbares Bild von dem vermittelt, was im Ersten Weltkrieg der »Spartakus« gewesen sein muß. Thalheimer hatte eng mit Liebknecht, von dem er kühl zu berichten pflegte, mit Rosa Luxemburg und mit Franz Mehring gearbeitet. Er gab, nachdem er 1928 aus Moskau wieder nach Berlin zurückkehren durfte, um dort sogleich auf Stalins Geheiß aus der KPD ausgeschlossen zu werden, den philosophischen, literarischen und politischen Nachlaß von Mehring heraus, jeweils mit klaren und klugen Einleitungen. Ein scharfsinniger politischer Denker, durchaus kein Mann irgendeiner Praxis. Ich habe ihn später in der Pariser Emigration erlebt: er las und verstand das Französische sehr gut, war aber kaum fähig, die kleinen Alltagsbesorgungen zu erledigen.
Man hatte auf bürgerliche Umgangsformen gehalten im Spartakus-Bund. Liebknecht und Rosa Luxemburg und Franz Mehring sagten »Sie« zueinander. Das hat mir Thalheimer bestätigt. Es meinte nicht Fremdheit oder Vorbehalt, sondern wollte, ohne daß viel Überlegung dabei angestellt wurde, den Anderen im Partner respektieren. Brandler und Thalheimer hatten vielerlei miteinander durchmachen müssen: Illegalität und Revolution; die Verantwortung für Aufstände und für deren Scheitern; das Exil und die GPU im Moskauer Hotel Lux; die Verketzerung und die politische Ohnmacht derer, die bloß warnen können, ohne daß man sie anhört; das Exil in einem zersetzten und leichtfertigen Vorkriegsfrankreich; Internierung dort und Rettung bei den Kubanern. Sie waren Freunde und nannten sich Heinz und August und Sie. Die Geschichte dieser beiden, die ins deutsche Lesebuch gehört, wie ich meine, muß noch geschrieben werden.
Nach Abschluß meiner Laufbahn als Roter Kämpfer mußte ich an das bevorstehende Schlußexamen denken. Auch die Nach-Studentenzeit ging damit zu Ende. Ich meldete mich im

Herbst 1932 zur Prüfung, das Schreiben ging nach Berlin, und ich erhielt von dort die erste Aufgabe: als Bearbeitung eines im Kurzreferat dargestellten Rechtsfalles, den ich theoretisch analysieren sollte. Eine Dreiwochenarbeit. Die zweite Dreiwochenarbeit brachte dann, so war die amtliche Regelung, ein richtiges Aktenstück ins Haus, das man durch Urteilsspruch zu erledigen hatte. Der übersandte theoretische Fall machte mir Freude. Das Neue Jahr 1933 fand mich guten Mutes bei der Arbeit. Ich schickte mein Gutachten rechtzeitig nach Berlin und bekam bald darauf die Aufgabe der zweiten Dreiwochenarbeit. Ein wirrer Prozeß, wovon er gehandelt hat, weiß ich nicht mehr. Da wechselten die Anwälte törichte Schriftsätze, der Richter ordnete Beweisaufnahmen an, auf die es überhaupt nicht ankam, so hatte sich das in zwei Instanzen hingezogen, wie man auf dem Aktendeckel feststellen konnte. Die Berliner Prüfungskommission jedoch hatte sowohl das Urteil der ersten Instanz wie das gesamte Berufungsverfahren aus den Akten entfernt. Man wünschte von mir, daß ich jetzt, in der ersten Instanz, ein schlüssiges Urteil finden möge.

Damit war ich Ende Februar und Anfang März beschäftigt. Seit dem 30. Januar gab es einen Reichskanzler aus Braunau am Inn und einen Vizekanzler Franz von Papen, einen Reichsminister des Innern mit Namen Wilhelm Frick, und der kleine Geheimrat Alfred Hugenberg von den Deutschnationalen war auch dabei, der einstige Kruppdirektor.

Drei Vorgänge jener Endzeit haben sich mir so eingeprägt, daß ich sie, wie ich meine, jederzeit wieder für mich beschwören kann. Zuerst die Nachricht aus dem Radio am Wahltag des 14. September 1930. Ich begriff, als die Resultate verkündet wurden und man wie betäubt dasaß und nicht reden mochte, weil bereits ein Reden »darüber« im Kontrast stand zu dem, was sich ankündigte, daß hier ein Rückweg abgeschnitten war. Der ›Rote Kämpfer‹ bedeutete für mich auch eine Folgerung aus jenem Dasitzen vor dem Rundfunkempfänger.

Auch die zweite dauerhafte Emotion wurde beim Zuhören erzeugt. Das war am 30. Januar 1933, an jenem Abend also, da eine vorzügliche Spielleitung allenthalben im Deutschen Reich das Spektakel eines sehr weltlichen Tedeums ablaufen ließ. Fackelzüge in jedem Dorf und Marktflecken: die Braunen gemeinsam mit den Nationalisten vom Stahlhelm, denn diese neue Reichsregierung schien ihnen gemeinsam zu gehören. Der Feldmarschall und sein böhmischer Gefreiter. Nun danket alle – wem? Der neue Kanzler liebte schon damals die Vokabel »Vorsehung«. Er meinte sich selbst damit.

Wir sahen sie nicht, die Fackelzüge. Durch unseren damals noch »gutbürgerlichen« Vorort zogen sie nicht. Allein wir hörten sie am Radio. Zum ersten Mal konnte der Dr. Goebbels in Berlin seine gutgeschulten Jubler einsetzen. Die erkannte man sogleich am Tonfall, es waren die Sieger des Tages, daran war nichts, was verstören mochte. Allein die wohlbekannten Ansager und Reporter der Weimarer Ära schienen es denen nachtun zu wollen. Woher denn nahmen sie die glückliche Zuversicht? Vielen von ihnen ging es tags darauf an den Kragen. Waren wir krank, oder diese da?

Am nächsten Morgen fuhr ich ins Juristische Seminar, um etwas nachzusehen, was zur Staatsprüfung gehörte. Ich traf einen Klassenkameraden vom Schiller-Gymnasium: ein guter Katholik und Zentrumsmann, seit den Schultagen. Ich machte die Bemerkung: von nun an würden wir beide es schwer haben. »Wieso? Ich bin seit einem Jahr in der SA!«

Das dritte Ereignis nahm ich mit allen Sinnen wahr: man sah, hörte, roch es, konnte es fast betasten, ein bitterer Geschmack lag auf der Zunge. Abermals Fackelzüge. Der Reichstag hatte gebrannt, die langen Messer waren gezogen, man hatte ein letztes Mal die Abgeordneten zum Reichstag wählen dürfen. Ich reiste vorsorglich, mit Hilfe eines Wahlscheins, nach Düsseldorf, wo meine vermutlich ausgesonderten Personalakten nicht vorliegen mochten. So war es auch. Ich wählte die Kommunisten. Die würden ihr Mandat nicht mehr wahrnehmen können, aber darauf kam es nicht an. Sie waren die Nichtsieger.

Man feierte wieder einmal: den Wahlsieg, der keiner war, denn die neue Reichsregierung kam nur durch gewaltsame Ausschaltung der kommunistischen Abgeordneten zu ihrer Mehrheit, und damit zu ihren diktatorischen Vollmachten. Dr. Goebbels, inzwischen berufen als »Reichsminister für Volksaufklärung und Propaganda«, als wären das nicht Gegenbegriffe, inszenierte in der Märzsonne ein Freilichttheater als »Tag von Potsdam«. In der Garnisonkirche reichten sie einander die Hände, der Mann aus Oberösterreich, den man jüngst erst, unter ziemlich grotesken Umständen, mit einem deutschen Paß hatte ausstatten können, und der Reichspräsident, der froh zu sein schien, den zivilen Gehrock wieder zu vertauschen mit der Marschallsmontur. Das berühmte Glokkenspiel intonierte: »Üb' immer Treu und Redlichkeit . . .«. Die Radiosprecher konnten sich vor Rührung darüber kaum fassen. So werde es zugehen, von nun an. Ein Gesetz zur »Wiederherstellung des Berufsbeamtentums«, das alle Juden und Marxisten vertrieb, weil sie niemals hätten Beamte werden dürfen. Die Begriffe waren ziemlich weit gefaßt.

Den Morgen von Potsdam hörte ich noch am Radio. Dann mußte ich zur Reinschrift der zweiten Dreiwochenarbeit zurückkehren, die infolge all dieser Sorgen nicht rechtzeitig fertig geworden war. Vor Mitternacht aber dieses Tages von Potsdam hatte ich das Einschreibepaket mit der Anschrift des Preußischen Justizministeriums in Berlin bei der Post einzureichen. Es kam nur, wegen der Feiern, die Poststelle am Hauptbahnhof in Betracht. Am Abend machte ich mich mit dem Auto auf den Weg zum Bahnhof. Kurz vor Mitternacht langte ich an. Die Fackelzüge. Endlich bekam ich die begehrte Quittung mit dem »historischen« Datum. Was empfand ich? Am wenigsten Angst, aber Verachtung, grenzenloses Befremden, Einsamkeit, auch Gelächter stieg auf. Dieser Rummel, und um wen . . .

Alles ging dann sehr rasch, wie gesagt. Als Gerichtsreferendar und Beisitzer beim Kölner Amtsgericht hatte ich zwei Jahre vorher amtiert in einem Strafprozeß wegen Verleumdung gegen den Kölner Gauleiter und Herausgeber des ›Westdeutschen Beobachters‹, Dr. Robert Ley. Mein Amtsrichter erkannte auf Freiheitsstrafe, da wegen der vielen einschlägigen Vorstrafen durch Geld der »Strafzweck« nicht erreicht werden könne. Ley mußte ins Gefängnis. Als er freikam, redete er in einer Kundgebung über das Motto: »Aus dem Kerker zum Sieg!« Mir hatte man nichts vergessen im Braunen Haus. An einem Sommerabend war ich überfallen und zusammengeschlagen worden. Täglich konnten sie nun kommen, die Rächer Robert Leys. Als daher die zweite Hausarbeit abgeschickt war, wurde beschlossen, daß ich unverzüglich nach Berlin reisen solle, wo ohnehin die Klausuren zu schreiben waren. Das war mein Glück. Im April erschienen die Braunen,

um mich abzuholen. Da ich in Berlin nicht bei Verwandten wohnte, sondern mir ein Zimmer gemietet hatte, wußten die Eltern wirklich nicht, wo ich zu erreichen sei. Die offizielle preußische Polizei machte damals noch nicht mit bei den Verfolgungen, wenn sie es vermeiden konnte. Man plünderte meine Bibliothek, ließ die Bände von Marx, Engels und auch die rote Lenin-Ausgabe unbeachtet, entrüstete sich aber weidlich über das »Jüdische Antlitz« von Hermann Struck und Arnold Zweig. Die stärkste Wut erregte, wie der Vater später mitteilte, das Buch ›Juden auf der deutschen Bühne‹, mit einem Bild Fritz Kortners auf dem Deckblatt.
Mein Jugendfreund Hans Philipp, der sich gleichfalls für die Staatsprüfung vorbereitete, auch er ein Freund der Brandlerianer, hielt die Verbindung zu meiner Familie. In Berlin wurde ich abgeschrieben von der Verwandtschaft. So viel ängstliche Vorsicht, und hat ihnen dennoch nicht zum Überleben verholfen.
Ich schrieb meine Klausuren, als sei da nichts. Da ich andere Sorgen hatte, kam Prüfungsangst nicht auf. Auch nicht bei der mündlichen Prüfung in der Wilhelmstraße, nachdem Dr. Philipp vorgeschickt worden war und die Nachricht brachte: da warte keine Polizei oder SA auf mich. Die anderen Prüflinge benahmen sich korrekt, erst recht die Prüfer. Einer saß dabei und hospitierte offensichtlich. Er schaute auf mich in grenzenloser Verachtung. Später erkannte ich ihn wieder auf den Bildern: den damaligen Staatssekretär Roland Freisler. Es muß ihm Freude gemacht haben, nachdem mein Prüfungserfolg – abermals ein »Voll befriedigend« – nicht zu verhindern war, mir gleich darauf die Entlassungsurkunde nach Köln zu schikken, von wo ich sie auf Umwegen erhielt, um sie auch heute noch zu besitzen. Auch in meinem Falle war das Berufsbeamtentum wiederhergestellt worden.
Was nun? Natürlich, ich mußte weg aus Deutschland. Doch wie, und wohin? In dieser Sorge halfen mir die Freunde Heinz Brandlers. Er selbst und August Thalheimer waren nach Paris emigriert, um dort das Auslandskomitee (AK) der Organisation zu leiten. Zurück blieb das Berliner Komitee (BK) für die illegale Arbeit. Mit seinem Leiter *Robert Siewert* traf ich mich nun unter präzisen Verhaltensregeln. Diese Begegnung hat mich immer wieder beschäftigt. Da traf ein hifloses Bürger-

kind, ganz ohne Kenntnis irgendwelcher Lebensweisen von Menschen außerhalb des Bürgertums, mit einem jener Arbeiter zusammen, die wußten, was das bedeutet: Solidarität. Der Maurer Siewert war mit neunzehn Jahren (1906) zur Sozialdemokratie gekommen. In seinen Wanderjahren begegnete er Lenin in der Schweiz. Mitglied des Spartakus-Bundes, dann der KPD. Er hatte das Schicksal Brandlers und der Brandlerianer geteilt: den Parteiausschluß. Ein vorzüglicher Organisator. Er sollte die Organisation erhalten und geheim neu aufbauen.

Als wir uns trafen, machte er mir bloß dadurch Mut in meiner Verwirrung, daß er mich die Illegalität lernen hieß. Da kannte er sich aus und brachte mir das Verhalten bei, das Praxis war wie jede andere auch. Es war der beste Weg, mir geistig weiterzuhelfen. Politische Sprüche hätten gar nichts bewirkt. Roberts Zuversicht war ansteckend, obwohl er die neue Lage sehr ernst nahm. Er dachte nicht daran, wie jener kommunistische Abgeordnete, den man umgebracht hat, am Abend des 30. Januar großspurig in Köln zu verkünden: Das werde bald zu Ende sein. »Und dann kommen wir!« Robert Siewert kannte sich besser aus bei den deutschen Arbeitern. Er kam 1934 ins Zuchthaus, dann nach Buchenwald. Gebrochen hat ihn nichts. Ich habe ihn 1948 in Halle wiedergesehen. Da war er Wirtschaftsminister des Landes Sachsen-Anhalt. Allein Walter Ulbricht hatte ihm den Brandlerismus nicht vergessen. Schon 1950 setzte man ihn wieder ab, um ihn irgendwann später zu »rehabilitieren«. Beim Wiedersehen habe ich ihm für jene Begegnung im Sommer 1933 gedankt. Er war traurig. Das also war aus dem Sozialismus geworden, dem er sein Leben verschrieb. Er war immer noch stattlich und stark und starb 1973 in Ostberlin mit 86 Jahren.

Wir vereinbarten, daß ich emigrieren und in Straßburg zu den Freunden stoßen solle. Wie ich das anstellte, das war meine Sache. Mein Vater erwies sich, neben meinem Kölner Juristenfreund Dr. Hans Philipp und Siewert, als der dritte praktische Helfer. Er hat meine Flucht gut organisiert. Von Berlin gelangte ich, ohne Köln zu berühren, zu Verwandten in der Eifel. Dort traf ich den Vater, der Geld brachte und Sachen. An einem Sonntagnachmittag im August 1933, um die Zeit also, da in Nürnberg ein Parteitag des Sieges gefeiert wurde und man

einen verhaßten Emigranten, den Professor Theodor Lessing, den Beleidiger Hindenburgs, im tschechischen Marienbad aus dem Dunkel erschoß, machten sich ein paar Leute aus Schleiden, die den Grenzern wohlbekannt waren, in leichter Sommerkleidung auf zu einer Kaffeepause, drüben im Belgischen. Man ließ sie passieren, ohne etwas zu fragen. Die kamen ohnehin bald wieder nach Deutschland zurück.
Daß einer fehlte, der drüben geblieben war, ist nicht aufgefallen. Nun also war ich in Belgien, im ehemals deutschen Eupen. Von dort konnte man weiterreisen nach Luxemburg, nach Metz, nach Straßburg: falls man Paß und Visum besaß. Ich hatte nichts dergleichen. Mein Paß war abgelaufen: alles ging zu schnell. Einen neuen zu beantragen, bedeutete Lebensgefahr. So blieb nur das längst ungültige Papier.
Ein paar Tage später kam der Vater nach Eupen. Nun mußte ich sehen, wie man nach Straßburg gelangt. Ich habe damals, das weiß ich noch, nichts anderes empfunden als Erleichterung. Vor den Braunen jedenfalls war ich vorerst sicher. Das Examen hatte ich auch bestanden, wodurch neue Selbstzweifel gebannt waren. Den Freunden, die mich erwarteten, war zu vertrauen. Ich hatte nichts, war nichts, mit 26 Jahren. Ja, doch, ein Doktor der Rechte, was sich später immerhin als nützlich erwies. Ein bißchen Klavierspiel, kaum erwähnenswert. Sonderbarerweise wurde mir auch die Musikalität nützlich im Exil. Mit der Juristerei war nichts anzufangen im Ausland: man hätte dort ganz neu beginnen müssen.
So viel Grund zum Verzagen. Ich war neugierig. Es blieb beim Gefühl einer großen Befreiung. Endlich begann – vielleicht – mein Leben. Ich war guten Muts.

Zweiter Teil
Über die Grenzen

Politisches Idyll in Straßburg

Mit sechsundzwanzig ist man kein Schwarzseher, der stets auf die schlimmste Lösung seiner Konflikte zu lauern pflegt. Ich saß in Belgien, niemand im Hotel hatte nach meinen Papieren gefragt; gesund war ich auch, das Geld würde für ein paar Monate reichen. Nun mußte ich versuchen, zu den Freunden nach Straßburg zu gelangen. Mein Vertrauen in Brandler und Thalheimer war groß: es hat sich auch als berechtigt erwiesen. So stieg ich in einen Zug nach Lüttich, nahm dort den Schnellzug, der über Metz nach Straßburg zu fahren hatte.

Die Ausreise aus Belgien wurde nicht kontrolliert, ich meine auch nicht, daß sich ein Luxemburger um uns kümmerte. Ich stand am Fenster und beschaute die bisher unbekannten Landschaften. Von Belgien kannte ich nur die Gegend um Spa, allerdings waren wir ein paar Jahre vorher mit dem Auto auf Ferienreise im Großherzogtum Luxemburg gewesen. Da gab es eine Oberstadt und eine Unterstadt. Wie lange war das her.

Dann war es so weit. An der französischen Grenze in Diedenhofen, also in Thionville, wurden die Pässe verlangt. Meiner war nicht gültig, außerdem fehlte mir ein Visum. Der Beamte sprach deutsch, war auch nicht unfreundlich, als ich ihm meine Lage erklärte. Sie war ihm offensichtlich nicht unbekannt: damals flohen viele aus Deutschland. Aber was sollte er machen? Ich mußte aussteigen.

Im Bahnhofsbüro der französischen Grenzpolizei machte man mir klar, ich könne nicht einreisen, sondern müsse mit dem nächsten Zug wieder nach Belgien zurückkehren. Nach Belgien? Aber die würden doch gleichfalls einen Paß mit Visum sehen wollen? Achselzucken: so war es. Die Vision eines unendlichen Pendelverkehrs tauchte kurz in mir auf. Ich schaute nicht hin. Merkwürdigerweise befürchtete ich durchaus nicht, man könne mich nach Deutschland zurückschicken. Das hätte in jenen Tagen des weltweiten Entsetzens über die deutschen Zustände vermutlich weder ein Franzose noch ein Belgier verfügt.

Man war schlampig in Thionville, oder spielte die Schlamperei, schrieb etwas auf, eine Art Protokoll, ließ es mich unterschreiben. Ich blieb gelassen, wohl auch ein bißchen betäubt. Der Bürgersohn besaß nicht die mindeste »einschlägige« Erfahrung mit solchen Dingen. Den – ungültigen – Paß gab man mir wieder und wies mich hin auf jenen Bahnsteig, wo demnächst der Zug nach Belgien einfahren werde. Sozusagen: Viel Glück! Allein man stellte mir keinen Begleiter oder Überwacher. Vermutlich gab es auch keinen Ersatzmann hier an der friedlichen Grenze.

So starrte ich auf den Fahrplan, um mich zu vergewissern, wann der Rücktransport fällig sei. Da fiel mir auf, daß auf dem Bahnsteig, wo ich mich gerade befand, in wenigen Minuten ein Personenzug nach Metz einfahren werde. Nach Metz! Ich schaute umher, entdeckte aber niemand, der mich belauerte. Der Personenzug fuhr ein: ich war immerhin bereits in Frankreich, das machte ich mir klar, ließ die Leute aussteigen und einsteigen, träger Nahverkehr an jenem heißen Nachmittag im August 1933. Kurz vor der Abfahrt stieg ich hinauf mit meinem Koffer. Meine Fahrkarte war bis Metz und sogar bis Straßburg gelöst worden. Die Fahrkartenkontrolle lief ab, nun freilich mußte ich damit rechnen, daß man die Bahnpolizei in Metz von meinem Verschwinden benachrichtigt hatte. So stieg ich, ohne alle Kenntnis der Gegend, an einer Dorfhaltestelle kurz vor Metz wieder aus: da standen Omnibusse nach Metz, ich löste ein Billet, wie gut, daß man hier überall mit Deutsch durchkam, wurde zum Bahnhof Metz gebracht. Dort war offensichtlich kein Alarmzustand angeordnet worden, um einen kleinen deutschen Flüchtling ohne Papiere in Haft zu nehmen. Ich ging in ein ziemlich gutes Hotel nahe am Bahnhof, schrieb mich unter irgendeinem Namen ein, legte mich schlafen: in Frankreich. Das war alles, was mir bewußt wurde.

Ich absolvierte Anfängerübungen in der Illegalität. Robert Siewert in Berlin hatte mich ein bißchen unterrichtet. Von jetzt an, daran war nicht zu zweifeln, würde ich zu leben haben ohne Papiere oder mit gefälschten Dokumenten; unerlaubte Grenzübertritte und das Verweilen ohne polizeiliche Erlaubnis; falsche Namen und falsche Aussagen vor – nahezu – jedermann. Es machte mir nichts aus, eher sogar Spaß. Nicht ich war illegal, sondern jenes Regime, das mich in die Rechtlosigkeit verstieß. Mein Bürgerekel, den ich noch nicht als bürgerlichen Ekel diagnostiziert hatte, fand sich mit diesem Zustand willig ab. Was hatte ich zu befürchten, wenn es mir gelang, wie nun zu hoffen stand, zu den Freunden nach Straßburg zu stoßen? Auch nichts anderes als die anderen Freunde und Flüchtlinge. Ich war einsam gewesen und unberaten seit jenem Berliner Treffen mit Siewert; bald würde es wieder Rat geben und gemeinsame Beratung.

Am anderen Morgen brachte mich der Schnellzug nach Straßburg. Die Anlaufadresse wußte ich auswendig: sie stand in keinem Notizbuch. Alles ging gut. Man wußte Bescheid, hatte mich erwartet. Draußen in der Vorstadt, irgendwo in der Robertsau, stand ein städtisches Gebäude, ursprünglich wohl ein Kinderheim. Dort hatte der Bürgermeister von Straßburg, *Charles Hueber*, der mein Genosse war, wie ich nun erfuhr, seine deutschen Freunde untergebracht: ungefährdet durch die Polizei des bürgerlichen Polizeipräfekten, der von Paris die Anweisung bekam, die deutschen Emigranten in ihrem wohlbekannten »Versteck« nicht zu stören. Alles ergab den Gesprächsstoff am ersten Abend. Ich hatte mein Bett im gemeinsamen Schlafzimmer, es gab auch zu essen, der Bürgermeister sorgte für etwas Taschengeld, vermutlich aus der Kasse der kommunistischen Opposition im Elsaß, oder wenigstens: im Departement du Bas-Rhin, wo Hueber bei den letzten Kommunalwahlen gesiegt und den Sessel des Maire de Strasbourg erobert hatte.

Man rief in Paris an, um Brandler und Thalheimer meine Ankunft mitzuteilen. Von dort sollte ich bald hören, was in meinem Falle zu tun sei. Nun war ich ein Emigrant wie die anderen auch. Am nächsten Tag würde ich erfahren, wohin ich geraten war. Zwischen alle Stühle nämlich, und was für Stühle! Zwischen die Goebbels-Propaganda im ehemaligen »Reichsland Elsaß-Lothringen« und den Pariser Zentralismus; zwischen einen Kommunismus ohne Kommunistische Partei und mit starken Zügen der lokalen Korruption und unseren eigenen, deutschen Antifaschismus. Wir saßen draußen im städtischen Kinderheim, acht oder neun Freunde, die meisten weit älter als ich, erfahren in den deutschen Revolutionen und Gegenrevolutionen seit fünfzehn Jahren, und waren unversehens als mindere Schachfiguren eines politischen Intrigenspiels eingesetzt, ohne die Spielregeln zu kennen. Der Bauer im Königsspiel weiß nicht, daß er einer ist.

Am nächsten Tag empfing mich der Bürgermeister im Rathaus: mein Genosse Charles Hueber. Ein gedrungener Elsässer, damals schon herzleidend: er starb während des Krieges unter der deutschen Besetzung: als ein – vermutlich – willfähriger Untertan des Großdeutschen Reiches. Ich habe ihn gemocht, trotz der politischen Differenzen zwischen uns, die ihn zu Beginn des Jahres 1934 veranlaßten, mich aus dem politischen Idyll Straßburg zu vertreiben. Der Plebejer Hueber wollte beides zur gleichen Zeit: den Kommunismus und die elsässische Autonomie. Auch er hat mich gemocht. In einer guten Stunde schenkte er mir eine Originalphotographie von Karl Marx, die aus dem Besitz von Jean Longuet stammte, einem Enkel des großen Bärtigen. Das schöne kleine Dokument ging mir verloren in den Irrfahrten. Ich denke manchmal mit Bedauern daran.

Huebers Bruch mit der Kommunistischen Partei Frankreichs unter dem von Stalin hofierten Marcel Cachin hatte nichts mit Stalinismus zu tun. Hueber war ein Volksmann; deshalb gelang es ihm, als elsässischer Kommunist die Stadt Straßburg zu regieren. Die französische Administration befand sich erst seit knapp fünfzehn Jahren in einem Land, das fast ein halbes Jahrhundert lang, zwischen 1871 und dem November 1918, ein »Reichsland Elsaß-Lothringen« gewesen war. Wer im Jahre 1919, wie jener Studienrat am Kölner Schiller-Gymnasium, für Deutschland optiert hatte, mußte auswandern. Wer hingegen, aus welchen Gründen immer, im Lande und bei den Franzosen bleiben wollte, wurde nun einer brüsken »Umerziehung« unterworfen. Es waren französische Nationalisten, geführt von Literaten wie Maurice Barrès, die jahrzehntelang in Paris vor der Statue der Stadt Strasbourg auf der Place de la Concorde für die Befreiung der durch Bismarck annektierten Gebiete demonstriert hatten. Nun sollte, nach der Befreiung, der Welt gezeigt werden, wie grundfranzösisch es seit jeher im Elsaß zugegangen sei. Nationalistische Literaten pflegen dabei mit der Sprache zu beginnen. Die war Alemannisch, ohne Frage. Nun aber sollte, so war es in Paris beschlossen, wogegen sich auch die Kommunisten nicht ernstlich wehrten, weil es Sympathien gekostet hätte, in Schnellkursen das allgemeine

Verstehen der französischen Sprache durchgepaukt werden. Denn Verwaltung und Gerichte, Steuerbehörden wie Polizeiämter ließen sich von nun an nicht mehr auf das Elsässische ein: vom Deutschen zu schweigen.

Der Bürgermeister, oder Maire, Charles Hueber war zum Sprecher geworden aller Hänse im Schnakenloch. Als ein Elsässer und ein Plebejer, dessen Kommunismus man in Kauf nahm, weil der Rest zu stimmen schien. Sah man nämlich von den ganz Jungen ab, so hatten die kleinen Leute im Straßburger Département du Bas-Rhin, trotz aller Kurse und Vermahnungen, die schwere neue Landessprache nicht gelernt. Zur kulturellen Autonomie jedoch ließ sich der Pariser Zentralismus nicht bewegen. So geriet der Ausdruck »Die Sprachenfrage« in den Mittelpunkt alles Politisierens zwischen Straßburg und Kolmar. Im Süden, um Mülhausen, sah es besser aus für den Zentralismus. Da hatte es stets viel Ressentiment gegeben in allem, was die Deutschen betraf.

Auch hier, wie meist in solchen Grenzlanden, stellte sich der sprachliche Antagonismus zugleich als einer von Haben und Nichthaben dar. Nicht allein die allgemeine Landesverwaltung im Elsaß mit ihren Präfekten und Beamten, die häufig nicht aus dem Elsaß stammen sollten, war frankophon; auch die Geschäftswelt richtete sich nach Paris. Mit den einstigen Gebietern vom rechten Ufer des Rheins, die durch Revolutionen und Krisen zu gehen hatten, war im Zeichen der Weimarer Republik kein richtiges Geschäft zu machen. Da standen einem die Banque de France und der Crédit Lyonnais näher als die Deutsche Bank. Die Zeitungen, die man als Bürger in Straßburg las, bemühten sich um ein gutes Französisch. Im Volk jedoch las man eine Tageszeitung, die ›Neue Welt‹ hieß, zur Kommunistischen Opposition sich bekannte, und dem Bürgermeister Hueber gehörte.

Die sollte ich von jetzt an redigieren. So war es, wie sich beim Gespräch im Rathaus herausstellte, zwischen August Thalheimer in Paris und Charles Hueber in Straßburg vereinbart worden. Die einheimischen Redakteure waren es bloß gewohnt, die Lokalpolitik und die elsässische Szene darzustellen. Für die kommunistische Theorie hatte man sich früher an die Berliner Publikationen der KPD(O) gehalten: die ›Arbeiterpolitik‹ und die Zeitschrift ›Gegen den Strom‹. Die gab es

nicht mehr, seit Hitler in Deutschland regierte. Die Straßburger Redakteure und ihre Leser hätten es verschmerzen können: das lag fern und wurde in der ›Neuen Welt‹ bloß aus Solidarität gedruckt.
Allein auch in Straßburg war man plötzlich gezwungen, die Vorgänge in Deutschland, nicht zuletzt die Vernichtung der Arbeiterparteien und der unabhängigen Gewerkschaften, ernst zu nehmen und für den eigenen Gebrauch zu kommentieren. Man hatte nun die Flüchtlinge aus Deutschland im eigenen Land, hörte ihnen zu, mußte sich entscheiden. Das sollte ich bald erleben, denn ich wurde bekannt gemacht mit den Mitgliedern von Huebers Partei, hatte zu berichten und auch zu beraten. Am Antifaschismus dieser Elsässer war nicht zu zweifeln. Sie kannten sich aus mit Unterdrückung und auch mit der Befolgung, oder Nichtbefolgung, einer amtlich geforderten Redeweise. Einerseits noch, bei den Älteren, die Schikanen aus der Kaiserzeit, dann aber, seit dem Einzug der Franzosen, die Verweigerung einer sprachlichen und kulturellen Selbstbestimmung: allen Formeln aus Paris zum Trotz, die das Selbstbestimmungsrecht der Minderheiten postulierten. Natürlich war man als Elsässer eine kulturelle Minorität: so gut wie die Bretonen oder Basken. Mit einem Unterschied freilich, den man im Elsaß zwischen 1940 und 1944 in schrecklicher Weise begreifen lernte. Daß man nämlich, im Gegensatz zu den Bretonen und Basken, einen »Großen Bruder« aufzuweisen hatte: drüben überm Rhein. Sollte man sich auf den jetzt berufen, wenn es wieder einmal Spannungen gab mit Paris?
Das zu erörtern mit den Lesern der ›Neuen Welt‹, reichten Huebers Zeitungsschreiber nicht aus. Sie wußten selbst nicht immer, wie man unterscheiden solle zwischen der deutschen Sprache, die auch ihre eigene Zeitungssprache war, und dem neuen Deutschen Reich. Was ihnen unklar geblieben war, hielt man jedoch in Berlin, nämlich im Reichsministerium für Volksaufklärung und Propaganda, oder in Stuttgart, bei den Leuten für das »Deutschtum im Ausland«, für sonnenklar. Diesen virtuellen Deutschen am Fuß der Vogesen mußte geholfen werden. Plötzlich traf man in Straßburg auf sonderbare Flüchtlinge aus dem Reich, die nicht recht begründen konnten, warum sie emigriert waren, auch kaum an Arbeiter

gemahnten, dafür aber sehr wunderlich daherredeten. Huebers Taschengeld schienen sie nicht nötig zu haben, man behalf sich anderweitig.

Hier sollte ich als Redakteur tätig werden. Es war *mein erster wirklicher Beruf*, seit mich Roland Freisler aus dem preußischen Justizdienst entfernte. Ein Debüt – praktisch – als Chefredakteur, denn die anderen Freunde im Kinderheim, bewährte Arbeiterfunktionäre und auch Redakteure einer Arbeiterpresse, stießen mit ihren Formeln aus der Agitationszeit (mit unzähligen Arbeitslosen) einer moribunden Weimarer Republik bei den städtischen Arbeitern des Bürgermeisters Hueber, denen er Posten verschafft hatte und denen es gut ging, auf ratloses und respektvolles Kopfschütteln. Nun sollte ich, der Bürgersohn mit dem Doktortitel, der andererseits illegal zu bleiben und nicht mit eigenem Namen aufzutreten hatte, die Begriffe klären. Was vor allem heißen mußte, die Frage zu beantworten: *Was ist das Wichtigste?* Die war nicht leicht zu beantworten. Man mußte davon ausgehen, daß man zu Arbeitern sprach, daß Frankreich wie das neue Deutsche Reich als imperialistische Gebilde zu definieren waren. Von wem jedoch drohte die größere Gefahr? Den Imperialismus der Lothringer Magnaten hatte man im eigenen Land, aber Herr Hitler in Berlin war weit weg. Wie also begründen, daß trotzdem die umgekehrte Reihenfolge gelten sollte: daß die Hauptgefahr aus Berlin kam . . .

Ich wurde herzlich aufgenommen in der Zeitung. Alle erwarteten Klärung. Hilfe boten mir nur die (stets in der Länge genau abgezirkelten) Leitartikel, die Thalheimer zweimal wöchentlich handgeschrieben, doch klar und gut lesbar, aus Paris einzusenden pflegte. Sie waren trocken, gewiß; dieser Schüler Franz Mehrings hatte vom Meister nicht die literarische Begabung geerbt: allein sie waren als Analyse von Faschismus und Antifaschismus kaum zu übertreffen. Hier wurden zum erstenmal, in einem Blättchen aus Straßburg, die Grundgedanken dessen entwickelt, was einige Jahre später in ganz Frankreich, dann in der Welt, und bis in die Gegenwart hinein, als *Volksfront* ebenso leidenschaftlich gefordert wie wütend bekämpft werden sollte. Vor Hitler und seinen Plänen, so schrieb und wiederholte Thalheimer in seinen ungezeichneten Leitartikeln, mußte man gewisse etablierte Feindschaften zu-

rückstellen. Das bürgerlich-demokratische (und imperialistische) Frankreich war das »Kleinere Übel«.
Aber hatte ich nicht selbst, in den Zeiten des ›Roten Kämpfer‹, erbittert gelacht über jene Sozialdemokraten, die Hindenburg mitsamt seinem Brüning tolerieren wollten, um eine Herrschaft der »Braunen Bataillone« zu verhindern? Trotzdem: es gab keine Alternative zu dem, was Thalheimer vorschlug. Ein paar Jahre später wurde *eben dies* in Moskau, auf einem VII. und letzten Kongreß der Komintern, durch den vom Reichsgericht in der Sache des Reichstagsbrandes freigesprochenen Bulgaren Georgi Dimitroff, den ein italienischer Emigrant namens Togliatti beriet, und dem es gelungen war, Stalin zu überzeugen, als neue Losung ausgegeben. Gleichsam als Lehre aus dem kommunistischen und sozialistischen Debakel von 1933.
Noch aber lebte man in Straßburg im Jahr 1933. Die Leitartikel der ›Neuen Welt‹, die ich schrieb, wenn Post aus Paris fehlte, erregten Mißbehagen, dann den Zorn des Bürgermeisters Hueber und seiner engsten Ratgeber in der Stadtverwaltung. Sie wurden umgekehrt, so vertrackt ging es zu bei diesem politischen Schachspiel, mit Anerkennung und fast unverhohlenem Lob registriert in der bürgerlich-französischen Presse der Stadt und des Départements: wahrscheinlich auch in den Pariser Büros. Natürlich wurden wir genau beobachtet. Man wußte auf der Präfektur, was im Kinderheim vor sich ging. Doch es mißfiel durchaus nicht. Auch dort hatte man Prioritäten beachtet. Die (kommunistisch getönte) antideutsche Propaganda, die jetzt durch ein paar Emigranten in Huebers Blättchen betrieben wurde, war eine gute Sache, indem sie den elsässischen Autonomismus herunterspielte: auch wenn von Zeit zu Zeit, gleichsam rituell, die »Sprachenfrage« wieder einmal auf den Tisch kam.
Als es Hueber zu viel wurde und er Schluß machen ließ mit unserem politischen Unfug, schrieb die einflußreichste Straßburger Zeitung halb spöttisch, halb achtungsvoll von den »Emigranten, die aus einem Käse-Einwickelpapier eine Zeitung gemacht hatten . . .«. Ich habe mich, warum es leugnen, darüber gefreut.
Heute bin ich davon überzeugt, daß damals in Straßburg bereits die ersten Kader einer Fünften Kolonne von Berlin aus or-

ganisiert wurden, die sechs und sieben Jahre später, im Drôle de Guerre von 1939 und im französischen Zusammenbruch von 1940, erfolgreich agieren konnten. Huebers Partei bot die besten Voraussetzungen für ein »Diversantentum«, um die sowjetische Terminologie zu zitieren. Kommunisten, die keine waren. Arbeiter-»Aristokratie« dank des kommunalen Machtbesitzes. Elsässische Autonomisten, die nicht genau unterscheiden konnten, wo die berechtigte Kritik an der französischen Innenpolitik aufhört und der Landesverrat beginnt: indem man nämlich den Großen Bruder überm Rhein zu Hilfe ruft, der gern auftritt, und auch so großzügig sein kann.
Eine Schlüsselfigur war der – neben Hueber – wichtigste Mandatsträger dieser kommunistischen Autonomisten. Der Deputierte *Mourer* war nicht oft in Straßburg: er vertrat die Partei und die elsässischen Wähler in der Deputiertenkammer der Dritten Republik. Ich habe ihn nur wenige Male gesehen und gesprochen. Charmant war er durchaus; schöner Mann und Frauenheld; Arbeitervertreter mit eleganten Manieren. Wohlgelitten in den Pariser Salons, wie ich feststellen konnte, als ich selbst, nicht zuletzt auf Mourers Betreiben, das Elsaß verlassen und nach Paris weiterziehen mußte. Frauen, Macht und vor allem Geld zählten für diesen Mann: der Rest, alle sogenannte »mystique«, also alle politische Konzeption, das hat er mir eines Abends auseinandergesetzt, war austauschbar. Danach hat er gelebt, er hat es teuer bezahlt. Mit solcher »mystique«, denn es ist auch eine, wird man zum Kollaborateur. Nach der Befreiung Frankreichs unter De Gaulle wurde Mourer ein Prozeß gemacht. Er starb an der Wand.
Schon im Spätherbst 1933 hatte uns Hueber aus dem Kinderheim verjagt. Einige Insassen wanderten nach Paris; andere, die man in der Zeitung brauchte, wurden in den Familien befreundeter Arbeiter untergebracht. Die Familie eines jungen Arbeiters der Stadtwerke, Edmond Wencker hieß er und ich habe ihn nicht vergessen, nahm mich auf. Damals lernte ich Straßburg und Straßburger kennen: manchmal sehne ich mich zurück nach den Kneipen mit den vielen Weinsorten und den behaglichen Gesprächen, die keiner »Ideologie« gestatten, den ruhigen Alltag zu gefährden. Nichts lag diesen Leuten, die beides sein konnten: Arbeiter und kleine Bürger, von Grund auf ferner, als ein Denken, das man heute mit Klischees wie

»Image« oder »Status« zu beschwatzen pflegt. Freilich konnte man dabei auf die angenehmste Weise »verkommen«. Damals in Straßburg habe ich es gemerkt. Der Stadt und ihren Bewohnern hielt ich die Treue: man spürt es an den Straßburger Kapiteln meines Buches über Georg Büchner.

Daß ich im Elsaß nicht zum Phäaken wurde, dafür sorgten Hueber und Mourer. Ihnen erschien ich als der Rädelsführer. Zum Jahresanfang 1934 berief man einen Parteitag ein. Die Delegierten waren gut präpariert, die meisten hatten was zu verlieren. Wir durften dabei sein, konnten aber begreiflicherweise nicht mitreden. Auch Heinrich Brandler durfte nicht eingreifen: das verbot ihm der Status des Flüchtlings. So hatte man leichtes Spiel. Der Kurs der Zeitung wurde feierlich mißbilligt. Die Redaktion hatte sofort, an jenem Sonntagabend noch, abzutreten.

Das geschah. Uns schlossen sich aber, in erfreulicher Solidarität, sämtliche Redakteure an, bis zum Lehrling und Volontär: man war angewidert von der Manipulation des Maire und des Député. Auch einige Setzer weigerten sich, unter solchen Umständen weiterzuarbeiten. Wir hinterließen die Leere. An jenem Abend saßen wir lange noch zusammen, die Besiegten, in guter Stimmung und warteten belustigt auf den Montag und das Erscheinen einer im Wortsinne ›Neuen Welt‹. Wer sollte sie schreiben und redigieren?

Sie ist trotzdem erschienen. Noch in der Nacht, das erfuhren wir umgehend, hatte sich Huebers Schwager, der Waisenhausdirektor, hieß er nicht Götz?, in die leere Redaktion begeben: mit ein paar Getreuen. Dort gab es die Agenturmeldungen, französische Zeitungen, die man übersetzen konnte, auch Schere und Kleister. So kam die Montagausgabe zustande: nicht schön, doch sie war da. Damals lernte ich, was Bertolt Brecht an seiner Bearbeitung des Shakespeareschen Coriolan demonstrieren wollte: Kein Spezialist bleibt unersetzbar.

Brandler hatte auch mir geraten, nach Paris zu kommen und dort mit Hilfe von Verbindungen endlich die Aufenthaltserlaubnis, den begehrten und bedrohten Permis de Séjour, zu beantragen. Mein Vater hatte mich in Straßburg besucht: durchaus nicht entsetzt über meine Bewandtnisse, eher belustigt, wohl zufrieden, daß ich nicht mehr bedroht war. Er hinterließ etwas Geld.

So reiste ich im Februar 1934 nach Paris. Das politische Idyll im Elsaß war zu Ende. Ich schrieb nach Genf an Hans Kelsen, der am dortigen Hochschulinstitut für Internationale Studien als Professor lehrte. Er riet zunächst ab, zu ihm in die Schweiz zu kommen. Am Institut gab es für Juristen nur das Völkerrecht, und das hatte ich niemals genauer studiert. Aber in Genf war auch – vorerst – die Zentrale des aus Frankfurt emigrierten *Instituts für Sozialforschung* als Institut de Recherches Sociales errichtet worden. Der Direktor *Max Horkheimer* stand sich gut mit dem berühmten Kollegen und Mitemigranten. So schrieb mir Kelsen, er habe über mich mit den Leuten vom Institut für Sozialforschung gesprochen. Dort gebe es Geldmittel zu Forschungszwecken. Das Geld des Frankfurter Instituts sei gerettet und gesichert. Ich solle nach Genf schreiben und mich auf ihn berufen.

Das habe ich getan. Horkheimer war ein guter Organisator: seine Post wurde stets und rasch erledigt. Bald hatte ich einen ersten Brief mit der glatten, bewußt unpersönlichen Unterschrift des Sozialphilosophen in der Hand. Er werde bald nach Paris kommen und wolle mich empfangen. Er wohne, wie üblich, auf dem linken Seine-Ufer im Hotel Lutétia. Sechs Jahre später, nach Hitlers Einzug in Paris, residierte dort die Geheime Staatspolizei.

Max Horkheimer

Es gelingt mir nicht, ihn so wiederzusehen, wie er damals, gegen Wintersende 1934, im Hotel Lutétia vor mir saß. Die späten Bilder vom Alterssitz in Montagnola haben alles überdeckt. Ich muß eine Photographie zu Hilfe nehmen aus dem Jahre 1931: sie gehört zu einer Bildmonographie über den berühmten Gründer und Leiter der »Frankfurter Schule«, denn schließlich hat man gesiegt, und da bleibt die Sekundärliteratur nicht aus.

Die Aufnahme zeigt einen Frankfurter Ordinarius für Sozialphilosophie im Alter von sechsunddreißig Jahren. Sorgfältig gekleidet, das kleine weiße Tuch links in der oberen Rocktasche, das damals unvermeidlich war, und das auch ich noch jahrzehntelang zu tragen pflegte, noch als Professor im »Osten«, und zur Freude der Nachkriegsstudenten über solchen bürgerlichen Anachronismus. Max Horkheimer scheint aufmerksam und wohl in der Tat gefesselt irgendwelchen Ausführungen zu lauschen, die jemand links von ihm, der im Bild nicht sichtbar wird, vorträgt. Ein bißchen Ironie ist abzulesen, da ist Spannung und Heiterkeit in einem. Die Hände umfassen ein Rednerpult, oder ist es ein aufgeschlagenes Buch? Der Kopf ist bereits kahl, nur hinten und an der Seite sieht man dünne und halbdunkle Haare. Ich habe Horkheimer nur noch als Glatzkopf in Erinnerung. Der Schädel war eindrucksvoll, übrigens nicht so drohend-gewaltig wie beim Sozialphilosphen Max Scheler, der in Frankfurt beinahe noch ein Fakultätskollege (und wohl auch Gegenspieler) geworden wäre.

Max Horkheimer habe ich in vielen Verwandlungen gesehen, vom Heiligen Franz bis zum unheilvollen Dämon, doch nie in der Rolle eines Besiegten. Als Institutsdirektor, der Stipendien gewährt oder versagt; als Rector Magnificus; als amerikanischen Sieger im Frankfurter Hotel Carlton, wo Deutsche nur als Domestiken fungieren dürfen, die auf Abfälle vom Frühstückstisch lauern, was einige Sieger, er natürlich nicht, dadurch vereiteln, daß sie Zigarettenasche über die Butterreste ausschütten. Er jedoch war stets wohlgeboren. Das war ihm bewußt, und es hat seine Lebensführung gelenkt. Ein paarmal kam er im Gespräch, zu Beginn der Siebziger Jahre, auf den Vater zu sprechen, den Geheimen Kommerzienrat in Stuttgart. Wie der ihn, den kleinen Max, dem König von Württemberg vorgestellt habe, und daß der Geheimratstitel nicht in Württemberg gewährt werden konnte, weil bereits der Onkel damit ausgezeichnet worden war.

Der Vater Horkheimer. Er muß die bestimmende Figur gewesen sein. Von ihm übernahm er den Wohlstand, den er sich, mit Hilfe des Jugendfreundes Fritz Pollock, erhalten konnte, dann die Ehrbegriffe eines deutschen Juden, der anerkannt werden möchte von den Deutschen, aber zu stolz ist zur Taufe, weil man das nicht mehr nötig hat. Auch seine Frau, die mit ihm bald das Exil teilte, den späten Ruhm, den Lebensabend im Tessin, und die er überleben sollte, war eine Erbschaft vom Vater her. Wirklich besorgt um fremdes Schicksal schien er, soweit ich das erlebt habe, nur zu Kriegsbeginn und nach der französischen Katastrophe zu sein, als er alles daran setzte, auch hier wieder vorzüglich informiert, die alten Eltern aus Deutschland zu retten. Auch das ist ihm gelungen. Sie durften in die Schweiz ausreisen und konnten dort, in Bern, das Leben beenden. An ihrer Seite wollte er begraben sein.

Bei unserem ersten Gespräch wirkte er kränklich, das weiß ich noch. Er hatte wohl in Paris einen Arzt konsultieren wollen. Den Mann habe ich nicht mehr vor Augen, doch an unsere erste Unterhaltung, die meinem Leben plötzlich eine neue Richtung gab, kann ich mich durchaus noch erinnern. Horkheimer kam sogleich zur Sache. Ich habe auch später die merkwürdige Mischung eines sorgsam kalkulierenden Geschäftsmannes, eines neugierigen Forschers und eines vorzüglichen Pädagogen bestaunt. Horkheimer war ein Meister bei der Verteilung von Sonderproblemen, deren Ergebnisse er im Kopf bereits vorweggenommen und zur Synthese verarbeitet hatte.

Mir sprach er vom wichtigen und bisher bloß unzulänglich erforschten Phänomen der *Autorität*. Was sich gegenwärtig in Deutschland und Italien, demnächst wohl auch in anderen Teilen der Welt abspiele, hänge aufs engste mit Phänomenen der Autorität in der bürgerlichen Familie zusammen. Autorität und Familie: diesem Zusammenhang versuche ein Arbeitsprojekt des Instituts beizukommen. Nach den Empfehlungen, die Hans Kelsen ihm gegeben habe, könne er sich denken, daß ich dabei mitarbeiten solle. Ob mich das reizen würde? Horkheimer verstand es, wenn er Lust dazu hatte, dort als Werbender aufzutreten, wo er sich umworben wußte.

Mir leuchtete die Fragestellung nicht ein. Hier wurde offensichtlich ein Brückenschlag versucht zwischen Freud und Marx. Zwar hatte ich seit der Schulzeit alle neuen Bücher und Schriften Sigmund Freuds verschlungen, kannte mich also ein bißchen aus; andererseits faszinierte mich beim Lesen Freuds, neben der literarischen Meisterschaft, bloß der – sozusagen – individualpsychologische Aspekt. Freuds Analysen zur Massenpsychologie hingegen erschienen mir als Verallgemeinerung von Erfahrungen mit einem bourgeoisen und mitteleuropäischen, auch jüdischen Personenkreis. Das habe ich Horkheimer damals eingewandt. Er widersprach durchaus nicht, wollte den Forschungsergebnissen nicht zuvorkommen, obwohl er sie sicherlich bereits vor sich sah. Außerdem habe er sich gedacht, daß ich, meiner von Kelsen geschilderten Geisteshaltung nach, am besten einige Phänomene jenseits des bourgeoisen Bereichs untersuchen solle.

Ich bekam den Auftrag, da der mächtige Mann aus Genf offensichtlich einen Versuch mit mir wagen wollte, die Zusammenhänge zwischen Autorität und Familie in der Theorie und Bewegung des *Anarchismus* zu untersuchen. Am Ende des Gesprächs hatte ich einen Forschungsauftrag für sechs Monate erhalten. Wenig Geld, doch es kam von einem verjagten Forschungsunternehmen, das soeben die Erlaubnis erhalten hatte, in einem Seitenflügel der berühmten École Normale Supérieure in der Pariser Rue d'Ulm ein paar Zimmer zu beziehen: gleichsam in »Untermiete« und durchaus ohne wissenschaftlichen Anschluß an die École. Deren Direktor, der Soziologe Célestin Bouglé, hatte so entschieden: aus Sympathie und Interesse. Wenig Geld also, doch ich konnte nun ein bißchen aufatmen, durfte mit größeren Aussichten um eine begrenzte Aufenthaltserlaubnis einkommen, war besonders auch der Notwendigkeit enthoben, den Zersetzungserscheinungen innerhalb der politischen deutschen Emigration, auch innerhalb des oppositionellen Kommunismus, liebevolle Aufmerksamkeit zu schenken. Was ich davon mitbekam, bei

gelegentlichen Treffs in Hinterzimmern von Caféhäusern, war entmutigend. Da schoben Besiegte einander die Schuld zu, wobei fast alle ein wenig recht hatten.
Ich wohnte bisher irgendwo im Osten von Paris, nun zog ich ins Quartier Latin. Hotelzimmer für Dauermieter gab es in jeder Qualität und Preislage. Fast alle Studenten auf dem linken Seine-Ufer wohnten in solchen Hotels. Ich bekam ein nettes Zimmer unweit des Panthéon, denn man riet mir, weniger in der Nationalbibliothek zu arbeiten, als in der Bibliothek der Sainte-Geneviève neben dem Mausoleum der großen Franzosen. Dort besitze man eine vorzügliche Sammlung von Schriften zur französischen Sozialgeschichte. Das war richtig. Meine Studie über Anarchismus, Autorität und Familie ist dort entstanden: unter dem Patronat der Genoveva.
In Genf war man offensichtlich befriedigt von der Arbeit; sie wurde zwei Jahre später (1936) in den Sammelband der ›Studien über Autorität und Familie‹ aufgenommen, der beim Erscheinen nur als achtbarer Beitrag einer emigrierten Wissenschaft gelten konnte, auch nahezu unbeachtet blieb, da in Deutschland begreiflicherweise niemand antwortete, nicht einmal mit Hetze und Polemik. Allein das Buch erwies sich als Zeitzünder. Übrigens auch mein eigener Text. In den Sechziger Jahren konnte ich für DM 3.50 einen *Raubdruck* erstehen, der die Arbeiten Wittfogels und Herbert Marcuses zusammen mit meiner Studie über den Anarchismus nachgedruckt hatte. Die geschichtliche Ironie spielte insoweit auch hier eine fast schon obligate Rolle, als meine Studie bei der Veröffentlichung aus Raumgründen gekürzt werden mußte. Einige Kapitel wurden nicht wörtlich abgedruckt, sondern kurz in ihren Ergebnissen zusammengefaßt. Darunter ein Kapitel, das man im Jahre 1936 für bloß historisch bemerkenswert gehalten hatte: es behandelte die Funktion der Autorität und Anti-Autorität in der europäischen *Studentenbewegung*. Allerdings zu Beginn des 20. Jahrhunderts.
Beim Anblick meines gedruckten Textes stellt sich unweigerlich das Bild jener kleinen Bankfiliale der Société Générale auf dem Boulevard Saint-Michel wieder ein, wo ich zum Monatsbeginn meinen Scheck einlösen konnte. Dann wird auch Hunger erinnert, denn ich sparte am Essen, um Bücher zu

kaufen, die französische Literatur und Geschichte verstehen zu können, ins Theater zu gehen. Ein gar nicht kleiner Teil des Monatsgeldes mußte ausgegeben werden, weil Furtwängler in der Oper gastierte: mit dem ›Tristan‹ und den ›Meistersingern‹, und mit jüdischen oder aus anderen Gründen verfemten Künstlern. Er bekam bald darauf die Abrechung ausgehändigt durch den Reichsminister für Volksaufklärung und Propaganda.

Max Horkheimer hatte sich und uns die richtigen Fragen gestellt. Die Vorgänge in Deutschland ließen sich nicht damit explizieren, daß sich dort, wollte man der offiziellen Propaganda emigrierter Kommunisten glauben, die »am meisten reaktionäre Klasse« innerhalb der Bourgeoisie an die Macht gebracht habe: mit einem aus der Versenkung hervorgeholten Strohmann. Hier war die Qualität einer politischen Analyse ersetzt worden durch Quantitätsdenken. Was ist reaktionär und gar »am meisten reaktionär«? Solchen Berichten zur Lage der Deutschen war nichts abzugewinnen.

Auch das Gerede vom Irrationalismus half nicht weiter. Wenn mitten in Europa ein Millionenvolk dabei angetroffen wurde, ein böses Spiel mit Namen Arisierung voll zäher Konsequenz durchzuspielen, ohne Achtung für Leid und Scham, Vergangenes und Vorvergangenheit, so war das nicht mit Redensarten wie Atavismus, Rebellion der Instinkte, Irrationalismus abzutun. Wer so daherredete, war selbst den Rasseforschern und ihren Sprüchen vom gesunden Volksempfinden in die Falle gegangen. Freilich: die Arisierung war natürlich *auch* ein großes und gefahrloses Geschäft. Wie noch jeder Pogrom in der Geschichte: von den Römern und Kreuzfahrern bis zu jenen, die flugs aus den Warenhäusern des Juden Hermann Tietz einen arischen Hertie-Konzern hinzaubern konnten.

Horkheimer wollte es genauer wissen. Auch ihn und die Seinen hatte man durch Arisierung enteignet. Der jüdische und offenbar marxistische Professor der Sozialphilosophie wurde unverzüglich des Amtes enthoben. Später, in Montagnola, kam er auf jene Tage im März 1933 zurück. Damals habe Adorno gefordert, man müsse im Land bleiben, um dort, mit Hilfe von Sklavensprache und standhaft gebliebenen Freunden, die geistige Konterbande zu liefern. Er selbst aber habe entgegnet: »Nein, jetzt muß man das Land möglichst rasch

verlassen!« Er war Sohn eines Industriellen und ein praktischer Mensch, kannte sich aus. Allein noch fehlte ihm die Theorie zu solcher Pragmatik.
Der institutionalisierte Marxismus der Russen und ihrer Komintern war unbrauchbar. Nicht Taktik allein veranlaßte den Direktor des exilierten Frankfurter Instituts, mir bereits bei unserer ersten Begegnung einzuschärfen: das Institut befasse sich nicht mit dem »Marxismus«, sondern mit »Kritischer Theorie«. Der neue Terminus war auf Verfremdung angelegt. Man gedachte neu zu denken, natürlich auf der Grundlage der marxistischen Texte, vor allem der noch unerschlossenen Entwürfe und Aufzeichnungen des jungen Karl Marx. Dazu hatte sich Horkheimer in seiner Frankfurter Antrittsvorlesung vom 24. Januar 1931 über »Die gegenwärtige Lage der Sozialphilosophie und die Aufgaben eines Instituts für Sozialforschung« ausdrücklich bekannt. Hier sollte nichts zurückgenommen werden.
Trotzdem war viel verändert im Exil. Alle Gewißheiten mußten abgestoßen werden wie faule Aktien. Rationalisierung tat vor allem not: angesichts von so viel Gerede über die Irratio. Rationalisierung auch im kaufmännischen Sinne. Davon verstanden sie viel, die beiden Stuttgarter Jugendfreunde Horkheimer und Pollock. Der Ältere, der auch noch Fritz Pollock hatte begraben müssen, erzählte mir, daß man damals, in Stuttgart, einen regelrechten »Freundschaftsvertrag« schloß, rechtswirksam und mit allen Klauseln. Leute solchen Schlages aber waren vonnöten, um in der Fremde, gerade in allen Schwierigkeiten des Exils, nicht allein weiterzudenken, sondern gut organisiert weiterzuarbeiten: über das bürgerliche Individuum und die europäische Revolution von einst; über Materialismus und Moral; über die Juden in der europäischen Bürgerwelt, weil man herausfinden wollte, welche gesellschaftlichen Wandlungen dazu führen konnten, daß der besessene Kampfruf eines Antisemiten aus Oberösterreich von der Maas bis an die Memel aufgenommen und beherzigt wurde. War dies nicht auch, wenn man näher zusah, ein Phänomen der Autorität? Eine Sehnsucht nach dem Gehorchen, und eine Furcht vor der Selbstentscheidung?
Wenn ich heute Max Horkheimers Arbeiten, die er selbst erst spät nach der Rückkehr, fast widerwillig, herausgeben ließ, im

Zusammenhang lese, so fällt mir auf, daß zwei Komplementärbegriffe allenthalben auftauchen: das *Glück* und die *Angst* Dergestalt sogar, daß Glück der Angstfreiheit gleichgesetzt wird.

Das war um so merkwürdiger, als Horkheimer, wenn ich meine Erfahrungen mit ihm überdenke, kaum jemals frei von Angst dahinlebte, sondern entweder als einer, der Angst hat, oder als einer, der Angst verbreitet. Mit dem Erlebnis vom Frühjahr 1933 konnte man nicht so rasch fertig werden. Da hatten die Vorfahren den Besitz aufgehäuft, Ehrungen entgegengenommen, man hatte die deutsche Wissenschaft und Kunst studiert, weil das, wie Lessing und Moses Mendelssohn gefordert hatten, der Emanzipation dienen könne. Nun galt dies alles nichts mehr. Vom Nachdenken darüber kam der Großbürgersohn aus Stuttgart nicht los. Das beginnt bei den Fragen nach der Autorität, versucht kurz vor Kriegsbeginn im Jahre 1939 eine erste Deutung in dem Aufsatz über ›Die Juden und Europa‹, wird in Amerika zum Gegenstand eines Forschungsvorhabens über den Antisemitismus, kehrt wieder – als eine spezifisch horkheimerische Traumatik – in dem Buch ›Dialektik der Aufklärung‹ unter der Doppelüberschrift ›Elemente des Antisemitismus. Grenzen der Aufklärung‹.

Immer wieder ging es insgeheim um Stuttgart und den Vater. In Montagnola setzte er mir auseinander, man müsse den jüdischen Gottesdienst reformieren. Wie denn? Durch Beseitigung der hebräischen Sprache und der meisten Rituale. Ich wandte ein, das gehe an die Substanz dieser Religion und lasse sich nicht vergleichen mit dem Latein oder Nichtlatein des katholischen Meßopfers. Das schien auf ihn wenig Eindruck zu machen. Er suchte ersichtlich auch noch im Alter und im unbedrohten Ruhestand nach neuen Sicherungen. Ehrgeizig war er nach wie vor. Man konnte nicht mehr Geheimrat werden, doch hatte er schließlich Ehren empfangen in den Städten Frankfurt und Stuttgart. Dennoch blieb er angstvoll: unter dem äußeren Gehabe eines gelassenen Erfolgsmenschen.

Es war ihm nicht gelungen, obwohl er fasziniert blieb vom Denken Arthur Schopenhauers, zuerst widerwillig, später bereitwillig, so daß er in den späten Gesprächen kaum mehr zurückkam zu Hegel oder gar zu Marx, stets jedoch zur ›Welt als Wille und Vorstellung‹, den Weltwillen in sich zu ignorieren: an der Welt vorüberzugehen. Er referierte bei mir in einem Frankfurter Hörsaal, den man der wiederbegründeten »Akademie der Arbeit« zur Verfügung gestellt hatte, im Frühjahr 1948: vor künftigen Gewerkschaftsvertretern, also keineswegs vor den Studenten der Frankfurter Universität. Damals wich er im Vortrag allen politischen und gar gesellschaftlichen Festlegungen aus, berief sich auf Spinoza, war nicht einmal bereit, sich auf die Kritische Theorie hin ansprechen zu lassen.

Nach dem Vortrag lud er mich zum Mittagessen ins Hotel Carlton, wo die amerikanische Militärregierung ihre Leute unterbrachte und verpflegte. Ich genoß das gute Essen und den »richtigen« Kaffee. Dann raffte Max Horkheimer aus der Zuckerschüssel, unter den Augen der deutschen Dienstleute, eine Handvoll Würfel zusammen, wobei er im breiten schwäbischen Tonfall erläuterte: »Die bringe ich meinem Freund, dem alten Droschkenpferd dort drüben am Bahnhof!« Wir standen auf, und ich begleitete ihn zu seinem Vierbeiner. Mir war schlecht zumute bei alledem. Ich lebte in Frankfurt und nicht im Gralsbereich des Schopenhauerianers Richard Wagner. Auch glaubte ich sie nicht, die Attitüde des Franz von Assisi. Als wir Jahre später in der Stadt Locarno zu Mittag aßen, wurde nicht mehr an dergleichen gedacht. Sie lag ihm nicht, die Rolle dessen, der »aus Mitleid wissend« wurde. Er war kein poverello.

Denn da war auch jener ganz andere Max Horkheimer. Dem es nichts ausmachte, vielleicht sogar etwas ausmachte, Angst zu erregen. Es ging devot zu im Vorzimmer der Frankfurter Magnifizenz, als ich von Leipzig kam und einen kurzen Besuch machte, der kühl und gereizt ablief. Der Besucher »von drüben« war sichtlich unerwünscht. Meine nicht minder kühle Frage, warum ausgerechnet unter Max Horkheimers Rektorat die studentischen Korporationen von neuem zugelassen worden seien, wurde mit einer erregten Suada beantwortet. Ich wurde in Ungnaden entlassen.

Bald darauf hatte ich in Stuttgart zu tun und erfuhr, daß Horkheimer am Abend in einer Veranstaltung der Vereinigung für christlich-jüdische Zusammenarbeit referieren werde. Ich ging hin, saß ziemlich weit hinten im mäßig besetzten Hörsaal

und erlebte etwas, dem ich auch heute nachsinnen muß. Das Referat war ziemlich banal, dazu brauchte man keinen Max Horkheimer zu bemühen. Dann kamen die wohlmeinenden Fragen aus dem Publikum. Der Redner schien ganz Milde und Nachdenklichkeit, er schaute mit blitzenden, fast stechenden Augen in den Saal, und da sah ich ihn jäh verwandelt. Wer stand da plötzlich auf der Estrade? Ein Doktor Mirakel, ein Dämon, ein Mr. Hyde? Ich weiß es nicht, vielleicht war es bloß meine eigene Erregung, denn Horkheimer hatte mir viel bedeutet, und nun hatte ich beschlossen, ihn am Schluß nicht zu begrüßen. Ich ging unbemerkt aus dem Saal. Doch die Vision vom Doppelgänger hat mich nicht mehr verlassen.
Übrigens beweist sie nichts. Daß aber dieser bedeutende Mann durchaus Angst verbreiten, Glück zerstören konnte, wissen alle, die mit ihm zu tun hatten. Es war nicht allein Walter Benjamin, der stets im Pariser Exil dahinleben mußte zwischen der Hoffnung, weiter für das Institut arbeiten zu können, und den bedauernden Mitteilungen, die finanzielle Lage sei so schlecht, daß vermutlich ... Das Institut hat weder seinen Pariser Sekretär Hans Brill noch seinen holländischen Mitarbeiter Andries Sternheim und dessen Familie vor der Verschleppung bewahren können. Es ist müßig zu fragen, warum das nicht zu ändern war.
Ich selbst habe nur gute Erfahrungen gemacht als Mitarbeiter. Horkheimer schätzte erfolgreiche Leute. Mein erstes Stipendium wurde nicht erneuert, so daß ich Paris verlassen und in Genf, abermals in Hans Kelsens Nähe, ein neues Unterkommen suchen mußte. Dort bekam ich eine »Bourse« des Hochschulinstituts für Internationale Studien. Kaum war die Nachricht darüber von mir nach New York weitergegeben, als ich von Horkheimer wieder unter seine Stipendiaten aufgenommen wurde. Dabei blieb es bis zum Kriegsausbruch. So konnte ich, mit Hilfe der zwei Forschungsaufträge, mein Buch über Georg Büchner schreiben.
Mit jener Nichtbegegnung in Stuttgart hielt ich die Beziehung zu meinem Lehrer Max Horkheimer für abgeschlossen. Hatte ich es bedauert? Mit Adorno war ich noch kurz vor seinem plötzlichen Tod in Verbindung gewesen. Wir hatten ein paarmal miteinander vor dem Rundfunk diskutiert: über George und Borchardt; über die Spätwerke von Meistern der Musik

und der Literatur; über Gustav Mahler. Eine letzte Debatte, diesmal vor der Kamera, über Goethes Klassizismus, kam nicht mehr zustande. Nach seinem Tod versuchte ich eine Deutung der Grundantinomien in Adornos Denken und Leben. Der Text erschien als »Nachdenken über Adorno« im April 1970 in den ›Frankfurter Heften‹.

Kurz nach Erscheinen des Heftes klingelte das Telefon bei mir in Hannover. Eine wohlbekannte Stimme fragte: »Nun raten Sie mal, wer hier spricht?« Ich kannte die Stimme und kannte sie auch nicht. Zu lange war ich Horkheimer nicht wieder begegnet. Er dachte gar nicht daran, einen Grund für den plötzlichen Anruf anzugeben. Mein Aufsatz über Adorno ist niemals zwischen uns auch nur erwähnt worden. Dennoch war das unverkennbar die Ursache für unsere Wiederbegegnung. Ich hatte in meinem Text darauf hingewiesen, daß alle wesentlichen Gedanken, Thesen und Projekte des Frankfurter Instituts als Denkergebnisse Max Horkheimers gedeutet werden müßten. Adorno sei, seit seiner Übersiedlung nach Amerika, zwar der wesentliche Partner gewesen, doch in der Form eines ergänzenden, modifizierenden Mitdenkers. Adornos originäre Leistungen lagen, wie mir scheint, vor allem auf Gebieten, die Horkheimer fremd waren: Musik, ästhetische Theorie, Literatur. Dafür besaß der »Chef« der Frankfurter Schule ein genaues Verständnis für historische Zusammenhänge, und vor allem auch Kenntnis der gesellschaftlichen Prozesse, vor denen Adornos oft naive Unerfahrenheit immer wieder zu versagen drohte: wie damals, zu Beginn des Jahres 1933.

Horkheimer hatte meine Interpretation offensichtlich gebilligt. Nun schlug er mir vor, nach Montagnola zu kommen, damit man sich wieder einmal aussprechen könne. Ich habe ihn dann besucht und viel Vergangenes mit ihm beredet. Die Frau war ihm gestorben, auch Pollock. Milde war er nicht geworden im Altern. Auch in Montagnola ging es devot zu um ihn her. Freilich waren da kaum Menschen, vor denen er maskenlos reden konnte. Bei einigen Namen, die fielen, spürte man immer noch den schwelenden Haß.

Man hat in der Forschung den »späten« Horkheimer als Fehlentwicklung deuten wollen: als eine – vielleicht altersbedingte – Absage an alles, was mit der Kritischen Theorie bewirkt werden sollte. Auch das glaube ich nicht. Dieser Horkheimer der letzten Lebensjahre befand sich im Einklang mit seinen Anfängen, mit der deutsch-jüdischen Symbiose, mit dem Vater.

Genf oder die Erweckung

In Paris konnte ich nicht bleiben. Mein Stipendium lief ab im Herbst 1934. Eine Verlängerung sei im Augenblick nicht möglich, ließ man aus Amerika verlauten. Das Institut müsse rechnen, nach der Übersiedlung in den anderen Erdteil. Das stimmte vermutlich: Fritz Pollock und der ursprüngliche Geldgeber Felix Weil hatten die Gelder rentabel angelegt, allein die amerikanische Wirtschaft erholte sich vom »Schwarzen Freitag« und seinen Folgen noch immer nicht, das republikanische Regime des Präsidenten Hoover hatte schlimme Spuren hinterlassen.

Ich wurde also vertröstet, bekam ein paar Bücher zum Rezensieren für die ›Zeitschrift für Sozialforschung‹ und sollte nun sehen, wie ich weiter durchkam. Das war eine schlimme Sache, abermals. Trotzdem erinnere ich keinen Augenblick der Verzweiflung. Paris machte alles andere wett. Ich genoß jede Minute. Die neue Sprache, die ich immer besser lernte; das Frühstück im kleinen Café an der Ecke; das gute und damals noch billige Essen irgendwo, am besten dort, wo die Arbeiter ihr Déjeuner rituell verzehrten. Ich entdeckte Mallarmé und Apollinaire, Laclos und Balzac, Marcel Proust vor allem, den ich noch in Deutschland in Benjamins und Franz Hessels Übersetzung ohne viel Interesse gelesen hatte. Jetzt kaufte ich mir alle broschierten Bände mit dem scheinbar so manierierten Titel ›A la Recherche du Temps Perdu‹ und brauchte nun wochenlang kaum noch Gesellschaft, schon gar nicht Zuspruch, nur wenig Essen, was vorteilhaft war. Ich hatte Swann und Odette, die monströse Verdurin und den nicht minder monströsen Charlus, Kathedralen und Sonaten und blühende Bäume. Ich war siebenundzwanzig Jahre alt.

Sonst hatte ich niemand. Zwar sah ich Thalheimer noch regelmäßig, lauschte seinen kühlen und skeptischen Analysen über die Entwicklung in Deutschland. Im Gegensatz zu den lärmenden Emigranten und ihren Manifesten wartete er keineswegs auf die Katastrophe nebst triumphaler Rückkehr in die Heimat. Das nüchterne Analysieren einer Niederlage hatte er bei Rosa und bei Lenin gelernt. Mich störte seine Fixierung an den offiziellen Kommunismus. Es schien sogar für diesen bedeutenden Geist nur ein spiegelbildliches Denken und Reagieren zu geben zu den rasch wechselnden Taktiken und Strategien der Stalinleute. Im Alltag des Exils wirkte er hilflos.

Die emigrierten Offizialkommunisten mied ich ebenso wie die Sozialdemokraten. Nach wie vor blieb ich so etwas wie ein »roter Kämpfer«. Eine deutsche Freiheitsbibliothek; eine Universität der Emigranten, die für und vor einander Kolleg hielten; das ›Pariser Tageblatt‹, für das ich zweimal ein Artikelchen schrieb, das dürftig und erst nach Anmahnung honoriert wurde: mir kam das alles läppisch vor, wenngleich es vermutlich gar nicht unnütz war. Der Hauptgrund für meine Indifferenz bestand darin, *daß ich kein Heimweh hatte*. Was sollte ich in Deutschland? Nun doch ein Rechtsanwalt werden, oder ein Richter, oder immerhin ein habilitierter Dozent für Staatsrecht und Allgemeine Staatslehre? Wie fremd alles geworden war. Ich begriff, daß ich es niemals gewollt hatte.

Auch bei den Unterstützungskomitees für Flüchtlinge sprach ich nicht vor. Bei welchen überdies? Sollte ich mich als jüdischer Verjagter deklarieren? Einige Erfahrungen mit jüdischen Geschäftsleuten im Elsaß und nun auch in Paris, an die man mich von Hause empfohlen hatte, und die ich pflichtgemäß aufsuchte, waren entsetzlich. Eine davon in Straßburg gehört zu meinen größten Demütigungen, noch heute. Man behandelte den unerwünschten Eindringling, der mit seinesgleichen nur Schaden bedeuten konnte für das französische Judentum, wie Aussatz. Das Abendessen verwandelte sich in eine Aktion der Wohltätigkeit. Dafür war ich nicht der richtige Partner.

Die Kommunisten unterstützten nur ihre Leute, die Sozialdemokraten desgleichen. Für mich wäre da kein Platz gewesen. Brandler und Thalheimer hatten kaum Geld für den eigenen engsten Kreis. Jahrzehnte später hat mir ein Überlebender von damals berichtet, wie sehr es August Thalheimer bedauerte, mich nicht fester an sich binden und damit halten zu können. Ich denke gern an den noblen Mann, den Archetyp eines Kommunismus, der verschwunden ist: zum Unglück.

Eines Tages erschien bei mir im Herbst 1934, meine Arbeit über den Anarchismus war abgeschickt, ein Freund von der

KPO aus Berliner Zeiten. Felix Ziege war ungefähr in meinem Alter, vielleicht etwas älter: ein jüdischer Literat und oppositioneller Kommunist. Er schrieb unentwegt Theaterstücke über die jeweiligen Begebenheiten des Tages. Eines davon, über den amerikanischen Fall der hingerichteten Anarchisten Sacco und Vanzetti, hatte man in Berlin gespielt, in einer Matinee der Volksbühne.

Er kam aus der Schweiz und hatte bei Thalheimer meine Adresse erhalten. Mit sich brachte er einen älteren Schweizer, seinen Gastgeber und Mäzen. Felix Ziege war das Modell eines liebenswerten Schlawiners aus Weimarer Tagen: verachtungsvoll gegenüber den Bourgeois und ihren Riten, hilfsbereit gegenüber den Freunden, unbeirrt im Glauben, daß man irgendwann einmal mit den Brüdern zur Sonne, zur Freiheit marschieren werde. Das war bloß noch eine Frage der proletarischen Strategie und Taktik. Die bisherige hatte nichts getaugt, aber das würde sich ändern. Von den Sozialdemokraten sprach man besser gar nicht. Er hat keine Desillusion mehr erlebt. Zwei Jahre später erfuhr man auf Umwegen aus Zürich, er sei plötzlich gestorben. Vielleicht hatte sein Herz die angstvolle Lebensweise eines Flüchtlings, der sich vor der eidgenössischen Polizei versteckt hielt, weil man ihn offiziell des Landes verwies, nicht ausgehalten. Sein Tod brachte den Leuten, die ihn beherbergt hatten, viel Schererei.

Der Schweizer, der ihn nach Paris gebracht hatte, im Auto, ohne Paß und Visum, wie es sich verstand, kam aus Genf, allein er war Deutschschweizer aus einer alten und wohlhabenden Familie des Alpenkantons Glarus. *Dr. Leonhard Jenni* galt als »sonderbarer Heiliger« im wörtlichen Sinne dieser deutschen Redensart. Die Sonderbarkeit überwog, freilich, allein da waren auch Züge einer ganz naiven Heiligkeit, einer innerweltlichen Askese, des protestantischen Dienstes am Mitmenschen: ganz ohne Eitelkeit. Seinen ererbten Wohlstand empfand Jenni als Verpflichtung. Er war über fünfzig, hatte noch im deutschen Kaiserreich an der damals bedeutendsten juristischen Fakultät, in Leipzig, die Rechte studiert und war zum Dr. juris promoviert worden. Während des Weltkriegs stellte er sich dem Roten Kreuz zur Verfügung. Ein frühes Lungenleiden erlaubte keinen Militärdienst. Jenni hatte seine Krankheit respektiert und war entschlossen, ihr nicht nachzugeben. Das erforderte ein umfassendes Gesundheitsprogramm, mit strengen Diätvorschriften, die vermutlich längst nicht mehr nötig gewesen wären im Lauf der Jahre, denn ich habe ihn niemals krank, auch nur erkältet gesehen. Übrigens ist er uralt geworden und hat sich damit wohl den geheimsten Daseinswunsch erfüllt.

Die Verbindung mit Glarus hatte er weitgehend gelöst, war nach Genf gezogen, im Vertrauen auf den Völkerbund, und beteiligte sich an der Gründung einer *Schweizerischen Liga für Menschenrechte*. Als ich ihn kennenlernte in Paris, nannte er sich Generalsekretär dieser Liga, war es sicher auch nach dem Buchstaben, doch hatte ich den Eindruck, er selbst sei im wesentlichen diese Liga, und sonst keiner. Das sprach nicht gegen ihn, wohl aber gegen die allgemeine Stimmung in der Eidgenossenschaft, wenigstens in vielen ihrer Amtsstuben: in Sachen Menschenrecht nichts zu unternehmen, wenn man an die Herrscher in Rom und Berlin, auch viele andere denkt. Übertriebene Liebe zu Fremden war dem Durchschnittsschweizer gleichfalls nicht nachzusagen, und die Hilfesuchenden bei einer Liga der Menschenrechte waren natürlich fremdartige Ausländer. Und Geld hatten sie auch keins.

So wurde Leo Jenni zum hilfreichen Freund der Hilflosen, und zur Landplage der Leute in den Amtsstuben. Selbstverständlich wurde er von Schwindlern ausgenutzt, was ihn wenig zu berühren schien, wenn es aufkam: sein Herz hatte nicht für irgendeinen Menschen geschlagen, sondern für einen »Fall«. Unermüdlich schrieb er auf der Schreibmaschine seine Petitionen und Memoranden. Er hat erstaunlich viel erreicht, soweit ich sehen kann. Oft gab man nach, bloß um den streitbaren Juristen loszuwerden.

Dr. Jenni schlug mir vor, durch Felix Ziege wahrscheinlich auf den Gedanken gebracht, nach Genf zu kommen, und dort vorerst bei ihm zu wohnen. Felix Ziege, der bisherige Gast, wollte lieber nach Zürich, er konnte nicht Französisch und war dadurch in Genf von allem Umgang mit Leuten abgehalten. Das war in meiner Lage eine Art Rettung. In Genf lebte Kelsen, befand sich die Arbeitsstelle des Frankfurter Instituts, da war eine Universität nebst Bibliothek, außerdem sehnte ich mich nach mehr Ruhe und weniger Lärm. Genf sollte sehr schön sein. Warum nicht?

So bin ich bald darauf nach Genf gefahren: gleichfalls ohne Paß und Visum. Dr. Jenni holte mich an der französisch-schweizerischen Grenze im Wagen ab und brachte mich, denn nichts wurde kontrolliert, auf den Boden von Republik und Kanton Genf, wie die Formel lautet. Das war im Spätherbst 1934. Mehr als ein Jahr seit dem Sonntagsausflug von der Eifel ins nahe Belgien. Abermals war ich bloß neugierig, nicht ängstlich. Die Illegalität berührte mich nicht. Das hatte ich als roter Kämpfer gelernt. Im Lauf der nächsten Jahre überschritt ich wohl zweidutzendmal die Grenze im Jura oder in Savoyen: bis ich in Genf seßhaft wurde, mit Aufenthaltserlaubnis, und dann auch von den Franzosen jeweils eine Sonderbewilligung bekam für die Reise von Genf nach Paris im Eisenbahnzug.
Das war unsere quälendste Sorge im Exil, wenn es nicht unmittelbar ums Leben ging: der Paß, die Aufenthaltserlaubnis oder auch bloß, nach französischer Polizeipraxis, die vorerst aufgeschobene Aufforderung zur Ausreise. Das Ein- und das Ausreisevisum. Davon wurde auch, wie seine Tagebücher zeigen, ein Thomas Mann nicht verschont. Die Exilliteratur hat sich mit dem Zustand abgequält, unzählige Fälle von Niedertracht sind bekanntgeworden, auch viele einer großen Hilfsbereitschaft, doch die Behörden der Exilländer haben sich meist nur um die Akten gekümmert, nicht um die Menschen. Noch heute verspüre ich Beklemmung, wenn ich nach Frankreich reise oder in die Schweiz und – scheinbar gelassen – meinen Paß vorzeige bei der Kontrolle.
1, chemin de la Chapelle. La Chapelle sur Carouge. Die Anschrift habe ich noch im Kopf, sie war leicht zu behalten. Das war Leo Jennis Haus draußen vor den Toren von Genf, schön gelegen mit dem Blick hinüber zum Salève und auf der anderen Seite zu den Bergen des französischen Jura. Man mußte eine Viertelstunde durch den Wald gehen, um die Endstation der Straßenbahn in Carouge zu erreichen. Carouge war ein berühmter Arbeitervorort von Genf, dort hatte Lenin gewohnt und die Iskra redigiert. Die Stimmen der Genfer Arbeiter hatten eine sozialistische Regierung ins Rathaus geschickt. Das war Reaktion gewesen auf die faschistischen Umtriebe in der aristokratischen Genfer Oberstadt, angeführt durch einen patrizischen Catilina aus »unseren Kreisen« namens Georges Oltramare, der sich bereits in der Rolle eines

Genfer Duce oder Führer sah und entsprechend benahm. Sein Bruder übrigens, der Universitätsprofessor André Oltramare, war Sozialist und Freund des sozialistischen Regierungschefs im Rathaus.

Der hieß *Léon Nicole* und war ein entschiedener Sozialist marxistischer Prägung, ein Arbeiter und erbitterter Gegner der Faschisten, die auch seine eigenen Gegner im Kanton bedeuteten, denn das konservative Genfer Bürgertum, aufgeschreckt durch die Roten im Rathaus, mokierte sich zwar über den deutschen Führer, war jedoch tief beeindruckt vom Duce in Rom und seinen Auftritten auf dem Balkon des Palazzo Venezia.

Gleich nach der Ankunft in Genf brachte mich Jenni ins Rathaus, um mich seinem Freund Nicole vorzustellen. Damit war alles geregelt, solange Nicole im Amt bleiben würde, also bis zu den nächsten Wahlen. Man würde sich um den neuen Besucher am Chemin de la Chapelle nicht kümmern. Léon Nicole war Eigentümer der sozialistischen Tageszeitung ›Le Travail‹, die sein Sohn Pierre redigierte. Für ihn habe ich ab und zu kleinere Artikel zu deutschen Fragen geschrieben.

In La Chapelle hatte ich ein Dach über dem Kopf, bescheidenes, doch streng naturgemäßes Essen, ein Klavier mit vielen Noten, so daß ich wieder einmal gründlich üben konnte nach so langer Zeit, endlich Ruhe für eigene Arbeit, aber welche? Aus Deutschland kamen manchmal noch Überweisungen, ein bißchen Taschengeld verdiente ich durch Gelegenheitsarbeiten für Zeitungen und das Genfer Institut für Sozialforschung. Als zudem feststand, daß ich am Genfer Institut für Internationale Studien arbeiten könne, bekam ich auch einen neuen Arbeitsauftrag von Horkheimer: gleichsam in Fortsetzung meiner einstigen Kölner Dissertation sollte ich die Staats- und Rechtslehre des Dritten Reiches untersuchen. Auch diese Studie ist fertig geworden, konnte dann aber nicht mehr vom Institut publiziert werden. Vermutlich gab es auch Überschneidungen mit den Arbeiten des New Yorker Institutsmitglieds Franz Neumann. Ich konnte dann ausziehen am Chemin de la Chapelle, blieb aber noch lange in Verbindung mit Leo Jenni. In den Sechziger Jahren habe ich das Häuschen wiedergesehen. Die Gegend war so verändert, daß ich mich kaum mehr zurechtfand, alles bebaut und betoniert, nur die Nummer eins war unberührt geblieben. Ganz überwachsen von Schlingpflanzen: man zeigte mir auf der Straße die Sonderbarkeit mit Lächeln und bedeutungsvollem Blick. Hier wohne der Doktor Jenni. Ich habe ihn aber nicht aufgesucht.

Alles war gleichzeitig und ungleichzeitig im damaligen Genf: die sozialistische Regierung von Léon Nicole *und* die faschistoiden Neigungen vieler Bürgerkinder. Im Jahre 1937 hielt es die Universität Lausanne für angebracht, den Duce Benito Mussolini zum Ehrendoktor zu promovieren. Beim Völkerbund waren die Zeiten von Briand und Stresemann bloß noch wehmütige Erinnerung. Davon sprach man im Restaurant Bavaria, wo Stresemann sein Bier zu trinken pflegte, mit leiser Rührung. Die neuen Kunden in der Bavaria wirkten weder liberal, noch besonders »friedliebend«.

Der Völkerbund siechte dahin, das wußte jeder. Irgendeine Form der Agonie war abzusehen. Es war auch ersichtlich, daß diese Vereinigung der Nationen nicht imstande oder auch nur willens sein würde, einen neuen Krieg zu verhindern. Der Auftritt von Dr. Joseph Goebbels freilich, vorbereitet nach bekannten Methoden, um wieder einmal »Verständnis« zu erheischen für die neuen deutschen Machthaber, entartete zum schönen und schieren Durchfall. Es hatte Peinlichkeiten gegeben und Gelächter. Worauf man in Berlin »austrat« und symbolisch mit den Türen knallte.

Als Gegenspieler von Goebbels heimste der katholische Bundeskanzler Österreichs, der Dr. Engelbert Dollfuß, für seine gegen Berlin gerichtete Polemik die Ovationen der Völkerbundsmitglieder ein. Dann jedoch hatte es den Februar 1934 in Österreich gegeben, wo Dollfuß daranging, die Sozialdemokraten und ihre Organisationen nicht bloß von aller politischen Einflußnahme fernzuhalten, sondern zu entmachten und zu verbieten. Der Widerstand wurde durch das Militär gebrochen; Dollfuß ließ Militärgerichte einsetzen und die verhafteten Führer der Revolte zum Galgen schleppen. Kurze Zeit darauf verblutete er selbst in seinem Bundeskanzleramt unter den Schüssen einer von Berlin aus inszenierten »großdeutschen« Revolte, die gleichfalls niedergeschlagen wurde und gleichfalls mit Hinrichtungen am Galgen enden sollte.

Während meiner Zeit in Genf habe ich den französischen Politiker Pierre Laval am Werk gesehen, tätig für jeweils wechselnde Regierungen, doch immer bemüht, wirksame Entscheidungen gegen die Brecher des Völkerrechts zu verhindern. Auch den Negus von Äthiopien erlebte ich vor dem Völkerbund, als er sich, ein Besiegter, würdig und vertrauensvoll an den Bund der Nationen wandte, um Hilfe zu erbitten gegen den Überfall der Truppen Mussolinis. Er wurde während der Rede von frechen italienischen Journalisten, die sich davon zu Hause einige Vorteile versprachen, mit zynischen Schimpfworten überschüttet.

Man weiß, wie sie alle ums Leben kamen: Laval und Goebbels und Mussolini. Damals waren sie mächtig und aktiv. Begonnen hatte die Agonie, wie in Genf jeder zugab, als der amerikanische Kongreß unmittelbar nach Kriegsende das juristische und politische Gesamtkonzept des Präsidenten Woodrow Wilson scheitern ließ. Die Vereinigten Staaten verweigerten den Beitritt zum Völkerbund. Ihr Fehlen in Genf war verhängnisvoll für den Völkerbund seit Anbeginn.

Als mein Lehrer, Carl J. Burckhardt, im Jahre 1937 in Genf gewählt wurde, um als Hochkommissar des Völkerbundes in Danzig seinen schottischen Vorgänger Lester abzulösen, traf ich ihn in gedrückter Stimmung. Er wußte genau, was geschehen werde, und sagte: »Eines Tages wird ein deutsches Kriegsschiff einlaufen, die Truppen setzen an Land und besetzen die Stadt. Und ich werde auf der Treppe meines Hauses stehen, mit erhobenem Füllfederhalter, um zu protestieren: im Namen des Völkerbundes!«

Burckhardt war am *Genfer Hochschulinstitut für Internationale Studien* mein Lehrer geworden. Dort lehrte auch Hans Kelsen, und er hatte mich ans Institut geholt. Abermals war zwischen uns ausgemacht, wie schon zu Beginn des Jahres 1934, als er mich an Max Horkheimer empfahl, daß ich nicht bei ihm als Völkerrechtler arbeiten sollte, sondern in anderen Bereichen des Instituts.

Das war eine Gründung der ersten Nachkriegszeit. Als Präsident Wilsons Konzept noch einzuleuchten schien und man daran dachte, daß eine künftige, auf anerkannten Völkerrechtsnormen aufgebaute Friedenspolitik auch einen neuen Typ der Fachleute erfordern werde. So kam es zur Errichtung dieses Hochschulinstituts, das nur »advanced studies« anzubieten gedachte: also ein Nachstudium für Spezialisten, die

bereits in ihren Ländern und Universitäten einen akademischen Abschluß mit Diplom erzielt hatten. Man rechnete in Genf damit, daß die Mitgliedsstaaten des Völkerbundes ihre begabten jungen Leute ans Institut schicken würden, um sie dort ausbilden zu lassen. Die Rockefeller Foundation hatte das Institut reichlich ausgestattet. Es umfaßte vier Abteilungen: Internationale Politik, Weltwirtschaft, Völkerrecht und Diplomatische Geschichte. Gleichsam ein besonderes Destillat aus den Arbeiten einer Philosophischen, Juristischen und Wirtschaftswissenschaftlichen Fakultät.
Die Agonie des Völkerbundes hätte auch zu einem mürrischen und enttäuschten Vegetieren der internationalen Forschung, ihrer Lehrer wie ihrer Schüler, führen müssen. Dem war nicht so, wie ich bald erkannte, als ich die hellen und schönen Räume des Instituts, das damals noch in der Oberstadt von Genf residierte, später erst in den Park am Ufer des Genfer Sees und die Nähe des Völkerbundsgebäudes verlegt wurde, zum ersten Mal betrat. Was ich dort fand, war durchaus nicht mehr gläubiges Vertrauen auf die Charta des Völkerbundes. Erst recht nicht optimistisches Sprücheklopfen. Das kam nur gelegentlich vor, wenn ein amerikanischer Spezialist alter Schule einen Gastvortrag hielt und von den Professoren und Studenten des Instituts, von denen ziemlich viele als Emigranten in Genf lebten, an die Wirklichkeit in Europa erinnert wurde, übrigens auch in den Vereinigten Staaten. Dort war die republikanische Administration des Präsidenten Herbert Hoover nach wie vor zu spüren. Das »New Deal« des neuen Präsidenten Roosevelt blieb vorerst eine Verheißung.
Die Zusammensetzung der Studenten am Institut, von denen die meisten, wenn sie nicht von ihren Staaten finanziert wurden, ein monatliches Stipendium des Instituts erhoffen konnten, war von Grund auf verändert seit 1933. Das Politische Departement in Bern ließ seine künftigen Diplomaten und Fachleute der Weltwirtschaft mit Vorliebe in Genf ausbilden. London und Paris hatten von Anfang an ihre eigenen Schulen und Ausbildungsprinzipien bevorzugt, die jungen Franzosen und Engländer am Institut waren Zufallserscheinungen. Allein es kamen Skandinavier und Belgier und Holländer; das Institut hatte einen guten Ruf auch bei den Außenministerien einer Kleinen Entente, also in Prag und Belgrad und Bukarest.

Sowjetrussen habe ich dort nicht kennengelernt, übrigens auch keine Polen aus dem Regime des Marschalls Pilsudski.
Dafür waren seit 1933 immer mehr Emigranten aus Deutschland nach Genf gekommen: erklärte Gegner des Dritten Reiches. Sie mußten nicht befürchten, am Institut mit Propagandisten und Sendboten aus Berlin konfrontiert zu werden. Seit dem Austritt aus dem Völkerbund ignorierte man die offiziellen Einrichtungen der Genfer Szene, also auch das Institut. Beobachtet wurden wir natürlich sehr genau durch das Deutsche Generalkonsulat in Genf, das registrierte, ob unsere Pässe noch gültig waren oder bereits verfallen. An Spitzeln war in Genf kein Mangel. Die Nachrichtendienste fühlten sich von jeher wohl am Genfer See, doch ins Institut selbst drangen sie nicht vor. Der Direktor des Institus mißfiel ihnen durchaus, der Professor *William E. Rappard*. In Berlin hatte man ihm nicht vergessen, was er dem deutschen Propagandaminister antwortete bei einem Mittagessen im privaten Kreis, wo Goebbels und Neurath mit ein paar führenden Schweizern sprechen wollten, damit man wenigstens, nach der Katastrophe im Plenum des Völkerbundes, im kleinen Kreis etwas Achtung einheimsen könnte. Rappard hatte die unangenehmsten Fragen bereit für den Reichsminister aus Berlin. Er brauchte auch keinen Dolmetscher, denn der Direktor des Instituts sprach Englisch, Französisch und Deutsch mit gleicher Vollkommenheit. Auch Schweizerdeutsch übrigens, dank seiner Familienbeziehung zu Basel. Als daher Dr. Goebbels am Ende des Frühstücks den herzlichen Biedermann spielte und für das so offene und freimütige Gespräch dankte, entgegnete ihm Rappard: »Das glaube ich wohl, denn bei sich zu Hause haben Sie dazu nur wenig Gelegenheit!«
William E. Rappard war ein Liberaler für den Ernstfall. Das war damals bereits selten und ist es geblieben. Dem Institut kam seine Erfahrung als Politiker und Wirtschaftswissenschaftler zugute. Er hatte an der Harvard-Universität als Professor für Wirtschaftswissenschaft gelehrt, kehrte aber in die Schweiz zurück, um die Leitung des neu gegründeten Instituts zu übernehmen. Sein französischer Freund und Mitdirektor, Paul Mantoux, hatte während der Friedensverhandlungen von 1919 eine wichtige Rolle gespielt. Damals gab es nicht viele Franzosen, die gut englisch sprechen konnten.

Mantoux war Sekretär und auch Dolmetscher gewesen bei den Verhandlungen zwischen Präsident Wilson, Clemenceau und Lloyd George. Seine Sympathie galt den Angelsachsen; mit Clemenceau hatte er sich ersichtlich nicht gut verstanden. Nach Unterzeichnung der Friedensverträge von Versailles, Trianon und St.-Germain machte man dem Professor Mantoux kein interessantes Angebot. So kam er nach Genf, wo er am Institut, neben der Mitdirektion, die Leitung der politologischen Ausbildung übernahm. Englisch und Französisch waren hier die Unterrichtssprachen.

Mantoux war Jude, er hat alles getan, um den verjagten Emigranten, die in Genf auftauchten, für einige Zeit am Institut ein bißchen Urlaub vom Exil zu bieten. Nach dem Zweiten Weltkrieg besuchte ich ihn in Paris. Er hatte die Altersgrenze überschritten und Genf verlassen: ein trauriger, auf den Tod wartender Mann, der es nicht verwinden konnte, daß sein Sohn im Krieg gefallen war.

Was Rappard und seine Ökonomisten damals in Genf lehrten, erschien mir als der bare Anachronismus. Man klagte jede Art von staatlicher Lenkung des Wirtschaftslebens als Verräterei an, die ein freies Spiel der Wirtschaftskräfte verhindere und nur Unheil bewirken könne: Zollmauern, Verbote bei der Einfuhr und Ausfuhr, eine streng dirigierte staatliche Währungspolitik. Das sei ein übles Erbe des einstigen Merkantilismus, und werde bezeichnenderweise vor allem von Staaten mit einem autoritären oder gar totalitären System praktiziert. Es komme aber darauf an, diesen ungesunden Zustand langsam wieder zu beseitigen und zum liberalen Wirtschaften des 19. Jahrhunderts zurückzukehren.

Meine marxistische Lektüre hatte mich jedoch zu dem Schluß geführt, daß Sozialismus nicht denkbar sein könne ohne Wirtschaftsplanung, was staatliche Lenkung voraussetzte. Sozialismus und Liberalismus waren, nach meinem damaligen Verständnis, auf allen Gebieten miteinander unvereinbar; am stärksten wirkten sich die Gegensätze in der Wirtschaft aus. Die von Rappard ans Genfer Institut berufenen Ökonomen jedoch waren in einem durchaus doktrinären Sinne als liberal zu bezeichnen. Es waren zwei Emigranten aus Österreich und aus Deutschland. Aus Wien war *Ludwig von Mises* schon vor den Ereignissen von 1933 nach Genf berufen worden. Mises zeigte keinerlei Neigung, nach Österreich zurückzukehren; er durfte sich ausrechnen, wie lange das dortige katholisch-ständestaatliche Regime noch zwischen Berlin und Rom lavieren könne. Da als offizielle Sprachen am Institut nur Englisch und Französisch zugelassen waren, trug Mises sein Kolleg in etwas sonderbarem Englisch vor. Hans Kelsen sprach fließend Französisch. Er trug den französischen Text seiner Vorlesung mit der gleichen Intensität und in der wohlbekannten Haltung eines einsamen Denkers vor, wie damals in Köln seine deutschen Kollegs.

Neben Mises trat dann, im Jahre 1935, der deutsche Nationalökonom Professor *Wilhelm Roepke.* Roepke war Ordinarius in Marburg gewesen, hatte aber politische Widerworte gegeben und war unliebsam aufgefallen. Er kam einer möglichen Verhaftung zuvor, als er die Berufung nach Genf annahm. Ein gut aussehender, verhältnismäßig junger deutscher Professor, selbstgefällig zugleich und hilfsbereit. Ziemlich rechthaberisch, so daß sich die Beziehungen zwischen ihm und Rappard, dem solche professorale Anmaßung zuwider war, nicht besonders gut entwickelten. Aber natürlich respektierte der Institutsdirektor die Kenntnisse und erst recht die vertrauten Theorien, die Roepke vertrat.

Mises und Roepke, ich empfand sie damals in Genf als – freundliche und angenehme – Überbleibsel aus dem 19. Jahrhundert. Es verstand sich, daß Mises auch seinen noch in Wien lehrenden Freund und Kollegen F. A. von Hayek zu Gastvorträgen nach Genf holte: den späteren Nobelpreisträger für Wirtschaftswissenschaft. Auch Hayek war angenehm, doch für mich wenig überzeugend.

Nimmt man sie als theoretisch-ideologische Gemeinschaft, so erlebte ich damals in Genf die *Väter einer Freien Marktwirtschaft.* Sämtliche Konzepte Ludwig Erhards und seines Staatssekretärs Alfred Müller-Armack, meines einstigen Diskussionspartners an der Kölner Universität um 1928, wurden erklärterweise zurückgeführt auf die Theorien von Roepke und seinem Freund Alexander Rüstow, der damals, wenn ich mich recht erinnere, aus Deutschland nach Istanbul emigriert war. William Rappard hat es noch erlebt, nach zwei Weltkriegen, daß seine eigensinnig aufrechterhaltenen Prinzipien des integralen Liberalismus schließlich das Wirtschaftssystem ei-

ner zweiten Nachkriegszeit bestimmen sollten: mit allen Vorzügen und allen Nachteilen.
Mich haben vor allem die beiden *Historiker* des Instituts fasziniert: der Italiener Guglielmo Ferrero und Carl J. Burckhardt aus dem berühmten Geschlecht der Basler Patrizier. *Guglielmo Ferrero* war das Urbild eines italienischen Patriarchen und pater familias. Obzwar in Portici zur Welt gekommen, glich er in seiner stattlichen Länge, mit den blitzenden blauen Augen und dem graublonden Haar, in nichts den üblichen Vorstellungen von einem Neapolitaner. Er wurde 1871 geboren: im Jahr der italienischen Einigung und der deutschen Reichsgründung. Ein paar Monate jünger als Heinrich Mann, dessen Knebelbart und Schnurrbart auch bei Guglielmo Ferrero wiederkehrten. Vermutlich hatte sich der italienische Historiker und wissenschaftlich-politische Todfeind aller Diktatoren innerlich darüber hinwegsetzen müssen, daß seine Barttracht vorbelastet war durch den Dritten Napoleon, den »kleinen« Bonaparte und Besiegten von Sedan im Herbst 1870.
Ferrero war trotzdem ein Süditaliener, auch wenn er meist in Florenz und Turin gelebt hatte, bevor er sich im Jahre 1930 entschloß, das faschistische Italien zu verlassen und in Genf eine Geschichtsprofessur an der Universität zu übernehmen. Schon früh wurde er berühmt, als Historiker und glänzender Essayist. Sein fünfbändiges Werk über ›Größe und Niedergang Roms‹ (1902-1907), bereits im Titel als Fortsetzung der Untersuchungen von Gibbon und Montesquieu im 18. Jahrhundert deklariert, war ein großer Bucherfolg. Vor allem deshalb, weil dieser Historiker und Soziologe, der die Tochter des Sozialforschers Cesare Lombroso geheiratet hatte, allen verklärenden Prunk der Legenden und der Literatur wegräumte, um den wirklichen Gegner zeigen zu können: den *Gaius Julius Cäsar.* Gegen ihn war diese neue römische Geschichte geschrieben worden. Weshalb Ferrero auch den Deutschen mißtraute: sie hatten Cäsar immer wieder erhöht. Zuletzt noch jener Friedrich Gundolf in den Zwanziger Jahren, als auch Ferreros Cäsardeutung in Deutschland erschienen war. Ich kannte sie und hatte sie gern gelesen: schon aus Widerstand gegen Gundolfs (und meines Kölner Lehrers Ernst Bertram) Kult der Denkmalsgestalten.

Damit kam ich bei Ferrero auf meine Rechnung. Er war ein altrömischer Republikaner wie nur einer; den eigenen Sohn hätte er, als Konsul, wegen Ungehorsams und katilinarischer Verschwörung dem Henker übergeben. Als ich diesen großartigen und furchtbaren Mann zuerst hörte, im großen Hörsaal der Universität, später im Seminarraum des Instituts, erkannte ich ihn plötzlich. Hier stand und sprach der »Lodovico Settembrini« aus dem ›Zauberberg‹ von Thomas Mann. Alles war da: Aufklärertum und experimentelle Gesellschaftsforschung, italienischer Patriotismus und asketische Lebensführung, die sonderbare Mischung aus Güte und Intoleranz. Auch heute noch sehe ich Ferrero, wenn ich die Geschichte Hans Castorps wiederlese.

Stets meinte er seinen eigenen Lebensfeind, den Duce Benito Mussolini, wenn er Kolleg hielt. Man hatte Ferrero auf einen Lehrstuhl für Neuere Geschichte berufen; dadurch wurde ihm der Fall Cäsar entzogen. Allein es gab den *Napoleon Bonaparte*. Gegen ihn, den jungen Abenteurer und Putschisten, verfaßte der italienische Emigrant in der Westschweiz, der ein elegantes Französisch schrieb, aber den italienischen Akzent nicht loswurde, ein Buch nach dem andern. Es war wohl ein ersatzweises Handeln, denn die schweizerische Außenpolitik, dirigiert von dem Tessiner Giuseppe Motta, der gegen Sowjetrußlands Aufnahme in den Völkerbund stimmte, hielt gute Nachbarschaft, weit über das Gebotene hinaus, mit den Faschisten im Süden. Da mußte der Antifaschist in Genf, auch als Historiker, die Schliche der Sklavensprache anwenden. Er tat es nicht ungern, denn am Aufstieg Bonapartes ließ sich zeigen, wie unnotwendig diese Karriere gewesen war, und wie teuer sie zu stehen kam in ganz Europa. Ferrero entwickelte eindrucksvoll die Vision einer *»Großen Furcht«* hinter jedem Auftauchen der siegreichen Marschälle, der Machtpolitiker mit dem alleingültigen Heilsplan, all dieser Führer und Duces und Caudillos. Die Furcht der Besitzenden hatte zuerst zur Abdankung des Rechtsstaats geführt, dann zur Soldatenspielerei, zur Geheimpolizei und zur verzückten Machtanbetung.

Man hatte leicht spotten über Ferreros unhistorische Analogien zwischen Cäsar, Napoleon und Mussolini, allein sein Geschichtsunterricht war trotzdem aktuell und überaus »relevant«. In Polen gab es das Regime des Marschalls Pilsudski und seiner Erben; in Ungarn die Pfeilkreuzler, in Rumänien die faschistischen »Eisernen Garden«; in Spanien hatte man einen Militär ausgemacht, um die bürgerliche Demokratie gewaltsam zu beseitigen; das Portugal Salazars, und nun auch noch ein Drittes Reich mitten in Europa. Da war es natürlich, daß ich mich in Genf zu Ferrero gesellte.

Bei ihm habe ich viel gelernt. Das Ernstnehmen der Geschichte vor allem, doch ohne die gewaltsame Ausnutzung des Vergangenen, um ein Gegenwärtiges zu deuten. Davor bewahrte mich der historische Materialismus, auch das Beispiel Max Horkheimers in seinen Studien über die Lehren europäischer Revolutionen seit dem römischen Volkstribunen Cola di Rienzo im 14. Jahrhundert.

Ferreros lebten in einem schönen Renaissancepalast in der aristokratischen Oberstadt von Genf. Sie waren gastfrei und empfingen viele Besucher, vor denen der Patriarch seine Ansprachen hielt. Niemand hat, soweit ich denken kann, jemals widersprochen. Einer muß es einmal gewagt haben, wie man sich erzählte: irgendein Diplomat, der Rücksichten zu nehmen hatte. Der stattliche Italiener erhob sich, faßte den lieben Gast beim Jackett, rüttelte ihn und sprach: »Je ne peux pas supporter de telles bêtises!« Gesprochen mit italienischem Furor und Akzent. Das hatten alle erfahren, die sich abends einfanden in der Rathausstraße: in Bewunderung eines bedeutenden und tapferen Mannes.

Mich haben Guglielmo und Nina Ferrero sehr herzlich aufgenommen. Nach Kriegsbeginn durfte ich eine Zeitlang oben in ihrem Hause wohnen. Das Unglück dieser Familie wurde nie verwunden: der einzige Sohn, Leo Ferrero, ein interessanter Schriftsteller, dessen Parabelstück ›Angelica‹, ein Lehrstück über den Mechanismus von Diktatur, mir großen Eindruck machte, war bei einer Amerikareise durch einen betrunkenen Autofahrer getötet worden. Alles Tun der Eltern, alle Gastfreundschaft diente insgeheim dazu, dem Werk des Sohnes eine Gemeinde zu schaffen. Ich habe gern dabei mitgeholfen.

Als ich durch Carl J. Burckhardt mit seinem Freund Max Rychner bekanntgeworden war, der damals das Feuilleton des ›Bund‹ in Bern redigierte, schrieb ich für ihn über »Zweifel und Verzweiflung Leo Ferreros«: vielleicht mein erster literarischer Essay, zu dem ich auch heute noch stehe.

Neben Kelsen und Horkheimer ist der Historiker *Carl J. Burckhardt* damals in Genf zu meinem wichtigsten Lehrer geworden. Später kamen noch Ernst Bloch und Bertolt Brecht hinzu. Im Grunde denke ich nur an diese fünf so disparaten Menschen beim Rückblick auf meine Lehrjahre, die wahrlich auch den Titel von Wanderjahren verdient haben.

Burckhardts Einfluß auf mein Leben und meine Arbeit ist nicht wegzudenken. Auch ihn lernte ich durch Kelsen kennen. Die beiden standen gut miteinander, Kelsen und Burckhardt, wenngleich der Jurist und Emigrant Kelsen mit Unbehagen zur Kenntnis nahm, daß sein Kollege Burckhardt, der schweizerische Diplomat, Mitarbeiter des Internationalen Komitees vom Roten Kreuz und Geschichtsforscher, mit den Amtsstellen eines Dritten Reiches verkehrte, das Konzentrationslager Oranienburg offiziell besuchte und dabei den Häftling Ossietzky, Carl von, zu Gesicht bekam. Burckhardts Rapporte an das Rote Kreuz fielen beschwichtigend aus: man wollte den Kontakt zu den Berliner Machthabern keinesfalls abreißen lassen.

Zu den Emigranten aus Deutschland, Österreich und Ungarn, auch aus dem Griechenland des Diktators Metaxas, die in Genf studierten, verhielt sich Burckhardt sehr freundlich und hilfsbereit. Er hat vielen geholfen. In seinem Erinnerungsbericht, den er noch 1967 für eine kleine Festschrift zu meinem 60. Geburtstag geschrieben hat unter dem Titel »Der junge Hans Mayer«, erwähnt Carl Burckhardt auch einen »blutjungen Hellenen«, ein damaliges Wunderkind am Genfer Institut, als meinen Partner und geistigen Gegenspieler aus jenen Tagen. Das war Panayotis Papaligouras, der später, nach Kriegsende, immer wieder Minister wurde in vielerlei Ressorts, von den Obristen für kurze Zeit verhaftet, später kaltgestellt wurde, um dann mit Karamanlis die Wirtschaft des von der Junta befreiten Landes zu reorganisieren.

»Was ihn letzten Endes am tiefsten betraf, am meisten anzog, waren Geistesgeschichte und Dichtung. Da lebten wir beide, jeder in seiner Art, fern der Sprache unserer Heimat und Jugend, beide entbehrten wir etwas Entscheidendes . . .« Als Burckhardt in solcher Weise sein Erinnerungsbild vom »jungen Hans Mayer« fixierte, war er 75 Jahre alt. Ich habe ihn mehrfach noch in seinem Haus im Waadtland besucht, ein

paarmal kam er eigens nach Genf, um mich wiederzusehen. Carl J. Burckhardt starb mit 83 Jahren.
»Was ihn letzten Endes am tiefsten betraf, am meisten anzog, waren Geistesgeschichte und Dichtung.« Allein der Ausdruck Geistesgeschichte berührt die Sache nicht. Mit den Methoden Friedrich Meineckes hatte ich nie etwas im Sinn.
Übrigens war auch Burckhardt, als Verfasser einer bedeutenden Biographie über den Kardinal Richelieu und seine Zeit, alles andere als ein »Geistesgeschichtler«. Der Hinweis jedoch auf die »Dichtung« trifft durchaus zu. Sogar in einer von Burckhardt vielleicht nicht geahnten Bedeutung: daß es der Umgang mit ihm war, dem Freund Hugo von Hofmannsthals, Rilkes, auch Claudels, der mir schließlich zu meiner Identität verhalf, zur Kenntlichkeit. Dazu nämlich, die Werke der Schriftsteller nicht als Indizien für Historisches zu benutzen, folglich zu mißbrauchen, sondern als Schöpfungen eigenen Rechts ernst zu nehmen.
Mit Hofmannsthals und Burckhardts Bild der Literatur stimmte ich nicht überein. Hofmannsthals Formel vom »Schrifttum als geistiger Raum der Nation« und materialistische Dialektik, das kam nicht zusammen. Dennoch habe ich bei Burckhardt, diesem konservativen Historiker und Großneffen des Verfassers von ›Weltgeschichtlichen Betrachtungen‹ gelernt, die Literatur im weitesten Verstande wörtlich und also ernst zu nehmen. Als ich im Jahre 1935, mit 28 Jahren, daranging, den Plan eines Buches über Georg Büchner zu entwerfen, was ein schlechthin aussichtsloses Unterfangen war in meiner eigenen und der allgemeinen Lage, las ich die jeweils geschriebenen Kapitel meinem Lehrer Burckhardt vor. Er sorgte dafür, daß ich durchhielt.
Er selbst war, als das Buch langsam fertig wurde, als Hochkommissar des Völkerbundes nach Danzig berufen worden: in eine Freie Stadt, die bald sehr unfrei werden sollte, und sehr unglücklich. Burckhardt hat über die letzte Phase seiner Tätigkeit und seinen Besuch auf dem Obersalzberg in den letzten Vorkriegstagen in seinem Buch ›Mission in Danzig‹ berichtet. Ich sah ihn kurz nach Kriegsbeginn und nach der Rückkehr. Es war genau so abgelaufen, wie er es mir beim Amtsantritt vorausgesagt hatte: ein Protest mit dem erhobenen Füllfederhalter im Namen des Völkerbundes, dann die Verjagung.

Vermutlich hatte Burckhardt schon vor der Reise nach Danzig gewußt, daß es auf diesem Posten um einen Weltkrieg gehen würde.

Das weitere ist bekannt. Man hat dem Diplomaten und Historiker Burckhardt später Blindheit und konservative Illusionen vorgeworfen. Ganz abzuwehren sind solche Urteile der Nachlebenden sicher nicht. Es gibt Trauer und Enttäuschung, wenn ich an diesen meinen Lehrer denke, den ich sehr verehrte. Wer ihm gegenübersaß, war ihm verfallen. Er wirkte stets wie der aufrichtige Freund vieler, allzu vieler Freunde: immer aufrichtig und niemals. Es war ihm unmöglich, über irgend einen Vorgang, selbst alltäglicher Art, zu berichten, ohne zu fabulieren. Das habe ich oft erlebt und mußte an mich halten, um nicht laut zu lachen. Wenn es etwa zwischen Burckhardt und mir, noch vor der Danziger Mission, in der Villa Diodati hoch über dem Genfer See, ein Gespräch über Goethe und den ›Faust‹ gegeben hatte, weil man Burckhardt einlud, in Weimar eine Festrede zu halten, die er dann doch absagte. Einige Wochen später, bei einem neuen Zusammentreffen in jener Villa, wo Lord Byron zu Gast gewesen war und Honoré de Balzac, kam der Hausherr und Gastgeber auf Goethe und seinen ›Faust‹ zurück. Zerstreut lächelnd trug er mir meine Gedanken vom letzten Gespräch vor, hatte aber als Quelle diesmal den Paul Claudel anzugeben, mit welchem er in der Zwischenzeit zusammengetroffen war. Beneidenswerte Fähigkeit des geborenen Fabulierers. Ich spürte stets, daß dieser weltgewandte und mächtige Mann, der so erfolgreich sein konnte und sich durchaus auf den eigenen Vorteil verstand, trotzdem in einem Traumreich lebte.

Hinzu kam, daß er, wie sein Großonkel Jacob Burckhardt, fasziniert war von der »Macht«. Eine Ästhetisierung des Bösen lag ihm nicht fern. Politik verstand er als undurchsichtige Geheimdiplomatie. Konservatives Geschichtsbild in Bewunderung Metternichs *und* assimilatorischer Eifer eines jüdischen Emigranten: es hätte den Fall eines Henry Kissinger ergeben. Das war nicht mein Fall.

Enttäuschung war schließlich, bei zahllosen Ehrungen, um Burckhardt in seiner letzten Lebenszeit. Da klang Trauer durch über so viel Unvollendetes: ungeschriebene Memoiren, Biographien, gewollte, doch nicht geformte Dichtung. Trauer vor allem über die Ohmacht eines Botschafters und Außenpolitikers. Als schweizerischer Bevollmächtigter Minister in Paris hatte sich Burckhardt noch einmal den großen Auftritt auf der internationalen Szene erhofft. Hatte er noch eine letzte große Freundschaft mit Charles de Gaulle erwartet? Seine Bitterkeit, wenn vom französischen Präsidenten die Rede war, konnte es vermuten lassen. Ein Staatsmann als Freund: das kam schließlich mit Theodor Heuss zustande, nicht mit dem General de Gaulle. Allein auch Heuss war kein Mann der »Macht«.

Unter allen, die Spuren hinterließen in meinen Lehr- und Wanderjahren, war Carl Burckhardt der Entscheidende: er vor allem half mir bei der Entwicklung zur Kenntlichkeit. Das klingt sonderbar, denn niemals wähnte ich beim Umgang mit dem berühmten und vielumworbenen Historiker und Diplomaten, wahrhaft zu ihm vordringen zu können. Es war auch nicht sein Beispiel: das ließ sich nicht imitieren, zudem sah ich ein, daß Burkhardt selbst, bei seinen vielen Begabungen, nicht zur Kenntlichkeit gelangt war. Das wußte er, und litt darunter. Weshalb sein Schreiben nur selten glückte, meist jedoch zur Schönschreiberei verkam.

Bei der Begegnung mit diesem faszinierenden Geschichtsprofessor wurde mir deutlich, *daß ich »eigentlich« ein Schriftsteller sei, wenngleich einer mit ungewöhnlicher Thematik*. Also kein Jurist, kein Politiker, kein Historiker, der sich für Metternich interessiert, es kann aber auch Trotzki sein, auch kein Germanist im üblichen, immer noch üblichen Fachsinne: sondern ein Schriftsteller. Meinethalben ein Literat. Was bei Carl Burckhardt ein Mangel sein mochte, der auch so empfunden wurde, das Oszillieren zwischen den vielen Aktivitäten, wobei gelegentlich der Bericht über eine »Kleinasiatische Reise« abfiel, oder eine Erinnerung an Rilke oder Hofmannsthal, oder eine glanzvolle Monographie über Richelieus ›Aufstieg zur Macht‹, trug mittelbar zu meiner *Erweckung* bei. Damit aber auch zur inneren Gewißheit, unter solchen Umständen selbst imstande zu sein, bei dieser Profession mithalten zu können.

Mit achtundzwanzig Jahren traf ich mit Burckhardt zusammen. Als einer, der nichts konnte oder war, dennoch eine Gewißheit besaß, die keiner Pragmatik standgehalten hätte:

daß da mehr in einem stecke, als bisher sichtbar werden konnte. Ich hatte einiges gelesen, konnte ganz gut sprechen vor den Leuten. Wenn mir Aufgaben gestellt wurden, von Kelsen oder Horkheimer, auch anderen, war ich imstande, gute Arbeit abzuliefern. Sonst aber? Ich hatte stets das Gefühl, es würde mir nicht schwerfallen, für das Theater zu schreiben. Ich habe es niemals versucht. Dialoge für den Rundfunk oder das Fernsehen zählen nicht. Warum wurde ich kein Dramatiker? Gedichte habe ich geschrieben, aber es sind keine. Hübsch bisweilen, diese Gelegenheitscapricen, wenn sie boshaft sein wollen, als Xenien »aus gegebenem Anlaß«.

Was damals in der Schule aus mir hervordrang, als ich über Eduard Mörike vor der Klasse zu sprechen hatte, dann in seltenen Augenblicken von neuem zu mahnen schien: hier in Genf, beim Umgang zugleich mit Georg Büchner und mit Carl J. Burckhardt, ließ es sich endlich fassen als Gefühl und als Erkenntnis. Als eine langsame, zögernd akzeptierte Erwekkung.

Ich war glücklich in jenen ersten Jahren am Genfer See. Ein bißchen Geld war auch vorhanden, als ich vom Genfer Institut und wieder von Horkheimer unterstützt wurde. Nach französischer Sitte zog ich ins Hotel, wohnte ganz erträglich und hatte Freunde. Meine Eltern haben mich damals noch besuchen können: die Mutter zuerst, dann der Vater. Bei Freunden, die auf dem Lande, an der Grenze von Savoyen, ein schönes Landhaus bewohnten, empfing man die in Deutschland Geächteten. Es muß ihnen ein Trost gewesen sein, später.

Für das Genfer Institut schrieb ich Beiträge zur Zeitgeschichte, dem Institut für Sozialforschung lieferte ich eine Studie zur Staats- und Rechtslehre des Dritten Reiches. Dann erklärte man sich bereit, mein Buch über Georg Büchner als Forschungsaufgabe anzuerkennen. Durch Danton und Woyzeck errang ich mir, zunächst vor mir selbst, die Kenntlichkeit.

Georg Büchner und seine Zeit

Warum just Georg Büchner? Da kam mancherlei zusammen. Ich hatte die dunkelblaue Dünndruckausgabe aus dem Leipziger Insel-Verlag und vom Jahre 1922 mit ins Exil genommen, oder vielmehr: durch die Familie ins Ausland schicken lassen. Ich wollte ein paar Bücher um mich haben, die mir in den Kölner und Berliner Jahren wichtig gewesen waren. Wenn ich jetzt daran zurückdenke, wundert mich der sonderbare literarische Mischmasch bei der Auswahl. Dazu gehörte die broschierte Ausgabe von ›Geschichte und Klassenbewußtsein‹ in der orangefarbenen Ausgabe des Malik-Verlages. Das verstand sich von selbst. Der damals bereits seltene Band ging dann verloren in den Wirren der Emigration, doch ein Freund in Frankfurt, in der ersten Nachkriegszeit, besaß auch seinerseits diesen wichtigen und von seinem Autor Georg Lukács nach wie vor abgeleugneten Band. Er machte ihn mir zum Geschenk.

Lukács also, dann der Roman ›Pelle der Eroberer‹ von Martin Andersen Nexö. Diesem Buch, das vieles zugleich war, in verwirrender Mischung: romanhafte Autobiographie, Dokument vom Übergang eines Bauernjungen von der Insel Bornholm ins städtische Proletariat der Hauptstadt Kopenhagen, sozialdemokratische Kampfschrift und Entwicklungsroman einer bürgerlichen Tradition, war ich schon als Gymnasiast verfallen. Es war ein zufällig bei mir gelandetes Geburtstagsgeschenk. Vom Schenker her hätte es wahrscheinlich genauso gut auch irgendein anderer Band sein können, der damals soeben erschienene neue Roman von Jakob Wassermann etwa oder eine neue historische Biographie von Emil Ludwig. Es war aber nun mal das Buch des dänischen Erzählers und Sozialisten, der sich, als sein Frühwerk ›Pelle der Eroberer‹ auf meinem Schreibtisch landete, längst von Pelle und der einstigen dänischen Sozialdemokratie abgewandt hatte. Der Parteikommunist *Andersen Nexö,* den ich später in Leipzig und Dresden kennenlernte und der Leipziger Fakultät, in Erinnerung an meine Jugendlektüre, erfolgreich zur Ehrenpromotion vorschlug, schrieb im Lauf eines langen Lebens mehrere Fortsetzungen der Geschichte jenes Bauernjungen Pelle. Darin aber wurde Pelle, im Verlauf der Romanentwicklung, zum sozialdemokratischen Minister und Arbeiterverräter degradiert. Er bekam auch einen Gegenspieler mit dem Spitznamen »Morten der Rote«. Das habe ich später alles gelesen: enttäuscht und ein bißchen traurig, weil mir dadurch, und zwar vom Autor selbst, mein Lieblingsbuch aus Gymnasiastentagen verekelt werden sollte. Aber das wußte ich noch nicht, als ich mir die beiden stattlichen Bände des Insel-Verlags nach Frankreich schicken ließ. Meine Vorliebe für den Eroberer Pelle ist mir auch heute noch erklärlich: das Buch hat mitgeholfen, neben der Lektüre marxistischer Schriften, worüber ich lange Zeit fast die Arbeiter selbst vergessen hatte, meine Freude am Umgang mit Arbeitern zu wecken. Andersen Nexö hat, genau so wie Lukács, bewirkt, daß ich in Köln zum Roten Kämpfer wurde.

Weniger kann ich mir heute die Vorliebe für den Riesenroman ›Johann Christof‹ von *Romain Rolland* erklären. Allein dieser idealistischen Roman-Komposition, die zwischen 1904 und 1912 entstanden war und im französischen Original zehn Bände umfaßte, in der deutschen Übersetzung immerhin drei dicke Bände in Anspruch nahm, verfielen zahlreiche deutsche Leser in den Zwanziger Jahren. Da war es kein Zufall, wenn man mir jene drei Bände des ›Johann Christof‹ bei irgendeiner Festlichkeit zukommen ließ. Der Schenkende hatte nicht bloß den Rat eines Buchhändlers befolgt, sondern stand zu seinem Geschenk. Den Rolland hatte auch er gern gelesen, nun sollte ich seine Freude teilen, was auch geschah, im Übermaß sogar. Warum ich damals dem ›Johann Christof‹ so sehr verfiel, daß ich auch diese drei Bände unbedingt im französischen und schweizerischen Ausland mit mir herumschleppen wollte, ist zunächst gut zu verstehen. Der erste Band spielt in meiner heimatlichen Landschaft, in der Gegend von Bonn, und präsentiert sich unter anderem als romanhafte Nacherzählung von Beethovens Jugend. Der zweite Band mit dem Titel ›Johann Christof in Paris‹ konfrontiert den idealistischen deutschen Musiker Johann Christof Krafft mit dem korrupten Kulturbetrieb der französischen Metropole. Auch hier hatte Rolland ein deutsches Modell benutzt: die Hungerjahre Richard Wagners in Paris.

Romain Rolland war alles andere als ein Expressionist, doch teilte er mit den deutschen Expressionisten der ersten Vorkriegszeit die idealistische Vision von einer bevorstehenden »Geburt des Neuen Menschen«. Der sterbende Musiker Johann Christof, am Ende eines dritten Bandes, erschaut die deutsch-französische Symbiose, verstanden als Kultursynthese aus deutscher Musik und französischem Rationalismus. Vollstrecker dieses geistigen Testaments sind bei Rolland – wieder einmal – die »Jungen«. Auch diese Romantrilogie, die in Frankreich nicht besonders geschätzt wurde, weil der ›Jean-Christophe‹ in der Tat nicht gut geschrieben ist, verläuft sich schließlich auf den Pfaden einer bürgerlichen Jugendbewegung, wenn nicht gar des deutschen Wandervogel. Eben dies mochte beigetragen haben zum ungeheuren deutschen Bucherfolg nach der Niederlage und einer mißglückten Revolution des Jahres 1918. Plötzlich erhielt Romain Rolland in Deutschland sogar eine politische Gegenfunktion zum Haßbild der Clemenceau und Poincaré. Der Erfolg des ›Johann Christof‹ in meinen Schul- und Studentenjahren paßte ausgezeichnet zur »Parallel-Aktion« des ›Demian‹ und später des ›Steppenwolf‹ von Hermann Hesse. Auch bei mir. Dem ›Steppenwolf‹ war ich damals noch mehr verfallen, und übrigens mit größerem Recht, als dem deutsch-französischen Musikroman von Rolland.

Nun aber Georg Büchner. Daß ich mir Lukács und Andersen Nexö ins Ausland schicken ließ, also ins ganz Ungewisse, zusammen mit Rolland und Georg Büchner, wollte schon damals nicht meinen, daß ich allen den gleichen Rang einräumte. Mit Lukács hatte eine rudimentäre und wenig dauerhafte »Erweckung« eingesetzt. Der dänische Bauernjunge und spätere Arbeiterführer Pelle markierte meine damalige Verbundenheit mit den Arbeitern und ihrer Bewegung. Wenn ich Rolland las oder auf dem Theater erlebte mit seinen viel gespielten Stücken aus der Zeit der Jakobinerherrschaft, etwa dem höchst erfolgreichen ›Spiel von Liebe und Tod‹, so erlag ich wieder einmal der hochherzigen Antithetik eines Expressionismus, wo man sich, um der Liebe willen und der Reinheit der Gefühle, zu opfern bereit ist. Doch war mein Interesse an jenem ›Spiel von Liebe und Tod‹, worin sich ein Revolutionär des Jahres 1794 entschlossen weigert, bei einer Verurteilung

der Dantonisten mitzuwirken, nicht groß genug, um das Drama ›Dantons Tod‹ von Georg Büchner zu verdunkeln.
Die dunkelblaue Ausgabe von Georg Büchners ›Sämtlichen Werken und Briefen‹, elastischer Einband, Dünndruck mit angenehmem Satzspiegel, ein Meisterwerk aus dem Leipziger Insel-Verlag vom Jahre 1922, erhielt ich gleich nach dem Erscheinen, also noch als Gymnasiast am Städt. Schiller-Gymnasium zu Köln. Alles las ich hintereinander, fast achthundert Seiten: Theaterstücke und die Erzählung vom armen Lenz, den Hessischen Landboten, Schulaufsätze und Naturwissenschaftliches, und die Briefe. Ich verstand nicht besonders viel: die historischen und literarischen Anspielungen entgingen mir. Für dergleichen war unser Gymnasialunterricht in Deutsch und Geschichte nicht eben förderlich gewesen. Während ich zu Hause den ›Danton‹ las, ohne die Zoten zu kapieren, was mir erst viel später aufging, quälten wir uns am Schiller-Gymnasium mit Grillparzers ›Sappho‹ ab, einem langweilig mißglückten, weil ängstlichen Stück, oder mit dem ›Egmont‹.
Morgens Egmont, und Danton am Abend. Armer Goethe, der einem sechzehnjährigen Schuljungen aufgebürdet wird. In Büchners lasziver und verlogener Welt aber fühlte ich mich sogleich »zu Hause«: all diese Tiraden aus Angst; die Langeweile sogar beim Genießen; theatralische Politik, bei der am Schluß nicht der Vorhang fällt, sondern der Kopf. Mein Entzücken war pubertär, im Wortsinne, doch spürte ich, und wußte es auch, daß ein sehr junger Mensch dergleichen niedergeschrieben hatte. Georg Büchner: das war ein Mann nach meinem Herzen.
Bald darauf sah ich ›Leonce und Lena‹ im Schauspielhaus: es wurde sehr empfindsam wiedergegeben, was mir gefiel, doch für lange Zeit den Zugang zu diesem vertrackten Text erschwerte. Der ›Lenz‹ verekelte mir alle von den Deutschlehrern sanktionierte Prosa. Superlative sind immer vom Übel, dennoch meine ich auch heute noch, was ich damals laut verkündete, ohne viel Argumente geltend zu machen: daß es sich hier um die größte Erzählung in unserer Sprache gehandelt hat und noch handelt. Als Gymnasiast läßt man sich bei solchen Entdeckungen nicht lumpen.
In meinem Abiturientenjahr 1925 wurde der ›Wozzeck‹ von Alban Berg an der Berliner Staatsoper durch Erich Kleiber

uraufgeführt. Ich habe eine dieser Aufführungen unter Kleiber noch sehen können: mit dem unheimlich wirkenden Leo Schützendorf als Wozzeck und dem brillant kreischenden Tenor Waldemar Henke als Hauptmann, der dem armen Barbier in den höchsten Tönen klarmacht, er habe keine »Moral«. Noch immer sehe ich mich am Klavier mit meinem Studentenfreund Peter von Haselberg, beim Durchspielen des vierhändig gesetzten Wozzeck-Auszugs.

Das war nicht zu vergessen. Weshalb mein Buch über ›Georg Büchner und seine Zeit‹, das ich dann zwischen 1935 und 1937 im französischen und schweizerischen Exil schreiben sollte, wie notwendig in seiner Urfassung (und daher auch noch in der ersten Ausgabe vom Jahre 1946) am Schluß auf Alban Berg und die Oper ›Wozzeck‹ zu sprechen kommt: »Der Musik gelang hier letzte Klarheit im letzten Geheimnis . . . Es ist Büchners Welt, wie er sie sah, wie er sie voller Trauer und ohne Hoffnung durchforschte, und wie er sie so rasch verlassen mußte . . .« Ich habe diesen musikdramatischen Epilog meines Buches später gestrichen. Er stimmte nicht mit meiner Analyse überein, wie ich erkennen mußte, und erst recht nicht mit Büchner und seinen Texten.

Dennoch führte ein gerader Weg vom Opernabend in Berlin, und den vielen Wozzeck-Aufführungen, die ich noch vor dem Exil besuchen durfte, auch in Köln, zu jenem absurden Plan eines Emigranten ohne Paß und Geld und Beruf und Perspektive, die Zeit zu nutzen, um aus den einstigen Büchner-Emotionen ein Buch zu machen. Wozu das gut sein könnte? Was ich damit für mein Fortkommen erreichen würde? Wer das verlegen und drucken solle? Auf keine dieser Fragen wußte ich eine Antwort. Allein ich stellte mir solche Fragen nicht.

Am wenigsten bekümmerte mich die nächstliegende Frage: ob ich überhaupt imstande sein könnte, ein solches Buch zu schreiben. Bei all meinem Herumhören in den Seminaren und Kollegs zu Köln oder Bonn und Berlin waren die Besuche bei den Germanisten stets nach kurzer Zeit abgebrochen worden. Was sollten sie mir: Ernst Bertram und jener Friedrich von der Leyen, der viel vom Mittelalter verstand, und der glaubte, über Gegenwartsliteratur könne jeder literarisch Gebildete ohne weiteres loslegen. Was er auch tat. Das war nicht anzuhören, und ich ging fort, weil ich das einfach besser zu wissen glaubte.

Auch besser wußte, wie ich meine: einfach dank der Konstellation eines jungen Zeitgenossen der damals jungen Literatur.

Allein ich meinte trotzdem einen Schlüssel in der Hand zu haben, eine soziologisch-historische Zauberformel, die gleichzeitig helfen könne, den Weg Georg Büchners vom Danton zum Woyzeck nachzuvollziehen *und* das sonst unerklärbare Phänomen des neuen und stets noch wachsenden Interesses unserer Epoche am Werk eines jungverstorbenen Autors aus dem frühen 19. Jahrhundert zu deuten.

Ich glaubte entdeckt zu haben, dank Lukács vor allem, daß Büchner eine wichtige Etappe fixiere beim Übergang von der bürgerlichen zur sozialistischen Gesellschaft. Das war richtig und ist auch in meinem Buch in vielen Verzweigungen dargestellt worden. Allein ich wußte es beim Arbeitsbeginn noch viel genauer: daß nämlich der Danton-Autor die bürgerliche Revolution transzendiere, um dann im ›Woyzeck‹ als erster die gesellschaftliche Basis einer proletarischen Revolution zu etablieren. Das also gedachte ich zu beschreiben.

Es war alles Unsinn, wie ich bald im Verlauf der Arbeit und der Materialsammlung erkennen mußte. Das Schauspiel um die scheiternden Dantonisten entbehrt jeglicher Perspektive einer permanenten Revolution. Es negiert den Sinn der Revolution. Woyzeck andererseits ist keineswegs ein Proletarier, folglich auch kein möglicher Rebell. Weshalb mein Buch, als es fertig geworden war, im Woyzeck-Kapitel nicht einmal Radierspuren aufweist von der einstigen Konzeption. Dafür wurde demonstriert, daß Woyzeck in der Tat an die Grundlagen bürgerlicher Gesellschaft rührt, doch nicht als Revolutionär, sondern wegen seiner Existenz einer totalen Selbstentfremdung.

Das Unterfangen machte mir Spaß. Zuerst reiste ich von Genf, ohne Paß und Visum natürlich, abermals nach Straßburg, um mir die dortigen Jahre Büchners vorstellen zu können. Das Kapitel über die elsässischen Zustände habe ich gern geschrieben. Auch Reisen nach Zürich, in die Spiegelgasse und zu Büchners Grabstätte, konnten von Genf aus unternommen werden. Ich hatte meine Stipendien, war inzwischen, als Student am Genfer Hochschulinstitut, als Emigrant legalisiert worden, obwohl ich noch lange auf ein Reisepapier warten mußte. Die Flüchtlingskommision des Völkerbundes tagte unweit von Genf in Evian, nahm sich aber viel Zeit.

Die hessische Welt Georg Büchners freilich, die lag unerreichbar und auch unwünschbar fern. Da mußten Bücher aushelfen. Darmstadt kannte ich ein wenig, aber Gießen und Oberhessen überhaupt nicht; allein es kam nicht darauf an, Landschaft zu evozieren, sondern gesellschaftliche Zustände nach den Dokumenten zu beschreiben. Die schweizerischen Büchereien waren vortrefflich.

Blieb ich zwar unbesorgt, was die fachlichen Voraussetzungen meiner Untersuchung betraf, so hegte ich um so größeren Zweifel an meinen Möglichkeiten, den Ton eines solchen Buches zu finden. Ich hatte ein paar Kritiken verfaßt, etwas Essayistik, eine staatsphilosphische Dissertation, wissenschaftliche Arbeiten zur Sozialgeschichte, allein ich hatte noch niemals wirklich *erzählt*. Daher begann ich, mitten in der Geschichte, mit einem Kapitel, wo berichtet und Geschehenes gedeutet werden muß. Ich beschrieb zuerst Georg Büchners »Große Krise« in Gießen: nach der erzwungenen Rückkehr des Studenten aus Straßburg. Dann entwarf ich das Kapitel über ›Dantons Tod‹, nachdem genaues Lesen mir alle Flausen über die permanente Revolution ausgetrieben hatte. Dafür tat ich etwas, dem bis dahin alle Germanisten ausgewichen waren: ich las die französischen Dokumente und Reden aus der Revolutionszeit, um bald zu entdecken, daß Büchner dort, wo Fachinterpreten die Dantonrede vor Gericht feinsinnig und psychologisch zu deuten liebten, einfach den historischen Redetext dramatisiert hatte.

Die langsam entstehenden Kapitel durfte ich Carl Burckhardt vorlesen. Es war mehr als Höflichkeit, das merkte ich bald, wenn er zustimmte und Mut machte zum Durchhalten. Als Burckhardt nach Danzig berufen wurde, war ich schon über dem Berg und konnte das Buch abschließen. Ich war gerade dreißig Jahre alt geworden. Ohne meinen Lehrer Burckhardt hätte ich vermutlich aufgegeben.

Paris am Vorabend

Der erste Entwurf meines Buches wurde im Frühsommer 1938 abgeschlossen. Ich schrieb damals noch alles mit der Hand, nicht mit der Schreibmaschine. Horkheimers Sekretärin in Genf, Juliane Favez aus Frankfurt, die Schweizerin geworden war durch Heirat, und die sich immer bemühte, für Walter Benjamin, den sie achtete und heimlich verehrte, ein gutes Wort einzulegen beim Chef, fertigte eine schöne Abschrift an. Natürlich wollte ich es gedruckt sehen, mein erstes richtiges Buch. Darauf jedoch mußte ich noch acht Jahre warten, wie sich herausstellte.

Als Verleger, das wußte ich von vornherein, kam nur der Dr. Oprecht in Zürich in Betracht. Die Emigrationsverlage in Amsterdam welkten dahin; ich hatte einen Beitrag für Klaus Manns Zeitschrift ›Die Sammlung‹ entworfen, als mitgeteilt wurde, die Revue müsse eingestellt werden. Emil Oprecht war ein schweizerischer Sozialdemokrat; sein Bruder Hans wurde bald darauf zum Parteivorsitzenden gewählt. Oprechts Buchhandlung in der Züricher Rämistraße galt als – durchaus nicht geheimes – Zentrum der deutschen antifaschistischen Emigration. Der Europa-Verlag, von Oprecht ausdrücklich als Heimstatt der exilierten deutschen Literatur gegründet, war angesehen und auch, mit Maßen, finanziell erfolgreich. Der Verleger verstand etwas vom Geschäft, und er hatte vorzügliche Berater, zumal er sich auch für das Sprechtheater interessierte und folglich eine entscheidende Rolle spielen konnte bei dem riskanten, doch schließlich folgenreichen Versuch, das Schauspielhaus Zürich unter Leitung des schweizerischen Theatermannes Oskar Wälterlin zum repräsentativen deutschen Exiltheater zu machen. Dramaturg aber dieses Schauspielhauses, und literarischer Berater Emil Oprechts war ein gebildeter Marxist, ein Freund Brechts, ein redlicher Kritiker und ausgezeichneter Essayist, der leider nur selten schrieb, mehr dazu neigte, an den Manuskripten anderer Leute zu arbeiten. Hier paßt sie einmal, die Klischeeformel. Es war »kein Geringerer« als *Kurt Hirschfeld*. Er wurde mein erster Lektor.

Emil Oprecht hatte ich in Genf kennengelernt. Nun schickte ich ihm, nach kurzer Vorwarnung, das Manuskript meines Buches. Der Verleger bat Hirschfeld um ein Gutachten. Dem gefiel der Text offenbar so gut, daß er nicht bloß die Publikation empfahl, sondern mich bald darauf nach Zürich kommen ließ. Er plante für die neue Spielzeit eine Inszenierung von ›Dantons Tod‹ und wollte im Programmheft einen Auszug aus dem Manuskript abdrucken und dabei auf das Erscheinen meines Buches hinweisen. Es sollte auch ein Prospekt für die Subskription gedruckt werden, dessen Text ich zu entwerfen hatte. Noch war kein Krieg; vielleicht könnten Bestellungen aus dem (noch) nicht-faschistischen Ausland das finanzielle Risiko des Verlegers ein bißchen vermindern. Der schweizerische Markt, das verstand sich, reichte nicht aus bei meinem Buch, diesem sonderbaren Gemisch aus Geschichte und Literaturgeschichte, Erzählung und Essay. Allein Kurt Hirschfeld lag viel am Erscheinen eines Textes, dessen Autor ganz unbekannt war, und der außerdem schlicht Mayer hieß.

Ich kehrte beglückt nach Genf zurück. Kurt Hirschfeld, das war ein Mann, der mich sogleich für sich einnahm. Es war meine eigene Mischung aus Ironie und Trauer, marxistischer Doktrin und geheimer Skepsis. Er war charmant im durchaus altertümlichen Sinne: als ein Sohn jüdischer Bürger im blond-konservativen Niedersachsen. Ein Intellektueller vom Tage, doch aus Lehrte bei Hannover. Den Schweizern Max Frisch und Friedrich Dürrenmatt hat er geholfen auf ihrem Weg. Dürrenmatt saß am Bett, als Hirschfeld früh sterben mußte. Die Uraufführungen der Courage, des Guten Menschen, des Galilei hat er veranlaßt; den Puntila hat er selbst, zusammen mit Brecht, am 5. Juni 1948 inszeniert.

Vieles vom Nachkriegsdenken wurde vorgedacht von diesem Mann. Im Arbeitsjournal von Brecht wird unter dem 9. November 1947 notiert, daß man in Kurt Hirschfelds Züricher Wohnung zusammenkam, um einen Friedensaufruf der Schriftsteller zu beraten. Gekommen waren Brecht und Zuckmayer, Bergengruen und Erich Kästner, Lernet-Holenia und Max Frisch. Man einigte sich auf folgenden Text: »Die Erwartung eines neuen Krieges paralysiert den Wiederaufbau der Welt. Wir stehen heute nicht mehr vor der Wahl zwischen Frieden und Krieg, sondern vor der Wahl zwischen Frieden und Untergang. Den Politikern, die das noch nicht wissen, erklären wir mit Entschiedenheit, daß die Völker den Frieden wollen.« Die Enttäuschung war abzusehen. Kurt Hirschfeld ist innerlich einsam gestorben. Das Bewußtsein der jüdischen Herkunft war zuletzt stärker als die Doktrin eines rationalen und progressiven Antifaschismus.

Mein erster Lektor war zugleich ein Mann, mich im Vertrauen zu bestärken, nach so viel Juristerei, Soziologie und Historie, die Identität zu suchen beim Umgang mit der Literatur und den Literaten. Es kam eine Überzeugung hinzu, die ich bis heute nicht aufgegeben habe: daß ich es eigentlich mit der Dramatik und dem Theater hätte versuchen müssen. Wie schade (und wie gut), daß ich der Erfahrung eines vernichtenden Durchfalls entgangen bin. Nehme ich heute die Taschenbuchausgabe von ›Georg Büchner und seine Zeit‹ wieder zur Hand, so ist die Erinnerung sogleich wieder da: an Burckhardt und an Hirschfeld.

Im August 1938 reiste ich abermals nach Zürich. Dort sollte der VIII. Weltkongreß der Historiker zusammentreten. Da ich ein Buch geschrieben hatte, worin deutsche und französische Politik der Restaurationsepoche nach 1815 ausführlich, nach den Quellen und sachkundigen Historienbüchern abgehandelt wurde, hielt ich mich für einen Historiker und meinte, es stehe mir an, in Zürich dabei zu sein. Ich erbat die Zulassung zur Tagung, zahlte die Kongreßgebühr und durfte teilnehmen.

Bei dieser Gelegenheit besuchte ich abermals Dr. Oprecht, nunmehr meinen Verleger, denn der Prospekt war bereits gedruckt. Er wohnte am Hirschengraben, ziemlich genau in der Mitte zwischen dem Verlag und dem Schauspielhaus am Heimplatz. Da war ein Gast und Freund des Hauses, dem ich vorgestellt wurde. Auch er sollte in meinem Leben, nach Kriegsende und in Deutschland, eine plötzliche, doch wichtige Rolle spielen. Der zweite Sohn Thomas Manns, zwei Jahre jünger als ich, hütete offenbar das Haus in Küsnacht, während die Eltern und die Schwester Erika in Sils Baseglia den Sommer zubrachten. Thomas Manns Tagebücher berichten von der Arbeit für die neuen Vorlesungen in Princeton, wohin man im Herbst zurückkehren würde. Die Kriegsdrohung wurde immer stärker; in Berlin heizte man die »Sudetenkrise« an. Die Familie Thomas Manns, auch Heinrichs, der Ende August in

Zürich eintrifft, besitzt seit kurzem die tschechoslowakische Staatsangehörigkeit. Doch wie lange wird es noch einen Staat der Tschechen und Slowaken geben, der wagen darf, sich einer »großdeutschen« Drohung zu widersetzen.
Beim Lesen dieser Tagebücher sehe ich uns wieder im Haus Emil Oprechts: tief bedrückt durch Emigrantensorgen und Gefahren des Exils. *Golo Mann* mußte sich auf Wunsch des Vaters und auch des Verlegers, also Oprechts, mehr und mehr um die Zeitschrift ›Maß und Wert‹ kümmern, die unter der Herausgeberschaft Thomas Manns (und des Schweizers Konrad Falke) in Zürich erschien und in ihren Anfängen mehr den Vorlieben des Redakteurs Ferdinand Lion entsprach, als den Aufgaben eines der wenigen Organe des Exils und des Antifaschismus. Das hinderte Golo an der eigenen Arbeit, erzeugte Streit mit dem bisherigen Fachmann, mit Autoren abzulehnender Manuskripte, auch mit dem Vater, dessen Ansichten und Vorlieben der mittlere Sohn durchaus nicht immer zu teilen vermochte.
In seinem Erinnerungsbuch ›Der Wendepunkt‹ hat Klaus Mann beschrieben, wie sich früh schon, noch im Kinderzimmer, neben der Welt des Elternhauses und der Szene der älteren Geschwister, eine geheime und spezifische »Golo-Welt« etablierte. Seit jener ersten Begegnung hat es immer wieder Lebensabschnitte der Nähe und der Ferne gegeben zwischen Golo Mann und mir. Er war stets loyal und fair, auch und gerade dort, wo er tief mißbilligte. Auf Golo Manns Allergien und Abneigungen, die er sorgfältig kultivierte, konnte man sich im allgemeinen verlassen: da war fast immer »etwas dran«. Bedenklich fand ich, nahezu in allen Fällen, diejenigen Leute und Situationen, denen sein – ephemeres, doch öffentlich bekundetes – Lob galt. Das begann bei Friedrich von Gentz, über den er damals ein ausgezeichnetes Buch geschrieben hatte, und ist im Verlauf des Zeitvergangs nicht anders geworden.
Wie es zugehen werde bei jener Zusammenkunft der Historiker, das sagte mir Golo voraus. Er selbst ging gar nicht hin. Die schweizerischen Gastgeber waren nicht zu beneiden: sie hatten Faschisten und Antifaschisten zu betreuen, Flüchtlinge fast ohne Geld und mit unsicheren Personalpapieren, und Geheimagenten, die sich als Historiker tarnten, manchmal diesen

Beruf sogar ausübten. Die Delegation aus dem Großdeutschen Reich, nämlich nach Einverleibung Österreichs und unmittelbar vor der Sudetenmahlzeit, wurde nominell geleitet von Karl Brandi aus Göttingen, dem Historiker der Lutherzeit. Hinter den schäbigen Kulissen aber, die gar nichts mehr verdecken sollten, agierte der NS-Fachmann für arteigene Historie. Doch gab es auch die vertriebenen Geschichtsforscher, die aus dem Exil nach Zürich gekommen waren: Veit Valentin etwa, der in London lebte und lehrte. Wolfgang Hallgartens Buch über ›Vorkriegsimperialismus‹ hatte ich gelesen und aufschlußreich gefunden. Nun lernte ich den Verfasser kennen. Die Familien Mann und Hallgarten waren seit München miteinander bekannt, doch machte sich der Historiker Golo Mann wenig aus den materialistischen Analysen Wolfgang Hallgartens.

Der hatte ein Referat auf dem Kongreß angemeldet. Es wurde mit Ironie und Kopfschütteln angehört, allein kein richtiger Gegner griff an, denn der Redner wußte Bescheid, daran war nicht zu zweifeln. Ich meldete mich in der Debatte: die diplomatische Geschichte vor 1914 hatte ich mit Burckhardt studiert, auch mußte ich immer wieder Geschichtswerke für die ›Zeitschrift für Sozialforschung‹ rezensieren. Die Reichsdeutschen ließen mich reden, um vor dem internationalen Publikum so etwas wie Toleranz zu demonstrieren. Die beiden Juden mochten ruhig ihr bißchen Marxismus in Zürich loswerden. Zu Hause würde man es anders halten.

Anders hielt man es auch beim Vortrag des berühmten rumänischen Historikers und Politikers Nicolae Iorga. Ein stattlicher Mann, großer Kenner der byzantinischen und balkanischen Geschichte, zeitweilig Ministerpräsident seines Landes, als Politiker der Kleinen Entente mit Paris alliiert, entschiedener Gegner aller Faschismen. Das trug er in Zürich vor. Man hatte ihn um einen Vortrag vor dem Plenum gebeten. Er kam auch auf die »Rassentheorie« zu sprechen: als Historiker und Politiker, der sich auskannte mit den Rassen und Nationalitäten. Die Großdeutschen waren wütend. Am Abend vorher hatte es fast Tätlichkeiten gegeben bei einem »geselligen Beisammensein« in einem der Züricher Zunfthäuser. Einer stand auf, um in der Diskussion ebenso hochfahrend wie beweislos auseinanderzusetzen, daß der Begriff der »Rasse« im Sinne seines Führers natürlich nicht verwechselt werden dürfe mit ähnlichen Wortbedeutungen der englischen Sprache. Ich höre noch den arroganten Tonfall beim Aussprechen des englischen Wortes race. Zwei Jahre später, im November 1940, wurde Nicolae Iorga von der Eisernen Garde, also den von Berlin finanzierten rumänischen Faschisten, im Wortsinne erschlagen. Golo Mann hatte schon recht: da blieb man besser fern. Ich wartete nicht bis zum Abschluß des Kongresses und fuhr nach Genf zurück. Zumal sich das Genfer Zwischenspiel dem Ende näherte.

Was sollte ich noch in Genf? Mein Buch hatte ich beendet; Carl Burckhardt war in Danzig; Kelsen verhandelte mit Kalifornien, um dort wieder an einer Universität zu lehren; einige Mitabsolventen und Freunde vom Institut rüsteten sich gleichfalls für die Weiterwanderung: die europäische Katastrophe schien unabweislich. Zwar die Frontisten und andere Imitatoren eines Führers oder Duces waren nicht beunruhigend: mit denen würde man in der Schweiz, wo vor allem unter den Deutsch-Schweizern viel Haß keimte gegen das anmaßende Gebaren der Braunhemden, leicht fertig. Allein jene Demonstranten gegen das politische Kabarett der Erika Mann und der Therese Giehse, gegen Juden und Emigranten, Überfremdung und Kulturbolschewismus, handelten im Auftrag des Großen Bruders, das war unbestreitbar. Außerdem drückte man ihnen in manchem wohlausgerüsteten Bürgerhaus heimlich die Hand, um etwas hineinzutun. Auch in der eidgenössischen Bürokratie wurde, hinter viel berechtigter Vorsicht, einige Sympathie spürbar mit dem »erwachenden« Deutschland. Den Stempel »J« in den Pässen deutscher Juden, das weiß man heute, hatten sich Berner Fremdenpolizisten ausgedacht.

Mein Stipendium am Genfer Institut lief ab, doch Horkheimer in New York unterstützte mich weiter. Wozu also in Genf bleiben? Die Erweckung war immer noch zu spüren: insgeheim mußte sie wohl zusammenhängen mit der neu erworbenen zweiten Sprache. Indem ich französisch sprach, dann schrieb, schließlich dachte, fühlte ich neue Möglichkeiten nicht bloß einer Profession, sondern einer Existenz. Noch war das einigermaßen synthetisch. Wenn ich einen französischen Essay entwarf über die Poetik von Paul Valéry, den ich damals in einem Zuge las, was natürlich nicht geht, oder experimentelle französische Gedichte konzipierte, einfach als Etude, so ver-

barg sich dahinter nur die Negation meiner deutschen Ursprünge. Es kam aber darauf an, keine synthetische neue Identität anzustreben, wie das Klaus Mann als amerikanischer Schriftsteller versuchte, und viele emigrierte Wissenschaftler, die neu und in neuer Sprache studierten, sondern eine Synthese aus Köln und Straßburg und Genf, aus Juristerei, Sozialphilosophie und Literaturgeschichte.
So stellt es sich heute für mich dar. Als ich jedoch wegwollte aus Genf, überwog der Überdruß am Gestern. Inzwischen hatte ich auch den »echten« Baudelaire entdeckt; in Köln waren es nur die ›Blumen des Bösen‹ in der Nachdichtung Stefan Georges gewesen. Nun holte ich den bürgerlichen französischen Weltschmerz des 19. Jahrhunderts für mich nach. Auch den »echten« Rimbaud, und die ›Brise marine‹ von Mallarmé. Das war legitim gewesen, damals: wie das Buch ›Noa Noa‹ von Paul Gauguin, und wie seine Bilder aus der Südsee. Mein Tahiti jedoch glaubte ich ausgerechnet dort zu finden, wo bei jenen, den Franzosen, der Überdruß entstanden war an der Fäulnis und der bürgerlichen Alltagswiederholung: in Paris.

Vierzig Jahre später saß ich in Paris einem Bekannten aus jener Zeit gegenüber; man tauschte Erinnerungen aus. Ich hatte *Raymond Aron* durch die Leute von Horkheimers Institut kennengelernt, das ein paar Zimmer in der Rue d'Ulm benutzen durfte: im Gebäude jener École Normale Supérieure, der vielbewunderten, aus der auch Aron hervorgegangen war, ganz wie sein Jahrgangsgenosse Jean-Paul Sartre. Man kam auf jene Vorkriegsjahre 1938 und 1939 zu sprechen: Sudetenkrise, französische Mobilmachung, das Abkommen von München, die Annexion einer verratenen Tschechoslowakei, die polnische Krise, das französische Schlagwort der Rechten: man wolle nicht für Danzig sterben, den Krieg, zuerst den bloß scheinhaften, dann den richtigen.
Wir hatten beide überlebt, auch Aron mußte emigrieren, in London gesellte er sich zu De Gaulle, blieb aber in Distanz zum Gaullismus, unser beider Exilzeit ging zu Ende, in Frankfurt am Main traf man sich wieder, nicht lange nach Kriegsende. Aron hatte die Zwanziger Jahre in Deutschland erlebt, sich dann habilitiert mit einer Studie über die Grenzen ge-

schichtlicher Objektivität, wobei die Gedanken deutscher Philosophen und Soziologen fruchtbar geworden waren: Ernst Troeltsch und Max Weber, Dilthey und Rickert. Erfahrungen eines Franzosen mit der Weimarer Republik. Nun wollte Aron von seinem deutschen Kollegen und Partner erfragen, wie sich dessen Umgang, als Emigrant, mit der französischen Gesellschaft und Kultur jener unmittelbaren Vorkriegszeit angelassen hatte.

Ich berichtete über mein Suchen nach einer Synthese und über die Gründe, die mich damals nahezu zwangen, das behagliche und freundliche Genf aufzugeben, um in Paris zu arbeiten. Ich erinnerte mich (und ihn) an jenes Pariser Glück, auch wenn man immer gewußt hatte, daß nichts davon gesichert sei: ganz gewiß nicht das eigene Leben und Überleben.

Aron erwiderte: »Sie hatten Glück insofern, als Sie Frankreich in einem Augenblick kennenlernten, da es besonders stark aufgeschlossen war für ›deutsche‹ Ideen und Traditionen.«

Daran hatte ich niemals gedacht: weder damals, noch lange Zeit später, eigentlich nicht bis zu jenem Gespräch in Paris. Nun aber muß ich versuchen, meine Erinnerungen an jenes Damals zu überprüfen. Vieles hat sich für mich verändert, auch in meinem Urteil über Frankreich und Franzosen. Die Erweckung konnte nicht dauern. Allein war es wirklich so, daß ich in jenen Jahren, und in Paris, nicht das authentische Frankreich und seine Traditionen erlebte, sondern eine gewissermaßen »germanisierte« geistige Mode avantgardistischer französischer Intellektueller? Wozu die Hinwendung Arons zu Max Weber, Sartres zu Husserl und Heidegger, eines Albert Camus zu Kafka, des Surrealismus zur deutschen Romantik ebenso passen mochte, wie Arons und meine Mitarbeit beim Institut für Sozialforschung.

In Frankreich ging etwas zu Ende. Der Romanist Ernst Robert Curtius, im Gegensatz zu vielen seiner Kollegen darauf bedacht, den Umgang mit den noch lebenden Autoren zu suchen, hatte in den Zwanziger Jahren von »Wegbereitern« des modernen Frankreich gesprochen. Die glaubte er unter den Schriftstellern, mit Recht, weit eher zu finden, als bei den Politikern in der Nachfolge eines Clemenceau oder Poincaré. Wenn er daher Proust und Claudel oder Valéry, vor allem jedoch André Gide, als Repräsentanten einer neuen geistigen

Haltung vorstellte, so konnte nur der Gegensatz zur französischen Gesellschaft einer ersten Vorkriegszeit gemeint sein. Es kam hinzu, daß sich jene Wegbereiter auch untereinander, ungeachtet der Spannungen zwischen dem Protestantismus von Gide und dem Katholizismus Claudels, zwischen der Erinnerungswelt Marcel Prousts und der Mittelmeerwelt Valérys, als zusammengehörig empfanden. Da gab es Freundschaften und Streitigkeiten, wie sie zur Freundschaft und Nähe gehören, davon künden heute die Briefwechsel. Man hatte einen gemeinsamen Verlag und eine gemeinsame Revue: die ›Nouvelle Revue Française‹ (NRF) und das Verlagshaus Gallimard.

Die Anziehungskraft der Zentrale war immer noch beträchtlich in jenen Dreißiger Jahren: auch solche Autoren, die wenig anfangen konnten mit Gide und seinen Tagebüchern, der Kommunist Aragon etwa und der Philosophieprofessor Sartre vom Jahrgang 1905, legten einigen Wert darauf, im Verlag der NRF vorgestellt zu werden. Trotzdem war etwas zu Ende. Diese Wegbereiter bedeuteten ihrerseits die etablierte Macht und Autorität, gegen welche neue »Wegbereiter« antraten. Im Jahre 1937 erhielt Roger Martin du Gard den Nobelpreis, und fast gleichzeitig auch den Literaturpreis der Stadt Paris für sein Gesamtwerk. Das Werk eines bedeutenden Erzählers, doch untrennbar gebunden an die Gesellschaft der Affäre Dreyfus, des Imperialismus und Laizismus, eines Frankreich, das 1914 ausziehen mußte zur Schlacht an der Marne, und das den Vertrag von Versailles durchgesetzt hatte. Martin du Gard war ein Analytiker mit scharfem Blick: da wurde nichts beschönigt. Seine Gestalten, vor allem des Romans ›Sommer 1914‹, ließen ahnen, warum bereits die Jungen der Zwanziger Jahre mit rüden Späßen und grausamen Verdikten jene Wegbereiter als hinderlich und schädlich empfanden.

Das war Literatur eines ernstgenommenen bürgerlichen Selbst, welche dieses Selbst zwar in seinen bürgerlichen Verhaltensweisen, Feigheiten und Bosheiten zu schildern pflegte, ohne sich doch selbst als bürgerlich »standortgebunden« einzubeziehen. Darin machte auch Gide keine Ausnahme, der just vor Kriegsausbruch sein ›Journal 1889-1939‹ herausgab, die Tagebücher aus fünfzig Jahren. Dokumente eines protestantischen Nonkonformismus, der längst Schule und Mode

geworden war, und nun die Retrospektive zuließ, und die Absage.
Es ging zu wie bei Proust, wenn am Schluß die verlorene Zeit wiedergefunden werden soll, damit man sie durch Aufschreiben zugleich aufbewahren kann, als ich, wenige Wochen nach der Historikerversammlung in Zürich, in die säkularisierte Abtei von Pontigny einzog: unweit von Paris, Landschaft der Ile-de-France. Dort kam man zusammen, um zehn Tage lang über Phänomene des Faschismus zu diskutieren, während die deutsche Wehrmacht bereitstand, die Gebirge zu überschreiten und in Böhmen einzumarschieren: zur Befreiung unterdrückter »Volksgenossen«. Man hatte jedoch gleichsam »überzeitlich« formuliert und erörterte das Thema »Cäsars Schatten und das Regime der Massen«.
So habe ich ihn erleben und bewundern können, den Meister der »Dekaden von Pontigny«, den Mann der Dreyfus-Kämpfe und Begründer einer »Union pour la Vérité«, den Professor *Paul Desjardins*, der einmal noch alles auszudrücken schien, was man als Geist einer Dritten Republik verstanden hatte, und was nun zu Ende ging, mitsamt dieser Republik; plebejische, wenngleich nicht proletarische Aufklärung; Laizismus; das Experiment in der Wissenschaft wie in der Kunst; umfassende Volksbildung; Bekenntnis zur jakobinischen Tradition. Wenn es jemand gab, den man als deutschen Partner solchen Denkens nennen durfte, so Heinrich Mann. Er hatte zu den ständigen Gästen in Pontigny gehört, war aber diesmal nicht gekommen. Der Roman von der Vollendung des Königs Henri Quatre sollte demnächst erscheinen. Außerdem hatten sich die Brüder in Zürich verabredet, denn Thomas Mann würde nach Amerika zurückkehren.
Diese zehn Tage sind unvergessen. Da war viel zu erinnern: die Landschaft und die Räume der Abtei. Man wußte übrigens, daß diese Dekade eine der letzten sein würde in Pontigny, denn die Kirche hatte ihre Ansprüche geltend gemacht. Die Bibliothek war herrlich: ich bestaunte die Erstausgaben der »Wegbereiter« mit ihren Widmungen für Desjardins, stand ergriffen vor einem Buch mit den Schriftzügen von Marcel Proust. Das Jahr zuvor hatten sich noch Gide und Martin du Gard in Pontigny über die »gesellschaftliche Rolle der Kunst« ereifert. Jetzt debattierte man, während eine Teilmobilma-

chung anlief und einige Teilnehmer abreisen mußten, im Schatten der Diktatoren über ebendiesen Schatten. Wenige Wochen nach Abschluß der Dekade trafen sich die Cäsar-Darsteller zum Münchener Abkommen.

Desjardins hatte mich eingeladen und um einen Vortrag gebeten. Ich wählte ein Thema meiner Studien am Genfer Institut, die sich mit der Staats- und Rechtslehre des Dritten Reiches befassen mußten. Wie dort, am 30. Juni 1934, ein Führer deklarieren ließ, daß seine Befehle zur sofortigen und urteilslosen Erschießung von Menschen nicht etwa befohlene Mordtaten gewesen seien, sondern rechtmäßige Anordnungen: aus dem Recht des Führerprinzips. Diese Dokumentation trug ich vor und versuchte zu analysieren, wie sich hier zum theaterhaften Cäsarismus eine Demagogie gesellte, die mit Hilfe gelenkter Propaganda so etwas vorzuspiegeln versuchte wie den Willen der »Massen«: in Form eines »gesunden Volksempfindens«. Ich weiß noch, daß nach meinem Referat, das aufmerksam angehört wurde, von allen Seiten gefragt wurde: »Und wie, wenn es sich dabei in der Tat um den Willen der Massen gehandelt hat?«

Paul Desjardins war zu fürchten bei solchen Dekaden. Über seinen Sarkasmus gab es viele Anekdoten. Ich kam gut weg bei ihm: nicht allein während der Sitzungen, die am Nachmittag stattfanden, bis die Zeit da war, sich umzuziehen für das Diner und die Gesellschaftsspiele am Abend. Das war eine noch von Gide gestiftete Tradition. Man trank Kräutertee, musizierte oder spielte Scharaden. Während jener zehn Tage der Unruhe und auch der geistigen Konzentration haben wir Musik gemacht und gespielt. Ich mußte einmal die Gestalt des Doktor Faustus erraten: das war nicht allzu schwer. Wohltuend empfand ich die Sympathie mit dem Exilierten aus Deutschland, denn in der großen französischen Presse wurden ganz andere Lieder intoniert. Das spätere Chanson »Mourir pour Dantzig?« war noch unaktuell. Vorerst lautete die Fassung so: »Sterben für die Tschechoslowakei?« Man begriff nicht, dafür hatten die Emissäre und Subventionen aus Berlin gesorgt, daß es nicht um Prag ging, sondern um das eigene Land, um Frankreich und die Franzosen.

Da liegt noch eine Photographie, die damals aufgenommen wurde. Desjardins ließ sich mit einigen von uns aufnehmen, ich erkenne André Philip, den französischen Sozialisten und Universitätsprofessor, der selbst emigrieren mußte, dann nach dem Krieg mehrfach Minister war in Regierungen einer Vierten Republik, und der früh starb. Auch Maurice de Gandillac ist dabei, er steht neben mir. Wie jung er war, brillant und leidenschaftlich. André Philip habe ich nicht wiedergesehen, wohl aber Gandillac: als Professor der Philosophie an der Sorbonne. In den Siebziger Jahren beantragte und zelebrierte er das philosophische Ehrendoktorat der Sorbonne für Ernst Bloch.

Es wurde viel telefoniert in jenen Tagen. Mobilmachungsbefehle mußten befolgt werden. Verspätet erschien *Paul Ludwig Landsberg*. Ich hatte ihn noch in Bonn kennengelernt: sein Vater, der Geheimrat Landsberg, war ein berühmter Jurist, allein das galt nicht mehr im Zeichen des Suchens nach der unreinen Abkunft. Paul Ludwig war habilitierter Philosoph, er emigrierte und ging nach Spanien, um dabeizusein, wenn es galt, die Republik gegen ihre aufständischen Generale zu verteidigen: zumal die Rebellen verbündet waren mit dem Duce und dem Führer. In Spanien stand die Demokratie, als ein Regime der Massen, im Bürgerkrieg mit den Cäsarianern. Sie unterlag. Davon berichtete uns Landsberg am Abend. Diesmal hatte keiner Lust an den Gesellschaftsspielen. Er war trotz allem vertrauend und nicht verzweifelt nach Frankreich zurückgekehrt. Dort begann bereits ein Spiel mit dem Verrat. Während man in Spanien die Rechnungen beglich, waren die nichtspanischen Freiwilligen aus den Internationalen Brigaden, alles Menschen, die ein Leben für Ideen eingesetzt hatten, nicht für eine Karriere, nach Frankreich geflohen. Was sollte aus ihnen werden? Für Stalin war die Abrechnung mit »Trotzkisten« aller Art wichtiger, als der Gedanke an die Besiegten von Madrid. Wohl jenen Spanienkämpfern, die man nicht herüberholte nach Moskau! So entkamen sie den Säuberungen und Deportationen. Mit den österreichischen Schutzbündlern, die nach 1934 ein Asyl gesucht hatten im Sozialismus, war bereits ganze Arbeit gemacht worden durch Stalins Geheimpolizei und Justiz.

Allein das wußte Landsberg noch nicht, wenngleich er traurig von der Selbstzerfleischung der Republikaner in Spanien berichtete. Er hat den Faschismus nicht überleben dürfen, wurde verschleppt und ermordet. Seine philosophische Studie über die ›Erfahrung des Todes‹ ist wiederaufgelegt worden. So viel zerstörte Hoffnungen und Entwürfe.

Nach dem Ende der Dekade, es zeichnete sich bereits der verräterische Kompromiß von München ab, kehrte ich noch einmal nach Genf zurück. Mein Vater kam zu Besuch, er war in den Vorjahren auch nach Frankreich gekommen, zweimal sogar mit der Mutter, allein seit der Berliner Olympiade nahm man keine Rücksichten mehr auf die Untermenschen mit dem Judenpaß. Noch durften sie reisen, doch mußte stets eine Geisel im Lande bleiben. Meine Mutter war noch im Sommer nach Genf gekommen, um sich davon zu überzeugen, daß der Flüchtling, den man übrigens offiziell im Reichsgesetzblatt als unwürdig einer deutschen Staatsbürgerschaft und mithin als ausgebürgert deklariert hatte, einigermaßen durchkam. Wir hatten guten Mutes voneinander Abschied genommen. Der Abschied vom Vater im Oktober 1938 war schmerzlich. Waren es Vorahnungen? Am 9. November 1938 kam es zu dem seit langem befürchteten Pogrom, das als »Reichskristallnacht« in die Zeitgeschichte einging, und unvergessen bleiben muß.

In Genf und als Stipendiat eines Hochschulinstituts für Internationale Studien hatte ich zu aufwendig leben müssen. Man legte einigen Wert auf gute Kleidung und auf Teilnahme an gesellschaftlichen Zusammenkünften. In Paris konnte ich billiger durchkommen, mußte es übrigens auch, denn da war bloß die Unterstützung aus New York, der Unterricht für einige Germanisten an der École Normale Supérieure, das Honorar für Zeitungsbeiträge in der Schweiz. Kurz vor der Abreise nach Danzig hatte mich Burckhardt mit seinem Freund *Max Rychner* bekannt gemacht. Das war ein schöner Tag in Savoyen im Gebiet des Montblanc, ein ländliches Mittagessen mit Burckhardt und Rychner, ein endloses Gespräch, das ich noch genau zu erinnern vermag. Auch Rychner behielt es, wie er Jahrzehnte später in Tübingen verriet, genau im Kopf. Freilich mit anderen Schwerpunkten des Gedenkens.

Nach seiner Rückkehr aus Deutschland, wo er Feuilletonleiter der ›Kölnischen Zeitung‹ gewesen war, hatte Rychner für die ›Neue Zürcher Zeitung‹ geschrieben. Nun berief man ihn an den ›Bund‹ nach Bern: an die liberale Tageszeitung der eidgenössischen Hauptstadt. Die Sonntagsbeilage nannte sich zwar herkömmlicherweise ›Der kleine Bund‹, allein kindlich oder gar künstlich naiv war es dort seit den Tagen von J. V. Widmann nicht zugegangen. Max Rychner war durchaus am Platz, und es machte mir Freude, für ihn zu schreiben. Er blieb nur ein Jahr in Bern. Dann wurde in Zürich die Tageszeitung ›Die Tat‹ gegründet; Rychner übernahm das Feuilleton, während des Kriegs bisweilen auch das Ressort der Außenpolitik. Ich durfte als freier Mitarbeiter auch diesmal mitmachen. In aller Heimlichkeit, wie es sich versteht, denn jegliche Tätigkeit gegen Entgelt war dem Emigranten streng untersagt.

Die Honorare aus Bern halfen mit, daß ich auch in jenem Pariser Jahr, vom Herbst 1938 bis zum Sommer 1939, einigermaßen leben und arbeiten konnte. Vor allem Bücher kosteten Geld. Zum Glück waren die broschierten Ausgaben erschwinglich, doch mußten so viele angeschafft werden, wenn es wirklich gelang, eine neue Zivilisation und ihre Literatur besser zu verstehen. Ich wohnte, gleich vielen Studenten und Leuten mit geringen Einkünften, im Hotel. Zimmer und Frühstück. Diesmal entschied ich mich für den Montparnasse. Celtic Hotel in der Rue d'Odessa. Die Maler saßen in der »Rotonde«, wir anderen bevorzugten das Café du Dôme. Auch Sartre war dort zu finden. Seit dem Erscheinen der ›Nausée‹ stand ich in seinem Bann: ein Freund von der École Normale Supérieure machte mich bekannt mit dem einstigen Normalien Jean-Paul Sartre.

Der deutschen Emigration in Paris ging ich aus dem Wege. Von Brandler und Thalheimer hatte ich mich bereits 1935 getrennt. Damals hätten sie zurückkehren können zur KPD und Komintern. Es fanden, im Zeichen der gemeinsamen Niederlage, Gespräche statt in Paris mit den Vertretern des offiziellen deutschen Kommunismus. Franz Dahlem und Heinrich Rau, die beide eine Rolle spielen sollten in der deutschen Nachkriegsgeschichte, hatten sich mit den Renegaten Brandler und Thalheimer an einen Tisch gesetzt. Die jedoch beharrten darauf, die Partei müsse zugeben, damals unrecht gehabt zu haben. Eine im Ursprung richtige Analyse, die sich gegen die Moskauer Strategie wehrte, ohne dem Trotzkismus zu verfallen, war zur Rechthaberei entartet.

Heute möchte ich annehmen, daß Rücksicht auf die Repräsentanten eines angeblich oppositionellen Kommunismus in den USA, die auch den Unterhalt der Pariser Emigranten von der KPO bestritten, bei dieser Entscheidung mit im Spiel war. Wer aber stand hinter jenen Amerikanern?
Ich schrieb an Brandler, man habe die eigenen Grundsätze preisgegeben, und eine große Möglichkeit dazu. Deshalb wolle ich nicht mehr bei ihnen bleiben. Mein Brief zirkulierte samt unfreundlichem Kommentar. Nun war auch ich ein Renegat. Freilich gab es nicht mehr allzuviele wahrhaft Getreue. Thalheimer soll damals vor Freunden bedauert haben, daß man mich nicht zu halten vermochte. Brandler sah ich eines Abends in Paris auf der Terrasse des Café du Dôme. Er schien mich nicht zu kennen. Ich habe ihn nicht wiedergesehen, obwohl er lange nach dem Krieg in Hamburg gelebt hat. Warum meldete ich mich nicht bei ihm? Warum habe ich niemals später versucht, Hans Kelsen wiederzusehen: nicht einmal, als ich selbst nach Kalifornien kam?
Zu Beginn des Exils hatte ich ein paarmal für das ›Pariser Tageblatt‹ geschrieben. Dann gab es Gezänk unter den Emigranten, weil behauptet werden konnte, die Berliner Propaganda habe versucht, sich dort heimlich einzukaufen. In Lion Feuchtwangers Roman ›Exil‹ wird davon berichtet. Seit ich in Genf war, hatte ich alle Verbindung zu den Gruppierungen aufgegeben. Offiziell machten die kommunistischen Organisationen, damals noch inspiriert durch Willi Münzenberg, der bald darauf gestürzt werden sollte, viel von sich zu reden. Eine deutsche Freiheitsbibliothek war gegründet worden. Unter dem Namen Johann Schmidt leitete der Mann von Anna Seghers eine Universität des Exils. Ich ging nicht hin. Das kannte ich auswendig, hätte ohne Manuskript jederzeit bei jedem der Kurse einspringen können. Es gab auch bemühte Aktivitäten jenseits des offiziellen Kommunismus. Da hatten sich sozialdemokratische Volksbildner, jüdisch-bürgerliche Intellektuelle und christliche Sozialisten zusammengetan. Ich war im Jahre 1934 einmal dagewesen. Ein netter und in seinem besonderen Thema sachkundiger Privatgelehrter sprach vor ein paar Leuten über den Philosophen Julius Bahnsen, der um 1880 eine »Realdialektik« lehrte, eine »Nicht-Reihe aus lauter Anti-Kategorien«, wie Ernst Bloch später, übrigens durchaus

respektvoll, formulieren sollte. Was aber sollte ich mit Bahnsen?

Als der berühmte Kongreß der Intellektuellen zur Verteidigung der Kultur in Paris zusammentrat, wo auch Brecht und Musil und Bloch das Wort nahmen, blieb ich in Genf. Ich kannte die Veranstalter und ihre Regie. Allein die kannte beispielsweise Brecht nicht weniger, und war doch hingefahren: um eine Rede über die »Eigentumsverhältnisse« zu halten, die dem offiziell gewünschten Kurs einer ideologischen Sammlung stracks zuwiderlief und entsprechend verärgerte. Auch der skeptische Klaus Mann war dabeigewesen.

In Genf am Institut hielten wir Emigranten zusammen. Wir waren Freunde, auch wenn etwa Ernst Engelberg, später mein Fakultätskollege in Leipzig, ein ausgezeichneter Historiker und Mentor vieler junger Geschichtsforscher in der DDR, weiter zur KPD stand, während sich Ossip Flechtheim von ihr entfernt hatte. Meine Schreiberei für die Tageszeitung von Léon Nicole in der ersten Genfer Zeit war aufgegeben worden. Als ich wieder in Paris zu leben gedachte, stand für mich fest, daß nur die französische Welt ernstzunehmen sei, nicht die politische und ideologische Diaspora der Emigranten. Ob das falsch war oder richtig, weiß ich heute immer noch nicht. Einige Verbindung hielt ich zu Leuten, die nicht mitmachen wollten bei den kommunistischen Integrationsversuchen. Den Historiker Konrad Heiden lernte ich durch Oprecht kennen, der Heidens Buch über Hitler, einen der frühesten biographischen Versuche, publiziert hatte. Heiden gehörte zur Leitung eines Kulturkreises von Emigranten außerhalb der kommunistischen Einflußsphäre. Man veranstaltete Vortragsabende, an denen ich bisweilen teilnahm. Einmal habe ich im Bankettsaal eines Cafés neben der Pariser Oper aus meinem Buch über Büchner vorgelesen.

Zu den Veranstaltungen der Emigration freilich bin ich nur ein paarmal gegangen: als der Rezitator *Ludwig Hardt*, den ich zuerst in Berlin vor mehr als zehn Jahren bewundert hatte, vor seinen Schicksalsgefährten des Exils die Texte eines »anderen Deutschland« vortrug. Über Hardt und seine Kunst gibt es viele, stets begeisterte Berichte, von Thomas Mann bis Elias Canetti. Auch in jenem Vortragssaal am Boulevard Saint-Germain hatte uns der kleine Jockey mit der unvergeßlichen

Stimme sogleich im Bann, als er, statt irgendeiner Begrüßung und Verbeugung, so begann:

Lieben Freunde! Es gab schönre Zeiten
Als die unsern – das ist nicht zu streiten!
Und ein edler Volk hat einst gelebt.

Das war ein spätes Gedicht Friedrich Schillers, ›An die Freunde‹ betitelt. Ludwig Hardt hob im Vortrag den zornig-elegischen Grundton der Dichterklage hervor; den klassisch-idealistischen Abschluß brachte er fast beiläufig, wie ein Klassikerzitat.

Alles wiederholt sich nur im Leben,
Ewig jung ist nur die Phantasie,
Was sich nie und nirgends hat begeben,
Das allein veraltet nie!

Ein zweites Mal, irgendwann im Juni 1939, besuchte ich eine Gedenkfeier für Ernst Toller und Joseph Roth. In New York hatte Toller am 22. Mai in einem Hotelzimmer dem Leben ein Ende gesetzt. Fünf Tage später, am 27. Mai, war auch Roths Plan gelungen: durch eine lebenswidrige und todessüchtige Existenzweise ein Ende machen zu können, ohne selbst »Hand an sich zu legen«. Sie hatten im Leben, und vor allem im Schreiben, wenig miteinander gemeinsam, diese beiden deutschen Schriftsteller von jüdischer Abkunft. Joseph Roth verbiß sich trotzig vor der Trinkrunde, die unweit des Boulevard Saint-Germain zu tagen pflegte, in Schwärmereien für Kirche und Habsburg. Ernst Toller, der radikale Sozialist, vertraute auf eine Welt-Volksfront, doch insgeheim ungläubig, wie der Freitod anzudeuten schien. An die Trauerreden erinnere ich mich nicht mehr. Da wurde vermutlich gesagt, was damals zu sagen war. Ich bin rasch wieder weggegangen.

Begegnungen mit französischer Literatur und ihren Literaten sind stärker im Gedächtnis geblieben. André Maurois kommentierte, höflich und diskret, in der Comédie Française eine Matinee mit französischer Lyrik, von den Renaissance-Poeten bis Baudelaire. Er stand am Rednerpult und sprach »verbindende Worte«. Es traten auf und verschwanden wieder die Lieblinge des Publikums, die Schauspieler des »Hauses von Molière«. Man hat immer wieder das Spielen und Sprechen dieser französischen Komödianten verlacht. Unnatur, große Gesten, pathetische Deklamation, Mißachtung des realistischen Dogmas. Ich war damals oft in dem schönen alten Haus mit der unerschütterten Tradition und fand solche Angriffe stets unberechtigt. Ob Racine oder Corneille, oder die französische Lyrik, die Maurois ausgesucht und kommentiert hatte: es wurde Wahrheit der Kunst vermittelt durch Sprache und adäquates Sprechen. Und »realistisch« war die Schauspielerin Marie Bell in einer Tragödie von Racine ganz gewiß, durchaus nicht gehemmt durch eine Verskunst der gereimten Alexandriner.

Unweit der Champs-Elysées hielt *Jean Giraudoux* fünf Wochen lang jeweils am Samstagnachmittag einen Vortragszyklus über die ›Fünf Versuchungen Lafontaines‹. Er stand damals auf der Höhe seiner Laufbahn als Dramatiker. Das Theaterstück vom Trojanischen Krieg, der nicht stattfinden soll und gerade deshalb stattfindet, war seit 1935 ein Welterfolg. Der optimistische Titel ›La guerre de Troie n'aura pas lieu‹ wurde zum politischen Zitat, wenn man von der Möglichkeit eines Krieges um Prag oder Danzig zu sprechen hatte. Giraudoux schien insgeheim mit dem Krieg zu rechnen, den er verabscheute. Das wurde deutlich bei den Aufführungen seines neuen Stückes ›Elektra‹ von 1937, das ich noch in der Premierenbesetzung im Theater Louis Jouvets im Pariser Norden sehen konnte. Elektra ist hier die ideologisch standhafte Verfechterin einer absoluten Idee, angeblich der Gerechtigkeit. Der Mörder Ägisth kam durch eine Untat an die Macht, doch er hat Verantwortung gelernt für sein Volk. Die absolute Gerechtigkeit jedoch bedeutet nicht allein seinen eigenen Tod, sondern den Bürgerkrieg und den Krieg mit den Nachbarn von Argos. Elektra triumphiert, der Mörder wird gemordet, der Krieg und Feuerbrand verheert die Schuldigen mit den Unschuldigen. Am Schluß fragt einer den Bettler, was dies alles zu bedeuten habe. Der Bettler vertritt die Rolle des tragischen Chors. Seine Antwort lautet: das habe einen sehr schönen Namen. Das nenne sich: Morgenröte! L'Aurore! Ich habe es noch im Ohr, dieses Wort, in der abgründig traurigen und hohnvollen Intonation Louis Jouvets.

Der Saal war jedesmal überfüllt, wenn Giraudoux von Lafontaine zu sprechen hatte. Allein er sprach durchaus nicht allein vom Meister der Fabeln, die jeder kleine Franzose auswendig zu lernen hat und sein Lebtag nicht vergessen kann. Am

Beispiel dieses Dichters sollte den Irrwegen und Umwegen der Poeten nachgespürt werden, die oft und lange in die Irre gehen müssen, bis sie jäh erkennen, was eigentlich ihr Thema sei, und die ihm angemessene Form dazu. Lafontaine hatte viel versucht in Vers und Prosa, als Mythologie und klassizistische Satire. Drei Vorlesungen lang wurden diese Versuchungen und Enttäuschungen vorgeführt. Bis der Augenblick des »richtigen« Lafontaine gekommen war. Als er nämlich seinen Tieren begegnete, dem Fuchs und dem Raben, der Grille und der Ameise.

Dem Proustianer, der ich geworden war, gefiel auch der Vergleich: was die Fabeltiere für Lafontaine bedeutet hätten, sei die kleine und zarte Gestalt des halbjüdischen Charles Swann gewesen für Marcel Proust in seinem Werk, das kein anderer schreiben konnte.

Freunde machten mich nach einem der Vorträge mit Giraudoux bekannt. Der war erstaunlicherweise daran interessiert, den deutschen Emigranten und Literaturfreund kennenzulernen. Der Grund war simpel. An der Ecole Normale Supérieure hatte Giraudoux die deutsche Sprache und Literatur studiert, dann aber, als Folge seiner diplomatischen Laufbahn, wieder vernachlässigt. Jetzt arbeitete er, nach den beiden antiken Stoffen, an einem erzromantischen und »deutschen« Sujet: einer Bearbeitung der ›Undine‹. Das Stück wurde 1939 fertig und aufgeführt, abermals als großer Erfolg. Einige Jahre später erlebte ich auch die deutsche Erstaufführung in Zürich. Giraudoux frage mich nach dem geistigen Kontext des Undine-Stoffes bei den Romantikern und Nachromantikern. Man saß nach dem Vortrag auf einer Terrasse an den Champs-Elysées. Hoffmann und Lortzing kannte er natürlich. Ich versuchte anzudeuten, daß es auch die ›Rusalka‹ gebe bei Dvořak, noch spät im 19. Jahrhundert. Überhaupt gehe es um die Möglichkeit des Zusammenlebens von Menschenwelt und Geisterwelt: ganz wie im ›Fliegenden Holländer‹, dessen Fabel Richard Wagner bei Heinrich Heine gefunden hatte.

Jean Giraudoux hat mich jahrelang beschäftigt. Zeitweilig wurde er mir zum Inbegriff aller Vorstellungen von Frankreich und den Franzosen. Als die Nachricht kam, der berühmte Schriftsteller, der im Winter 1939/40 als erfolgloser Propagandachef im Krieg amtiert hatte, sei am 31. Januar 1944 in Paris gestorben, schrieb ich in der Schweiz, in einem ungeheizten Raum bei Freunden in Locarno, einen kleinen Essay über den ›Glücklichen Dichter Jean Giraudoux‹. Glücklich im Sinne Anakreons, den Goethe gepriesen hat, weil ihm der Winter des Lebens erspart blieb.

Nicht erspart blieb ihm die späte Erkenntnis, seine Kräfte eingesetzt zu haben für ein politisches System, das in allem den geheimen Utopien zuwiderlief, die der Dramatiker Giraudoux – ebenso listig wie dennoch vertrauensvoll – auf die Szene gebracht hatte. Die wütende Rebellion der ›Irren von Chaillot‹, erdacht und formuliert in der Einsamkeit eines Besiegten, macht ahnen, was vorgefallen war im Innern und in der äußeren Welt zwischen der Arbeit an einer neuen Version der ›Undine‹ und diesem bösen Stück vom Aufstand der Ausgestoßenen und Gestrandeten. Es handelte sich um eine lumpenhafte Revolte gegen die Lumperei. Keine schöne Botschaft.

Einer der »Wegbereiter«, und ein wichtiger Mitarbeiter bei Gallimard, pflegte damals in der ›Nouvelle Revue Française‹ die sorgsam destillierte Essenz von Nachrichten des Tages zu veröffentlichen: als Jean Guérin, der in Wahrheit Jean Paulhan hieß. Da stand zu lesen, daß man im Juli 1938 sowohl den Juden Maurois in die Académie Française gewählt hatte wie den wütenden Antisemiten Charles Maurras, den Feind aller Demokratie, übrigens auch einen wilden Anti-Teutonen. Was ihn bald darauf nicht hindern sollte an einer gemeinsamen Sache mit der deutschen Besatzungsmacht. Maurras wurde später verurteilt, aus der Akademie wieder ausgeschlossen; er starb im Zuchthaus.

Im August tagte in Leipzig ein internationaler Verlegerkongreß. Das französische Buchwesen war gut vertreten. Man adressierte ein Telegramm an den »aufgeklärten Förderer aller kultureller Werte«, den Dr. Goebbels. In Rom wurden die Professoren beauftragt, dem Ursprung der italienischen Rasse im Sinne des Ariertums nachzuspüren. Am 2. September werden die Juden aus allen italienischen Akademien und Universitäten vertrieben. In der Nacht vom 29. zum 30. September 1938 wird in München das »Abkommen« unterzeichnet, das Preisgabe der Tschechoslowakei zugleich *und* strategische Chance für das Dritte Reich bedeutet hat, in der bisherigen Weise fortzufahren, um den kommenden und gewollten Krieg

besser vorzubereiten. Der französische Regierungschef Daladier kehrt bedrückt nach Hause zurück, der Engländer Neville Chamberlain hält seine Sache für siegreich und verkündet den »Frieden für unsere Zeit« mit Hilfe von München.
Im Novemberheft der ›Nouvelle Revue Française‹ fand ich plötzlich, neben den Chroniken von Paulhan, einen sonderbaren Text, der mich zu einer Reaktion veranlaßte. Die Leute wollte ich kennen lernen, die das geschrieben hatten. Dort stand, wenn man es ins Deutsche übertrug, folgendes zu lesen:

Erklärung des Collège de Sociologie über die internationale Krise

Das Collège de Sociologie versteht die gegenwärtige internationale Krise aus verschiedenen Gründen als eine wichtige Erfahrung. Es erscheint dem Collège weder möglich noch sinnvoll, alle Seiten der Frage zu erörtern. Es hält sich vor allem durchaus nicht für kompetent, die diplomatische Entwicklung in irgendeiner Weise beurteilen zu können, die zur Aufrechterhaltung des Friedens geführt hat; noch weniger läßt sich dabei zwischen dem unterscheiden, was vorhersehbar war, und dem Unerwarteten, zwischen Freiwilligkeit und Zwang, sogar zwischen Inszenierung und Aufrichtigkeit. Die Billigkeit und Gebrechlichkeit solcher Deutungen ist bekannt. Indem das Collège auf dergleichen verzichtet, äußert es den Wunsch, ein solches Beispiel möchte auch von anderen befolgt werden, die ebensowenig kompetent sind. Das ist der erste Punkt.
Das Collège de Sociologie erblickt seine eigentliche Rolle in der rücksichtslosen Bewertung von psychologischen Reaktionen des Kollektivs, die hervorgerufen wurden durch die drohende Kriegsgefahr, und die, als die Gefahr vorüber war, sogleich mit einem »heilsamen« Schweigen überdeckt wurden, wenn sie nicht gar rasch mit Hilfe gefälliger Erinnerungen umgewandelt scheinen ins Schmeichelhafte und Positive. Wer damals ganz außer sich schien, bildet sich neuerdings ein, er sei ein Held gewesen. Das Publikum glaubt mittlerweile selbst an die Legende, es habe sich kaltblütig verhalten, würdig und entschlossen: immerhin hat ihm der Ministerpräsident geschickterweise dafür ausdrücklich gedankt. Es ist jetzt bereits notwendig,

demgegenüber zu behaupten, solche Vokabeln seien viel zu schön für einen Tatbestand, den man weit besser mit den Ausdrücken der Verwirrung, der Resignation und der Furcht bezeichnen könnte. Das wirkliche Schauspiel berichtete von einer unbeweglichen und stummen Verstörung, von einer traurigen Hinnahme der Ereignisse, von der unverkennbaren Furchthaltung eines Volkes, das sich unterlegen fühlt und deshalb weigert, einen Krieg zu führen angesichts einer Nation, die ihre eigene Politik ausdrücklich auf den Krieg ausgerichtet hat. Das ist der zweite Punkt.

Zur moralischen Panik gesellte sich die Absurdität der politischen Positionen. Die Lage war von Anfang an paradox: die Diktaturen spielten mit dem Selbstbestimmungsrecht der Völker, während sich die Demokratien auf die natürlichen Grenzen beriefen und auf die Lebensinteressen der Nationen. Das wurde schließlich bis ins Extrem durchgespielt. Man mußte erleben, daß der Nachkomme und Erbe eines Joseph Chamberlain, also eines Mannes, der ausdrücklich einst von der englischen Weltherrschaft gesprochen hatte und ein Mitbegründer des Empire gewesen war, den Herrn Hitler anflehte, mit irgendeiner Regelung einverstanden zu sein: vorausgesetzt daß sie friedlich wäre. In einer kommunistischen Zeitung wurde die Parallele gezogen zwischen diesem Neville Chamberlain als einem »Botschafter des Friedens« und dem Lord Kitchener, wobei der letztere weit besser wegkam. Man traute seinen Augen nicht, wenn man lesen mußte, daß die Kommunisten eines Tages diesen Lord Kitchener feiern würden, den Mann des Burenkrieges, der systematischen Zerstörungen und der Konzentrationslager für die Zivilbevölkerung. Er wurde von den Kommunisten gelobt, weil er »seinem Land zu einem großen Territorium verholfen habe«, wobei freilich nicht hinzugesetzt wurde, daß er den Leuten der City gleichzeitig Gold- und Diamantenminen mitlieferte. Man muß auch an die Haltung der öffentlichen Meinung in Amerika erinnern, die jenseits des Ozeans, also in genügender Entfernung, ein Unverständnis an den Tag legte, ein Pharisäertum und eine platonische Donquichoterie, wie sie mehr und mehr charakteristisch zu sein scheint für die Demokratien. Das ist der dritte und letzte Punkt, vor der Schlußfolgerung.

Das Collège de Sociologie ist kein politischer Organismus. Seine

Mitglieder vertreten ihre eigenen Meinungen. Das Collège sieht auch keinen Anlaß, die besonderen französischen Interessen in diesem Abenteuer zu vertreten. Seine Rolle liegt ausschließlich darin, eine Lehre aus den Ereignissen zu ziehen, und zwar, solange es noch Zeit ist, was heißen soll: solange sich ein jeder noch nicht selbst eingeredet hat, er sei damals kaltblütig gewesen, würdig und entschlossen. Das Collège de Sociologie sieht in dem Fehlen irgendeiner lebhaften Reaktion angesichts des Krieges ein Zeichen der »Entmännlichung« des Menschen. Es zweifelt nicht daran, daß die Ursache dafür in den lockeren gesellschaftlichen Banden zu finden ist, fast in einem Nicht-Vorhandensein solcher Bindungen, als Folge der Entwicklung eines bürgerlichen Individualismus. Ohne Mitleid stellen wir die Wirkung fest: die Menschen sind so allein gelassen, so schicksalslos geworden, daß sie entwaffnet dastehen vor der Möglichkeit des Todes: als Menschen, die keinen tieferen Grund sehen, für irgendeinen Kampf und deshalb notwendigerweise feige werden vor dem Kampf, vor irgendeinem Kampf, wie eine Hammelherde, die bei vollem Bewußtsein und resigniert ins Schlachthaus zieht.

Das Collège de Sociologie hat sich vor allem als Organismus der Forschung und der Studien definiert. Dabei soll es bleiben. Aber es hatte sich bei seiner Gründung auch die Möglichkeit vorbehalten, notfalls etwas anderes zu sein: nämlich ein Herd der Energie. Die Ereignisse von gestern empfehlen ihm jetzt, gebieten ihm vielleicht sogar, den Akzent auf diesen Teil der selbstgestellten Aufgabe zu legen. Darum hat man sich zu dieser öffentlichen Erklärung entschlossen. Darum fordert es alle diejenigen auf, denen die Angst die Erkenntnis vermittelt hat, daß die Menschen sich zusammenschließen müssen, sich der Arbeit des Collège anzuschließen: in vollem Bewußtsein, daß die gegenwärtigen politischen Formen ganz und gar verlogen sind, und daß es notwendig wurde, eine Form der kollektiven Existenz wiederherzustellen, jenseits aller geographischen und sozialen Begrenzungen. Eine Existenz, die es den Menschen erlaubt, ein bißchen Haltung zu bewahren im Angesicht des Todes.

Paris, den 7. Oktober 1938. *gez. Bataille, Caillois, Leiris.*

Dieser Text wurde von drei markanten Zeitschriften veröffentlicht. Ich las ihn in der Novemberausgabe der ›Nouvelle Revue Française‹, war froh über die Kraft und Härte der Argumentation, und schrieb einen Brief an das Collège. Bataille antwortete sogleich und schlug eine Begegnung vor. Man traf sich in einem Café auf dem linken Ufer, unweit vom Panthéon.

Alle drei waren erschienen: Georges Bataille, Roger Caillois und Michel Leiris. Von Bataille wußte ich, daß er eine Zeitschrift mit dem schönen Titel ›Acéphale‹ herausgab, worin der Hinweis auf »Kopflosigkeit« mit dem Konzept des Herausgebers zusammenhing: den Begriff der Ratio und des rationalen Handelns nicht bloß zu erweitern, sondern zu entgrenzen. Ich hatte bisweilen in einer solchen Nummer geblättert, ohne viel Aufmerksamkeit. Noch war ich nicht aufnahmefähig für dergleichen. Leiris war damals 37 Jahre alt; von ihm wußte ich nur, daß er als Ethnologe ein Buch über das »gespenstische Afrika« geschrieben hatte. Ich kannte das Buch aber nicht.

Hingegen war ich froh und stolz, mit Roger Caillois zusammenzusitzen. Er war der Jüngste dieser soziologischen Troika, Jahrgang 1913, sechs Jahre jünger als ich, weit jünger als sein Freund Bataille, der noch im letzten Jahrhundert (1897) zur Welt kam. Sie ergänzten einander gut: der Historiker Bataille, der als Bibliothekar an der »École des Chartes« beschäftigt war, nämlich bei den mittelalterlichen Handschriften, der Ethnologe Leiris und der Literaturwissenschaftler Caillois, der schon mit dreiundzwanzig Jahren ein fulminantes Buch über Corneille vorgelegt hatte. Ich hatte es gelesen und bewundert. Mehr noch das im Frühjahr dieses Jahres erschienene Buch ›Le mythe et l'homme‹. Auch hier ging es, wie beim Institut für Sozialforschung, um das Beziehungsgeflecht zwischen Mythos und Aufklärung. Die Deklaration des Collège bestätigte mir, was ich schon beim Lesen von Caillois vermutet hatte: daß ich hier an die richtigen Leute kommen würde: an die Nachfolger der einstigen »Wegbereiter«.

Caillois führte ein glanzvolles Gespräch. Bataille erinnerte bisweilen an jene großen Schauspieler, die ein ausdrucksloses Gesicht vorweisen im Tageslicht, um abends auf der Bühne alles verkörpern zu können, auch das ganz Unerwartete, die alt und jung sein können nach Belieben.

Lese ich heute in den Gesammelten Schriften von Georges Bataille, von denen einige auch deutsch erschienen sind, oder in den fast 600 Seiten des von Denis Hollier herausgegebenen Dokumentarbandes über das »Collège de Sociologie« (Paris 1979), wo auch mein Vortrag über die »Riten der politischen Geheimbünde in der deutschen Romantik« abgedruckt ist, den ich am 18. April 1939 unter der Leitung von Bataille vor dem Collège hielt, so wird klar, daß wir einander in sonderbarer Weise verfehlten. Ich warb um Caillois, doch Bataille hat damals offensichtlich um mich geworben.

Caillois brauchte niemanden. Als er vor dem Collège eine Analyse des »Henkers« im Wandel der Gesellschaften vortrug, bedankte er sich bei mir für Hinweise auf die überreichliche Fülle von Zeugnissen aus der deutschen Kulturgeschichte. Dieser brillante Literat und Soziologe war sich selbst genug. Während des Krieges leitete er das Institut Français in Buenos Aires. Ich traf ihn nach dem Krieg wieder bei Kongressen der PEN-Klubs, denn Caillois war, nach seiner Rückkehr, von der Unesco mit dem Ressort der internationalen Literatur betraut worden. Zwischen uns kam erst langsam wieder eine vertraute Beziehung zustande, als ich in den »Westen« zurückgekehrt war. Ich gratulierte ihm zur Wahl in die Académie Française, er lud mich ein zur Mitarbeit an seiner Zeitschrift ›Diogène‹. Im Dezember 1978 hatte ich in Paris zu tun. Freunde planten ein Abendessen im berühmten Restaurant und gaben mir frei, einen Gast einzuladen. Plötzlich wollte ich ihn gern dabei haben: Roger Caillois. Ich bat Pierre Bertaux, der mit ihm bekannt war, die Einladung zu übermitteln. Am Telefon war eine verstörte und abweisende Madame Caillois. Roger sei krank. Am nächsten Tag stand der Nachruf in der Zeitung. Ein Schlaganfall.

Was *Georges Bataille* in meinem Leben bewirkt hat, weiß ich erst seit dem Alter, genauer: seit ich mich entschloß, ein Buch über ›Außenseiter‹ zu schreiben. Damals habe ich nicht gewußt, mit wem ich umging. Er blieb unkenntlich. Allein er wollte mit mir zusammensein. So trafen wir uns regelmäßig, zweimal im Monat, in einem Café. Einmal brachte ich den Historiker Konrad Heiden mit, weil sich Bataille für einen Autor interessierte, der ein Buch über den »Führer« geschrieben hatte. Es kam nichts heraus bei dem Gespräch zu dritt.

Bei unseren Gesprächen zu zweit gab es kaum geistige Spannung, doch herzliche Sympathie auf beiden Seiten. Ich freute mich über einen redlichen und hilfsbereiten Menschen, der freier war von Vorurteilen als irgendein anderer von allen, denen ich damals begegnete: Caillois nicht ausgeschlossen. Ein Freund seiner Freunde. Den Nachlaß Walter Benjamins hat er, der Bibliothekar einer Nationalbibliothek, in irgendeinem Keller aufbewahrt und somit gerettet. Mitsamt dem Angelus Novus von Paul Klee.

Bei Bataille habe ich Walter Benjamin zum letztenmal gesehen. Es handelte sich um den Aprilvortrag 1939 vor dem Collège. Für den Monat Mai war bereits ein Vortrag von Caillois über das »Fest« vorgesehen, zum Abschluß sollte Bataille selbst eine Bilanz des Collège de Sociologie aufstellen. Blieb der April. Benjamin plante ein Referat, wie er abweisend verlauten ließ, über »Die Mode«. Heute ordnet man das ohne weiteres unter: Paris als Hauptstadt des 19. Jahrhunderts. Ein Aspekt also aus dem geplanten Hauptwerk. Ich schlug vor, als man mich um ein Referat ersuchte, aus meinen Arbeiten zu Büchner die Gedanken über die politischen deutschen Geheimgesellschaften im Zeitalter der Romantik vorzutragen. Die Satzungen eines »Tugendbundes« klangen wörtlich fort in den Satzungen der SS, mitsamt der Formel »Verräter verfallen der Feme«. Das war deutsches Residuum geblieben. Darüber also wollte ich berichten, und es kam auch dazu. Das Referat über »Die Mode« verschob man auf den Herbst. Da war bereits Krieg.

Bataille unterschied sich, im Denken wie im Schreiben, von Leiris wie von Caillois. Gemeinsam war ihnen die Neugier auf etwas, dem die französische Sprache gerecht werden konnte, unser Deutsch aber nicht. Der Begriff des »sacré« reicht vom Heiligen weit hinüber zum Verruchten. Vom Sakrament zum gefluchten »Sakrament«. Weshalb in der deutschen Fassung des »Sakralen« eben diese Entgrenzung verlorengeht. Oben und Unten finden sich als Teil des »sacré«. Insofern galten die Interessen des Collège dieser menschlichen Totalität.

Bataille aber hatte früher gedacht, und auch weiter. Er schied die homogenen von den heterogenen Gesellschaftsweisen. Seine Neigung galt dem »Heterogenen«. Dazu gehörte für ihn, unbegrenzt nach Oben wie nach Unten, »was die homogene

Welt von sich abstößt, sei es als Abfall, sei es als höheren transzendenten Wert«. Das reichte von den Ausscheidungen des Körpers, von den Vorgängen also, die beschwiegen werden mußten, bis zur Sublimierung der Heiligkeit, von der Aristokratie bis zum Lumpenproletariat.

Darüber hatte bereits der dreiunddreißigjährige Bataille im Herbst 1933 unter der Überschrift »Die psychologische Struktur des Faschismus« geschrieben. Er allein schien erkannt zu haben, daß ein »erwachtes« Deutschland mit den überlieferten Denkweisen einer homogenen – nämlich sowohl tabufreudigen wie herkömmlich aufgeklärten – Wissenschaft nicht erfaßt werden konnte. Man mußte das Denken entgrenzen, um die Entgrenzungen, die folgen würden, vom tradierten Handbeil bis zur perfektionierten Gaskammer, begreifbar zu machen. Folglich gehörte das sogenannte »obszöne Werk« des Erzählers Georges Bataille, das »heterogene« Vorgänge in klassischer Prosa vortrug und nur eine einzige Grenze nicht überschritt, nämlich zur Zote, ebenso zur Totalität seines Fragens, wie die Arbeit am Collège.

Batailles Forschen war stets Selbstentgrenzung. In seiner Einleitung zur deutschen Ausgabe der «obszönen« Schriften von Bataille hat François Bondy erkannt, was jeder spüren mußte, der mit diesem Menschen näheren Umgang hatte: »Soweit dieser Künder des ›eigentlichen Bösen‹ ein Moralist sein konnte, war es Bataille, sobald er eine idealistische Verleugnung dessen witterte, was von ›unten‹ kommt – welches unten er sowohl biologisch wie sozial und noch in anderen Weisen verstand.«

Von hier aus erkläre ich mir heute Batailles Interesse am Gespräch mit mir, wie auch mein Versagen vor ihm und seinem Werben. Der alles gelesen hatte und wohl nur, unter den Menschen, die mir begegnen sollten, mit Ernst Bloch oder Elias Canetti in diesem Betracht verglichen werden konnte, war seit 1932 darauf aus, das Versagen tradierter französischer Intellektualität vor den neuen Phänomenen für sich zu korrigieren. Er hatte nicht umsonst bei den Surrealisten gelernt und ihren einstigen Kampfruf beherzigt: »A bas la clarté française!« Man mußte sich um Hegel kümmern und die deutschen Romantiker, um Marx und um die Tiefenpsychologen. Darum suchte er das Gespräch mit Benjamin, und wohl auch mit mir.

Abermals in anderer Weise als Caillois, den meine Kenntnisse der deutschen Kultur interessierten, der aber selbst nichts von mir »wollte«.
Bataille wollte mich gewinnen: wohl auch für seine Entgrenzungen. Es kam aber nur zu knappen Hinweisen auf »Erfahrungen«, die man machen müsse. Ich bin ausgewichen, fast ohne zu verstehen. Die jüdische Rationalität, zwar säkularisiert, doch säkular trainiert auf Mißtrauen am Bild und an der Einbildungskraft, leistete geheimen Widerstand. Georges Bataille war viel »deutscher«, als ich je hätte sein und werden können.
Dann gab es Krieg, und ich habe ihn nicht wiedergesehen. Nach dem Krieg fuhr ich nach Paris und hätte ihn, den berühmt Gewordenen, aufsuchen können. Warum tat ich es nicht? Als ich die »Außenseiter« schrieb, mußte ich oft an ihn denken.

Exkurs: Figaro 1939
Anmerkung zu Jean Renoirs Film ›La Règle du Jeu‹

Über Kunst und Können des letzten Vorkriegsfilms von Jean Renoir zu urteilen, bleibt Aufgabe des Filmkritikers. Aber ein Renoirfilm pflegt sich nicht in der Erörterung von Regieproblemen und Schauspielleistungen zu erschöpfen: ein jeder ist gleichzeitig kulturkritischer Akt, der beanspruchen darf, nach Inhalt und Ziel dieser seiner Kulturkritik befragt zu werden. Überdies gehören all diese Filme innerlich zusammen. Zwischen ›Madame Bovary‹, der ›Großen Illusion‹, der ›Bête humaine‹, der ›Marseillaise‹ und dieser letzten ›Règle du Jeu‹ bestehen geheime Beziehungen und Entsprechungen, deren Gesamtgeflecht erst ahnen läßt, um was es Renoir ging. Zudem sind sie alle, und dieser letzte Film aus dem Jahre 1939 ganz besonders, Dokumente des französischen Denkens am Vorabend der großen Katastrophe. Von diesem Abend her erhalten jene Filme neues Licht – und da alle Elemente dieses herannahenden Dunkels in ihnen bereits vorweggenommen sind, helfen Renoirs Kunstwerke auch wieder mit, die tieferen Ursachen des Zusammenbruchs sichtbar zu machen.

Die ›Règle du Jeu‹ ist sehr vielfältig mißverstanden worden. Man sah in ihr zumeist schneidende Gesellschaftssatire, ein Erzeugnis des Hohnes über Herzensträgheit und innere Leere einer Aristokratie von 1939. Die Beziehung zu Marcel Proust wurde wiederholt aufgewiesen: hier wollte man gefilmte Ausschnitte aus jener Welt sehen, in der man sich angeblich nicht langweilt und deren sinnlose Sinnlichkeit und geistlose Geistigkeit Prousts Riesenroman bis in die feinsten Gewebe zerfasert hatte. Dies alles stimmt für Renoirs Film, trifft aber nicht das Eigentliche. Wenn der Film diese Seiten und Momente besitzt und bewußt besitzt, da hier nichts dem Zufall oder der Beziehungslosigkeit überlassen wurde, so erschöpft er sich doch nicht in ihnen. Die ›Règle du Jeu‹ ist ein großes dialektisches Kunstwerk, das vieles zu geben vermag, sich aber dort nur erschließt, wo der richtige Ansatzpunkt gefunden wurde: er ist naiv und satirisch, grausam und verspielt, heiter und tiefernst, in den Dingen und in ihrer Widerlegung, moralisch und zynisch. Je nach dem Standpunkt des Betrachters. Nur der aber sieht klar, der diese scheinbar ursprünglichen Elemente als Teile eines Ganzen zu verstehen vermag.

Zwei Tatsachen, die so offenbar sind, daß sie fast allgemein übersehen wurden, helfen weiter. Zunächst einmal ist die ›Règle du Jeu‹ eine bewußte Wiederaufnahme der Hauptmotive von Beaumarchais' ›Mariage de Figaro‹. Ironisch ruft das Motto des Films sogar eben dieses Werk auf: gleichsam um die innere Verwandtschaft noch zu unterstreichen. Nichts fehlt von den wesentlichen Elementen des Beaumarchais-Spiels in dem Werk von 1939: nicht das Zusammenspiel der Verkleidungen von Gräfin und Zofe, nicht das Motiv vom genießenden Herrn und eifersüchtigen Diener, vom tollen Tag und der Komödie der Irrungen im nächtlichen Park, von der Verwischung aller Gesellschaftssphären im Anhauch der Liebeswut, vom Herrentum der Paria und der Sinnensklaverei der Herren. Allein dieser Figaro von 1939 nimmt eben nicht bloß das alte Thema zeitgemäß wieder auf, sondern gleichzeitig auch seine Geschichte und Deutung. Die Welt von ›Figaros Hochzeit‹ versank in der Großen Revolution; die Versöhnung von Herr und Lakai am Ende des Lustspiels war nur Schein und selber wieder ironische Grimasse gewesen: am Abschluß stand nicht ein Mozartsches Finale, sondern die Guillotine.

Das weiß der Künstler Renoir; ihm ist bekannt, daß jenes Lustspiel von Beaumarchais mithalf, das große Drama vorzubereiten: solche Erkenntnis wird zum unlöslichen Bestandteil des Figarospiels von 1939. Nicht zufällig zitiert eine der Filmgestalten ein grausam-enthüllendes Wort Chamforts über die Liebe, eben jenes Chamfort, der alle Laster der untergehenden Adelswelt genoß und entlarvte, zur Revolution überging und an ihr starb. Nicht umsonst erschien die ›Règle du Jeu‹ im Jahre 1939, dem Jubiläumsjahr von 1789; nicht ohne Sinn erschien sie als Schwesterwerk von Renoirs ›Marseillaise‹, gleichsam wie eine Kammerspielbearbeitung der Motive jener großen dramatisch-politischen Filmhandlung. Dieser Film hat den Blick auf eine untergehende Welt gerichtet; der Blick ist tödlich, wie ein Satz des »Accusateur public« Foucquier-Tinville. Er ist nicht vor allem »satirisch«, denn Satire bedeutet noch kein Todesurteil, keine grundsätzliche Trennung von Satiriker und Objekt seines Hohns.

Die ›Règle du Jeu‹ aber ist ein Todesurteil; sie ruft die Gestalten Beaumarchais' wieder auf, um ihnen – oder ihren Urenkeln von heute – die gleiche Diagnose zu stellen.

Die Diagnose aber kündet schon der Titel an, um den sich abermals so wenig Deuter kümmerten und der doch so aufschlußreich ist. Worin besteht die »Spielregel«? Mit einem Begriff gesagt: in der Unverbindlichkeit. Gefühle verpflichten zu nichts; auch nicht Vereinigung der Körper; auch nicht öffentliche Gesetze und kirchliche Gebote; nicht Ehe und nicht sozialer Rang; nicht Dienst und nicht Verbrechen. Alles ist unernst, unverbindlich, flatternd im Wind einer Sinnlichkeit, die alle Rechte besitzt, nur jenes eine nicht: in Leidenschaft oder Gefühl auszuarten. Diese Leugnung aller menschlichen Werte macht solche Welt der Unverbindlichkeit zur unmenschlichen Welt. Es wird gemordet und hat dennoch keine Bedeutung. Ist es der »Rechte« oder der Falsche, den es trifft? Wichtigkeit hat das nicht: jeder von allen ist wert, daß er zugrunde gehe. Man tauscht die Partner und Gefühle wie die Kleider. Mord ist nicht Mord, sondern Unfall: so wird es in der Zeitung und den Akten stehen, und darum wird es wahr sein.

Keine Elektra oder Kriemhild wird gegen solchen Mord aufstehen, denn die Welt des Unverbindlichen assimiliert sich alles, bis auf zwei Dinge: Heldentum und echtes Gefühl. Wo beides auftritt, verursacht es nur Störungen. Die Spielregel wurde nicht eingehalten. Dann hält der Leidenschaftliche Radioreden, die der Schablone widersprechen, dann geht ein Schuß los, wo höchstens ein Boxkampf mit anschließender Versöhnungszigarette am Platze wäre. Auch sind Heroismus und Leidenschaft ohne Folgen. Die Spielregel wird mit ihnen fertig. Die Wellen schließen sich über dem schweren Stein wieder zusammen. Wasser ist ein widerstandsfähiges Element.

Das alles ergibt bei Renoir keine eindeutige »Anklage« der Welt von oben durch jene im Dunkel. Renoir hat verfeinertere Methoden als unser Erwin Piscator, welcher (ebenfalls am Vorabend eines Zusammenbruchs) dem Berliner Kurfürstendamm kommunistisches Theater vorspielte. In Renoirs Welt gehorchen Herren und Lakaien den gleichen Spielregeln: wie bei Beaumarchais. Die Lakaien sind keine Kammerdiener aus ›Kabale und Liebe‹. Sie sprechen die gleiche Sprache wie die Herren, oder vielmehr: der Jargon der Herrschenden von 1939 hat sich seine Blutauffrischung bereits bei den Lakaien und Wilderern geholt. Wie bei Proust verwischen sich Herren- und Dienerwelt. Allerdings ging es bei Proust um Leidenschaft, die von der Gesellschaft wegführte; bei Renoir werden die Sphären in der gemeinsam beachteten Spielregel verschmolzen. Wer sich in den Kreis dieser Gesellschaft begibt, unterliegt ihren Gesetzen, und wird mit ihnen untergehen.

Als heiteres – doch eben ironisch-dialektisches – Spiel enthüllt die ›Règle du Jeu‹ weit schlimmere Abgründe, als mancher pathetisch-anklagende Film oder Roman. Scheinbar gilt der Satz »Tout finit par des chansons!«; allein das schien bereits für Figaros Hochzeit zu gelten. Lange tanzte man über Gräber, Gefühle und Konventionen hinweg, verschlang sich die Herrenwelt in der Dienerwelt, ohne auch bloß die Tragik von Strindbergs ›Fräulein Julie‹ in ihren Bereichen dulden zu wollen. Das Drama unserer Zeit – Trägheit des Herzens und Unverbindlichkeit – spricht hier im Film mit unerbittlich heiteren Bildern. Spaß bis zum Schluß, aber mit solchen Spielregeln kann man nicht weiterleben. Das Ende von Figaros Hochzeit schrieb Robespierre; das Ende jenes Figaro von 1939 erleben wir seit 1940. *(1943)*

Exkurs: Das Mädchen Piaf

Sie steht im schwarzen Kleidchen auf irgendeiner Estrade, singt ihre kleinen Lieder, und kommt geradewegs aus einem Roman der ›Geheimnisse von Paris‹. Die schwarze Seide ist blank, fadenscheinig und frech glänzend: sie wirkt billig, aber vermutlich war das Kleid recht kostspielig: als kunstvolle Nachahmung von Ärmlichkeit. Auch diese Ungewißheit über die Lebensverhältnisse der Frau, die da oben singt, also über Natur oder feinste Naturnachbildung, gehört zu ihrem fragwürdigen Zauber. Er wirkt, ganz unverkennbar, auch wenn man sich nicht gern eingesteht, mit welchen Mitteln er wirkt, und in welcher Richtung.

Wie alt mag sie sein? Schmächtig sieht sie aus, mit dem Körper eines kaum entwickelten Mädchens, und ist doch überhaupt nicht ungelenk oder unsicher. Die Bewegungen sind weich, gleitend, sicher, dies ist eine erfahrene Frau. Heisere Stimme, gebrochen, durchaus nicht »gewinnend«, wie man zu sagen pflegt. Die Stimme stößt ab und ergreift zugleich mächtiger und zuversichtlicher als alle Kantilenen. Gefahr verbirgt sich in den geborstenen Tönen; es geht schonungslos zu in der Stimme. Wenn das Mädchen singt, so brechen alle Leidenschaften hervor, der Leib verwandelt sich jäh in jede geforderte Altersform. Ohne Übergang lösen sie einander ab, die Altersformen, die Rufe der Lust, der Armut, der Bosheit, der Totenklage. Fast immer ist sie frech, diese Stimme, gleichzeitig heiser und stark, und löst sich gleich darauf in den reinen Ton der Demut und Bescheidung. Alles ist echt, unmittelbar, unerträglich. Die Lieder dieser Mädchen-Frau beachten keinerlei Vorschriften der Sitte und der Scham. Hier wird nur bar bezahlt, man hat gewonnen oder wird getreten.

Lebt man überhaupt noch in irgendeinem Hier und Jetzt, wenn man diesen Liedern und Balladen zuhört? Wie die Altersformen des Menschen, so verwischen und überschneiden sich auch die zeitlichen Abfolgen und die Zeitalter. Da gibt es keine Geschichtlichkeit, keine Epoche und Lebensfolge. Oder doch: es gibt eine einzige, fast übergeschichtliche Wirklichkeit hinter allem, was gesungen wird. Es ist der Geist einer Stadt, dieser

Stadt. Auch der Geist einer Klasse, der stets gleichen. Gesungen wird von den Leuten, die unten leben in den Kellern und Geheimnissen dieser Stadt. Dies Mädchen hat alle die großen Lüste und die großen Verbrechen gesehen. Mit jeder neuen Generation kehrt sie von neuem zurück, stets als die Gleiche. Sie war bei den Gefährtinnen der rasenden Théroigne de Méricourt, als man im Oktober 1789 auszog, den Bäcker und die Bäckerin aus dem Versailler Schloß zu entführen und zurückzubringen in diese Stadt: unter die Gewalt und Beobachtung des Volkes. So eine Stimme schrie auf und jubelte dem Freistaat zu, als das Haupt des Königs fiel. Die Stimme klagte um den erdolchten Marat, wie sie um den guten König Henri geklagt hatte. Diese Frau gehörte stets und bewußt den Starken und den Siegern, und wurde doch niemand untertan. Sie gab ihr Herz dem General Bonaparte und ihre Liebe den Vollstrekkern seines Willens, den Siegern von Austerlitz und von den Pyramiden. Nur wer gewinnt, darf hier hoffen, oder auch: wer ruhmvoll und kämpfend unterliegt.

Aufopferung ist möglich, doch gilt sie stets den Helden. Sterben an der Seite der leidverbundenen Kämpfer der Commune, neben ihnen an der Friedhofsmauer, ist nichts, gehört zur Sache. Doch wehe den Gescheiterten des Alltags, den ärmlich und ruhmlos Untergehenden, den Männern ohne Schönheit und Mut, ohne Glück und Gelingen. Die sehr großen Städte sind grausam und unerbittlich. »Moskau glaubt nicht an Tränen«, sagt das russische Sprichwort. Wo bar bezahlt werden muß, bleibt für Mitleid und Trost so wenig Raum, wie für die Scham und die Sitte.

Dies ist die Welt der Lieder, die das Mädchen im schwarzen Seidenkleid vorträgt. Alles stimmt zusammen: die Stimme, die Gebärde, die ekstatisch oder hüllenlos gemein blickenden Augen in einem bleichen Gesicht mit einem schmalen und blutrot geschminkten Mund. Weitab liegt aller Liedklang der Hoffnung und Enttäuschung, von Liebesbitten, Ständchen und Mondscheinglanz. In den Gesängen dieser Frau geht es hart und entschieden zu: es gibt nur den Sommer und den Winter, Ja und Nein, Hohn oder Hingabe.

Die Sphäre der Elenden taucht auf in dem sprachlichen Doppelsinn. Also Leute, die elend sind in der Armut oder elend im Lebenswandel. Das Mädchen singt ein Lied von dem feigen

Verbrecher, der großtat und schlotterte, der zu viel hörte und zu viel sprach. Nun liegt er tot am Boden: irgendeine Rache hat ihn ereilt. Über ihm steht jetzt das Weib, die Gefährtin der Lebenden und Starken. Sie höhnt die Leiche, gemahnt gellend an das vergangene Prahlen und Schwätzen. Keine Furcht, Scheu, nicht einmal Gleichmut. Die Rechnung ist klar und geht in Ordnung. Fast rührte sie mit dem Fuß an den Gegenstand am Boden, um sicher zu sein, daß wirklich alles aus ist. So steht es im Text, und so singt es diese Frau.

Gleich darauf ist sie die Geliebte des Legionärs. Er gehört zu ihr, denn auch er ist elend, ohne Heimat und Frieden, aber stark: hart gegen sich und die anderen. Er ist der Mann, ihr Mann, sie ist sein Besitz und rühmt den Besitzer. Es wäre sinnlos, dabei an Demut zu denken oder gar an weibliche Unterordnung. Beide sind stark und stehen zusammen. Sie rühmt den Besitzer. Er ist blond, er ist schön, sein Leib hat den Duft des heißen Wüstensandes, sein Herz schlägt für nichts und niemand. Auch nicht für die Frau. Wie sollte man ihn nicht lieben! Das ist kein Gesang mehr. Es sind Schreie der befriedigten Gier: fast unerträglich in ihrer Wahrheit. Ein ganzer Körper drängt hin zu dem Mann, der sie nimmt und wieder verläßt. Ein Soldat, ein Legionär. Wenig bedeutet, was er bekämpft und wofür er kämpft. Er trägt helle Farben, Gelb und Rot. Sein Beruf ist Spiel um den Tod, doch der Tod ist kein Spiel. Seine Begierde gleicht der des Verurteilten, der alle ungekannten und ungenutzten Glücksmöglichkeiten in einer letzten Umarmung zusammendrängen möchte. Das drückt der Vereinigung ein unwiderrufliches Siegel auf. Ein Siegel aus Blut und Kraft. Dies alles wird oben auf der Estrade gesungen, und wirkt dadurch wahr.

Der Mann folgt dem Trompetensignal und kommt nicht wieder. Die anderen kehren zurück zu ihren Frauen und Nächten. Die Musik wurde plötzlich zur Marschmusik: triumphierend zieht sie auf und dahin. Der Mann ist tot, die Gattung lebt. In der Stimme der Frau ist keine Trauer. Sie ist wild, begeistert, heiser vor Sättigung. Sie singt den Rhythmus der marschierenden Soldaten, die Wollust der Körper, die Wollust des Sterbens. Wer singt da, Mädchen oder Frau? Ist es nicht gleichfalls die Gattung, die singt?

Solcher Art sind die Lieder und Gesänge der Edith Piaf, die sich

»la Môme Piaf« nennt, und die keiner anderen gleicht oder auch nur vergleichbar wäre. Man will wissen, sie habe an Straßenecken gesungen und sei von dort auf die Bühne geholt worden. Es braucht nicht wahr zu sein. In ihr singt Paris, singt das Geschlecht, singt die namenlose, stets neue Schicht derer, die Bodensatz sind. Man hat etwas Schlimmes erlebt, wenn das Mädchen im schwarzen Seidenkleid die Bühne verläßt.

(1942)

Die Schweiz und das Floß der Medusa

Glücklich war ich damals in Paris, wie kaum wieder in späteren Jahren. Eine gutbürgerliche Kindheit, wo von Geld nur gesprochen wurde, wenn beträchtliche Ausgaben zu bereden waren, oft in Form von prächtigen Anschaffungen, hatte mir den Gleichmut anerzogen für Geld und Geldbesitz. Das trug mir oft scharfe Bemerkungen der Mutter ein, wenn ich wieder einmal mit dem Taschengeld nicht auskam, weil die Wiener Oper in Köln gastierte, übrigens auch, wenn sich Amerikaner und Franzosen um den Davis-Pokal im Tennis stritten. »Andere in deinem Alter verdienen sich selbst das Geld dafür!« Ohne daß hinzugefügt wurde, wodurch ich mir das Taschengeld verdienen könnte. Jeder ernsthafte Versuch nämlich, das zu praktizieren, wäre von der Mutter als undenkbar abgelehnt worden.

Weil sich das gute Leben von selbst verstand, war ich ein Roter Kämpfer geworden. Dafür hatte ich mit einem frühen Exil zahlen müssen. Sonst wäre ich vielleicht noch weiter in Deutschland geblieben: mit ungewissem oder allzu gewissem Schicksal. Die Indifferenz in Geldsachen erwies sich als Vorzug. Ich fand mich mühelos in die Armut und Reduzierung aller Ansprüche. So erinnere ich nur, als schmerzend, einige Pariser Monate im Jahre 1934, wenn gegen das Monatsende der Scheck von Horkheimer nicht mehr ausreichte. Kam ich später auf dem Boulevard Saint-Michel wieder an jenem Bankgebäude vorbei, wo ich den Scheck einlösen konnte, so erinnerte ich zugleich das kleine Restaurant gegenüber, wo ich anschließend wieder einmal richtig essen durfte.

In Genf hatte ich recht gut und über meine Verhältnisse gelebt, was nicht ohne Pumpereien abging. Auch das gehörte zu jener frühen Nichtbeachtung der Münzen und Banknoten. Etwas davon ist mir geblieben. Ich lieh mir unbedenklich, was ich zu brauchen schien, doch habe ich ebenso sorglos verliehen oder verschenkt. Mit geizigen Menschen mochte ich mein Leben lang keinen Umgang haben.

In Paris hatte ich weit weniger Geld als in Genf, freilich war es damals an der Seine viel billiger zu leben, als in der Völker-

bundmetropole. Da ich mich einigermaßen auskannte zwischen Bastille und Eiffelturm, dem Montmartre und dem Montparnasse, kam ich gut durch mit meinem bißchen Geld, Stipendium und Honorar.
Da wurde ein Frühlingsmorgen aufbewahrt: irgendwann im Juni und im späteren Kriegsjahr 1939. Es ist noch früh, nach wie vor Schlafenszeit für die meisten Pariser. Ich hatte die Nacht ohne Schlaf verlebt. Eine »weiße Nacht«, wie man das hier zu nennen liebte. Da war keine Orgie gefeiert, keine Verruchtheit begangen worden. Ich wohnte zwar im Süden, auf dem linken Ufer, doch der Abend wurde auf Montmartre zugebracht. In Paris vermag man dem Zeitvergang viel besser zu widerstehen als anderswo. Im Jahre 1955 fand ich in einem Laden des Studentenviertels, wo ich vor dem Krieg gegen ein paar Münzen meine Lieblingsschallplatten hören konnte, immer noch dieselbe Auswahl vor. Auch die Butte Montmartre besaß noch etwas vom einstigen Zauber. Jean Genet hat das beschrieben: die Welt von Divine und Mignon und Notre-Dame des Fleurs. Auch Sartres frühe Erzählungen spielen bisweilen hier. Noch ging es dort nicht zu wie später, als die Touristenschwärme aus der deutschen Provinz schubweise von der Place Blanche zur Place Pigalle zogen, um »das Laster« zu besichtigen.
Merkwürdig: die Ereignisse jener Nacht sind mir entfallen: es war vermutlich nicht viel mehr als Jugend und Lebenslust, Freiheit von Zwängen und Rücksichten, und Frühling, und Paris. Den Heimweg aber, den weiß ich noch.
Ich ging im Morgenlicht den Berg hinunter, nach Süden. Da sind die sonderbaren Triumphbogen des Sonnenkönigs oder seines Urenkels, des fünfzehnten Ludwig. Erinnerung an Schlachten, die man gewann, oder auch nicht so richtig. Bei den Markthallen habe ich etwas gegessen. Es muß köstlich gewesen sein, daß es sich als Erinnerung behaupten konnte. Vielleicht war es nicht mehr als ein Butterbrot, aber in Paris und an einem Junimorgen.
Im Juli 1939 reiste ich nach Genf. Paris sah ich erst nach fünfzehn Jahren wieder. Im Hotel an der Rue d'Odessa blieben Festkleider, Anschaffungen, die man nicht mitnahm auf die Ferienreise, ziemlich viele Bücher. So verlor ich zum zweitenmal eine Bibliothek. Das sollte sich noch ein paarmal

wiederholen in meinem Leben. Am Schluß macht man sich nicht mehr viel daraus.

In Genf wollte ich Freunde wiedersehen, vor allem aber die Ausstellung spanischer Kunstwerke besuchen. Sie bedeutete gleichzeitig ein glanzvolles Kunstereignis und eine schlimme Sache. Es war nun, wenn man sich das recht eingestand, aber das tat fast keiner, die Antwort der spanischen Sieger um den Generalissimus Franco auf den berühmten Pavillon der spanischen Republikaner mitsamt dem Guernica-Bild von Pablo Picasso. Auf der Pariser Weltausstellung zu besichtigen, als man noch hoffen mochte, daß der Plan der vier auf Madrid marschierenden Kolonnen, mitsamt der fünften innerhalb der Hauptstadt, zuschanden werden könnte.

Die republikanische und legitime spanische Regierung hatte die Schätze des Prado und anderer Museen außer Landes geschafft, nach Genf mit dem Sitz jenes Völkerbundes, der nichts verhindern mochte, sondern eifrig, auf Vorschlag der vielen Lavals, die »Nicht-Einmischung« empfahl. Müßig die Frage, ob Franco und die Seinen, in der Position der republikanischen Regierung, so viel Sorge an Velasquez und Goya gewandt hätten.

Franco blieb Sieger und war damit, nach dem Grundsatz einer »normativen Kraft des Faktischen«, der legale Machthaber. Er forderte die Kunstwerke zurück, was man nicht verweigern konnte. Der großmütige Sieger bedankte sich bei den Schweizern mit dem Geschenk einer Ausstellung. Die Meisterwerke des Prado waren ein paar Wochen lang in Genf zu sehen. Nach Spanien bin ich zum erstenmal im Jahre 1970 gereist: als sich bereits das leibliche Ende Francos und das politische Verblassen seines Regimes ankündigten. Im Sommer 1939 schien Genf die einzige Möglichkeit zu sein, vielleicht für unser aller Lebenszeit, die flämischen Bilder aus dem Besitz Philipps II. zu sehen, die Zwerge von Velasquez und die Schreckensvisionen des späten Goya.

Ich konnte mich nicht sattsehen, besuchte die Ausstellung wohl mehr als viermal. Es war einer der größten Eindrücke von bildender Kunst in meinem Leben: neben dem Isenheimer Altar, neben meinen geliebten »Vorsokratikern« in der griechischen Kunst, und übrigens neben den Expressionisten meiner Jugend. Da kam viel zusammen für einen Menschen,

der nicht eigentlich begabt ist für das Sehen. Schmerz und Wut; Schönheit, die sich gestemmt hatte gegen das Leid; Lebensangst am Vorabend eines Krieges, den man bereits einrechnen mußte; trotz allem Zuversicht eines gesunden und jungen Menschen, der nach wie vor meint: das Eigentliche werde schon noch kommen.
Es kam zunächst schlimm und schlimmer. Ich war wieder in Genf, und da hatte ich bei den Behörden, wie sich zeigte, kein gutes Andenken hinterlassen. In der Völkerbundstadt fehlte es nicht an Spitzeln und Zuträgern aller Art. Unsereiner war zudem mit liebevoller Genauigkeit vom deutschen Generalkonsulat oder irgendwelchen Gestalten mit großdeutscher Profession beobachtet worden. Da gab es Akten. Mein Lebenswandel hatte mißfallen. Was unbeachtet blieb, wenn es sich um einen Patrizier der Genfer Oberstadt handelte, oder das Mitglied irgendeiner Delegation, war ganz unzulässig bei einem praktisch rechtlosen Emigranten.
Da ich mich angemeldet hatte bei der Ankunft aus Paris, bekam ich Ende August eine Vorladung zur Genfer Polizei. Vermutlich wollte man bloß wissen, wann ich wieder nach Frankreich zurückkehren werde. Es kam ganz anders, und sehr schlimm. Die größte Gefahr meines Charakters ist der Zorn. Ich kann verstehen, daß man ihn als Todsünde anzusehen vermag. Er verändert den Menschen in gräßlicher, übrigens auch in komischer Weise. Die Wutanfälle haben viel zerstört im Lauf meines Lebens. Das war stets ein körperlicher Vorgang, so stark sogar, daß er alles Bewußtsein verdunkelte. Dann fielen Gehirnzellen aus. Ich konnte nicht mehr sprechen, nur noch unflätig brüllen, oder stammeln. Schmerzen im Magen, ein ganz bitterer Geschmack im Mund, alles zittert am Leib, ich bin bloß noch ein tobendes Etwas. Ein Wechselbalg. Klein Zaches genannt Zinnober.
Nun geriet ich an einen mißgelaunten Polizeibeamten, der alle Vorurteile gegen mich, aus den Akten, bei der Begegnung bestätigt fand. Er mochte mich nicht und behandelte den Besucher als lästigen Gast, der möglichst bald wieder aus der Schweiz zu verschwinden habe. Was mich dabei in solchen Zorn versetzte, weiß ich nicht mehr, das Bewußtsein verdunkelte sich unverzüglich. Ich wurde zum Wechselbalg, das Geschrei trieb Zuschauer und Zuhörer ins Zimmer, ich wurde

abgeführt und eingesperrt. Nach weniger als einer Stunde ließ man mich zurückkommen. Mein Befrager grinste, wies auf ein Papier, das er in der Zwischenzeit produzieren konnte: die Ausweisung aus der Schweiz. Drei Tage gab man mir für die Ausreise nach Frankreich. Unterzeichnet war das, ohne alle Anhörung des Beteiligten, von einem Mitglied der Kantonsregierung. Die Genfer Polizei residiert wenige Schritte vom Rathaus als dem Sitz der Regierung. Ausreisefrist bis zum 30. August 1939. In den Zeitungen aber sprach man bereits vom Krieg und von der Generalmobilmachung in Frankreich und auch in der Eidgenossenschaft.

Mit meinem bißchen Reisegepäck fand ich mich ein bei der Polizei an jenem Tag, um »ausgeschafft« zu werden. Allein die Grenze nach Frankreich war bereits geschlossen. Ich hatte gültige Papiere, doch die galten nichts mehr am Vorabend eines Krieges. Die Schweizer berieten und telefonierten. Ich stand mit meinem Koffer irgendwo an der Grenze, unbeachtet und ganz leer. War das der »unerträgliche Augenblick«, nach dem mich viel später Ernst Bloch fragen sollte? Ein Lebensmoment nämlich, den er, der Denker eines »Prinzip Hoffnung«, in seiner Jugend bisweilen erleben mußte. Daß man sich vorsagt: dieser nächste Augenblick darf nicht stattfinden. Jetzt muß ein Ende sein, blitzartig, unverzüglich!

So war es wohl doch nicht, damals an der Grenze. Ich dachte wieder einmal an den Selbstmord. Sich irgendwo hinabstürzen, versinken in irgendeinem Wasser, der rettende Herzschlag. Nichts. Ich war weder wütend noch verzweifelt. Bloß leer und willenlos. Man brachte mich nach Genf zurück, mußte mich folglich behalten, einstweilen. Aber im Gefängnis. Am Abend saß ich in einer Zelle von Saint-Antoine. Sechs Menschen insgesamt, die man alle wegschaffen wollte. Erregte politische Gespräche. Da war ein verwirrter deutscher Jude, der leidenschaftlich den Sieg der deutschen Waffen im kommenden Krieg herbeisehnte. Die anderen Insassen reagierten wütend. Ich ließ ihn reden. Wozu sich ereifern. Nach meinen großen Wutanfällen pflegte stets eine geraume Zeit der Gefühlskälte zu verstreichen.

Nach ein paar Tagen war ich wieder frei. Genfer Freunde hatten protestiert, ich wurde von einem Mitglied der Regierung, einem Conseiller d'Etat, empfangen, der sich erkundigte und mir dann bis auf weiteres den Aufenthalt im Kanton, und damit in der Schweiz, bewilligte. Die Ausweisung wurde zurückgenommen. Ich mußte nun versuchen, da inzwischen der Krieg ausgebrochen war, mich auf ein Leben hierzulande einzurichten. Allein die Genfer Polizei war unzufrieden. Sie hatte ein Auge auf den unliebsamen Mitbewohner.

Bis zum Herbst 1940 kam ich leidlich durch. Man half mir, und man half mir aus. Max Rychner ließ mich schreiben. Carl Burckhardt war aus Danzig zurückgekehrt: alles verlief so, wie er es bei seiner Berufung in die einstmals Freie Stadt vorausgesagt hatte. Das Programmheft des Schauspielhauses Zürich zur Neuinszenierung von ›Dantons Tod‹ enthielt einen Auszug aus meinem Buch; ein Subskriptionszettel war beigelegt. Trotzdem war abzusehen, daß das Buch nicht erscheinen werde. Nach der französischen Niederlage im Frühjahr 1940 stand es fest.

Ende September 1940 rief mich Frau Favez an, die Sekretärin der Genfer Zweigstelle von Horkheimers Institut. Ich solle sogleich in die Rue de Lausanne kommen. Dort lag eine Postkarte Walter Benjamins, geschrieben in Port-Bou an der französisch-spanischen Grenze. Sie muß, wie man heute ergänzen kann, das Datum des 26. September getragen haben. Benjamin schrieb nach Genf, weil von dort aus alle Einzelheiten seiner Emigration und der Einwanderung in die Vereinigten Staaten organisiert wurden. Nun teilte er mit, man lasse ihn nicht durch: irgendein Visum war offenbar nicht erteilt worden. Die Mitteilung enthielt außerdem Hinweise auf einen Todesfall in Paris, der ihn, Benjamin, sehr getroffen habe. Er wußte nicht weiter, das war ersichtlich.

Wir haben damals beraten, Juliane Favez und ich. Dann rief ich Max Rychner an, der Benjamin gut kannte und verehrte. Da war auch die gemeinsame Beziehung zu Hugo von Hofmannsthal. Wir kamen auf den Gedanken, daß allein Carl J. Burckhardt helfen könnte. Dessen Schwiegervater, der katholisch-konservative Schweizer Historiker und Kulturphilosoph Gonzague de Reynold, war Ehrenmitglied von Francos Spanischer Akademie. Wenn sich De Reynold unmittelbar an Franco wenden könnte, um Benjamin die Einreise nach Spanien zu gestatten? Rychner war eifrig bei der Sache. Burckhardt zögerte. Natürlich: Benjamin, der Freund Hofmanns-

thals ... Man müsse einen günstigen Augenblick bei dem Alten vom Schloß Cressier abwarten, um die Intervention bei Franco zu erreichen. Schwiegervater und Schwiegersohn hatten Schwierigkeiten miteinander.
Es kam nicht mehr dazu. Benjamin war tot, wie man bald darauf erfuhr. Er hatte sich in Port-Bou das Leben genommen. Manchmal frage ich mich, ob das alles von mir geträumt wurde. Bei Adorno und bei Horkheimer fragte ich später nach jener Postkarte. Man wußte von nichts. Da hat man zwei Briefbände ediert, doch jenes letzte Lebenszeugnis eines großen Schriftstellers bleibt immer noch unbekannt. Ich habe sie aber gesehen, die Karte, sehe sie immer noch. Wo mag sie geblieben sein?

Die Bundesregierung in Bern hatte inzwischen erkannt, daß man jene Flüchtlinge für die Dauer des Krieges behalten müsse, die nun einmal im Lande waren: Deutsche und Österreicher und Flüchtlinge aus der Tschechoslowakei; auch Emigranten des »zweiten Grades«, denen es gelungen war, vor der Wehrmacht und Staatspolizei aus Holland, Belgien und Frankreich zu entkommen und trotz geschlossener Grenzen in die Schweiz zu gelangen. Man begründete in Zürich, wo sich besonders viele Einwanderer aufhielten, weil es da keine Sprachschwierigkeiten gab, eine Zentralstelle, die den Arbeitsdienst der jüngeren Emigranten organisieren und einen Zwangsaufenthalt der Älteren irgendwo im Lande, fern von größeren Städten, garantieren sollte. Darauf nämlich kam es vor allem an: die – zumeist jüdischen – Flüchtlinge dem städtischen Schweizervolk aus den Augen zu schaffen. Man sorgte sich um antisemitische Regungen im Volk, handelte jedoch, wie sich später zeigen sollte, vor allem aus eigenem Gefühl einer tiefen Abneigung gegenüber dem jüdischen Fremden. Auch dem im eigenen Volk. Einer hat das später dargestellt, aus eigenem schweizerischen Erleben, in einem weltberühmt gewordenen Parabelspiel: Max Frisch in ›Andorra‹. Damals lag Andorra in der Schweiz.
Es gibt seitdem eine ausführliche und schmerzhafte Selbstbefragung von Schweizern. Dokumentarbücher einer bald beschönigenden, bald anklagenden Haltung. Der Film ›Das Boot ist voll‹, gedreht von dem Schweizer Markus Imhoof, hat vieles

wieder heraufgerufen. Seitdem gehört der Name eines Dr. Rothmund, Chefs der Eidgenössischen Fremdenpolizei in Bern, der Geschichte an. Ich habe ihn nie gesehen, nehme jedoch an, daß er für ein System stand, für die Bürokratie, für seinen zuständigen Bundesrat Eduard von Steiger, dem die Justiz und die Polizei zugeordnet waren, für Angst vor dem großen deutschen Nachbarn und für nahezu uneingestandene Hoffnungen, durch Härte gegenüber den Juden und Antifaschisten vielleicht auf mildernde Umstände rechnen zu können: für den Ernstfall.
Härte wurde folglich anempfohlen: von Bern nach Zürich, von dort an die Leiter der seit dem Sommer 1940 an verschiedenen Plätzen eingerichteten »Arbeitslager für Emigranten«. Ein aus Polen stammender Geiger, der im Lager den bald berühmt werdenden Chef des Arbeitslagers in Davesco bei Lugano bat, bei der Arbeitszuteilung doch bitte Rücksicht zu nehmen auf die empfindlichen Hände eines Violinisten, bekam die barsche Antwort: »Sie sind doch hier, um Ihren Beruf zu verlernen!« Arthur Gelbrun kam bald darauf frei, ein Jahr später gewann er den zweiten Preis im Violinwettbewerb zu Genf mit Bach und dem Violinkonzert in A-Dur von Mozart. Jener Lagerleiter jedoch wurde abberufen. In Zürich hatten zu viele Leute protestiert.
Gegen das Jahresende 1940 hin hatten sich die politischen Positionen in der Schweiz sehr verändert: zu Ungunsten von Rothmund und den Seinen. Hatte man vermuten können, der Siegeszug von Wehrmacht und Hakenkreuz werde eine Sympathiebewegung der Ängstlichkeit und Mitläuferei auslösen, so war das Gegenteil der Fall. In der Suisse Romande hatte die Niederlage Frankreichs alles verändert. Da war kein Raum mehr für faschistische Manifestationen unter Anleitung irgendeines selbsternannten Duce-Imitators. Der westschweizerische General Henri Guisan, vom Parlament gewählter Oberbefehlshaber während der Kriegszeit, verstand die von ihm verantwortete »geistige Landesverteidigung« als Ablehnung aller totalitären Ideen und Einrichtungen. Man war nicht bereit, trotz Krieg und Bedrohung des Landes, die wesentlichen Grundsätze einer demokratischen Überlieferung preiszugeben. Das mußte man sich in Berner Amtsstuben gesagt sein lassen, denn so wie Guisan dachten und handelten auch

die Gewerkschaften, die Frauenverbände, die evangelischen Pastoren, die meisten Intellektuellen. In keiner der großen schweizerischen Zeitungen konnte man damals das berühmte und von Goebbels so heiß ersehnte »Verständnis« für das Tun des erwachten Deutschland entdecken. Die genau informierenden Radiokommentare des Historikers Jean R. de Salis ließen sich durch keine Blitzsiege irremachen. Helene Baumgarten, die Schwester des Historikers, verheiratet mit dem Rechtsprofessor Arthur Baumgarten in Basel, wurde zum Mittelpunkt von Bestrebungen, das Los der Flüchtlinge zu verbessern. Auch andere Namen wurden damals von uns hoffnungsvoll genannt: als Gegengabe zu Rothmund und anderen Bürokraten. Frau Gertrud Kurz in Bern hat dazu gehört. Solche Namen vergißt man nicht mehr.

Allein das war ein langer und langsamer Prozeß. Im September 1940 stand in den Zeitungen eine Meldung vom Rand des Kriegsgeschehens. Ein Dampfer, der Kinder aus englischen Städten nach Kanada bringen sollte, wurde bombardiert. Nur wenige Kinder entrannen dem Tod und trieben eine Woche lang im Rettungsboot auf dem Meer, bis sie ein englisches Flugzeug entdeckte. Der deutsche Dramatiker *Georg Kaiser* lebte damals als ärmlicher Emigrant in der Schweiz. Er war kein Jude, doch ein »Kulturbolschewist«, den man aus der Preußischen Akademie der Künste ausgestoßen hatte und von der Staatspolizei verhören ließ. Kaiser war geflohen, brachte die Mittel nicht auf für das amerikanische Visum und mußte nun, zum Ärger von Bern, im Lande bleiben. Kurt Hirschfeld führte ihn auf am Schauspielhaus Zürich; Oprecht druckte die neuen Theaterstücke. Am 2. November 1940 spielte man ›Der Soldat Tanaka‹ von Georg Kaiser: ein Stück gegen den Kadavergehorsam und die Vergöttlichung der Macht. Karl Paryla gab den Soldaten, der nicht Abbitte leisten will vor dem Kaiser von Japan. Ein großer Theatererfolg, dann jedoch mußte das Stück abgesetzt werden: die japanische Gesandtschaft in Bern hatte protestiert.

Damals arbeitete Georg Kaiser bereits an einem neuen Stück: hervorgewachsen aus jener Zeitungsmeldung vom Boot mit den Kindern, die auf dem Ozean dahintrieben. *›Das Floß der Medusa‹*, als Anspielung auf das Bild Théodore Géricaults im Louvre und auf die Ähnlichkeit der Vorgänge. Das Flaggschiff

»Medusa« war gescheitert in jenem frühen 19. Jahrhundert (1816). Auf dem Floß hatten die Überlebenden als Wölfe gegeneinander gewütet und alles ins Meer gestoßen, was den Starken und Willensmächtigen auf der Planke entbehrlich schien. Lebensunwertes Leben, auch damals.

Die Kinder in dem Theaterstück Georg Kaisers reden nach, was die Erwachsenen zu sagen pflegten. Sie handeln auch, wie sie es denen abgesehen haben. Was heißt: der Außenseiter ist schädlich und muß beseitigt werden. Kinder von elf oder zwölf Jahren, allein da ist ein Dreizehnter im Boot, ein Rotschopf noch dazu und jünger: wohl erst neun. Der wird schließlich geopfert. Dreizehn bedeutet Unglück. Erst als man ihn hinuntergestoßen hat, erscheint das rettende Flugzeug: so reimt man sich's zusammen. Nur einer weigert sich. Der Knabe Allen läßt sich nicht retten. Als Sühne für das geopferte »Füchslein«.

Ich sah in Basel die Uraufführung am 24. Februar 1945. Es war ein Sonntagmorgen, und Kinder spielten das Spiel. Georg Kaiser war anwesend, wie man erfuhr, doch zeigte er sich nicht am Schluß. Ich habe an jenem Morgen kaum an die expressionistische Ästhetik gedacht, auch nicht sehr auf das Spiel geachtet, das gut war. Es war, so schien es mir, vor allem ein Stück von den *Außenseitern*, und es handelte auch von der *Schweiz als einem Floß der Medusa*. Im Februar 1945, wenige Monate vor einem Kriegsende, das abzusehen war, konnte man zurückschauen auf den Weg, den man als Flüchtling zu gehen hatte seit dem Herbst des Jahres 1940.

Im Juli 1942 begannen die Judendeportationen in Holland und Belgien und in Frankreich. In der Nacht zum 16. Juli wurden allein in Paris fast 13 000 Juden verhaftet, darunter ein Drittel Kinder unter sechzehn Jahren. Wer vorerst entkam, versuchte sich in die Schweiz zu retten. Dort aber wurde die Losung ausgegeben: Das Boot ist voll. Der Sozialist Walther Bringolf, damals Bürgermeister von Schaffhausen, hat den Vorgang später und im Rückblick so beschrieben: »Abrupt ging an alle Grenzstellen im ganzen Land Weisung, abzuweisen und alle, die die Grenze illegal überschritten hätten und im Innern des Landes erwischt würden, wieder zurückzustellen.« Was den Tod bedeutete, wie man genau wußte.

Allein damals erlebten wir, die schon im Lande waren und auch befürchten mußten, je nach der Kriegslage ausgeliefert zu werden, wie sich das Schweizervolk, ohne Lärm und Kundgebungsgetöse, gegen seine Amtsträger erhob. Die Hilfsorganisationen für die Flüchtlinge, sozialistische und christliche, verbanden sich solidarisch. Ich habe es erlebt, wie überall im Lande auf die Losung »Das Boot ist voll« geantwortet wurde: »Solange wir noch zu essen haben, sollen die auch mitessen.« Die Anweisung, alle Ertappten an die Grenze zu stellen, war nicht durchführbar. Die eilends organisierten Lager, zuerst als Abschiebungsplätze gedacht, mußten reorganisiert werden. Der Fall des Tenors Josef Schmidt, der in einem solchen Lager umgekommen war, trotz der Rettung im Rettungsboot, mag dazu beigetragen haben. Am Tag nach dem Tode von Walter Benjamin in Port-Bou wurde den anderen Wartenden die Durchreise von den Spaniern gestattet.

Im Oktober 1940 erhielt ich den Bescheid, mich an einem bestimmten Tage zu bestimmter Stunde im Arbeitslager für Emigranten einzufinden, in Davesco bei Lugano. Ich war 33 Jahre alt, konnte nicht auf Sonderdispens rechnen, es war nichts dagegen einzuwenden. Der Ärger war nicht groß, freilich gab es arge Gerüchte über den dortigen Lagerleiter. Dessen Antwort an den Violinisten drang auch zu mir. Stark die Freude, auf solche Weise immerhin die Tessiner Landschaft kennenzulernen. Ich war noch nie auf die Südseite der Alpen gelangt. Einen Teil meiner Sachen stellte ich bei Genfer Freunden unter, die Fahrkarte hatte ich aus Zürich erhalten. Ich mußte über Olten und Luzern fahren, dann hinauf zum Gotthard. Ich hatte Glück: es regnete vom Vierwaldstätter See bis nach Göschenen, also bis zum Tunnel durch den Sankt Gotthard, doch am anderen Ende lag der Berg in der Herbstsonne. Es ging nach Süden. Italien kam nahe, das unerreichbare und unbetretbare.

Man wurde am Bahnhof von Lugano erwartet, dann fuhren wir, die Neuen, die einander nun kennenlernten, nach Davesco. Ein Grandhotel, das man für den Arbeitsdienst requiriert hatte; aber die Landschaft wirkte übermächtig, ich absolvierte alle Rituale ohne viel aufzupassen. Der berüchtigte Chef kam mir gezähmt vor, nicht scharf. Er war bereits abgesetzt, wie man einige Tage später erfuhr. Das Essen erträglich und reichlich. Mit den Strohsäcken habe ich mich niemals abfinden können. Der Neuling wurde sogleich in ein intellektuelles Gespräch verwickelt. Während des Abendessens bereits wurden vor ihm Karl Kraus genannt und Bert Brecht.

Wir sollten eine Straße bauen zwischen Davesco und Lugano. Sie ist auch fertig geworden. Meine Schuld war es nicht. Auch nicht die von Robert Jungk, wie ehrlich gestanden sei. Der neue Lagerleiter, der dann kam, mußte offenbar in Zürich aus Kontrastgründen berufen worden sein: er war weich, musisch, interessiert am Gespräch mit den Intellektuellen, die so unschweizerisch waren, und die eine so komische Figur machten bei der Arbeit mit Pickel und Schaufel oder an der Lore.

Der Winter verging leidlich, gegen Ende des Winters hatte Oprecht in Zürich für mich eine Beurlaubung von ein paar Monaten erwirkt. Man feierte Abschied in Davesco, das ich nach dem Krieg nicht wiedersah, wenngleich ich stets gern nach Lugano zurückkehrte. Doch die Inhibition, nach Davesco zurückzukehren, läßt vermuten, daß mein Gleichmut damals nur scheinhaft gewesen sein muß. Hier bereits war ich Objekt gewesen, das ließ sich nicht vergessen. Bald schon hatte ich viel Anlaß, mich zurückzusehnen nach dem freundlichen und faulen Arbeitsdienst im Tessin.

Durch Kurt Hirschfeld bekam ich Karten für das Schauspielhaus Zürich, wann immer ich darum bat. Überhaupt hatten die Leute vom Schauspielhaus vielfältige Beziehungen zu den anderen Emigranten. Es kam ihnen nicht in den Sinn, sich als Privilegierte oder gar als »halbe Schweizer« aufzuspielen. Weshalb ich keine Schwierigkeit hatte, eine Freikarte für die *Uraufführung von ›Mutter Courage und ihre Kinder‹* zu erhalten. Hirschfeld war mein Lektor; Emil Oprecht war der einflußreiche Präsident des Verwaltungsrates, und er war mein Verleger, auch wenn das vorerst noch Papier bleiben mußte. Die Aufführung vom 19. April 1941 kann ich noch aus der Erinnerung beschwören. Erst an jenem Abend wurde ich für Brecht gewonnen. Der hatte mich früh schon »befremdet«: etwa mit der Berliner Aufführung von ›Mann ist Mann‹. Freilich: die ›Dreigroschenoper‹ war herrlich; ich konnte alle Songs gut vortragen und mich selbst dabei begleiten. Das war zuerst ein Erfolg gewesen bei unseren bürgerlichen Festivitäten, später bei den sozialistischen Studenten, besagte aber nicht allzuviel. Die Gedichte der ›Hauspostille‹ freilich, das war für mich der eigentliche Brecht. Ihm selbst hatte man mich einmal in Berlin im Jahre 1931 kurz vorgestellt. Er reagierte unwirsch, als ich die ›Hauspostille‹ erwähnte. Später habe ich ihm das berichtet. Er wußte nichts mehr davon; jener junge Jurist und ketzerische Kommunist war nicht beachtet worden.

Der Stückeschreiber der ›Mutter Courage‹ aber wirkte ganz anders auf mich. Dies war große dramatische Form; es handelte sich unzweifelhaft sowohl um episches wie um politisches Theater, doch hatte sich die Beziehung zur Tradition verändert. Kein Entlarvungsspiel mit Denk- und Sprachrequisiten von Goethe oder Hölderlin, wie in der ›Heiligen Johanna der Schlachthöfe‹. Diese Chronik aus dem Dreißigjährigen Krieg war wirklich eine, die Sprache glitt mühelos zwischen Alt und Neu, und war doch unverkennbar Diktion von Brecht. Sogar Emotionen wurden nicht ausgespart.

Freilich haben wir an jenem Abend in Zürich offensichtlich eine höchst anfechtbare Aufführung ertragen müssen, wie der zornige Brecht im fernen Helsinki den Kritiken der schweizerischen Presse zu entnehmen glaubte. Hirschfeld als verantwortlicher Dramaturg mußte Rechenschaft ablegen. Er hat mir davon erzählt. Am schlimmsten war offenbar, daß Schauspieler und Zuschauer auf das fortschrittliche Gerede der Titelgestalt hereinfallen konnten. Die Courage eine tragische »Niobe«, wie ein Kritiker gerühmt hatte? Das fehlte noch! Dies Vorurteil hat Brecht nicht ruhen lassen. Er formulierte später im Gespräch mit Friedrich Wolf: es interessiere ihn nicht, ob die Courage »sehend werde«, also ihre Umwelt begreife. Der Zuschauer solle sehen. Wenn er sieht, daß die Courage nicht sieht.

Damals in Zürich stand Therese Giehse auf der Bühne. Auf Wunsch von Brecht schrieb ich 1950 für den Band »Theaterarbeit« des Berliner Ensembles eine Erinnerung an die Züricher Gestalten der Giehse, also auch an diese erste Courage. Die Musik hatte Paul Burkhard geschrieben: leichte Anklänge an Weill, auch an deutsche Volkslieder. Die Songs als Teil der Handlung, so daß eine musikalische Dramatik bisweilen überhand nahm. Aber so sehe ich das heute: beim Reflektieren über jenen historischen Theaterabend. Natürlich konnte man viele Rollen nicht deckend besetzen: das Ensemble war klein und arm. Wolfgang Langhoff mußte sich den jungen und brutalen Eilif erspielen; der kluge Paryla war ganz gewiß von sich aus kein tumber Schweizerkas. Dennoch war das eine ergreifende Aufführung in Lindtbergs Regie und im Bühnenbild von Teo Otto. Und die Giehse wurde, etwa im Lied von der Großen Kapitulation, niemals übertroffen: auch nicht von sich selbst in der viel »richtigeren« Interpretation, die sie mit Brecht erarbeiten konnte.

Mein Urlaub lief im Spätsommer ab. Inzwischen war die Wehrmacht in Rußland einmarschiert. Auch für die Sowjetunion war ein Blitzkrieg vorbereitet worden. Ich besuchte Professor Rappard im Genfer Institut, bevor ich wieder im Lager einzurücken hatte. Er meinte, die Wehrmacht werde durch Rußland ziehen »wie das Messer durch die Butter«. Das sagte er durchaus nicht gern, eher in Bitterkeit, allein so dachten damals viele Gegner der Führer und Duces. Ich wußte nicht so recht: meine Abneigung gegen Stalin war von jeher stark ausgeprägt. Das war eine Folge meiner Trotzki-Lektüre, doch wurde sie immer wieder bestätigt durch die Nachrichten, die aus Moskau kamen. Bei Trotzki hatte ich auch andere Äußerungen Lenins gelesen. Zudem gab es die Moskauer Prozesse; den Besuch Ribbentrops in Moskau beim lächelnden Führer der Völker; den Nichtangriffspakt; den Krieg mit Finnland; den Einmarsch in Ostpolen im ersten Kriegsjahr 1939. Auch die Haltung im spanischen Bürgerkrieg war zweideutig gewesen: zum Schluß mehr beschäftigt mit ideologischen Säuberungen als mit einer Bekämpfung der Frankisten. Ich wußte also zwar, was ich hoffen mochte im Russenkrieg, doch kaum, was ich erwarten sollte.

Diesmal schickte man mich ins Arbeitslager Vouvry unweit von Aigle im Wallis: am Eingang (oder Ausgang) des Rhônetals. Das war erfreulich, denn nun hatte ich es nicht weit bis Genf, wenn man alle paar Wochen einen Urlaubsschein bekam für das Wochenende. Die Zusammensetzung freilich hatte sich gegenüber dem Vorjahr in allen Lagern stark verändert, und nicht zum Vorteil. In Davesco waren die deutschen und österreichischen Emigranten unter sich gewesen. Es gab zwar Dispute zwischen Zionisten und Sozialisten, doch die Gemeinsamkeit überwog. Inzwischen gab es in der Schweiz auch Flüchtlinge einer ganz anderen Art: deutsche Deserteure, französische Soldaten, besonders auch aus dem Elsaß. Ein Jahr später sollten Italiener hinzukommen, vor allem aber viele Polen aus der Exilarmee des Generals Anders in Italien, auch Flüchtlinge aus dem besiegten und okkupierten Jugoslawien. In Bern war man der Meinung: die müßten alle versuchen, miteinander in den Lagern auszukommen. Also auch virtuelle Faschisten, die aus irgendeinem persönlichen Anlaß desertiert waren, mit ihren virtuellen Opfern und Gegnern. Das ergab eine unvermeidliche Polarisierung. Man stritt, schlug sich auch, doch ohne irgendein Gefühl der Gemeinsamkeit. Die Franzosen hielten sich abseits. Sie schimpften über die ewigen Kartoffeln. »Les Kartoffs«, wie sie abschätzig sagten. In Davesco hatten wir über den ewigen Maisbrei geschimpft, die Polenta.

Wir hatten Drainagearbeit zu leisten im Sumpfgelände. Es war schön, wenn sich der Nebel zerteilte und die Berge auf beiden Seiten wieder sichtbar wurden. Einer der vielen Wiener sagte damals in der Morgenfrühe: »Ein Jud' gehört ins Kaffeehaus und nicht in die Drainage!« Da hat sich eine Photographie erhalten. Sie zeigt eine Gruppe in der jeweiligen zivilen Arbeitskleidung. Einer auf dem Bild war ein liberaler deutscher Rechtsanwalt, der es nicht aushalten mochte im Dritten Reich; ich sollte ihn später in Deutschland als Oberlandesgerichtsrat wiederfinden. Heinz Mode ist auch dabei, ein promovierter Archäologe und Kunstwissenschaftler, damals bereits angesehen, besonderer Kenner der indischen Kunst und Kultur. Er hat dann bei Karl Schefold in Basel weitergearbeitet. In den Fünfziger Jahren, in der Zeit meiner Leipziger Professur, war er mein »Nachbar« als Professor in Halle. In der Mitte steht der blonde Walter Fisch: der politische Kopf des Lagers Vouvry. Ein deutscher Kommunist, der schwer dafür bezahlen mußte. Er war aus einem deutschen Zuchthaus in die Schweiz entkommen. Nach dem Krieg der kommunistische Bezirksleiter in Frankfurt am Main, hessischer Landtagsabgeordneter, wieder verhaftet und verurteilt, nach dem Verbot der KPD. Er ist früh gestorben nach seiner Entlassung. Ich denke gern zurück an den noblen, unbestechlichen, denksauberen Mann.

Ich selbst schaue auf dem Bild etwas belustigt drein. Eine sonderbare Maskerade und Aktivität, doch sie scheint mich nicht zu bedrücken. Wir haben andere Sorgen, wenn man den Radionachrichten zuhört. Bomben gegen Engelland. Griechenland und Jugoslawien sind unterworfen und besetzt, wie Dänemark und Norwegen, wie Westeuropa. Im Osten scheint sich der Fall von Moskau anzukündigen.

Es ist anders gekommen, wie bekannt. Den Winter brachten wir mit leidlicher Zuversicht zwischen Arbeit und viel Müßiggang zu, denn das Wetter im Rhônetal erzwang das Herumlümmeln in den Baracken, mit uferlosem Kannegießern und vielen Aggressionen. Urlaubsfahrten wurden vorher und nachher beredet. Ich las kaum etwas, schrieb gar nichts. Was auch und wozu? Im Januar 1942 bekam ich die Erlaubnis, zwei Wochen lang mit Arthur Gelbrun durch ein paar Arbeitslager im Tessin zu reisen, um ihn zu begleiten bei Händel und Tartini, einer Sonatine von Schubert, übrigens auch bei Beethovens erster Violinsonate in D-Dur. Wir kamen wieder nach Davesco, das ich dann nicht wiedersehen sollte. Der Lagerleiter war immer noch dort und führte ein mildes Regime. Ein paar Wochen später ging auch diese Idylle für mich zu Ende. Es folgte die schlimmste Zeit meines bisherigen Lebens.

Im Dezember wurde ich in Lausanne in eine Schlägerei verwickelt. Das war eine banale, alltägliche Angelegenheit, die mich hundert Schweizerfranken kostete, wenn ich mich recht erinnere. Doch war es ein Vorgang, auf den man in gewissen Amtsstuben gewartet zu haben schien. Der Staub wurde von den Akten gewischt. Die Akten wanderten. Man konnte diesen Flüchtling offenbar nicht frei herumlaufen lassen. Von alledem ahnte ich nichts; der erste Winter des Rußlandkrieges verging nicht schlecht für uns. Moskau war nicht erobert worden, dieser Krieg würde sich hinziehen, ein Gebirgskrieg mit der Schweiz stand für den Augenblick nicht zu erwarten. Ich feierte am 19. März mit Genfer Freunden meinen 35. Geburtstag. Ostern fiel auf die erste Aprilwoche, wir wurden am Gründonnerstag aus dem Lager entlassen für die Feiertage. Das Wetter war schön am Genfersee.

Am nächsten Morgen aber klopfte die Polizei an meine Tür: sinnigerweise am Karfreitag. Wer hatte sich das ausgedacht? Ich war interniert worden, man zeigte ein Papier. Das war ein schlechterer Zustand im Flüchtlingsdasein. Bisher galt ich als bloßer »Emigrant«, nämlich privilegiert. Die neueintreffenden Flüchtlinge hingegen, die man nicht abschieben konnte, wurden interniert, was heißen sollte: sie wurden festgesetzt. Ich hatte mich zu ihnen zu gesellen; es ging noch diesen Tag ins Bernische: nach Witzwil.

Das war sehr schlimm. Witzwil war ein Schauderwort, wie jeder von uns wußte. Ich packte meine Urlaubssachen zusammen, der Rest würde aus Vouvry nachgeschickt werden, und wurde in den Zug gesetzt in Richtung Neuenburg. Ein Zivilpolizist kam mit, oder waren es zwei? Sinnig also war der Karfreitag, doch hatte man es offensichtlich, in irgendeiner rüden Weise, trotzdem gut mit mir gemeint, wie ich bald merken sollte: die Zwangsarbeit im Winter und im eisigen Wind des Sees von Neuchâtel blieb mir erspart. Nun aber war es so weit. Es klingt wie Angeberei, wenn ich trotzdem die Schönheit der Bahnreise entlang des Genfersees und weiter zum Bielersee genau erinnere. Merkwürdigerweise kannte ich die Strecke noch nicht, war stets über Fribourg und Bern nach Zürich gereist. Da war jetzt Yverdon mit Pestalozzi, dort lag die Petersinsel des Jean-Jacques Rousseau.

Witzwil sah aus wie ein Großgrundbesitz: mit vielen »festen Häusern« statt eines patrizischen oder hochadligen Herrenhauses. Trotzdem war mein erster Eindruck nicht falsch. Ich war im *Feudalismus* gelandet. Man schloß Türen auf, lieferte mich ab. Ich wurde eingekleidet. Mit welchem Recht eigentlich? Dann brachte mich ein Aufseher, der mich durchaus wie einen seiner Zuchthäusler anfuhr, denn Internierte oder Sträflinge, wo lag da der Unterschied?, in den großen Schlafsaal, der zugleich unseren Aufenthaltsraum bedeutete: für die wenigen Stunden, die wir nicht arbeiten mußten, um die Rentabilität des Unternehmens Witzwil zu sichern.

Eine wunderliche Gemeinschaft, aber sie nahm mich freundlich auf. Man hatte mich erwartet: zu einer Zeit, da ich selbst nichts ahnen konnte. Die Buschtrommel der Emigranten und Internierten arbeitete gut. Ein jüdischer Emigrant aus Wien begrüßte mich: von ihm hatte ich in Vouvry gehört. Der intelligente, doch mißtrauische und meinethalben wohl auch querulantische Emigrant Spitzer war eine gestürzte Größe. Er hatte als Hilfskraft in der Züricher Zentrale der Arbeitslager arbeiten dürfen, war jedoch unliebsam aufgefallen. Er gab

Widerworte, wurde degradiert und schließlich hierher verbracht. Man konnte auch ihn offenbar nicht frei herumlaufen lassen. Für ihn kam es noch schlimmer: er ging mir voran bei der weiteren Degradierung. Wo mag er geblieben sein nach dem Kriegsende?
Im Schlafsaal von Witzwil wurde dasselbe Prinzip angewandt wie in den Arbeitslagern: Deserteure und jüdische Flüchtlinge, Tschechen und Jugoslawen, ganz junge Burschen und ältere Leute. Einen Emigranten aus Wien kannte ich flüchtig aus Genf. Ich hatte ihn irgendwo in der guten Gesellschaft getroffen. Er stammte aus einer berühmten Familie des Wiener Musiklebens. Auch der Lebenswandel dieses wohl Vierzigjährigen hatte in Genf mißfallen.
Bereits am ersten Abend merkte ich, daß es zwar die offizielle Macht der Aufseher gab und ihrer Oberen, bis hinauf zum allmächtigen Direktor des Unternehmens Witzwil, daß jedoch in unserem Schlafsaal eine ganz andere Hierarchie etabliert war, die festlegte, wen man zu fördern oder abzulehnen hatte. Es war die kommunistische Parteizelle.
Der Zellenleiter stammte aus München. Ein politischer Emigrant und Spanienkämpfer, hart und unspürbar traurig, doch ein guter Kamerad. Ludwig Ficker ging schon im Sommer 1945 im Auftrag seiner Partei nach Bayern zurück. In der ersten Landesregierung, die von der amerikanischen Militärpolizei eingesetzt wurde, wobei die Kommunisten nicht fehlen durften, war er Staatssekretär. Nach den ersten Wahlen mußte er ausscheiden und in die Parteizentrale zurückkehren. Eines Morgens lag er tot in der Garage, wie man erfuhr. Vielleicht hatte er das Spiel Stalins nicht weiterspielen wollen.
Man war höflich zu mir, doch distanziert. Ich war dort anscheinend registriert als Brandlerianer oder gar als Trotzkist. Jedenfalls keiner von den Unsrigen. Im Lauf der Monate besserte sich unser Verhältnis; später in Zürich und vor dem Kriegsende waren wir miteinander vertraut. Politisch also wurde ich nicht auf Abstand gehalten. Der Gegensatz zwischen der Zelle und mir bestand darin, daß die Parteidirektive darauf hinauslief, die Monate in Witzwil rasch hinzubringen, bei der dortigen Obrigkeit nicht anzustoßen, damit man bald wieder hinausbefördert werden könnte ins offene Arbeitslager, und folglich in die politische Arbeit. Diese Haltung war

mir unerträglich. Witzwil war für mich auch ein politisches Ärgernis. Man durfte sich der Dynastie Kellerhals nicht widerstandslos fügen.

Nun ist der Name gefallen. Immer noch zittert es nach in mir, wenn ich ihn denke. Immer noch sehe ich ihn zu Pferde und in seiner Landschaft und hoch über seinen Zwangsarbeitern, die am Boden kriechen und das Unkraut mit den Händen auszureißen haben: den Herrn Direktor Dr. Kellerhals. Kein aufrechter Gang, Furche um Furche, Beet um Beet. Sehr schwere Arbeit: von der Morgenfrühe bis in den späten Nachmittag. Dazu eine Kost, die entkräften machte. Fettlose Suppen und zerkochtes Gemüse, das nicht für den Verkauf getaugt hatte. Bereits im Mai freuten sich die Langjährigen auf den 1. August, also den schweizerischen Nationalfeiertag: da würde es zum Abend ein Stück Butter geben und Marmelade. Ein anderer Feiertag galt gleichfalls als memorabel: da würde ein großes Stück Emmentaler verteilt werden. Jede Nacht ein Schlaf des Erschöpften. Auch heute noch schlafe ich manchmal mit der Beruhigung ein: Morgen wird dich kein Aufseher wecken.

Allein ich war noch nicht alt, und auch kräftiger, als ich vermutet hatte. Seelenqualen gab es nicht: man war zu müde. Ich ließ mich hinleben. Die Erinnerung hat auch Momente der Freude gespeichert: wenn wir heimlich, was verboten war, im Neuenburger See badeten. Es gab nur einmal in der Woche die gemeinsame Dusche. Die Praxis des Dr. Kellerhals lief darauf hinaus, die Unterschiede in der Behandlung der Internierten und der Sträflinge möglichst gering zu halten. Damit befand man sich, wie ich vermute, in Übereinstimmung mit den Direktiven von Dr. Rothmund. Was über uns verhängt wurde, war vielleicht abgesichert durch Ausführungsbestimmungen in Kriegszeiten, doch alles blieb dem jeweiligen »Ermessen« der Behörden und ihrer Erfüllungsgehilfen anheimgestellt. Wir waren gekleidet wie die Sträflinge, schrieben auf dem Papier der Strafanstalt, unsere Briefe wurden gelesen und zensuriert oder heimlich kopiert, wie ich erfahren mußte. Ein paar Privilegien blieben übrig im Vergleich zu den Strafgefangenen von Witzwil. Wer hierhin vom Gericht geschickt wurde, hatte viel ausgefressen.

Man las Zeitungen, konnte den Rundfunk hören. Immer noch

Siegesmeldungen der Reichspropaganda vom Russenkrieg, mit dem mißbrauchten Thema aus den ›Préludes‹ von Franz Liszt. Erstaunlich viele deutsche Deserteure entdeckten ihre Reue und ihr Heimweh. Fast jede Woche waren einige, die weit draußen gearbeitet hatten, auf irgendeine Weise entkommen. Irgend jemand hatte mit Zivilkleidern irgendwo gewartet. Man weihte uns vorher ein, weil man Vertrauen zu uns hatte. Man floh zurück nach Deutschland: wahrscheinlich in den sicheren Tod. Ich habe keinen von ihnen allen später wiedergetroffen. Einer dieser Soldaten, der im Osten gestanden hatte, berichtete eines Abends von den Vernichtungslagern im besetzten Polen. Ich habe es nicht geglaubt.
Das geschah im Herbst 1942. Im allgemeinen pflegte man die Internierten von Witzwil nach sechs Monaten in eines der offenen Arbeitslager zu entlassen. Damit durfte auch ich im Oktober rechnen. Es kam wieder ganz anders, und schlimmer. Mit dem Dr. Kellerhals und mir war es nicht gut gegangen. Hoch zu Pferde und tief unten. Allein ich war nicht Onkel Tom, hatte das auch dem Herrn Direktor nicht verheimlicht.
Mehr als dreißig Jahre später wurde ich gebeten, zuerst in Hannover und dann in Berlin, eine Züricher Ausstellung, die der schweizerischen Flüchtlingstradition gewidmet war, mit einer Rede zu eröffnen. Ich wies jedoch darauf hin, daß man unmöglich die Welt Büchners und Richard Wagners, die Welt deutscher Emigranten aus der ersten Weltkriegszeit vergleichen könne, noch dazu leuchtend im rosigen Schein, mit der Flüchtlingspolitik zwischen 1939 und 1945. Ich schaute die Ausstellung an, bevor ich meine Rede vortrug. *Da lag in einer Vitrine ein Brief in meiner Handschrift.* Gerichtet aus Witzwil an Max Rychner. Ich schilderte ihm darin, was vorging und wie man uns behandelte. Max Rychner starb 1965. Vor seiner letzten Krankheit hatte ich ihn in Tübingen getroffen. Wir hatten ein Frühstück im berühmten Hotel zum Lamm, Paul Celan war mit uns. Allein dieser Brief aus der Vitrine stammte wohl aus seinem Nachlaß. Man hatte gut daran getan, ihn hier auszulegen. Meine Handschrift war damals noch gut lesbar. Ich las nach durch die Glasscheibe. Der Brief handelte von Witzwil und seinen Gewaltigen.
Solche Briefe schrieb ich nicht nur an Rychner. Der Direktor

dürfte sie alle gelesen haben. Nun wußte er, was zu tun war. Ich wurde nicht entlassen, sondern abermals degradiert nach den Gesetzen eines Strafvollzugs ohne Strafrichter.
Irgendwann im Oktober wurde ich von neuem abgeschoben, in Polizeibegleitung, wie es sich versteht. Es ging zuerst nach Bern, dort hatte ich bei der Bahnpolizei zu übernachten. Man war auf solche Transporte eingerichtet. Auf dem zweiten Strohsack schlief ein Pole, der gleichfalls aus einem Lager irgendwoanders hin administriert wurde. Am andern Morgen ging es nach Lenzburg im Kanton Aargau. Von Lenzburg wußte ich: das war Literatur. In einer der besten Erzählungen von Frank Wedekind, sie handelt vom »Brand von Egliswyl«, erzählt ein junger schweizerischer Brandstifter, beim Transport von oder nach Lenzburg, wie es zu jenem Brand hatte kommen müssen.
Lenzburg war als Verschärfung gedacht: wegen meiner Widersetzlichkeit, denn irgend etwas anderes hatte man mir in Witzwil nicht vorwerfen können. Allein in dem festen Zuchthaus über der Stadt Lenzburg, oben auf dem Berg, ging es weit besser zu als bei den Feudalherren von Witzwil. Lenzburg war ein Zuchthaus für die ganz Schlimmen: die Hierarchie der Strafanstalten hatte ich inzwischen gelernt. In solchen Häusern geht es ruhig zu: man hat so viel Zeit. Auch hier wurde zunächst kein Unterschied gemacht zwischen Internierten und Gefangenen. Doch, wir hatten eine andere Kokarde zu tragen auf der Sträflingskleidung. Sie war natürlich rot. Rot trug auch der arme Emigrant Spitzer und jener hohe deutsche Offizier im oberen Stockwerk, der offenbar zwischen die Geheimdienste geraten war.
Im übrigen ließ man mich in Ruhe in der Einzelzelle. Ich mußte nicht arbeiten, bestellte mir die ›Neue Zürcher Zeitung‹ und war nun, im Winter von Stalingrad und Bengasi, gut unterrichtet. Man konnte wieder hoffen. Worauf denn ich? Regelmäßig ließ man uns am Sonntag in der Kapelle zusammenkommen, wo ein Lehrer an der Leinwand das Kriegsgeschehen erörterte: für jene Gefangenen, die keine Zeitungen haben durften. Rundfunk in der Zelle? Welche Idee!
Ich machte mir damals Gedanken, endlich wieder Gedanken, denn unter Kellerhals war man reduziert auf die simplen Reflexe. Nun lebte ich als ein Gefangener und konnte an mir

die verschiedenen Strafrechtstheorien im »Selbstversuch« erproben, von denen wir an der Universität erfahren hatten. Gewiß, bereits als Gerichtsreferendar mußte ich feststellen, daß der juristische Alltag wenig Umstände macht, wenn es die Rechtstheorie gilt. Rechtstheorie gehört in die Revisionsinstanz.

Welcher Legitimation von Strafrecht und Strafe sollte ich zustimmen, wenn ich meinen Fall überdachte, der – wie zuzugeben sei – nicht schlüssig war, da kein Delikt vorausging? War ich nun *abgeschreckt* worden? Wovon und wodurch? Hatte man, laut Anordnung der Schweizerischen Fremdenpolizei, an mir *Vergeltung* geübt? Abermals: wofür und wodurch? Etwa an meiner Schutzlosigkeit als menschliches Wesen ohne Heimat? Man hatte die Gesellschaft auf Zeit vor mir *gesichert*, das schien evident, aber ging es der Gesellschaft nun besser? Mein Zustand, der jeweils determiniert wurde durch Ermessensverfügungen einer Verwaltungsinstanz, glich aufs Haar einer Sicherungsverwahrung. Fragte ich irgendeinen Direktor oder Stellvertreter danach, so kam die Antwort: es sei Krieg. Allein die Eidgenossenschaft führte keinen Krieg, und man begann am Jahresende 1942/43 in vielen Amtsstuben zu begreifen, daß die scheinbar Ohnmächtigen vielleicht stärker waren, virtuell gewiß, als man im Zeichen der Blitzkriege angenommen hatte.

Man ließ es mich bald spüren. Da ich wieder nachdenken konnte in meiner Zelle zu Lenzburg, *nahm ich mir einen Rechtsanwalt.* Durch Freunde hatte ich eine Anwältin früher in Bern kennengelernt; der wurde mein Fall anvertraut. Im März 1943 kam ich wieder frei und durfte in ein anderes Arbeitslager für Emigranten im Wallis zurückkehren. Alles wurde wieder nach unerforschlichen Ratschlüssen der Büros entschieden zwischen Bern, der Zentralverwaltung in Zürich und der Direktion von Lenzburg, die nicht widersprach. Vermutlich hatte man dort das richtige Gefühl, daß an unsereinem arg gesündigt wurde.

Lenzburg wurde mir zum Glücksfall. Das klingt absurd, und blieb trotzdem wahr für mein Leben. Ich habe in jenem Winter in meiner Zelle, die gut geheizt wurde, auch das Essen reichte aus, die Grundlage einer spezifisch literarischen und literaturwissenschaftlichen Bildung gelegt. Die Lenzburger Bibliothek

war gut. Sie hielt sich an das klassische Repertoire, was mir eben recht kam, denn ich wollte die Zeit nutzen und all jene Bücher lesen, die bisher nur im Gedankenspiel vorgekommen waren: »Man müßte eigentlich einmal . . .«
Vor mir liegt ein Schulheft, das ich damals in Lenzburg vollschrieb. Ich habe es stets mit mir genommen bei den späteren Emigrationen. Eine Art von *Arbeitsjournal.* Pläne für Essays und Theaterstücke; politisch-moralische Reflexionen. Unter der Wucht eines Gotthelf und Tolstoi, die ich damals immer wieder las, gab es erste (und schließlich einzige) Aufwallungen von Christlichkeit. Ich schrieb in mein Schulheft einen ausführlichen »Epilog zu Tolstois Romanen«. Gerade ihn hat Alfred Döblin ein paar Jahre später in seiner Zeitschrift ›Das Goldene Tor‹ gedruckt. Ich schickte ihm ein paar Texte, als er mich zur Mitarbeit aufforderte. Just diesen Essay aus der Lenzburger Zelle suchte er aus.
Allein in den paar Wochen vor der Entlassung im März 1943 las ich, wie das Arbeitsjournal festhält: Storm und Baudelaire, Paul Bourget und Benjamin Constant, E. A. Poe und die ›Eugénie Grandet‹ von Balzac, den ›Wallenstein‹ von Ranke und die Musternovellen von Cervantes. Manches taucht als Reflexion auf, was später in dem Buch über Thomas Mann ausgeführt werden sollte. Es gibt auch Notizen »Über den Skandal«, die eingehen sollten in das Buch ›Außenseiter‹. Wie schade, daß ich die Erzählung ›Spaziergang in Vincennes‹ nicht geschrieben habe: damals stand sie mir genau vor Augen. Diderot holt den aus Vincennes entlassenen Rousseau ab und geleitet ihn nach Paris. Man spricht über den Einfluß der Kunst und Wissenschaft auf die menschliche Gesittung. Rousseau will diesen Einfluß spezifizieren. Das hat jedenfalls Diderot später behauptet. Der Autor von ›Rameaus Neffe‹ improvisiert die Gegenthese: gar nichts ist bewirkt worden durch die Kunst und die Wissenschaft. Im Gegenteil, nur Schaden wurde angerichtet. Das ist, wie man weiß, die berühmte These des Jean-Jacques Rousseau. Aber stammt sie wirklich von ihm, oder von dem Dialektiker Diderot? Da steht Aussage gegen Aussage. Ich wollte das erzählen.
Vieles stand auf dem Programm, was ich später nachholen sollte, als ein freier Leser. Vieles jedoch habe ich niemals zur Hand genommen: nicht die ›Institution chrétienne‹ von Calvin

und auch nicht den ›Traité de la passion‹ von Descartes. Dafür ist es jetzt zu spät.

Fünf Jahre nach Lenzburg, im März 1948, erreichte mich die Aufforderung, an der Universität Leipzig einen Lehrstuhl zu übernehmen für Neuere Deutsche Literatur und für Weltliteratur, was man jedoch mit der Formel »Geschichte der Nationalliteraturen« umschrieb. Ich nahm an, und konnte sie jetzt nutzen, die Arbeiten und Gedanken des Lenzburger Winters: in der Zeit meiner größten Demütigung.

Bei Robert Musil

Am 15. April 1942 war Robert Musil plötzlich in Genf gestorben. Es scheint, daß er einen Schlag erlitt im Badezimmer: bei den Turnübungen, denen sich der körperbewußte und körperstolze Mann hinzugeben pflegte. Er ist einundsechzig Jahre alt geworden. Ich las die Todesnachricht in einer der Zeitungen, die wir uns in Witzwil halten konnten. Da ich nicht wegdurfte, konnte ich nicht nach Genf reisen. Musil wurde eingeäschert, wie er es sich gewünscht hatte. Die Asche mußte verstreut werden. Ein Grab gibt es nicht.

Ich schrieb an Marta Musil und bekam freundliche Antwort. Wiedergesehen habe ich sie erst ein Jahr später. Aber dessen bin ich nicht mehr so sicher. Bin ich, nachdem ich wieder frei sein durfte, nach Genf zurückgekehrt, um sie zu besuchen? Jedenfalls erhielt ich noch von ihr den aus dem Nachlaß edierten sogenannten Dritten Band des ›Mann ohne Eigenschaften‹. Das gilt heute als seltene und kostbare Edition. Sie ist mir bei den verschiedenen Irrfahrten und Emigrationen verlorengegangen. Dagegen besitze ich den Zweiten Band als ein Geschenk Robert Musils, und auch mein Exemplar der ›Schwärmer‹ stammt aus seinem Besitz. Er hat es mir geschenkt bei einem Besuch, als darauf die Rede kam und ich mich »bewandert« zeigte. Es war gleichsam eine Wiedergutmachung der Katastrophe bei meinem ersten Besuch im September 1940, als Musil die Rede auf seinen Jugendroman vom Zögling Törless brachte und ich ratlos dreinschaute, denn ich wußte nichts von der Existenz dieses Frühwerks, hatte offenbar den Titel nie gehört.

Eingeführt wurde ich durch meinen Freund Hans Wolfgang Schwerin, den Musil schätzte und auch gern hatte. Als das Unglück geschehen war, sah Musil, seinerseits ratlos, hinüber zu Schwerin und sagte: »Da sehen Sie, wie es um mich steht. Der Dr. Mayer ist doch offensichtlich ein literarisch gebildeter Mann. Nicht einmal er kennt die ›Verwirrungen des Zöglings Törless‹.«

Zwischen meinem ersten Besuch aber bei Musil im Herbst 1940 und seinem Tod im April 1942 lag meine so wechselvolle

Dienstzeit als Arbeitsmann und Objekt der Schweizerischen Fremdenpolitik. Die hatte auch Robert Musil nicht verschont. Der mittellose Flüchtling aus Österreich, der sich immer wieder und so vergeblich abmühte, mit Hilfe von Verwandten seiner Frau die Bürgschaft amerikanischer Bürger zu erlangen, ohne welche an die Einwanderung nicht gedacht werden konnte, bekam mit bürokratischer Regelmäßigkeit die Aufforderung aus Bern, sich nun endlich davonzumachen. Es wurden auch Fristen gesetzt, wie man im Gespräch erfuhr. Die Fristsetzung war sinnlos, wie man in der Amtsstube wußte. Wohin hätten sie sich wenden können, der Dr. Robert Edler von Musil und seine jüdische Frau? In der Erinnerung will es mir scheinen, als hätten wir bei unseren Besuchen draußen vor den Toren von Genf, in einem ehemaligen Kinderheim, wo die beiden Emigranten wohnen durften, überhaupt nur gesprochen über Emigrantensorgen und Literatur.

Denke ich an Musil zurück, so wird es ungemein schwer, das heutige Wissen von ihm, alle postume Information nämlich, so abzudrängen, daß die damalige Ebene der Begegnung zum Vorschein kommt.

Vielleicht ist es falsch, so zu verfahren. Heute würde es viel leichter, unter den erinnerten Sätzen, die er damals sprach, seinen Attitüden und eigentümlichen Reaktionen, diejenigen zu erkennen, die entscheidend waren für den Menschen und Schriftsteller Robert Musil, die also – vielleicht – trotz allem zu seinen »Eigenschaften« gehörten.

Musil war anstrengend. Ich finde keine andere und bessere Bezeichnung, wenn ich an ihn zurückdenke. Anstrengend im Gespräch, in jeder Begegnung. Kaum je in meinem Leben war ich derartig bis zur Erschöpfung konzentriert und schließlich ermattet. Jedes Gespräch mit ihm war ein erzwungenes Gespräch. Dies nun wieder hing mit seiner Größe zusammen, dem also, was er programmatisch vom Schriftsteller forderte, nämlich von sich selbst: in jedem Augenblick immer nur Originalsubstanz zu liefern. Was nicht möglich sein konnte. So mochte es geschehen, daß er im Gespräch sehr merkwürdige Betrachtungen zur Struktur psychischer Phänomene entwickelte. Auf seinem Schreibtisch lagen in der letzten Lebenszeit vor allem Quellenwerke der Gestaltpsychologie. Die Situation des großen Romanwerks schien dies Spezialstudium zu erfordern, in den Tagebüchern aus der letzten Lebenszeit steht darüber zu lesen. Übrigens war Psychologie für Musil stets ein vertrauter Bereich. Er äußerte neue und kühne Gedanken. Man konnte nicht sogleich folgen, hörte zu, versuchte klarzusehen, antwortete, wie stets bei solchen Gelegenheiten, besonders wenn ein jüngerer Mensch mit einem großen Mann zusammentrifft, der viel älter ist. Man stimmte zu und sagte: »Ja natürlich, gewiß«. Sofort schlug einem Musil wie mit einem Stock die Füße vom Boden weg, indem er antwortete: »Wieso natürlich, das ist gar nicht natürlich.« Gab sofort eine Reihe von Argumenten, die alles in Frage stellten, was er soeben entwickelt hatte. So zwang er einen, auf die Mechanismen des Sprechens und der Konvention zu verzichten, auf alle Füllsel des Gesprächs.

Hier gehörte alles zusammen: Mann und Werk. Es gab nur das Werk. Musil pflegte gern im Gespräch seine sportlichen Erfolge herauszukehren, seine Technik als Crawlschwimmer, es fehlten auch nicht selbstgefällige Hinweise auf seine Erfolge bei den Frauen. Man vermochte nicht recht daran zu glauben, wenngleich es sicher stimmte. Auch in seiner letzten Lebenszeit wirkte Musil sehr schlank, gespannt, trotz der störenden Nierenerkrankung spürte man den kräftigen Menschen. Nicht das war es. Man wurde nämlich den Verdacht nicht los, daß alles Leben, jeder einzelne Moment des jungen wie des alternden Mannes, alle Mathematik und Technik, Ballistik und Erotik immer nur die Bedeutung von Arbeitsmaterial für den Schriftsteller Musil gehabt hatte.

Natürlich respektierte Musil die Antinomie von erlebter und erzählter Realität. Dennoch sind die Realitäten bei ihm anders, bedenklicher als bei Thomas Mann, Kafka, Döblin. Bedenklicher sogar als im Falle Hans Henny Jahnns. Musil kennt nur ein einziges Thema: sich selbst. Die faszinierende Eigenart des Vorgangs aber liegt darin, daß sich ihm dieses scheinbar so vertraute Thema beständig entzieht. Die Antipoden Thomas Mann und Franz Kafka glauben, ihre Leidensgewißheiten zu besitzen: die transponieren sie ins epische Werk mit den jeweiligen und spezifischen literarischen Mitteln. Musil entbehrt durchaus solcher Gewißheit. Wie sein Zögling Törless fragt er sich unablässig: »Was ist das für eine besondere Eigenschaft, die ich besitze?« Hier bereits das Schlüsselwort

»Eigenschaft«: gebraucht im Bewußtsein der Ratlosigkeit.
Bei Musil war jeder Lebensmoment zugleich und virtuell ein Stück des Werks: lange vor dem Versuch des Autors, diesen Moment nun durch Reflexion und Diktion zu objektivieren. Darum die gigantische und unmögliche Bemühung, jeden Augenblick so zu leben, als ob er bereits im Vitalvorgang literarische Gestalt annehmen könne. Deshalb die Forderung nach Originalität: gerichtet nicht bloß an den schreibenden, sondern auch an den lebenden und sprechenden Robert Musil. Jeder Moment, den man mit ihm lebte, war insgeheim bereits Werk, Arbeitsmaterial, versuchsweise Formulierung.
Womit die Situation Ulrichs beschrieben ist, des Mannes ohne Eigenschaften. Musil hat nie etwas anderes darstellen wollen und können als dieses sein eigenstes Suchen nach Selbstgewißheit und Innewerdung. Folglich brauchte er jedes Erlebnis für das Werk, wenn es weitergehen sollte. Darum aber fand ich ihn auch in diesen letzten Genfer Lebensjahren in einem Zustand der Unruhe und Ratlosigkeit, der zwar allzu begründet war durch die Weise, wie er leben mußte, insgeheim aber spürbar werden ließ, daß jene Misere des äußeren Lebens zu einer schweren Gefährdung des Werks geführt hatte. Sein Dasein war frustriert und bedrohte damit den Fortgang des großen Romans. Da das Leben stagnierte, ging es auch im Werk nicht weiter. Musil konnte jetzt nicht mehr, als Ulrich und rückblikkend, die Lebensgeschichte von einst, als Verwirrung des Zöglings Törless, erzählen. Eine schreckliche Gleichzeitigkeit war entstanden zwischen Ulrich und Musil. Zwar spielte der große Roman vor dem Ersten Weltkrieg; sein äußerer Abschluß – als wenn es auf den ankäme! – war durch den Kriegsausbruch von 1914 gegeben. Insofern war alles eindeutig. In den Tagebüchern heißt es: »Oberster Gedanke von Anfang Band II an: Krieg.« Äußerlich also gab es zeitliche Differenz zwischen Ulrichs Leben im Vorkrieg und Robert Musils Leben im zweiten Krieg. In Wirklichkeit herrschte Gleichzeitigkeit. Was als Erfahrung Ulrichs zu schildern war, wenn der Roman weitergehen sollte, konnte nur aus neuer Musilscher Lebenssubstanz gewonnen werden. Daran fehlte es in dem Häuschen am Chemin des Clochettes. Daran konnten

auch die Bücher über Gestaltpsychologie nichts ändern. Der Roman stagnierte: gleich dem Leben.

Wie war dieses Versickern des Lebens zu erklären? Vieles hing mit den Arbeitsbedingungen zusammen. Es war Leben im Exil. Die Schweizerische Fremdenpolizei zu Bern – das wurde lange nachher, als der Krieg zu Ende war, von der Eidgenossenschaft ausgiebig in Polemiken, Denkschriften und Romanen erörtert – brachte den Emigranten nicht übermäßig viel Liebe entgegen. Die Emigranten wurden als Belastung der offiziellen schweizerisch-deutschen Beziehungen empfunden. In den Amtsstuben zu Bern hatte es Aufatmen gegeben, als Thomas Mann kurz vor Kriegsausbruch das Haus in Küsnacht am Zürichsee verließ, um amerikanischer Professor zu werden. Zu Romain Rolland in Villeneuve am Genfersee war man unfreundlicher: das lief auf eine Ausweisung hinaus. Auch Robert Musil wurde ohne Unterlaß aufgefordert, nun endlich an die Weiterreise zu denken und das Transitland Schweiz zu verlassen. Nach Empfang eines dieser Schreiben war er jedesmal sehr bedrückt.

Kompromisse freilich gab es nicht in solcher Misere. Ich erinnere einen Besuch bei ihm, es muß noch im Jahre 1940 gewesen sein. Musil hatte abermals eines dieser Schreiben aus Bern erhalten. Emigration in die Vereinigten Staaten erwies sich als unmöglich. Marta Musils Familie war offenbar nicht imstande, die finanzielle Sicherung zu leisten, die zur Erteilung der Visen an das Ehepaar Musil notwendig war. Es wurden Visumsfragen an jenem Teenachmittag erörtert. Ich meinte, er solle sich um ein Visum nach Südamerika bemühen. Freunde von mir hatten damals ohne größere Schwierigkeit die Erlaubnis zur Einreise nach Kolumbien erhalten. Musil sei Christ, so machte ich geltend, sogenannter Arier, sogar von Adel: da könne es nicht fehlen. Er sah mich mißbilligend an und sagte bloß: »In Südamerika ist Stefan Zweig.«

Dies war beileibe kein Bonmot. Der große Ironiker war nicht witzig im Gespräch. Er meinte es ernst. Stefan Zweig, Emil Ludwig, vor allem natürlich Thomas Mann, gehörten zur verhaßten Spezies der Großschriftsteller. Wenn jener Stefan Zweig sich irgendwo in Südamerika aufhielt, wurde dadurch ein Kontinent für Musil unbrauchbar.

Dabei fehlte es an allem in jenem Häuschen vor den Toren von

Genf. Flüchtlingshilfe – davon lebte man. Der Pfarrer Robert Lejeune aus Bern erwies sich als treuer, nahezu einziger Helfer. Ein junger österreichischer Emigrant, der Musil verehrte und später selbst berühmt werden sollte, hatte den Pfarrer auf Musil hingewiesen als einen Mann, dem zu helfen Ehre bedeutete: Fritz Wotruba. Die literarische Schweiz nahm nicht Notiz. Bei einem Besuch fand ich Musil besonders traurig und bekümmert. Man hatte ihn irgendwo in der deutschen Schweiz zu einer Lesung eingeladen. Irgendeine literarische Gesellschaft. Robert Musil las Unveröffentlichtes aus dem ›Mann ohne Eigenschaften‹ vor wenigen Hörern. Vom Vorstand war niemand erschienen. Auch an die übliche kleine Festivität nach Schluß der Veranstaltung wurde nicht gedacht. Es kam ein Sekretär und überreichte den Umschlag mit dem Honorar. Bittere Bemerkungen Musils wurden quittiert mit dem Hinweis: es habe sich doch wohl mehr um ein karitatives Unternehmen gehandelt.

Wochen waren vergangen seit diesem schmählichen Erlebnis, als ich ihn danach in Genf wiedersah, allein er kam immer noch nicht darüber hinweg. Dies alles nahm er ernst. Vorfälle solcher Art bildeten damals die Substanz seines Lebens, die Werksubstanz hätte sein sollen. Als ich mehr als zwanzig Jahre nach Musils Tod wieder in Genf war und mit Carl J. Burckhardt, den Musil hoch geachtet hatte, über diese Emigrationsepisoden sprach, erzählte der schweizerische Historiker noch eine andere, ebenso jammervolle Geschichte: den Anlaß nämlich, der ihn, Burckhardt, mit Musil zusammengeführt hatte. Es gab damals in Genf eine Gesellschaft für deutsche Sprache und Literatur. Der Genfer Ordinarius für Germanistik leitete sie, wie üblich. Man konnte Mitglied dieser Gesellschaft werden. Dr. Robert Musil vertrat, nicht ganz zu Unrecht, die Ansicht, auch sein Platz sei in dieser Gesellschaft. Der Vorstand schien anderer Meinung zu sein. Den Wiener Emigranten wollte der Professor nicht haben. So wandte sich Robert Musil an Carl J. Burckhardt mit der Bitte, bei jenem Vorstandsprofessor zu intervenieren. Wie zornig ernst Musil diesen seinen akademischen Gegner genommen haben muß, kann man in den Tagebüchern nachlesen, selbst wenn Initialen die Schwere dieses Kleinkrieges heute ein wenig abmildern. Kein Humor kam zu Hilfe.

Lächerliche und qualvolle Konstellation. Robert Musil und Carl J. Burckhardt als Mitstreiter um eine Vereinsmitgliedschaft. Wo aber steht geschrieben, daß Geringfügigkeit der Anlässe zugleich eine Reduktion der Leidenschaften herbeiführt? Das Gegenteil ist richtig. Balzac hat es gewußt. Bei ihm kämpfen im ›Curé de Tours‹ zwei Geistliche um ein möbliertes Zimmer, und es ist ein Kampf wie um ein Königreich. Auch Musil kämpfte in solchen Fällen, als ginge es um die Existenz.

Es ging um seine Existenz. Dies alles hatte mit seinem Vorgang der Selbstfindung zu tun, mit dem dominierenden Leitmotiv seines Schaffens: der schrulligen Inkongruenz zwischen Lebenserfolg und Produktion von großer Literatur. Ganz sicher wußte dieser Schriftsteller, wer er sei und was die Nachwelt eines Tages sagen würde. Am 24. September 1939 schreibt er an den Pfarrer Robert Lejeune über seine schweizerischen Asylgeber: »Man ist solide im Urteil und hält den Toten die Treue, ob sie nun Keller, Meyer, Rilke oder Hofmannsthal heißen; auch ich fühle mich einigermaßen sicher, daß man einst meinen Schweizer Aufenthalt wohlgefällig buchen wird, aber erst auf seinen Tod warten zu müssen, um leben zu dürfen, ist doch ein recht ontologisches Kunststück!«

Die Genfer Misere bedeutete ihm also eine Selbstbestätigung. So mußte es zugehen, da er nun einmal zur aussterbenden Gattung der Dichter zu gehören schien. Daß er recht behalten hat, ist evident. Postum wurde auch Robert Musil zum Großschriftsteller. Das alles hat er gewußt, empfand es trotzdem nicht vor sich selbst als Makel, nachträglich in die Kategorie der Stefan Zweig und Emil Ludwig eingereiht zu werden. Wichtig war ihm, daß ihm dies nicht mehr »zu Lebzeiten« beschieden sein würde. Darauf allein kam es an. Zu Lebzeiten blieb er Störenfried und Hungerleider mit der Aussicht auf künftige Profitlichkeit. Alles ging mit rechten Dingen zu. Aber es blieb doch ein rechtes ontologisches Kunststück.

Dahinter nämlich stand noch ein anderes. Dichtertum und Großschriftstellerei wurden als Antinomien empfunden. Da ging kein Weg. Auch Musils Urteil über Schriftsteller seiner Epoche war beeinflußt durch diese Grundthese: daß der li-

terarische Erfolg in nahezu jedem Falle *gegen* die Authentizität des Erfolgreichen sprechen müsse.
Ich hatte immer den Eindruck, daß Musils Verhalten zu mir durch eine Hypothek belastet war: meine Verehrung nämlich für Thomas Mann, aus der ich kein Hehl machte.
Eigentlich gab es nur zwei Schriftsteller, wenn ich mich recht erinnere, über die sich Musil achtungsvoll geäußert hätte: Kafka und Rilke. Was gegen Rilke sprach, hat er in seiner Totenrede auf den Freund der Fürstinnen nicht verschwiegen. Dennoch Achtung. Kafka jedoch gehörte zu ihm, Musil; der war kein Großschriftsteller. Wobei angemerkt sei, daß man damals, zur Zeit jener Gespräche in Genf, die spätere Kafka-Hausse keineswegs ahnen konnte. Nur diese beiden. Karl Kraus – eine Handbewegung, das wurde nicht ernst genommen. Thomas Mann – ein Großschriftsteller. Hofmannsthal – eigentlich ein Achselzucken. Dann immer wieder die Emil Ludwig und Stefan Zweig, die er tief haßte und verachtete, wobei schwer zu sagen war, was eigentlich überwog, Haß oder Verachtung. Dies alles klingt sehr herzlos, muß als Konterfei eines »Schwierigen« empfunden werden. Schwierig war er in der Tat. Schwierig und anstrengend.
Musil lebte damals in einer schweren Schaffenskrise, die nicht überwunden, sondern brüsk durch den Tod beendet wurde. Es gab kaum mehr die einstigen Zerreißproben zwischen dem Schriftsteller und seiner Umwelt. Vinzenz hatte sich, in dem frühen Lustspiel, behauptet in der Konstellation zu Alpha und den bedeutenden Männern ihres Salons. Törless stand im Spannungsfeld zwischen den Basini und Beineberg. Zu Ulrich gehörte Kakanien: zur Eigenschaftslosigkeit paßte die gesellschaftliche und geschichtliche Eigenschaftsfülle. In Genf gab es nichts dergleichen. Hier war nicht Kakanien, allein es war auch kein neues Erfahren neuer Welt möglich. Der ›Mann ohne Eigenschaften‹ ließ sich nicht als Emigrationsliteratur weiterführen. Solange es noch die Gegenwelt gab, irgendeine Form von Kakanien, mochte sich das permanente Fragen nach der eigenen Besonderheit ganz gut und immer wieder neu in Erzählung verwandeln. In Genf herrschte zwar die Alltagsmisere, die viel Sorgen bereitete und durch – meist dreistellige – Zahlen sehr genau bezeichnet werden konnte, ohne daß es besonderer Kunststücke des Mathematikers Musil bedurft

hätte, allein man durfte dergleichen nicht mit den produktiven Konflikten von einst verwechseln. Dies bedeutete Konfliktstille. Mit Büchern ließ sich der Fortgang nicht erzwingen. Musil war zurückgeworfen auf sein Grunderlebnis als Zögling Törless, die Frage nämlich: Was ist das für eine besondere Eigenschaft, die ich besitze?

Die zentrale Thematik des großen, fragmentarisch gebliebenen Romans dürfte unmittelbar mit dieser unablässigen Frage nach dem Wesen des schöpferischen Vorgangs zusammenhängen. Im Roman spricht der Erzähler vom »anderen Zustand«. Immer wieder finden sich in den letzten Partien des Romans, die Musil noch endgültig zu formulieren vermochte, abgewandelte Formen für diese angestrebte Synthese aus der Exaktheit und der Ekstase. Mondrausch, Mondstrahlen bei Tage, Atemzüge eines Sommertags; es ist stets der Versuch, jenen »anderen Zustand« in der Gemeinsamkeit der tief miteinander verbundenen Geschwister Ulrich und Agathe genauer zu bestimmen, der gleichzeitig Selbstentäußerung und Selbstfindung sein sollte, unmittelbar ekstatischer Zustand und bewußtes Durchleben eben dieses Vorgangs. Mondstrahlen bei Tage.

Alles aber beschäftigte ihn nicht als Naturwissenschaftler, sondern als Epiker. Jedes Gespräch hatte für ihn insgeheim nur insoweit Bedeutung, als es dazu beitragen konnte, den stokkenden Roman weiterzuführen. Womit sich auch die lustige Fehlleistung erklärt, die ihn bei dieser Eintragung vom 3. September 1940 dazu brachte, seinem Gesprächspartner, mir also, die Vornamen »Hans Ulrich« beizulegen. Ich habe mit dem Vornamen Ulrich nichts zu tun, aber so benannte Musil, wie man weiß, seinen Mann ohne Eigenschaften. Wir hatten in der Tat an jenem Nachmittag viel über diesen Roman gesprochen. Es ging immer um Ulrich, um die Weiterführung des Romans.

Weil hier jedoch, motiviert vielleicht durch die Selbsterfahrung des schöpferischen Aktes, eine Konkordanz des Unvereinbaren angestrebt wurde, war es gleichzeitig unmöglich geworden, diese innige Beziehung der Geschwister Ulrich und Agathe, die gemeinsame Suche nach dem »anderen Zustand«, durch einen banalen Vorgang des Inzests zu bewältigen. Die Musil-Forschung hat heute und mit Recht festgestellt, daß nichts in dem vorliegenden und vom Verfasser für gültig erklärten Text dazu berechtigt, eine körperliche Vereinigung der Geschwister zu vermuten. Ich erinnere mich, Musil gefragt zu haben, ob es auf den Vollzug des Inzests hinauslaufe. Er antwortete, so habe er in der Tat ursprünglich den Roman angelegt, sei aber zu einer Änderung des Konzepts genötigt worden. »Die Gestalten wollen es nicht.« Den Klang dieser Worte habe ich noch im Ohr.

Ebendieses Prinzip aber der Disponibilität, das hinter allen negativ verlaufenden Experimenten spürbar werden soll, ist insofern dialektisch, als es sich mit keinem Zustand zufriedengibt, sondern in jedem Sein zugleich eine Fülle der – divergierenden – Möglichkeiten erblickt. Damit aber tritt Ulrich den Wettlauf an mit der Zeit, weil er alle Möglichkeiten bereits vorweg fixieren möchte. So entartet ihm die Dialektik zur bloßen Paradoxie. Möglichkeit soll in die Wirklichkeit hereingenommen werden; die Disponibilität erscheint als scheinbares Moment der Realität. Im »anderen Zustand« sollte ein mystischer Vorgang nicht nur rational erlebt, sondern auch beschrieben werden. Der Möglichkeitsmensch Ulrich versuchte, die Möglichkeit als Element der Wirklichkeit zu erleben, was denkbar war, wofern man nicht gleichzeitig dabei solide und gültige Einsichten verlangte. Ebendies aber tat Ulrich. Er wollte das Rezept erkunden, wonach man in Kakanien leben und sogar produktiv werden kann, sinnvolle Arbeit verrichtet – und gleichzeitig doch unbefriedigt bleibt, allseitig disponibel.

Das konnte nicht glücken. Es gab keine neue gesellschaftliche Erfahrung, die Musil aus dieser Paradoxie befreit und den Romanabschluß gerettet hätte. Der ›Mann ohne Eigenschaften‹ blieb nicht Fragment, weil Musil es so gewollt hätte. Im Gegenteil glaubte der Autor an die Erfüllungsmöglichkeit bei der teuflischen Wette, die er als Faust mit sich als Mephistopheles abgeschlossen hatte: einen erfüllten Augenblick zu finden und zu beschreiben, ohne zu verhindern, daß es hinterher mit der Disponibilität ebenso weitergehe wie vorher. Gelangte der Roman jedoch zu einem solchen Ende, dann hatte die Disponibilität in Wirklichkeit aufgehört, und der Mann ohne Eigenschaften war es nicht mehr.

Auch dies wäre ein Absinken in Trivialität geworden: vergleichbar dem Inzestvollzug zwischen Ulrich und Agathe. Die Unmöglichkeit jener körperlichen Vereinigung hatte Musil rechtzeitig erkannt. Ob auch die Unmöglichkeit, unter den selbstgestellten Bedingungen den Roman zu vollenden? Hier aber ist man versucht, in dieser Grundfrage seines Romans und seines ganzen Werks, dem Erzähler mit seinen eigenen Worten zu entgegnen: »Die Gestalten wollen es nicht.«

Freies Deutschland

Eines Morgens im März 1943 fuhr ich, in meinen eigenen Kleidern und in einem für mich herbeigerufenen Taxi, von »Hohenlenzburg« hinunter zum Bahnhof. Ich besaß eine Fahrkarte ins Wallis: diesmal aber ging es weiter hinauf ins Gebirge, in die Nähe von Sierre. Auch dort gab es eines der neugegründeten Arbeitslager. Ich war also wieder etwas aufgestiegen. Die Rechtsanwältin schien Wirkung gehabt zu haben mit ihren Einwänden gegen die Art, wie mit mir umgesprungen wurde, denn das Lager, das mich nun aufnahm, nach einer schönen Fahrt, und allein, man denke, ohne Begleitperson, war angenehm.

Man arbeitete ein bißchen, der Form halber; wenn man dazu nicht aufgelegt war, gab es ein Attest oder auch bloß eine Entschuldigung. Man hatte mich offensichtlich, zur Abwechslung, einmal »gut« unterbringen wollen. Die Höhenluft war rein, ich erholte mich rasch. Da lag das Türmchen von Muzot, wo Rilke gewohnt hatte, aber man wurde nicht eingelassen. Dorthin durften nur richtige Dichter. Viel später erzählte mir Peter Huchel von seinem Aufenthalt in der Nachfolge Rilkes. Ich besuchte den Friedhof und das Grab und sah die vielgedeutete Inschrift von der Rose, dem »reinen Widerspruch«. Lenzburg hatte mich hungrig gemacht auf Literatur in jeglicher Gestalt. Nicht Historie mehr oder gar Soziologie der Literatur, sondern Schöpfungen aus Sprache, Spiele der Einbildungskraft, das war es, was ich nun brauchte.

Man nahm mich gut auf. Gab es so etwas wie ein schlechtes Gewissen der Behörden? Ich bildete es mir wenigstens ein. Übrigens blieb ich nicht lange im Rhônetal. Der Zustand meiner Zähne wurde immer schlechter. Das hatte früh begonnen: mit unregelmäßig hervorgetriebenen Zähnen in der Jugend, denen man mit Golddrähten beizukommen suchte. Ganz ohne Erfolg. Bis ich die Drähte, die bloß wehtaten und nichts besserten, einfach herausriß. Beim Radfahren fiel ich hin, es brachen zwei Zähne des Oberkiefers ab. Das brachte wieder endlose Sitzungen beim Zahnarzt. Zum Schluß sah es leidlich aus. Im Exil aber entwickelte sich, als Folge einer unregelmäßigen Lebensweise, wo nicht immer nach den Regeln vernünftiger Ernährung gehandelt werden konnte, weil das Geld dafür nicht reichte, ein Debakel nach dem andern. In der Zahnheilkunde wurde ich zum passiven Profi. Einmal brach der Zahn ab, der gezogen werden sollte. Immerhin machten die Ärzte keinen Unterschied zwischen den Patienten, die vorgeführt wurden, und den andern.

Der Wind im Gebirge mißfiel den morbiden Zahnwurzeln. Man stellte fest, daß eine längere Behandlung nötig sei. Ich wurde nach Zürich geschickt. »Welch' eine Wendung durch Gottes Fügung!«, hatte der Preußenkönig gesagt nach der Schlacht bei Sedan. Ich landete in Zürichhorn. Das war ein stattliches, schön am See gelegenes Ausflugsziel und nahm jetzt die kränkelnden und zur Behandlung nach Zürich geschickten Emigranten auf. Auch die Wendung im Kriegsgeschehen war eingetreten: das hatte man in der Eidgenossenschaft begriffen. Die Pressekommentare nahmen immer weniger Rücksicht auf die empfindlichen Nerven des deutschen Ministeriums für Volksaufklärung und Propaganda. Auch wir bekamen es zu spüren. Man erwartete von uns ein bißchen Hausarbeit, wenn es nicht gerade zum Arzt ging, der im Haus praktizierte. Im übrigen konnten wir uns in Zürich herumtreiben, auch in der Stadt essen, oder bei Freunden, wenn wir ohne das Essen von Zürichhorn auskommen wollten, das nach wie vor gut war im vierten Jahr eines zweiten Weltkriegs.

Eines Tages gab es eine entschiedene Wendung in meinem Lebenslauf, und zwar morgens beim Fensterputzen. Das klingt kokett und pointenhaft, doch meine ich es genauso. Natürlich ahnte ich damals im mindesten nicht, was sich zugetragen hatte. Nichts weiter eigentlich, als daß ich einem Menschen begegnete, ohne den ich vermutlich nicht bereits im Oktober 1945 nach Deutschland zurückgeholt worden wäre. Ohne den ich ganz sicher nicht den Weg gefunden hätte nach Leipzig, zur Universität, zur Deutschen Demokratischen Republik, zur Literaturwissenschaft. Man wird folglich von einer Lebenswende sprechen dürfen.

Es begann mit Unfreundlichkeiten, die auf einen richtigen Streit hinauslaufen konnten. Der sehr große, stattliche Mann von unbestimmtem Alter, der zusammen mit mir die vielen

Glasfenster des Speisesaals, mit der Aussicht auf den See, zu putzen hatte, ich sah ihn wohl zum ersten Mal an diesem Tage, ließ mich seine Antipathie spüren, bezeichnete meine Arbeitsmühen als unfähig und schlampig, wobei er wahrscheinlich recht hatte: sowohl mit dem Ungeschick wie mit der Schlamperei. Ich erwiderte nicht besonders freundlich. Was sollte dies Aufsehergehabe bei einem Mitemigranten? Offensichtlich ging es gar nicht um das Fensterputzen. Der Mann hatte etwas gegen mich. Was aber?

Es lief ab nach der Redensart »Ein Wort gab das andere«. Dann jedoch wurde das Klischee jäh durchbrochen. Wir empfanden die Komik unserer Lage: eine Emigrantenquerele über gut oder nicht gut geputzte Fenster. Wir lachten sehr. Damit war alles entschieden.

Wie soll ich ihn beschreiben, meinen langjährigen und so wichtigen Freund Michael Tschesno, von dem mich kein Streit später getrennt hat, sondern die Politik. Dem ich (zusammen mit seiner Frau Rita) die erste Ausgabe meines Buches über Thomas Mann im Jahre 1950 widmen sollte. »Für Mischa und Rita«. Die Ehe der beiden zerbrach freilich bald darauf, nachdem sie alle Fährnisse des Exils und der Heimkehr nach Deutschland überstanden hatte. Mischa war in der Tat ein »Schwieriger«. Was weiß ich von ihm? Kann man den Angaben trauen in den Handbüchern der DDR? Schließlich handelt es sich um einen »mehrfachen« Nationalpreisträger Erster Klasse, um *Michael Tschesno-Hell*, den Drehbuchverfasser eines streng offiziellen Films über Ernst Thälmann und eines nicht minder richtungweisenden Films über das Leben von Karl Liebknecht. Gar nichts weiß ich von ihm, alles mag ganz anders gewesen sein. Das ist unvermeidbar bei Lebensläufen wie dem seinen.

Was das heißen soll? Auch darauf könnte ich nicht mit Sicherheit antworten. Zwei Sprachen konnten als Muttersprache gelten, das war gewiß: das Russische wie das Deutsche. Er sprach deutsch mit dem Tonfall von Leuten, die irgendwo im Baltischen aufgewachsen waren. Der Name Tschesno wies eher in die Ukraine; später zeichnete der Schriftsteller und Literaturfunktionär als Tschesno-Hell. Woher kam das deutsche Hell? Ich weiß es nicht, habe auch nie danach gefragt, weil ohnehin nicht mit einer Auskunft zu rechnen war. Das merkte ich bald. Tschesno war sehr mächtig: schon damals in Zürichhorn. Was er vorschlug, und was er mir vorher bisweilen, um Rat fragend, anvertraut hatte, wurde bald darauf akzeptiert und durchgeführt: von den kommunistischen Mitgliedern des Schauspielhauses wie von den politischen Emigranten in ihren Lagern und Heimen.

Ein Mann der Leitung also. Das kam nicht von gestern und vom Zufall, der diese beiden, Mischa und Rita, aus Frankreich in die schweizerische Emigrantenszene geworfen hatte. Tschesno muß immer schon mächtig gewesen sein. Er hat mir später (und heiter) erzählt, wie er zu Beginn des Exils in Paris, vermutlich als verantwortlicher Parteifunktionär bei den kommunistischen Schriftstellern, interne ideologische Kritik übte an dem Roman ›Der Weg durch den Februar‹ von Anna Seghers. Also wohl im Jahre 1935. Es handelte sich um eine Darstellung des Aufstandes österreichischer Sozialisten gegen den klerikalen Bundeskanzler Dollfuß. Anna Seghers wurde von ihrer Partei vorgeworfen, den »Revisionismus« der österreichischen Sozialisten nicht kritisch genug entlarvt zu haben. Das konnte man in der Parteipresse lesen; es hatte folglich bereits den inneren Kreis der kommunistischen Emigranten beschäftigt. Tschesno fungierte als amtlicher Besserwisser, das ging aus seinem Bericht hervor. Die Autorin blieb unbekümmert. Sie habe ihm, dem Parteiideologen, mit einem Zitat aus ›Götz von Berlichingen‹ geantwortet. Tschesno gab sich nachträglich entzückt. Ich möchte meinen, daß er wirklich beeindruckt war. Anna Seghers hatte dem Mächtigen als eine Gegenmacht geantwortet: als eine große und unentbehrliche Autorin. Wirkliche Macht pflegte Mischa stets zu respektieren. Mit den Schwachen und Willfährigen muß er anders verkehrt haben. Johannes R. Becher hatte Angst vor Tschesno, das konnte man spüren. Ganz zu schweigen von Mitarbeitern der späteren Ostberliner Kulturszene in den mittleren Rängen.

Eine Photographie vom 4. Deutschen Schriftstellerkongreß der DDR, der vom 9. bis 14. Januar 1956 in Ostberlin tagte, mithin noch in der Ära eines »Tauwetters«, zeigt den neugewählten Vorstand. Er umfaßt nur Mitglieder der Sozialistischen Einheitspartei, wie sich's versteht. Vorn steht der Minister für Kultur, Johannes R. Becher. Er wirkt sorgenvoll, wohl auch schon krank. Hinter ihm vier angesehene Autoren: Bredel, Hermlin, Hans Marchwitza und Eduard Claudius, der übrigens damals mit uns in der Schweiz lebte. Tschesno hatte ihn gefördert, zum Schreiben veranlaßt, später gedruckt im eigenen Verlag »Volk und Welt«. Die dritte Reihe auf diesem Bild jedoch gehört den politischen Kontrolleuren. Dazu hatte sich der zänkische Kurt Barthel, der sich »Kuba« nannte, wohl aus eigenem Antrieb gesellt: er liebte es, die Kritiker seiner Produkte als Parteifeinde hinzustellen. Die wirklichen Kommissare jedoch stehen neben ihm: *Alfred Kurella* und *Michael Tschesno-Hell.* Damals hatten die beauftragten Drehbuchautoren Bredel und Tschesno gerade das Drehbuch zum Zweiten Teil des Thälmann-Films abgeliefert. Kurella war spät aus dem sowjetischen Exil nach Deutschland zurückgekehrt. Das geschah nach internen Regeln, wenn es sich um Mitglieder des Geheimdienstes handelte. Kurella gehörte nunmehr zum obersten Kreis der Berater von Walter Ulbricht. Er war als Sekretär zuständig für alle Fragen des kulturellen Lebens.

Tschesno hingegen kam nicht als Emigrant aus der Sowjetunion zurück, sondern mit uns anderen aus der Schweiz. Er gehörte weder zum Zentralkomitee, wie Becher oder Bredel und Kurella, noch war er durch Bücher erfolgreich bei den Lesern bekannt geworden. Trotzdem gehörte er zum neugewählten Vorstand der Schriftsteller. Becher hatte ihn ganz gewiß nicht dafür nominiert, wahrscheinlich auch nicht Hermlin oder Tschesnos Mitautor Willi Bredel. Wie also?

Ich weiß es nicht. Der Zeit-Sprung vom Exiljahr 1943 hinüber zum Jahresende 1956 macht deutlich, daß dieser Fensterputzer und Mitemigrant sehr wohl die Möglichkeit hatte, und auch wahrnahm, meine schwankende, unscharfe Existenz an sich zu binden. Warum das geschah? Ich lege es mir so zurecht: Tschesno entdeckte, als einer der Ersten, die Möglichkeiten hinter meiner armseligen, fast komisch belanglosen Wirklichkeit. Er hat früh »auf mich gesetzt«.

Politische Unterwerfung allerdings war von mir nicht zu erwarten, das wußte er. Dem einstigen Brandlerianer durfte man nicht trauen. Andererseits kannte dieser – vermutlich – sowjetische Funktionär, dessen Bedeutung offenbar den eidgenössischen Büros entgangen war, die politischen Direktiven. Man mußte sich befreien aus der Isolation. Volks- und Ein-

heitsfront: das war die Parole, besonders auch in Fragen der Kulturpolitik. Ich war nicht kommunistisch »isoliert«, denn ich war kein Kommunist. Deshalb die Distanz zu mir in Witzwil, zuerst auch in Zürichhorn. Daher wohl die Querele der Fensterputzer. Tschesno nahm sich meiner an: sehr herzlich, und später immer wieder auch sehr tapfer.
Wahrscheinlich ist er vor allem ein Russe gewesen, neben seinen vielfältigen Masken und Erscheinungsformen. Er war ein Fanatiker der Literatur: in einem durchaus undeutschen, doch sehr »russischen« Sinne. Gute Literatur machte ihn glücklich: er wurde nicht müde, den zufälligen Gesprächspartnern mit seinem Entzücken über einen neuentdeckten Autor oder Text auf die Nerven zu gehen. Er wiederum war glücklich, wenn andere einen Text von ihm, der oft reizvoll war, wenn er epigrammatisch blieb und nicht befrachtet werden mußte, ernst nahmen. Er war neidlos, und er konnte zuhören. Auch da lernbegierig in einer Weise, die eher nach Tschesno aussah, als nach Hell.
Seine sowjetischen Partner haben ihn ersichtlich geachtet. Ich sah ihn im vertrauten russischen Gespräch mit Ilja Ehrenburg und Wsewolod Wischnewski, dem Dramatiker der ›Optimistischen Tragödie‹. Semjon S. Semjonow holte Tschesnos Urteil ein, als der Deutschlandspezialist im Jahre 1949 seine ersten Gespräche zu führen hatte, die nach Gründung der Bundesrepublik Deutschland auf die Vorbereitung eines zweiten deutschen Staates hinausliefen. Als Freund Michael Tschesnos erhielt ich jene Möglichkeiten, die jener so früh, und dank einer absurden Konstellation, erkannt hatte.
Warum habe ich es damals mitgespielt, das Spiel, sein Spiel? Daß ich es mit einem ebenso sattelfesten wie eifervollen Kommunisten zu tun hatte, war unverkennbar. Alles andere habe ich erst später, und recht ungenau, ahnen können. Mein neuer Freund war nicht leicht mit irgendeinem anderen zu verwechseln. Auf der Photographie von 1956 überragt er den hochgewachsenen Kurella. Seine dunkle und heisere Stimme mit dem leichten Singsang wirkte genauso gut wie seine Argumentation. Er hatte »Charme« in der Wortbedeutung von »Verzauberung«. Erstaunlich viele Register: zärtliche und drohende, das geheime Einverständnis und den cholerischen Ausbruch. Wer sich fürchtete, mußte sich zu Recht fürchten.

Allein es kam immer wieder, wie beim Fensterputzen, ein Augenblick, wo er, wenn er seiner Feinde gedachte, an denen kein Mangel war, einfach loslachte.

Mich hat er aus der Einsamkeit befreit, die meinen Untergang bedeuten konnte. »So kam ich unter die Kommunisten.« Was heißen soll, daß die Begegnung mit ihm, ohne daß es sonderlicher Überredung bedurft hätte, einen Entschluß möglich machte. Ziel aber dieses Entschlusses, der wohl auch ganz anders hätte ausfallen können, war mein Versuch, die Einsamkeit zu sprengen: einer Gemeinschaft anzugehören, mit anderen gemeinsam für etwas zu wirken, auf etwas hinzuleben.

Da aber gab es nur Tschesno und die Seinen. Wenn ich damals nicht einen Augenblick an den Zionismus dachte, obwohl es keine Unterhaltung mit jüdischen Emigranten gab, die nicht von Palästina gehandelt hätte und dem »Altneuland« des Theodor Herzl, so verbarg sich dahinter eine tiefe, in die Kindheit hinabreichende Scheu, fast eine Inhibition, mir ein Leben »unter lauter Juden« vorzustellen. Später entdeckte ich in Israel, daß ein Leben unter Juden den extremen Pluralismus bedeuten kann, vom Noch des Gettos bis zur Technologie der Atomzeit.

Im Jahre 1933, wo es um das Leben ging, war ich gehalten worden durch die Leute um Brandler und Thalheimer. Was in eine Haltung der Angst oder des Eigensinns ausarten, und das Leben hätte kosten können, wurde verhindert durch die Freunde aus dem einstigen Spartakusbund. Praktische Vernunft in einem gesellschaftlichen Zustand, wo alle Spielregeln plötzlich nicht mehr gelten, hatte ich bloß bei den großen Kapitalisten beobachtet, und bei den Kommunisten. Der Sohn des Geheimen Kommerzienrates Horkheimer wußte, im Gegensatz zum ratlosen Adorno, daß man im Dritten Reich nicht eine spielerische Illegalität betreiben kann. »Jetzt muß man Deutschland so schnell wie möglich verlassen!« Mich hatten die gelernten Kommunisten aus der Schule von Rosa Luxemburg gehalten und belehrt im Augenblick der Verfolgung und der Flucht. Allein ich hatte mich von Brandler getrennt. Bei ihm war ein ursprünglich richtiges Denken und Planen im Lauf der Jahre zum Anachronismus erstarrt.

Seit unserer Trennung war ich allein geblieben. Im bürgerli-

chen Mittelstand, ob in Frankreich, Deutschland oder in der Eidgenossenschaft, gab es keine Gemeinschaft der Lebensziele, vom Kleinbürgertum nicht zu reden. Die bürgerliche Aufklärung, auch in ihren großen Augenblicken des 18. Jahrhunderts, hat stets nur zum Konsens geführt und zum Dialog, niemals zu einem »Ganzen«, das mehr gewesen wäre als eine Summe der Einzelnen. Das hatte Rousseau erkannt, als er sich abmühte, eine demokratische Gesellschaft zu ersinnen, die mehr sein könnte als eine Summe der einzelnen Demokraten, sehr viel mehr: eine Volonté Générale. Sie kam nicht zustande, auch nicht durch Robespierre und Saint-Just. Als ihre Köpfe gefallen waren im Thermidor und danach der Autokrat Bonaparte seinen Putsch ausführen durfte am 18. Brumaire, war es möglich, die philosophische Summe des Rousseauismus zu ziehen. Weshalb es bei Hegel heißt: »Denn der allgemeine Wille ist nur in einem Selbst, das Eines ist, *wirklicher* Wille. Dadurch aber sind *alle anderen Einzelnen* von dem *Ganzen* dieser Tat ausgeschlossen und haben nur einen beschränkten Anteil an ihr . . . Kein positives Werk noch Tat kann also die allgemeine Freiheit hervorbringen; es bleibt ihr nur das *negative* Tun; sie ist nur die Furie des Verschwindens.«
Die ›Phänomenologie des Geistes‹ habe ich immer wieder gelesen: nicht als berühmtes Buch der Philosophiegeschichte, sondern als Einübung beim Verstehen meiner jeweiligen Gegenwart. Die bürgerliche Aufklärung, wenn sie überhaupt noch ernst genommen wurde, war stets gefährdet durch die Negativität ihrer Positionen. Weshalb es keine Gemeinschaft unter bürgerlichen Menschen geben konnte und kann. Es gibt Sympathiegefühle, doch keine Solidarität, die mehr wäre als bloße Toleranz. Erst recht dort, wo die christliche Gemeinschaft aufgegeben wurde.
Ich hatte solche Deduktionen erfahren und gelebt im Laufe des Exils. Bürgerliche Toleranz, gewiß, doch wie rasch konnte man sich ihrer auch wieder entledigen. Eine Gemeinschaft der Außenseiter war undenkbar, selbst wenn man den Selbsthaß auszuschalten vermochte. An die Solidarität der jüdischen Bürger mit unsereinem dachte ich nur im Zorn, fast mit Haß. Der »nette gesellschaftliche Verkehr« durfte nicht belastet werden. Man hatte nicht aufzufallen, nicht arm zu sein, nicht schwierig, nicht unberechenbar. Aus dieser bürgerlichen Ge-

sellschaft vermochte kein Soziologe eine Gemeinschaft zu destillieren. Das hatte ich erfahren.

Blieben die Kommunisten. Ich hatte, seit meiner Erfahrung mit der Marxistischen Studentengruppe in Köln, das marxistische Denken und Interpretieren sorgsam getrennt von allen Institutionen und Verlautbarungen des offiziellen sowjetischen Marxismus-Leninismus. Ich war nicht Trotzkist geworden, hatte aber durch Trotzki gelernt, das Phänomen Stalin zu verstehen. Ich war nicht »enttäuscht«, als man die Hinrichtung Bucharins erfuhr und den Mord an Trotzki, den Empfang von Ribbentrop im Kreml und die neue Teilung Polens. Als Stalin starb, nahm ich als Leipziger Professor natürlich an der amtlichen Trauerfeier unserer Universität teil. Ich wußte, daß man, von welcher Seite immer, mein Mienenspiel genau ins Auge faßte. Es war nichts zu sehen. Ich sah aus, wie man in diesem Augenblick auszusehen hatte.

Alles war und blieb gegenwärtig, auch als ich unter die Kommunisten kam. Allein das geheime und doch so sichere Wirken der Parteizelle inmitten der wirren Schicksale unserer »Gemeinschaft« von Witzwil hatte mich nachdenklich gemacht. Es kam hinzu, daß es zwischen uns keine schweren politischen Gegensätze geben konnte im vierten Kriegsjahr, nach Stalingrad. Wir gehörten zusammen, und wir zweifelten überhaupt nicht an der Niederlage des allgemeinen und des gemeinsamen Gegners. Ich sah keine andere Alternative. Allein wie würde es weitergehen? Ich sehe noch, wie wir uns zusammendrückten vor dem Lautsprecher in Zürichhorn, als am Abend des 25. Juli 1943 mitgeteilt wurde, der italienische König habe den Regierungschef und Duce Benito Mussolini abgesetzt und verhaften lassen. An diesem Abend stellten sich viele von uns zum erstenmal die Frage nach der eigenen Zukunft in einem Danach.

Sobald aber darauf die Rede kam, brach alle äußere Gemeinschaft zwischen den Emigranten jäh auseinander. Plötzlich gab es zwischen uns nur noch Freundschaft oder Feindschaft. Jeder mußte von nun an und vor sich selbst die Frage beantworten: *»Wie willst du dich – danach – zu Deutschland verhalten und zu den Deutschen?«* Inzwischen wußte auch ich, daß jener deutsche Soldat in Witzwil, der aus Polen berichtete, weder gelogen hatte noch übertrieben.

Es gab zwei Positionen unter den Emigranten in der Schweiz. Die Kommunisten kündigten an, sie würden nach Kriegsende und nach Ende des Dritten Reiches zurückkehren, um mitzuhelfen bei der Errichtung eines Neuen Deutschland. Die Zionisten, in viele Fraktionen zerfallend, waren sich weitgehend nur in einem einig: Wir werden niemals wieder nach Deutschland zurückkehren! In allem übrigen bestand Unklarheit. Sollte man in der Tat, wie es die Doktrin verlangte, nach Palästina auswandern, um dort auf dem Lande in einem Kibbuz zu arbeiten; oder nach Amerika weiterziehen; oder gar versuchen, in irgendeiner Form im Asylland Schweiz zu bleiben?
Alle anderen Gruppen der deutschen Emigration vertagten die leidige Frage: Wie hältst du es mit einem Nachkriegsdeutschland? Eine Gruppe, die sich »Demokratisches Deutschland« nannte, zu welcher auch Wilhelm Hoegner gehörte, der spätere bayerische Ministerpräsident einer ersten Nachkriegszeit, schien in ihren Verlautbarungen an die Möglichkeit einer wiedererstehenden Weimarer Republik zu glauben: falls man Sicherungen einbaute gegen den Machtmißbrauch und den Diktaturparagraphen des berüchtigten Artikels 48 der Weimarer Verfassung.
Ich war inzwischen vertraut geworden mit den führenden deutschen Kommunisten in der Schweiz, übrigens auch mit den Österreichern, die sich aber, so lautete deren Direktive, stolz von den Deutschen absonderten. Man war, so hieß es, von Großdeutschland unterdrückt und werde bald zu neuer Unabhängigkeit befreit werden. Dann müsse man auch als österreichischer Sozialist mit den Nachfolgern der deutschen Unterdrücker abrechnen. Es wirkte ein bißchen komisch, dies neuentdeckte und nationalstolze Österreichertum, doch entsprach es der »Linie«. Das mußte man hinnehmen.
Auch die deutschen Kommunisten liefen straff auf der vorgezeichneten Linie. Das verstand sich. Sie war in Moskau gezogen worden. Auch das verstand sich. Es war eine weit in den Westen hinein, auch bis in die Schweiz gezogene Gerade: von jenem in der Sowjetunion unter deutschen Kriegsgefangenen organisierten »Nationalkomitee Freies Deutschland« bis zu Komitees »Freies Deutschland« überall dort, wo die Kommunistische Partei in irgendeinem Untergrund agieren konnte.

Es gab ein Komitee »Freies Deutschland im Westen«, das weitgehend von England aus, dank dortiger Emigranten, hinüberzuwirken suchte zur deutschen Wehrmacht im besetzten Frankreich, und es gab auch bereits eine Bewegung »Freies Deutschland« in der Schweiz.
In seinem Buch ›Die Bewegung »Freies Deutschland« in der Schweiz 1943-1945‹ (München 1974) hat Karl Hans Bergmann, als einer der beauftragten Funktionäre von damals, eine Interpretation der Vorgänge versucht. Ich habe Bergmann damals unter dem Decknamen Burkhardt gekannt. Später kam er aus Ostberlin nach Frankfurt als einer der Direktoren der UFA-Nachfolge DEFA in Berlin-Babelsberg, und ging dann nach Westberlin. Ich sah ihn noch einmal, als er die dortige Volksbühnen-Organisation zu leiten hatte.
Die Zeitschrift ›Freies Deutschland‹, wie sich das Publikationsorgan der Bewegung nannte, startete im Herbst 1943. Sie war ziemlich studentenhaft redigiert, und natürlich streng linienbewußt. Bemerkenswert bloß die Berichte aus Deutschland, die auf Nachrichten kleiner illegaler Zirkel zurückgingen. Da auch im Reich seit den Niederlagen in Nordafrika und bei Stalingrad die Kriegsaussichten trübe erschienen, wurde es langsam wieder möglich, richtige Informationen zu erhalten. Als ich beauftragt wurde, in der Redaktion des ›Freien Deutschland‹ mitzuarbeiten, im Jahre 1944, wenn ich mich recht erinnere, bekam ich solche Materialien ausgehändigt, um sie zu redigieren. Damals hatte man bereits einige Kommunisten aus dem schweizerischen Exil nach Deutschland zurückleiten können. Ludwig Ficker aus Witzwil gehörte zu ihnen. So durfte man den meisten Berichten vertrauen: das waren keine Wunschbilder und Schönfärbereien. Ich meine, daß das ›Freie Deutschland‹ gegen das Kriegsende eine Information über deutsche Zustände geliefert hat, die nirgendwo sonst zu erlangen war. Es erklärte mir auch, daß auf der Flüchtlingskonferenz von Montreux, zu welcher ich als Delegierter gewählt worden war und die vom 25. Februar bis zum 1. März 1945 tagte, fast ein Viertel der deutschen Delegierten die Absicht bekundete, nach Kriegsende in die Heimat zurückzukehren. Ein zionistischer Antrag an die Konferenz von Montreux, Palästina zur jüdischen Heimstätte zu erklären, wurde von der Mehreit der 300 Delegierten abgelehnt.

Die Spannung zwischen den jüdischen und nichtjüdischen Emigranten wurde bereits 1944 fast unerträglich. Jede Diskussion in den Lagern drohte in Tätlichkeit umzuschlagen. Erfreulicherweise hatte die Fremdenpolizei ihre Taktik geändert. Man bekam viel Urlaub und konnte so den anderen Gruppen aus dem Weg gehen. Immerhin erinnere ich eine Diskussion in Zürich über die Perspektiven nach Kriegsende, wo die Mehrheit der zionistischen Flüchtlinge eine jede Argumentation verhinderte. Damals mußte ich zum ersten Mal als Redner abtreten, weil man mich nicht anhören wollte. Es ließ mich kalt.

Wollte ich selbst denn, und wirklich!, nach Deutschland zurück, wenn es soweit sein würde? Ich habe mich das nicht ernsthaft gefragt, damals, sondern mitgemacht und mitagitiert. Ich war nicht mehr allein, gehörte irgendwo dazu, kannte meine Positionen als Freund und als Gegner. Das nur war wichtig für den Augenblick. Man hatte mich gut aufgenommen in der »Bewegung Freies Deutschland in der Schweiz«, die zwar von den Kommunisten dominiert und politisch determiniert wurde, aber auf vielfache Unterstützung durch nichtkommunistische Kreise rechnen konnte: nicht zuletzt als Abwehr gegenüber einer zionistischen Propaganda, die auf Eliminierung alles »Deutschen« in der Zukunft hinauszulaufen schien. Dagegen wandten sich, gemeinsam mit den Leuten vom ›Freien Deutschland‹, vor allem protestantische Kreise in der Schweiz: unter Führung von Karl Barth. Ich hatte Erfolg als Redner und auch als Artikelschreiber: so hatte man mich in die Redaktion des Blattes geholt.

Auch in den Kulturausschuß der Emigranten in Zürich wurde ich gewählt. Wir veranstalteten Vortragsabende, wozu man Künstler und Literaten einlud. Ich mußte häufig die Veranstaltungen leiten und die Gäste einführen. Einen Gast hatte ich von mir aus eingeladen, weil ich ihn noch von Köln her kannte und bewundert hatte: vor achtzehn Jahren. Auch *Manès Sperber* konnte sich aus Frankreich in die Schweiz retten. Ich bat ihn um einen Vortrag. Tschesno war sehr ärgerlich über meine Entscheidung. Ich war ein Grünling und Neuling unter den Kommunisten, doch Sperber war ein Renegat und ein wichtiger Funktionär von einst. Es steht zu vermuten, daß er bereits vor 1933 in Berlin zusammen mit Tschesno gearbeitet hatte. Aber man ließ mich meinen »Fehlgriff« nicht entgelten.

Die Kulturgemeinschaft beschloß damals eine literarische Ausschreibung unter den Emigranten in den verschiedenen Lagern. Ich gehörte zur Jury, zusammen mit Tschesno und der Schriftstellerin Jo Mihaly, die mit dem Schauspieler Leonard Steckel verheiratet war. Mit uns amtierten drei Schweizer, darunter Max Rychner, den ich für diese Arbeit gewinnen konnte. Es gab Berge von Einsendungen, das meiste gut gemeint: Erlebnisberichte und Protestlyrik, bitter-süße Prosa einer Neuen Sachlichkeit von Damals. Insgesamt nicht schlecht, denn sowohl die jüdischen Einsender wie die politischen deutschen Emigranten hatten mit Büchern von jeher Umgang gehabt. Nun schrieben sie selbst. Den ersten Preis gaben wir dem Kommunisten *Eduard Claudius* für eine knappe und gut geschriebene Erzählung aus der politischen Emigration, übrigens eher mit utopischem Oberton als mit einer genormten sozialistisch-realistischen »Zuversicht«. Ein zweiter Preis ging an die politischen Gedichte von *Karl Gerold,* dem späteren Herausgeber der ›Frankfurter Rundschau‹, einem Sozialdemokraten, der eng mit uns im ›Freien Deutschland‹ zusammenarbeitete.

Dann hatte uns ein Flüchtling aus einem Lager irgendwo im Tessin ein Bündel mit Gedichten zugeschickt, die zunächst einmal ratlos machten. Der Name sagte keinem von uns irgend etwas. Wahrscheinlich ein Pseudonym. Wer aber war das? Es war bedeutende Lyrik eines hymnischen Tonfalls, da hatten Hölderlin und Shelley am Taufbecken gestanden. Moderne, ungemein musikalische Texte, die ihr Verfasser stets als »Balladen« bezeichnete. Das fiel gänzlich aus dem von uns bei der Ausschreibung gezogenen Rahmen. Es war Flüchtlingsdichtung, allerdings, doch von eigentümlicher Art.

Wir luden den Verfasser nach Zürich ein. *Stephan Hermlin* war Jahrgang 1915; ihm gelang die Flucht aus Frankreich, zusammen mit der kleinen Tochter; seine Frau war deportiert worden und umgekommen. Die Gedichte Hermlins hatte ich, gleich nach dem ersten Lesen, in der Aufregung einer literarischen Entdeckung, auch Max Rychner mitgeteilt. Der war ebenso fasziniert und wollte den Lyriker kennenlernen. Ich brachte Hermlin zu ihm, wir trafen uns mit Rychners Freund

Walther Meier, dem Herausgeber der ›Neuen Schweizer Rundschau‹. Noch vor Kriegsende erschienen Hermlins ›Zwölf Balladen von den großen Städten‹ in einer schönen Aufmachung in Zürich und im Manesse Verlag. Ich schrieb, unter dem Decknamen Martin Seiler, denn mir war jeglicher Journalismus nach wie vor strikt untersagt, über die Balladen in Walther Meiers Rundschau. In seinem Erinnerungsbuch ›Abendlicht‹ hat Hermlin geschildert, wie er verliebt alle Exemplare seines Erstlings in den Züricher Buchhandlungen anstarren durfte.

Der Erfolg unserer Kulturarbeit machte Eindruck bei der Zentralverwaltung der Emigrantenlager in Zürich. Es gelang – natürlich! – Tschesno, eine Verbindung herzustellen zu einem ihrer Mitarbeiter, dem Dr. Armin Siegrist, der literarisch interessiert war und spürte, daß diese Aktenbündel über einen jeden von uns nicht die ganze Wahrheit enthielten. Da hatte es die Aktenstücke Else Lasker-Schüler und Ernst Bloch oder Robert Musil gegeben. Nun hatte man nach wie vor zu tun mit den Dossiers Fritz Hochwälder oder Jakob Haringer, Georg Kaiser und Manès Sperber, wie vielen anderen noch, die erst anfingen, gleich jenem Stephan Hermlin.

Abermals hatte Mischa Tschesno einen seiner weitreichenden Gründungsgedanken, von denen übrigens bis heute der Verlag Volk und Welt in Ostberlin zu zeugen vermag. Er schlug dem Dr. Siegrist die Herausgabe einer *Flüchtlingszeitung* vor, mitsamt einer dazugehörigen Schriftenreihe. Das Geld wurde von der Eidgenossenschaft bewilligt, das Redaktionskollegium beauftragt, ein Blatt herauszugeben, das unregelmäßig erscheinen sollte, doch in allen Lagern vertrieben werden durfte, wodurch bei einer Gesamtzahl der Flüchtlinge von etwa 85 000, wie man damals zu schätzen glaubte, mit einem »Markt« gerechnet werden konnte, auch wenn man von den Italienern oder Polen absah. Zur Redaktion gehörten Tschesno, Hermlin, Heinz Mode und ich, mit uns arbeitete der Zeichner Werner Saul. Viele Bezieher unseres Blättchens haben zuerst die letzte Seite betrachtet, also die Cartoons von Saul, mit seinen komischen Episoden aus dem Lagerleben.

So entstand die Flüchtlingszeitung *›Über die Grenzen‹* mit dem Untertitel »Von Flüchtlingen für Flüchtlinge«. Ich weiß nicht mehr, ob ich selbst diese Formel vorschlug. Heute erinnert sie mich natürlich an jene andere Publikation, die ich gleichfalls als Redakteur mitverantworten mußte: an jenen ›Roten Kämpfer‹ von 1930, der »von Sozialdemokraten für Sozialdemokraten« herausgegeben werden sollte.

Unser Blättchen ›Über die Grenzen‹ hat nicht lange gelebt. Es erschien zuerst im November 1944, ging aber nicht zugrunde am mangelnden Interesse für unsere Redaktionsarbeit, sondern an den Ereignissen des Jahres 1945. Wenn Flüchtlinge nach dem Kriegsende die Wahl hatten, nach Deutschland zurückzukehren, oder weiterzuwandern, oder zu versuchen, in der Schweiz zu bleiben, doch nicht mehr mit dem Makel des Flüchtlings, wenn die Lager sich leerten und schließlich aufgelöst werden konnten, dann hatte sich der Titel unserer Revue gleichzeitig verwirklicht und aufgehoben: Über die Grenzen.

Das ist heute eine Rarität. Alle Bibliographien zur Exilliteratur führen »uns« auf. Immer wieder wurde gefragt, wer als Verfasser dieses oder jenes Beitrags zu verstehen sei, denn wir zeichneten nur mit den Initialen. Immerhin haben wir wohl als erste das Gedicht ›An die Nachgeborenen‹ von Brecht gedruckt. Hirschfeld besorgte uns den Text. Von anderer Seite erhielten wir das Manuskript des Gedichtbandes ›Mein blaues Klavier‹ von Else Lasker-Schüler, die nach Jerusalem weitergewandert war. Wir druckten auch daraus, bekamen Texte von Georg Kaiser und Jakob Haringer, vermieden es aber, eine literarische Revue herauszugeben. Wir schrieben für unsere Emigranten und stellten mit ihnen die notwendigen und unbequemen Fragen zur Flüchtlingspolitik. Zwei Jahre vorher hätte man die Verfasser solcher Anfragen, wenn es überhaupt dazu kam, in irgendeines der festen Häuser abtransportiert. Jetzt ging man jeweils der Sache nach. Wir hatten herrliche Lieferanten für Graphik: den Italiener Marino Marini und den Schweizer Hans Erni, den Österreicher Fritz Wotruba und den Deutschen Teo Otto.

In der Schriftenreihe ›Über die Grenzen‹ ist auch mein erstes gedrucktes Buch erschienen, eine kleine Sammlung von Skizzen und Essays über *Frankreich zwischen den Weltkriegen*. Es erschien als Band 5 der Schriftenreihe im Aehren Verlag zu Affoltern. Den hatte uns Dr. Siegrist besorgt. Der Titel ›Von der Dritten zur Vierten Republik. Geistige Strömungen in Frankreich 1939-1945‹ wirkt angeberisch. Trotzdem fand ich hier, dank der französischen Eindrücke und politischen Erfahrungen der Kriegszeit, eine Form der Betrachtung, die sich bei anderen Themen bewähren sollte. Mein erstes Buch: ich konnte Hermlins Entzücken verstehen, auch wenn mein Bändchen nicht in die Schaufenster kam. Trotzdem muß es Leser gefunden haben. Mein eigenes Exemplar ging verloren. Ein deutscher Student trieb es lange Jahre später für mich auf.

Wichtiger blieb das Heft 4 unserer Schriftenreihe. ›Theater. Meinungen und Erfahrungen‹. Das hatte sich, mitsamt dem Titel, abermals Tschesno ausgedacht. Man sollte vielleicht den ganzen Titel wiedergeben, um erkennbar zu machen, warum die Beiträge und ihre Beiträger mehr bedeuten als eine antiquierte Kuriosität.

Theater

Meinungen und Erfahrungen
von
Therese Giehse, Ernst Ginsberg, Wolfgang Heinz,
Kurt Hirschfeld, Kurt Horwitz, Leopold Lindtberg
Teo Otto, Karl Paryla, Leonard Steckel
Oskar Wälterlin

Nachwort von Hans Mayer

Zeichnungen von Teo Otto

Ich gab meinem Nachwort die Überschrift ›Eine Stimme aus dem Zuschauerraum‹. Es war ein Dank an die Emigranten vom Schauspielhaus, insgeheim vor allem an Kurt Hirschfeld. Auf dessen Einladung hatte ich im August 1945, also kaum zwei Monate vor meiner Heimkehr nach Deutschland, was ich aber nicht ahnen konnte, einen Rückblick auf das Züricher Theater für die Werbeschrift des Schauspielhauses zur Saison 1945/46 geschrieben, worin es hieß: »Kein Thesendrama ›Nie wieder Krieg‹ hätte leisten können, was die Gesamtheit dieses planenden und planvollen Kriegstheaters bieten konnte.« Die

Stimme aus dem Zuschauerraum hatte das genauer artikulieren wollen: »Es war bürgerliches Theater, das war nicht zu bezweifeln ... Der Stabilität der sozialen Verhältnisse und der politischen Demokratie in der Schweiz entsprach nur ein Theater, in dem sich die konkreten Menschen wieder zu erkennen vermochten – und das mußte eben ein bürgerliches Theater in dem Sinne sein, daß es Diskussionsfreiheit bot. Dennoch gab es hier eine deutliche Grenze. Soll man die Spielregeln der Demokratie auch jenen zubilligen, die nur danach trachten, alle geistige Freiheit, alle demokratischen Rechte und alle Menschenrechte in einer totalitären Führergläubigkeit untergehen zu lassen?«
Von jener anderen Gefahr spricht sie nicht, die Stimme aus dem Zuschauerraum, und im Sommer 1945: daß die Spielregeln der Demokratie und der Diskussion auch verletzt werden können, mitsamt den Menschenrechten, durch eine bürokratische Parteidiktatur und eine ins Theologische transportierte bürgerlich-sozialistische Aufklärung von einst. Wir sahen damals das große Bündnis der Konferenzen von Teheran und Jalta, das Gruppenbild mit Churchill, Roosevelt und J. W. Stalin. Ihnen war das Dritte Reich erlegen: militärisch, politisch und wohl auch ideologisch. Die Stimme aus dem Zuschauerraum klang hoffnungsvoll: »Diese Welt, die nicht mehr bürgerlich sein wird, mag wahrscheinlich auch andere Formen des Theaters kennen, andere Beziehungen zwischen Volk und Kunst.«
Vermutlich schwebte mir, als ich das schrieb, unmittelbar nach Kriegsende, die Synthese vor aus einer demokratisch erneuerten Sowjetunion und einer Weiterführung der Gedanken von Roosevelts »New Deal« in den Vereinigten Staaten. Hatte nicht auch Thomas Mann sein Romanwerk über den biblischen Joseph ganz anachronistisch ausklingen lassen in der Vision von ›Joseph, der Ernährer‹: als einer Traumsynthese aus bürgerlicher Freiheit und sozialistischer Planwirtschaft? Wir trauten uns viel Hoffnung zu, damals, als der Krieg zu Ende war, und alles scheinbar möglich.
Das war es wohl auch, was mich mit den Kommunisten verband. Mit jenen, die mit mir für ein Freies Deutschland arbeiten wollten. Ich hatte Vertrauen zu ihnen, und sie hatten Vertrauen zu ihrer Partei. Mein Vertrauen haben sie nicht

enttäuscht. Zu Beginn des Jahres 1945, von dem anzunehmen war, daß es den Zusammenbruch des faschistischen Reiches bringen werde, stellte ich den Antrag, in die Kommunistische Partei Deutschlands aufgenommen zu werden. Dem Antrag wurde stattgegeben von den dazu befugten Parteiinstanzen der illegalen Organisation in der Schweiz. Alles war freilich »aufschiebend bedingt«, wie die Juristen das nennen. Es bedeutete eine *Aufnahme auf Widerruf*, bis auf weiteres. Während der Illegalität durfte überhaupt niemand in die Partei aufgenommen werden. Die Gründe lagen auf der Hand. Man mußte die illegal arbeitenden Genossen schützen. Jeder neue Zuwachs konnte Gefahr bedeuten. Um trotzdem den Parteizellen in den Exilländern die Möglichkeit zu neuer Rekrutierung zu belassen, gab es die Regelung, daß jemand provisorisch aufgenommen werden durfte: bis zur Bestätigung der Zuwahl durch eine wieder legal arbeitende Parteiorganisation nach Kriegsende.

Dazu ist es dann nicht mehr gekommen, bei mir. Als ich gegen Ende dieses Jahres 1945 in der Tat wieder in Deutschland lebte, wo bereits eine legale Parteiorganisation der Kommunisten unter der Leitung meines Freundes Walter Fisch agierte, waren wir alle der Ansicht, es sei besser, wenn ich, der als Redakteur und bald darauf Chefredakteur unter Kontrolle der amerikanischen Militärregierung arbeitete, nach außen hin parteilos blieb. Dadurch erledigte sich mein Aufnahmeantrag in Zürich. Die aufschiebende Bedingung trat nicht ein.

So bin ich ein Parteikommunist gewesen, und auch wieder nicht. Als ich dann im Jahre 1948 die Berufung an die Universität Leipzig annahm, einigte man sich abermals auf meine Parteilosigkeit. In den Fünfziger Jahren wollte man trotzdem, daß ich der Sozialistischen Einheitspartei beitreten möge. Damals aber sprachen alle Erfahrungen dagegen. Ich lehnte ab mit der Formel: »So geht mir viel verloren, aber es bleibt mir auch viel erspart.« Das war nicht abzustreiten.

Trotzdem sehe ich es jetzt so, daß ich von 1945 bis zum Beginn der Fünfziger Jahre, also ganz gewiß bis zu den Anfängen meiner Tätigkeit in der Sowjetischen Besatzungszone und der jungen DDR, ein Kommunist war außerhalb der Partei. Man hatte Vertrauen zu mir, und ich habe das Vertrauen nicht enttäuscht. Abermals eine Position auf Widerruf. Sozialdemokrat war ich damals in Köln geworden: auf Widerruf. Nach einem Jahr lehnte die Partei den Roten Kämpfer ab. Er hatte vergebens ein Jahr lang kandidiert. Das traf mich nicht, wie geschildert. Dann wurde ich zum Deutschen auf Widerruf. Ein Ausgebürgerter ohne Paß und im Exil. Nun wurde ich zum Kommunisten auf Widerruf. Diesmal freilich ging der Widerruf von mir aus. Ich habe richtig gehandelt, daran zweifelte ich niemals.

Warum jedoch kam es überhaupt zu jenem Aufnahmeantrag? Auch da bin ich immer noch der Meinung, daß ich richtig verfuhr. Die Stimmung jener letzten Kriegszeit, dazu in einem neutralen Exilland, wo man noch einmal davongekommen war und während des ganzen Krieges die Möglichkeit besaß, wenn etwas Geld vorhanden war, mit ein paar »Mahlzeitencoupons« in jedem Gasthaus eine gute Mahlzeit zu erhalten: sie läßt sich bloß benennen, nicht wirklich beschreiben. Gleichzeitig Unbehagen und heroisches Nachkriegsplanen. Man hatte überlebt, nun erst wird alles beginnen. Auch für mich. Es stimmte übrigens.

Meine Gewißheit blieb, daß ich nicht wieder einsam sein wollte. Ich hatte Aufgaben, und ich fand, daß sie mir zusagten. Verse einer Ballade von Hermlin, die 1943 entstanden war, schienen auch von mir zu sprechen. Das spürte ich bereits beim ersten Lesen, als ich sie unter den Einsendungen unseres Wettbewerbs entdeckte. Hermlin hat diese »Ballade von der Überwindung der Einsamkeit in den Großen Städten« mit Recht unter die endgültige Sammlung seiner Gedichte aufgenommen. Sie muß ungewohnt pathetisch klingen, vielleicht auch Spott hervorrufen bei Lesern, denen dies Ende von so viel Grauen im Krieg und Vorkrieg erspart blieb. Für mich erklären die Schlußverse der Ballade nach wie vor manche Seltsamkeit meines damaligen und späteren Handelns.

> Der Feind ist geschlagen. Im Rücken seiner Brigaden
> Gehn wir mit ihm zurück. Einsam im Siege noch sein
> War unsre Wahl. Mit wildem Willen geladen
> Nach der unsäglichen Zukunft nur noch – und nie mehr allein.

Den Sommer und Herbst 1945 brachte ich fast sorgenlos in Zürich zu. Ich schrieb regelmäßig, zeichnend bloß mit irgendwelchen Initialen, bei Max Rychner in der ›Tat‹. Bereits im Vorjahr hatte er mir zugestanden, als er selbst einen militärischen Wiederholungskurs durchzumachen hatte, auch zu Fragen der Außenpolitik mich zu äußern. Der Chefredakteur Erwin Jaeckle, selbst ein Schriftsteller, war damit einverstanden. Als die Abendzeitungen vom 30. April in großen Überschriften mitteilten, der Duce sei von Partisanen erschossen worden und der deutsche Führer habe sich in Berlin das Leben genommen, schrieb ich einen Leitartikel zum Thema ›Der faschistische Thermidor‹: als Vergleich von Endphasen einer wirklichen Revolution, damals in Frankreich, die den Weg frei gemacht hatte für Siege, und für einen Bonaparte, und einer kleinbürgerlich-nationalistischen Ideologie, deren Niederlage, trotz aller Blitzkriege, vorauszusehen war, und die nichts als Leid hinterlassen werde, doch keinen Fortschritt auf irgendeinem Gebiet. Heute bin ich, beim Wiederlesen jenes Textes, mit den Folgerungen einverstanden, weiß aber nicht, ob der Rückgriff auf das Jahr 1795 besonders hilfreich war. Solche Denkweisen hatte ich bei Lukács gelernt, übrigens auch bei Trotzki, der virtuos mit Analogien arbeiten konnte. Heute mißfällt mir an solchen Analogien ein ästhetisches Moment, das die Zeitereignisse, durch Vergleich mit dem Vergangenen, harmonisieren möchte.

Übrigens gehörte ich damals zu einer halblegal arbeitenden Journalistengruppe mit guten Redaktionsbeziehungen. Die Schweizer François Bondy und Herbert Tauber waren Meister ihres Fachs. Auch Robert Jungk und Hans Steinitz, der später in New York die Zeitschrift ›Aufbau‹ leiten sollte, waren ebenso kompetent wie vielseitig. Man lebte unter Freunden und Kollegen und teilte sich die Themen zu. Ich konnte auch häufig, auf Bundeskosten, in der Schweiz umherreisen: einmal als Redakteur der Flüchtlingszeitung, und dann als einer der fünf gewählten Flüchtlingsvertreter, die mit den Behörden in Fragen der »kulturellen Betreuung« zusammenarbeiten sollten. Tschesnos Regie hatte wieder gut gearbeitet. Er selbst war, ohne allen Wahlbetrug, als Vertreter der Emigrantenlager in Graubünden berufen worden, auch der Mann im Tessin war »unser Mann«. Den Züricher Bereich freilich ließen sich die Zionisten nicht nehmen, auch nicht die Westschweiz.

Ich war zuständig für die Region Basel und Jura. Das war mir recht: in Basel saßen wichtige Verbindungsleute des ›Freien Deutschland‹. Einen Tag lang arbeitete ich mit ihnen zusammen, um die Statuten der Bewegung »Freies Deutschland in der Schweiz« zu redigieren. Ich griff zurück auf meine Rechtskenntnisse von einst. Der einzige Partner, der eifrig und scharfsinnig mit mir ans Werk ging, war *Karl Barth*. Welch ein Denker: auch in diesen Nebensächlichkeiten, die es in Wirklichkeit nicht waren. Für Barth gab es keine Nebensächlichkeiten. Er wußte, daß ich mit Musik zu tun hatte, und es machte ihm Freude, mit mir darüber zu sprechen bei unseren wenigen Begegnungen. Heute glaube ich, daß er jenes ›Freie Deutschland‹ weit ernster genommen hat, als irgendeiner von uns. Ohne ihn und die ihm nahestehenden Theologen wäre unsere Rückwanderung nach Deutschland vermutlich viel umständlicher gewesen. Das sollte ich im Herbst dieses Jahres selbst erfahren.
Mitte Oktober rief mich *Wolfgang Langhoff* an. Er müsse dringend mit mir reden. Ich holte ihn im Schauspielhaus ab, und wir gingen in eine kleine Kneipe in der Züricher Altstadt. Dort verhandelten wir inmitten der Jass-Spieler und politischen Kannegießer. Was Langhoff mitzuteilen hatte, war unerwartet für mich, obwohl ich damit seit langem zu rechnen hatte, allein es zeigte sich plötzlich, daß alle Agitation für die Heimkehr ins besiegte und zerstörte Deutschland nicht einmal mich selbst wirklich überzeugen konnte. Nun jedoch wurde von mir die Praxis gefordert zu meiner Theorie. Langhoff war aus Deutschland angerufen worden. Das war damals ganz unglaubhaft und abenteuerlich. Man denke: ein Ferngespräch zwischen Frankfurt am Main und Zürich. Den Anrufer kannte ich, es war ein deutscher Kommunist, der mit uns in der Schweiz gelebt und auch im ›Freien Deutschland‹ gewirkt hatte. Man konnte ihm vertrauen. Er war schon gleich nach Kriegsende wieder nach Deutschland gebracht worden. Von dort rief er an, aus der amerikanischen Besatzungszone, und schlug vor, ich solle in drei Tagen zu ihm kommen: man habe mir einige Vorschläge zu machen, meine künftige Tätigkeit betreffend.
Natürlich bat ich Langhoff um Rat. In seiner genauen und redlichen Art versuchte er gar nicht, irgendeine Agitation zu

entfalten. Das war eine ernste Sache, und indem er einen Rat erteilte, nahm er Verantwortung auf sich für mein Schicksal. Außerdem stand auch seine eigene Rückkehr unmittelbar bevor, wie wir beide wußten. Das war eine ernste Sache. Ich war ein Niemand ohne Anhang und auch ohne wirkliche Aussichten in der Schweiz. Wolfgang Langhoff hingegen war bekannt und beliebt als einer der wichtigsten Schauspieler der Züricher Bühne, weltbekannt als Autor des Buches ›Die Moorsoldaten‹, worin er seine Erfahrungen mit einem der ersten Konzentrationslager aufgezeichnet hatte. Sein Buch hatte geholfen, das authentische Bild des Dritten Reiches gegen alle Nazipropaganda zu fixieren. Er war verheiratet und hatte zwei junge Söhne, die künftigen Spielleiter Thomas und Matthias. Da es auch ihm ernst sein mußte mit dem Aussteigen aus dem Exil, durfte ich seinem Rat vertrauen.

Langhoff schlug vor, ich solle auf alle Fälle die Gelegenheit nutzen, mich im Nachkriegsdeutschland umzusehen. Da alle Vorbereitungen für meinen Rücktransport bereits liefen, konnte man den Apparat durch eine Weigerung womöglich gefährden. Schließlich war eine Militärregierung im Spiel: die amerikanische, wie ich erfuhr. Aber der vorsichtige Langhoff hatte auch an meinen Schutz gedacht bei seinem Gespräch. Er stellte die Bedingung, daß ich vorerst nur für einen kurzen Besuch und eine erste Inspektion fahren dürfe. Man erwarte mich dann wieder in Zürich. Langhoff hatte als Parteifunktionär gesprochen, und die Zusage bekommen. Sie ist auch eingehalten worden.

Weshalb ich einverstanden war und die Einzelheiten meiner Ausreise eingeschärft bekam. Viel wußte auch Wolfgang nicht. Ich sollte mich am übernächsten Tag dort und dort in Basel einfinden. Alles andere würde dort geregelt.

So habe ich mich verhalten, weisungsgemäß. Außer den Freunden, die ohnehin Bescheid wußten, zog ich nur Max Rychner ins Vertrauen. Er hat mich an die Bahn gebracht, die ins Ungewisse führen würde. Rychners Briefwechsel mit Carl J. Burckhardt wurde seither gedruckt. Dort schreiben die Freunde über meine Rückkehr. Sie nennen mich das »feine Meierlein«, doch ist dieser mein Spitzname durchaus nicht, wie manche Leser des Briefwechsels vermutet haben, als Charakteristik oder als Spott zu deuten. Er ist einfach ein Zitat und

eine Erinnerung an das »feine Meierlein« im ›Grünen Heinrich‹ von Gottfried Keller. Nicht ungewöhnlich unter gebildeten Schweizern.
Was ich bei alledem damals empfand, ich weiß es nicht. Keine Angst, keine Neugier, kein sonderliches Bedauern darüber, mein Exilland verlassen zu müssen, wenngleich vorerst bloß zu einer Inspektionsreise. Abzulehnen war undenkbar, es gab auch keinen Grund. Ich hatte nichts zu verlieren. So stieg ich in den Zug nach Basel. Max Rychner schien bewegt. Ich empfand nicht viel, war jedoch wieder einmal guten Mutes.

Dritter Teil
Heimkehr in die Fremde

Der Jeep

Man hatte mich an eine gute Adresse gewiesen in Basel. Ein Stadtviertel des Bürgertums von Bildung und Besitz. Diesmal das Haus eines Universitätsprofessors, eines Theologen aus dem Kreis von Karl Barth, wie sich herausstellen sollte. Ich wurde erwartet, im Salon saßen schon andere, offensichtlich die Mitreisenden einer schwierigen Fahrt in ein zerstörtes und von Siegern besetztes Land. Später Nachmittag im Oktober, die Uhrzeit war vereinbart gewesen, nun ging es auf den Abend zu. Man brachte Tee, gesprochen wurde kaum, wozu auch, die Gastgeber zeigten sich nicht.

Dann war es soweit. Zwei lange Amerikaner in Uniform traten ein, begrüßten uns summarisch nach ihrer Art, und mahnten zum Aufbruch; ich glaube mich zu erinnern, daß sie etwas von Schwierigkeiten mit den Franzosen murmelten, falls wir zu spät die Grenze nach Frankreich überschritten. Denn man mußte in jedem Fall durch das französische Gebiet, um nach Frankfurt zu gelangen. Von Frankfurt wurde gesprochen. Das aber lag in der amerikanischen Besatzungszone.

Natürlich hatten wir alle, wir sonderbare Heimkehrer, keinerlei Papiere für einen rechtmäßigen Übertritt: sei es in die französische, sei es in die amerikanische Zone. Übrigens auch keinerlei Recht, die Schweiz auf solche Weise zu verlassen, um dann gar später wieder, auch auf solche Weise, dahin zurückzukehren. Es war schon ein heikles Unternehmen, allein anders kam man nicht nach Deutschland. Einen Antrag stellen? Bei wem, und mit welcher Begründung? Das war ein Witz. Im Mai war noch Krieg gewesen, nun schrieb man Oktober.

Keinen von uns kümmerte das sonderlich. Wir wußten, oder hatten jetzt begriffen, daß die Franzosen uns nicht hereinlassen würden. Andererseits durften sie die amerikanischen Transporte und Fahrten nicht kontrollieren. Also! Draußen wartete der amerikanische Jeep. Wir stiegen auf, eine Frau und drei Männer. Ein mäßig großer Koffer, ein Mantel, denn es war Herbst. Haben wir uns in Basel verabschiedet? Ich weiß es nicht mehr. Alles ging so rasch und planvoll vor sich. In solchen Fällen, das weiß ich heute, trotte ich einfach mit und mache es so, wie es »die Anderen« machen: nach dem Rat meiner Mutter. Aber ich weiß hinterher meistens auch, wie es dabei zuging. Die Emotionen liefere ich mir erst später nach.

Eine Dreiländerecke. In der Dunkelheit passierten wir Grenzen, wo kontrolliert werden muß. Manchmal hielten die Fahrer an, murmelten etwas oder zeigten etwas vor, fuhren dann weiter. Man hielt schließlich vor einer hübschen Villa, wir durften aussteigen. Hier residierten die amerikanischen Militärs: im Land ihrer französischen Bundesgenossen. Ich hatte den Eindruck, daß alles genau nach Vorschrift ablief, meinte auch nicht, daß unsere Ankunft irgendeine Neugier oder bloß Spannung hervorrief. Wir waren ganz sicher nicht die ersten Passagiere mit solchem Ziel. Vor uns waren bereits andere gekommen und weitergebracht worden, andere würden folgen. Die Franzosen dürften alles gewußt haben. Allein anders ging es nicht: die Amerikaner konnten tun, was sie vorhatten, und die Rechtsabkommen zwischen den Alliierten waren trotzdem respektiert worden.

Es gab Abendbrot: gut und reichlich. Wir hatten auch nette Zimmer erhalten für die Nacht. Jetzt sprach man ein bißchen miteinander. Die Neugier überwog, doch spürte man bei uns allen die Furcht vor Empfindungen beim Anblick dessen, was morgen bevorstand. Da mußte man sich beherrschen können. Die Frau war eine deutsche Sozialdemokratin; sie wollte weiter nach Norden reisen, in die britische Zone, nach Niedersachsen. Ein paar Monate später stand ihr Name in der Zeitung: sie hatte ein Ministerium zu leiten in einer neugebildeten deutschen Landesregierung.

Am anderen Morgen, nach dem amerikanischen Frühstück, wurden wir als Amerikaner eingekleidet. Nun sah ich aus wie ein GI. Wenn ich später davon berichtete, wurde immer gegrinst. Sicher sah ich absonderlich aus als Ami, doch gab es andere, richtige Soldaten aus Brooklyn oder Miami, die auch nicht eindrucksvoller wirkten. Eine Photographie jedenfalls gibt es nicht von meiner Nachkriegsmaskerade.

Dann ging's nach Norden. Franzosenland, dies alles: der deutsche, so anachronistische Versuch mit einem »Reichsland Elsaß-Lothringen« war abermals gescheitert. Abermals würde es Heimkehrer geben gleich jenem machtvollen Studienrat in Köln, einem Elsässer, der 1919 für das Deutsche Reich optierte. Allein es gab kein Deutsches Reich mehr. Von einer Grenze zwischen dem Elsaß und der Pfalz merkte man nichts. Überall das französische Militär, das uns samt unserem Jeep nichts anhaben konnte.

Haben wir auch Speyer passiert? Ich weiß es nicht mehr, doch erinnere ich genau den schauerlichen Anblick dessen, was einstmals Ludwigshafen hieß. Dort war ich früher nie gewesen. Der Weg nach Süden und in die Ferien, mit dem Vater am Steuer, hatte stets über Heidelberg geführt, wohl auch über Mannheim. Den Rhein pflegte man bei Mainz zu überqueren. Ludwigshafen: das war damals für mich bereits Ernst Bloch. Sein Buch ›Erbschaft dieser Zeit‹, ein Exilbuch aus dem Jahre 1935, bei Oprecht in Zürich erschienen, hatte mich fasziniert und aufgeregt. Das war meine Erweckung gewesen zu diesem Mann und seiner Welt. Ein Text hatte es mir besonders angetan: ›Ludwigshafen – Mannheim‹ aus dem Jahre 1928. Da hatte einer alles vorausgesagt. Er schilderte die kleinbürgerliche Allegorik eines »Jubiläumsbrunnens« in Ludwigshafen: »Die Bavaria verleiht der Ludwigshafenia die Stadtkrone, schräg unten lehnt Vater Rhein grottenhaft, gießt spärlich Wasser aus seinem Füllhorn.« Dann aber hatte es weiter geheißen: »Selten hat man die Wirklichkeiten und die Ideale des Industriezeitalters so nahe beisammen, den Schmutz und das residenzhaft eingebaute Geld.«

Den Schmutz der Industrie von Ludwigshafen. Er wurde tödlich für die Stadt. Mit der Industrie wurde das Gemeinwesen aus der Luft getroffen. Hier sahen wir zum erstenmal, was geschehen war, bevor das Ende kam. Ein Ende nicht als Bau einer Riesenhalle in Berlin, wo die Kuppel, nach dem Entwurf von Albert Speer aus Mannheim, gekrönt wird von der Weltkugel, die Weltkugel jedoch umkrallt vom Reichsadler. Plötzlich war ich wieder ein Gymnasiast im Lateinunterricht, das weiß ich genau. Die Vokabel drang ins Bewußtsein, wir hatten darüber gelacht in Köln, weil sie albern klang. Julius Caesar hatte so formuliert, wenn er die Siedlungen der Gallier zerstörte. Solo aequare. »Dem Erdboden gleichmachen.« Hier war es erfolgt, und es war jetzt deutsche Wirklichkeit allenthalben, nicht mehr eine Vokabel aus der Penne.

Es war kein Zufall, daß ich nicht weinte, oder empört war, oder gar Freude empfand bei einer solchen Vergeltung. Die lateinische Vokabel, das war plötzlich wieder meine deutsche Kindheit, ein Damals, was immer ich jetzt sah oder sehen würde: es war ganz fremd, natürlich, aber es war auch, in sonderbarer Verstörung, etwas wie ein Wiedersehen. Heimkehr, doch in die Fremde.
Eine Behelfsbrücke trug uns über den Rhein. Die Ruinen von Mannheim. Machtvoll trotzdem, bei allen Blessuren, das barocke Riesenschloß. So also hatte sich die Voraussage des Österreichers erfüllt, seine Werberede von 1933, ich hatte sie noch im Ohr. Man solle ihm vier Jahre Zeit geben. »Dann werdet ihr Deutschland nicht wiedererkennen!«
Weiter ging's nach Heidelberg. Das bedeutete, für mich jedenfalls, auch für die Mitreisenden, neue Verstörung. Da war eine Stadt noch einmal davongekommen. Die alte Neckarbrücke hatte man gesprengt, auch sonst allenthalben die kleineren Spuren einer Kriegszeit, doch als jämmerliche Misere. Ich fand die gerettete Stadt bedrückender als alle Ruinen. Hier gab es noch Reste vom friedlichen Alltag eines Großdeutschen Reiches. Wer aus der Schweiz kam, stutzte sogleich bei all den Inschriften und Ankündigungen in gotischer Schrift. Man wollte sich auch in der Formung der für Nichtdeutsche (und bald auch für Deutsche!) unlesbaren Buchstaben von der übrigen Welt unterscheiden. Vermutlich war geplant, nach dem Sieg über die Welt, allenthalben die entsprechenden Buchstaben zum entsprechenden Text zu verordnen: die Fraktur also.
Der Jeep hielt vor einem Haus in der Vorstadt. Das Schild eines Arztes. Es war Zeit zum Mittagessen. Man hatte uns erwartet, war freundlich. Die Gastgeber kannte ich nicht, ihr Name war mir unbekannt; allein da waren bereits zwei andere Gäste, die mich herzlich (und neugierig) begrüßten. Einen kannte ich seit der Schulzeit, ich hatte ihn verehrt und sein rasches Scheiden von Köln tief bedauert. Der Regisseur *Gustav Hartung* hatte die Leitung des Kölner Schauspielhauses nach bloß einer Spielzeit wieder abgegeben. Das war zur Zeit unseres Abiturs im Jahre 1925. Der Oberbürgermeister mißbilligte die Stücke und auch die Spielweise eines Ensembles mit Schauspielern wie Heinrich George und Maria Koppenhöfer,

mit Elisabeth Lennartz und Ewald Balser, mit den Regisseuren Hartung und Heinz Hilpert. Nicht verziehen wurde ein Stück des Engländers John Ford vom Jahre 1633 mit dem Titel ›'Tis Pity She's a Whore‹. Dabei hatte man den anstößigen Titel durch die Namen »Giovanni und Annabella« ersetzt. Macht nichts: Inzest kann als Thema nicht geduldet werden. Hartung ging nach Berlin, entdeckte in seinem Renaissance-Theater den rätselhaften neuen Stückeschreiber Ferdinand Bruckner, und mußte natürlich emigrieren. Ich sah ihn wieder als Emigrant in Basel. Das Theaterspielen hatte man ihm dort ebenfalls abgewöhnt.

Nun war er nach Heidelberg zurückgekehrt. Dort hatte er im Sommer gegen Ende der Zwanziger Jahre im Schloßhof und im Bandhaussaal des Schlosses schöne Spiele veranstaltet. Mit George als Oberon und Florian Geyer. Der Schauspieler Heinrich George war in einem Lager der sowjetischen Zone gestorben, das hatte ich noch in der Schweiz gelesen. Wie fern war alles. Nun sah ich Hartung wieder. Es war die letzte Begegnung. Er starb bald darauf.

Den anderen Mann kannte ich dem Namen nach: ein angesehener Komponist, dessen Partituren auch in der Schweiz besprochen wurden: Wolfgang Fortner. 1977, nach genau zweiunddreißig Jahren, hielt ich in Heidelberg eine Geburtstagsrede auf den siebzigjährigen Musikerfreund. Nach dem Mittagessen ging es weiter. Erst viel später wurde mir klar, daß ich mein erstes warmes Essen auf deutschem Boden beim Doktor *Alexander Mitscherlich* erhalten hatte.

Immer wüstere Bilder der Öde und der Zerstörung. So war das also anzuschauen, das »waste land«. Und das sollte Darmstadt sein? Hier hatten wir logiert, vor undenklicher Zeit, auf der Reise in die Ferien. In der »Traube«, wo man zu Beginn des 19. Jahrhunderts die Grundrisse des Kölner Doms entdeckte. Sinnlos die Frage nach dem Hotel Traube. Gab es ihn überhaupt noch, den Kölner Dom? Der »lange Ludwig« ragte auf zwischen den Trümmern: die Bildsäule für jenen Großherzog zu Hessen und bei Rhein, den Georg Büchner aus Goddelau bei Darmstadt so inbrünstig haßte.

Der Frankfurter Hauptbahnhof und die Kaiserstraße. Da hatte ich irgendwo im August 1931 übernachtet an einem heißen Abend, als ich zurückkam von einer Reise nach Franken.

Riemenschneider-Ausstellung des Jubiläumsjahres 1931. Auch Meister Riemenschneider war gefoltert worden in diesem Lande. Er hatte sich der aufständischen Bauern angenommen. Sollte sich denn alles so unablässig wiederholen?
Wir blieben nicht in Frankfurt, entgegen unserer Vermutung. Man erwartete uns in Wiesbaden. Das sagten die Amerikaner, die sonst mit uns kaum ein Wort gewechselt hatten. Warum Wiesbaden? Weil sich amerikanische Dienststellen offenbar wohlfühlten in der vergleichsweise wenig zerstörten Stadt. Hier war ich gern gewesen als Gymnasiast und junger Student. Die hatten ein gutes Orchester unter Carl Schuricht, und nach seinem Fortgang von Köln leitete Otto Klemperer die Staatsoper. Wiesbaden war Preußisches Staatstheater: noch als Folge der Annektierung vom Jahre 1866. Damals entstand die preußische Provinz Hessen-Nassau. Allein Preußen gab es nicht mehr, es würde auch keine Renaissance erleben: das war abzusehen. Es gab die vier Besatzungszonen. Wir befanden uns am Herrschaftssitz der Amerikaner.
Abermals wurden wir erwartet. Diesmal zu meiner Freude. Zwischen den emsig umherlaufenden Amerikanern in Uniform standen am Eingang irgendeines Verwaltungsgebäudes, das jetzt der Militärregierung zu dienen hatte, zwei Zivilisten, ein Mann und eine schöne blonde Frau. *Leo Bauer* begrüßte mich herzlich: er hatte meine Reise veranlaßt und organisiert. Neben ihm stand Erika Glaser. Wie konnten die beiden ahnen, daß diese gute und nützliche Arbeit: die politischen Emigranten mit Hilfe der amerikanischen Alliierten wieder in ihre Heimatländer zurückzubringen, eines Tages den Galgen bedeuten würde. Als sich nämlich Stalin eines anderen besann, und die amerikanisch-kommunistische Kollaboration nach Kriegsende, die er selbst gewünscht hatte, als schrecklichen Klassenverrat deklarieren ließ. Erika Glaser war die Adoptivtochter des Amerikaners Noël Field, der in der Schweiz tätig war bei der Rückführung der Emigranten, der Kommunisten vor allem, aber auch der Sozialdemokraten, wie das Beispiel meiner Reisegefährtin bewies.
Fünf Jahre später waren die Namen von Field und Glaser in allen Zeitungen der Welt zu lesen. Die gefolterten, dann aufgehängten Kommunistenführer in Budapest, Sofia und Prag wurden beschuldigt, mit Hilfe des »amerikanischen

Agenten« Field und seiner Mitagentin Erika Glaser, gegen die Sowjetunion konspiriert zu haben. So sind Laszlo Rajk und Tibor Szönyi, den ich in Zürich kennenlernte, an den Galgen gekommen in Budapest. Wenig später Rudolf Slansky, der jüdische Generalsekretär der Kommunistischen Partei in Prag, mitsamt dem Außenminister Clementis und anderen führenden Funktionären. Immer wieder Field und Glaser, und die absurden Geständnisse von Leuten, denen man während der Folter offenbar einen milden Tod zugesichert hatte.

Des Sohnes von Rajk hat sich Georg Lukács angenommen. Nach Stalins Tod wurde alles natürlich als Irrtum erklärt. Es wurde »rehabilitiert«. Auf die Tatsache, daß in allen Prozessen um die Field-Konspiration vor allem *Juden* auf die Anklagebank gesetzt wurden, was Stalins Gefühlen entsprach, den die Wunde Trotzki schmerzen sollte bis zuletzt, ging man nicht weiter ein. Als ich bei Lukács saß, im Jahre 1962, gestand er mir, daß er damals genötigt war, im Zeichen des Rajk-Prozesses wieder einmal irgend etwas zu widerrufen. »Sonst wäre ich heute rehabilitiert und läge in einem Ehrengrab.«

Leo Bauer wurde verhaftet, kam aber mit dem Leben davon, vorerst. Es kam nicht zu einem Parallelprozeß in Ostberlin. Auch hier war die virtuelle Mannschaft so ausgesucht, daß die Juden ihre Rolle als Verräter zu spielen hatten. Der Hauptverräter freilich, ein alter politischer Widersacher von Ulbricht, Paul Merker, war ein deutscher Arbeiter und erprobter Kommunist. Andererseits hat vermutlich Ulbricht den Parallelprozeß sabotiert. Er konnte das in seiner Lage durchaus nicht brauchen. So wartete er den Tod des Gewaltigen im Kreml zunächst einmal ab. Der Prozeß wurde geheim geführt, wahrscheinlich allein unter sowjetischer Verantwortung. Leo Bauer kam nach Workuta, kehrte zurück als kranker Mann, ist früh gestorben. Er hat dann, wie bekannt, eine wichtige Rolle gespielt nach seiner Rückkehr als Berater der deutschen Sozialdemokraten. Eine Photographie zeigt uns beide am 19. März 1967 in Hamburg. Leo Bauer gratuliert mir zum sechzigsten Geburtstag. Haben wir beide in diesem Augenblick an die Begrüßung in Wiesbaden gedacht, und an alles, was sich daran knüpfen sollte? Ich weiß es nicht.

Es gab ein rasches Abendessen, denn wir sollten nicht in Wiesbaden bleiben, sondern am selben Abend nach Frankfurt zurückkehren. Die Maskerade war zu Ende, nun war ich wieder ein Zivilist. Unsere amerikanischen Fahrer blieben unsichtbar; das war einfach ein Job gewesen: die Leute zählten dabei nicht. Wir fuhren in einem deutschen Wagen mit Bauer nach Frankfurt zurück. Ich sollte bei kommunistischen Freunden übernachten. Alles andere wäre am nächsten Tag zu besprechen. Ich landete in der freundlichen Wohnung eines Arbeiters im Frankfurter Norden. Essen wollte ich nicht mehr, man trank Bier, dann durfte ich ausschlafen in einem für mich eingerichteten Gastzimmer. Geträumt habe ich nicht, behielt jedenfalls nichts im Gedächtnis von jener ersten Nacht in der »Heimat«.

Am Morgen wachte ich auf, als jemand ins Zimmer trat. An meinem Bett stand Stephan Hermlin. Er war schon im Sommer aus Zürich verschwunden; nun stellte es sich heraus, daß er am Main gelandet war. Dann drängte der Besucher zur Eile. Es war ziemlich später Vormittag: man hatte mich schlafen lassen. Ich solle mich rasch fertig machen, meinte Hermlin, und dann mit ihm kommen. Wohin? Zu Bekannten, und zu einer Dichterlesung. Ich muß blöde dreingeschaut haben. Alles mochte ich erwartet haben, aber Dichterlesung, im zerstörten Frankfurt, an meinem ersten Vormittag in Deutschland?

Allein es war so, und war nicht einmal Schwindel, wenn von einer Dichterlesung geredet wurde. Eine große Bürgerwohnung im Frankfurter Westend, das Haus nicht zerstört, doch arg verkommen. Aber die Bomben waren hier nicht gefallen. In einem schönen und hellen Wohnzimmer mit vielen Büchern hatten sich etwa zehn Gäste eingefunden. Die Schwester unseres Gastgebers servierte »richtigen« Tee, es gab etwas Gebäck. Ich blieb kühl und höflich: alles schien mir anachronistisch. Ich war doch in Deutschland, was mochten diese Deutschen begangen haben, wem hatte ich da die Hand gegeben ... Oder ging alles mit rechten Dingen zu, so daß man mit ordentlichen Leuten beisammensaß, denen es gleichfalls nicht gut gegangen war im Dritten Reich?

Der Dichter dieser Lesung war ein schmaler blonder Mann, höchstens Mitte Dreißig, in verschlissener Montur. Also ein »abgedankter Soldat«, wie man das bei Lessing genannt hatte. Er hatte den Krieg in Italien erlebt und überstanden, das wurde im Gespräch erwähnt. Ich fühlte ein tiefes Unbehagen, wäre gern wieder fortgegangen, doch Hermlin schien sich wohlzufühlen. Ich kannte seinen strengen, oft überstrengen politischen Moralismus. Also ging es offenbar mit »rechten Dingen« zu. Dann las der Soldat.

Sonette. Ein umfangreicher Zyklus. Nichts wurde ausgelassen, weil ein jedes Sonett, das merkte man bald, zur Komposition gehörte. Es hatte mit dem Krieg zu tun, und mit Italien, und mit dem abstrusen Gegensatz zwischen beiden: Krieg und Italien. Hier las ein begabter Lyriker, das war unverkennbar. Die Sonette schwindelten nicht: weder durch Leichtsinn noch durch falsches Herzeleid. Wir hatten das ›Venezianische Credo‹ gehört; der Soldat in der abgewetzten Montur hieß Rudolf Hagelstange.

Plötzlich begriff ich, gleich an meinem ersten deutschen Morgen, daß ich als überlebender Jude hier unter überlebenden Deutschen saß. Auch hier hatte es Leid gegeben und Leiden, Stunden ohne Trost und ohne stolze Trauer. Als ich ein paar Tage später darüber nachdachte, fiel mir ein Abend bei Carl Burckhardt ein, in Genf. Das muß im Frühjahr 1941 gewesen sein. Wir hatten zu Abend gegessen, dann holte er ein Aktenstück, um daraus vorzulesen. Es waren Gedichte, streng geformt, traurige Verse eines alten Mannes im Krieg. Ohnmacht und Zorn und Bitterkeit. Er habe das Manuskript aus Deutschland erhalten, sagte Burckhardt, auf Umwegen. Viel später, noch im Krieg, als man wußte, wie alles zugehen werde, verriet er den Namen des Dichters. Es waren Gedichte von Rudolf Alexander Schröder. Manches fand ich dann wieder in dem Band ›Alten Mannes Sommer‹ von 1947, doch nicht alles, was Burckhardt las, an jenem Abend in Genf. Im Jahre 1948 referierte ich in der Frankfurter Paulskirche bei einem Kongreß deutscher Schriftsteller. Die Leitung hatte R. A. Schröder. Es gibt auch noch eine Photographie. Ich erzählte Schröder von jener Lesung im Krieg. Er lächelte, sagte aber nichts.

Von Hagelstange trennte und trennt mich vieles. In jenen ersten Jahren des Nachkrieg waren wir uns nahe gekommen. Er lebte damals noch in seiner Heimat am Harz, also im sowjetischen Machtbereich. Diese singuläre Dichterlesung aber habe ich nicht vergessen.

Auch nicht unseren Gastgeber. Ich war zu Besuch gewesen

beim Buchhändler und Bücherfreund Bruno Raudzus in der Mendelssohnstraße. Hieß sie damals schon wieder so? Eingeladen hatten uns die Leute von der »Frankfurter Bücherstube«, die auch in Trümmern saßen und ganz neu in irgendeinem Winkel beginnen mußten: mit Büchern, die es noch nicht gab. Raudzus hat dann viele beraten: die Kaschnitz ebenso wie den Professor Adorno. Bei Walter Höllerer wurde er zur Kunstfigur in dem Roman ›Die Elefantenuhr‹. Ich freue mich, daß mein erster Tag in Deutschland bei ihm beginnen konnte.
Nach diesem lyrischen Vorspiel begann mein Alltag im besiegten und zerstörten Land. Hermlin machte den Führer, Berater und Warner. Ich fühlte mich immer noch, und auf lange Zeit, unter Feinden, mit denen auszukommen war. Übrigens entsprach diese meine unwillkürliche Haltung, woran ich damals nicht dachte, genau der (absurden) Doktrin, die von vier Siegermächten ihren Besatzungstruppen eingeschärft wurde. »Keine Fraternisierung«. Als gäbe es nicht Zwischenstufen des Verhaltens zwischen dem Befehl und der Fraternisierung, sprich: Verbrüderung. Ich möchte annehmen, daß kluge Köpfchen in Washington dies Verbot, die Berührungsangst, angeordnet hatten. Dachte man nach über diese Anordnung der Sieger, so glich sie in bedenklicher Weise den Doktrinen und Praktiken deutscher Eroberer gegenüber den besiegten Untermenschen. Allein damals hatte man sich zum Prinzip der Herrenrasse bekannt. Die wirklichen Sieger jedoch waren ausgezogen, um solches Denken und Handeln von Herrenmenschen zu unterbinden, im Namen der »Gleichheit alles dessen, was Menschenantlitz trägt«: wie einstmals ein deutscher Philosoph gelehrt hatte. Übrigens ist das Verbot der »fraternization« bald gescheitert: es störte die Geschäfte zwischen Siegern und Besiegten.
Stephan Hermlin war in der Redaktion der neugegründeten *›Frankfurter Rundschau‹* gelandet. Das war eine erste deutsche, nämlich wirklich von Deutschen redigierte Tageszeitung für die amerikanische Besatzungszone. Die Alliierten hatten sich ein umständliches System ausgedacht, um belastete Schreiber der Goebbelspresse fernzuhalten, einen parteipolitischen Pluralismus zu entwickeln, und um gleichzeitig alles nach wie vor selbst in der Hand zu behalten. So hatte man das Prinzip einer Vergabe von Lizenzen eingeführt. Es wurde, wie

sich denken läßt, von den Russen ganz anders praktiziert als hier in Frankfurt, dann in Stuttgart oder München, von den Amerikanern. Zu schweigen von den Engländern, die es in Hamburg und Hannover oder in Köln jeweils den zuständigen Offizieren überließen, die Auswahl und Entscheidung zu treffen.

Die ›Frankfurter Rundschau‹ galt als Modellentwurf. Ihre Redaktion war, woran vielleicht nicht einmal gedacht wurde, nach dem Volksfrontschema zusammengesetzt: es mußten Kommunisten, Sozialdemokraten und »Christen« in der Redaktion und vor allem als Träger der Lizenz vertreten sein. Die jedoch galt es zu finden. Sie durften in keiner Weise belastet sein als Mitläufer oder gar als Gehilfen des Dritten Reiches, und ihr Handwerk verstehen mußten sie außerdem. Hermlin machte mich in der Redaktion auf der Schillerstraße mit den Herausgebern und Redakteuren bekannt. Sie gefielen mir alle. Der gute Wille, nun etwas Neues zu schaffen, die Wahrheit zu verbreiten, so wie man sie verstand und bereits wagen konnte: alles berührte mich stark. Die Eindrücke von jener morgendlichen Lyrikfeier paßten gut zu diesen Gesprächen in der Redaktion. Vielleicht lohnte es sich wirklich, unseren einstigen Parolen vom ›Freien Deutschland‹ zu vertrauen, und auch sich selbst anzuvertrauen.

Die wiedergegründete und nunmehr rechtmäßige Kommunistische Partei Deutschlands für ein Land, das man einstweilen als »Großhessen« firmierte, hatte Büros erhalten in der Gutleutstraße, unweit des Hauptbahnhofs. Erster Sekretär war Walter Fisch, der sich freute, daß ich gekommen war. Man beriet, was ich als Aufgabe übernehmen solle nach meiner endgültigen Heimkehr, die man zu beschleunigen bat. Die Lizenz einer Zeitung oder Zeitschrift? Ein literarischer Verlag? Leo Bauer, der mitberiet, war der Meinung, ich sollte als deutscher Redakteur mitwirken innerhalb der von den Amerikanern soeben installierten zentralen Nachrichtenagentur für ihre Besatzungszone. Da man sich wenig um deutsche Empfindungen scherte, hatte man den Namen einer Deutsch-Amerikanischen Nachrichtenagentur gewählt, abgekürzt DANA. Der Fehler war evident. Ein jeder deutsche Mitarbeiter der DANA wurde dadurch zum Kollaborateur und halben Ami gestempelt. Aus der DANA wurde demgemäß bald eine

Deutsche Nachrichtenagentur, eine DENA. Dann verschmolz man sie, nach Vereinigung der beiden angelsächsischen Zonen zur »Bizone«, mit der Parallelgründung der Engländer. So entstand die Deutsche Presse-Agentur, die dpa.
Dort also sollte ich mitmachen. Wie das möglich sei? Das sei nicht meine Sorge. Ich hätte lieber einen Verlag gegründet, auch Hermlin hätte das lieber gesehen. Vorerst jedenfalls blieb alles in der Schwebe: bis zu meiner endgültigen Wiederkehr.
Ich blieb dann noch ein paar Tage in Frankfurt: immer mehr gebannt von den Möglichkeiten. Es gab die deutsche Fremde, allein es gab auch die Freunde, denen zu vertrauen war. Bald hatte ich mich entschieden: das Exil müsse ein Ende nehmen. Hier wurde ich – vielleicht – gebraucht; jedenfalls war ich von jetzt an mein eigener Herr, hatte mich um keine Fremdenpolizei zu kümmern. Möglicherweise gab gerade dies Empfinden den Ausschlag.
Ich habe sonst keinerlei Erinnerung mehr an die ersten Tage in Deutschland. Wir blieben in Frankfurt. Alles ging so schnell. Die Rückfahrt vollzog sich nach dem bekannten Ritus. Diesmal saß Leo Bauer neben mir im Jeep, auch er verkleidet. Er sollte in der Schweiz die weiteren Heimkehrer unterrichten und beraten. Alles war mit seinen Parteistellen genau abgesprochen. Ein paar Jahre später wurde ihm daraus ein todeswürdiges Verbrechen gemacht, das den Galgen verdiene.
Nun wieder Basel, dann fuhr ich weiter nach Zürich, war im Unzerstörten, mußte nicht unterscheiden zwischen Bohnenkaffee und dem anderen: dem mocca faux, dem Muckefuck. Vor der wohlbekannten Züricher Kulisse verblaßten die Reise-Impressionen sehr rasch, wie nach dem Kinobesuch.

Radio Frankfurt

Der erste Morgen in Zürich war Verstörung und Erleichterung. Mir kam es vor, als sei ich einem erregenden Traum entkommen, allein der Traum hatte Abenteuer bedeutet und ein gespanntes Leben. An der Limmat aber lief alles wieder ganz »friedensmäßig« ab im Oktober 1945. Im Schauspielhaus gedachte man in der Spielzeit 1945/46 die ›Perser‹ des Aischylos zu spielen: ein Stück über die Besiegten, geschrieben von einem poetisch mitfühlenden Sieger. Es gab auch bereits ein Zeitstück der neuesten Machart, nämlich von Ferdinand Bruckner: ›Die Befreiten‹. Kurt Hirschfeld gab mir das Manuskript und bat um einen Text für das Programmheft. Den schrieb ich auch, besuchte die Premiere, es war ein fades Stück, das man nur schreiben konnte, wenn keinerlei Wirklichkeit eingehen durfte in die dramaturgische Komposition. Es wurde auch kein Erfolg. Nach verlorenen Kriegen solle man Komödien schreiben, hatte Hofmannsthal gemeint. Möglich, aber ganz gewiß keine Stücke einer ephemeren Aktualität.

Mit Wolfgang Langhoff beriet ich mich lange. Auch er würde bald heimkehren in die Fremde. Das Schauspielhaus zu Düsseldorf, dem er als erfolgreicher jugendlicher Held und Charakterspieler angehörte bis zu seiner Verhaftung im Frühjahr 1933, hatte ihn gebeten, wieder zurückzukommen. Bald darauf machte man ihn zum Generalintendanten, der sich um Oper, Schauspiel und Ballett zu kümmern hatte. Begreiflicherweise wollte er alle Einzelheiten meiner ersten Berührung mit dem unheimlichen Land erfahren. Ich machte ihm Mut, uns beiden.

In einem Klubzimmer des Schauspielhauses am Heimplatz gab ich einen Reisebericht auf Einladung des von uns im Frühjahr gegründeten Schutzverbandes deutscher Autoren. Wir nannten uns »freie deutsche Autoren«. Anträge auf Mitgliedschaft, die von Autoren kamen, denen man Sympathie mit den Leuten der Reichsschrifttumskammer vorwarf, wurden vom Vorstand abgelehnt. Ich gehörte zum Vorstand. Unser Präsident hieß Georg Kaiser. Er hatte seine Teilnahme an einer Vorstandssitzung brieflich für den 8. Juni 1945 von Ascona aus angekündigt. Als der Brief uns erreichte, hatten wir den Nachruf auf Kaiser bereits gelesen. Er war am 4. Juni in Ascona gestorben: bald nach Absendung des Briefes.

Es gab viele Fragen, als ich meinen Bericht erstattet hatte. Skepsis wurde spürbar. Man hatte mein Referieren zu glatt gefunden, stark harmonisierend: wahrscheinlich mit Recht. Trotzdem hatte ich nicht als Propagandist des ›Freien Deutschland‹ berichtet, sondern als einer, dem die Unsicherheit in Deutschland, dies unentwirrbare Gespinst aus Lüge und Ohnmacht, Schuld und Mitschuld bedrängender vorkam, also »positiver«, als die Richterei und Selbstgerechtigkeit von Emigranten, die gewillt schienen, das zufällige Asyl in der Schweiz zur Dauerexistenz zu machen. Ich hatte auch von jener Lesung in Frankfurt und vom ›Venezianischen Credo‹ gesprochen. Damals in Frankfurt war ernsthafter über neue Literatur gesprochen worden, bei schwarzem Tee, als hier am Heimplatz, wo man fest davon überzeugt war, daß alle künftige deutsche Literatur, vom Theater zu schweigen, lernen müsse aus den in Zürich gemachten Erfahrungen. Man sparte sich aber noch auf für die künftige Belehrung der Deutschen. Das hatte viel Zeit.

Zwei Jahre später wurde vielen bereits klar, daß sich die Kunst des Exils ebensowenig fortsetzen ließ wie jene der sogenannten inneren Emigration in einem Dritten Reich. Als Bertolt Brecht am 6. November 1947 im Schauspielhaus mit Hirschfeld zusammentrifft, beginnt ein Prozeß des Nachdenkens, der allen Export der Exilkultur ablehnen muß. Am deutlichsten sieht das ein gar nicht mehr junger Mann aus Zürich, der seit April 1946 in Deutschland umherreist und Tagebuch führt. Ich hatte *Max Frisch* schon im Herbst 1943 kennengelernt: durch Oprecht oder Hirschfeld, das weiß ich nicht mehr. Wir hatten uns oft getroffen. Bei seiner ersten Premiere, im März 1945, saß ich im Parkett. Man spielte, wie der Untertitel verhieß, den ›Versuch eines Requiems‹ mit dem Titel ›Nun singen sie wieder‹. Internierte Polen aus einem Lager, das ich zu betreuen hatte, sangen bei der Premiere ein polnisches Klagelied. Über die Erzählung ›Bin oder Die Reise nach Peking‹ hatte ich bei Rychner in der ›Tat‹ referiert. Ohne Signatur natürlich, doch wußte Frisch, wer das geschrieben hatte.

Die paar Tage in Frankfurt hatten mich verändert. Das spürte ich an jenem Abend in Zürich. Alles kam mir satt vor, und auch spießig. Das war ungerecht, denn noch vor wenigen Wochen hatte ich bei alledem mitgemacht. Allein auf der Reise mußte ich entdecken, daß Emigration einen *Wirklichkeitsverlust* bedeutet. An ihm war, wie mir damals aufging, das Riesenkonzept des ›Mann ohne Eigenschaften‹ von Musil gescheitert. Nun gar das Exil in der neutralen Schweiz, der unzerstörten und unbedrohten. Was ich zunächst als bloßes Unbehagen spürte nach meiner Rückkehr aus Deutschland, erfaßte – zwei Jahre später – einen großen und guten Teil des Schweizervolkes. Man sprach vom »Malaise suisse«, vom schweizerischen Unbehagen. Man hatte nicht gekämpft, doch offenbar mitgesiegt. Wie ging das zu, und wie sollte man das vor sich selbst rechtfertigen?
Anfang November war es dann soweit. Ich mußte der Fremdenpolizei mitteilen, daß ich ausreisen und auf das Asylrecht verzichten wolle. Die ›Bewegung Freies Deutschland‹ war gerüstet für solche Fälle. Sie hatte nützliche Arbeit geleistet, wie ich nun erfuhr, jenseits aller Debatten über die Alternative: Palästina oder Freies Deutschland. Die Rückwanderer nach Deutschland wurden ärztlich untersucht, ich erhielt eine Menge Injektionen gegen alle denkbaren Seuchen, auch wertvolle Medikamente, die es jenseits der Grenzen nicht geben würde, praktische Kleidungsstücke für den Aufenthalt in einem Land, wo es an allem fehlte, und wo die Verzweifelten bereit seien, um eines winzigen Besitzes willen Gewalt einzusetzen.
Alles war richtig, wie sich herausstellen sollte, und auch wieder nicht. Ich habe solche Gewalttaten ansehen müssen: in den überfüllten Wartesälen dessen, was einstmals der Hauptbahnhof Frankfurt gewesen war oder der Hauptbahnhof München. Was mich jedoch überraschte, als ich dort zu leben hatte, in der Not und Gewalttat, war das intakte Rechtsempfinden, auch der Wille zur Hilfsbereitschaft beim größten Teil der Deutschen. Man wußte nach wie vor, was anständiges Handeln hieß, und nach deutscher Art machte man sich daran, die Anständigkeit zu organisieren. Dazu freilich wurde man von keiner Besatzungsmacht angehalten.
Ich verabschiedete mich von ein paar Freunden, auch von

Hirschfeld und Max Rychner. In der nächsten Nummer unseres Blättchens ›Über die Grenzen‹, einer der letzten, schrieb man mir einen freundlichen Abschiedsgruß. Der eingespielte Apparat der Militärregierungen schnurrte wieder ab bei meiner endgültigen Ausreise. Diesmal hatte sich übrigens ein Schweizer in Zivil an der Grenze nach Frankreich eingefunden: mit meinen Ausreisepapieren. Ich mußte unterschreiben, daß man mich jetzt los sein dürfe. Der Mann schien erleichtert. Wieder einer, immerhin.

Mir blieb von dieser Reise kein Bild im Gedächtnis, kein Gedanke und keine Emotion. Was ich nun sah oder wiedersah, war bereits Gewohnheit. Man gewöhnte sich rasch an solche Anblicke. Ich weiß nicht einmal mehr, ob gutes Wetter war. Vermutlich nicht, im November. Diesmal wurde ich bereits in Frankfurt abgesetzt: ein Beauftragter von Walter Fisch nahm sich in einem Gebäude der Militärregierung meiner an, brachte mich zu einer befreundeten Familie, zu Kommunisten einer Nachkriegszeit, wo ich vorerst wohnen sollte. Ich besaß nicht viel Gepäck. Meine Habe war auch in Zürich nur kärglich gewesen. Ich hatte auf meine Kleidung kaum geachtet. Mit Hilfe meiner Honorare als illegaler Journalist hätte ich mir einiges leisten können. Ich dachte nicht weiter darüber nach. Abermals jene sonderbare Lethargie, die gar nicht zu meinem lebhaften Reden und Gestikulieren passen mochte, doch seit langem dazugehörte. Einmal warf mir ein Genosse freundschaftlich vor, zu wenig auf meine Kleidung zu achten. Ich scheute einfach die Ausgabe, das war alles. Plötzlich, in Beschämung, begriff ich, daß andere Leute, keineswegs bürgerliche Klassengegner, meinen nachlässigen Umgang mit der Armut ungern ertrugen. Ich kaufte mir neue Kleider und Schuhe und mußte mich deswegen nicht sonderlich einschränken.

Meine Bücher und Manuskripte hatte ich in Zürich gelassen und Freunden zur Aufbewahrung gegeben. Die paar Bücher wurden von mir später nicht angefordert. So verlor ich wieder einmal so etwas wie eine Bibliothek: nach Köln, nach Paris im Jahre 1939, nach Zürich 1945. Ich gewöhnte mich daran. Die Manuskripte wurden mir im nächsten Jahr 1946 nach Deutschland gebracht: vor allem das einzige Exemplar des Buches ›Georg Büchner und seine Zeit‹.

Jetzt lebte ich also in Frankfurt, wurde rasch wieder ein Deutscher, erhielt einen Personalausweis des Landes Großhessen, meine Lebensmittelkarten, von denen man nicht leben konnte, und mußte zusehen, wie ich durchkam. Geheime Träume von einer Hilfe durch die amerikanischen Besatzungsleute wurden gründlich zerstört: von dort war nichts zu erwarten. Ich war ein Deutscher wie die andern: mit dem Unterschied, daß man den Umgang mit mir nicht meiden mußte. An den Tisch jedoch bat mich keiner. Man war auch viel zu beschäftigt. Dies besiegte Land war ungemein lukrativ. Die Deutschen hatten immer noch viel Besitz, um Kaffee und Zigaretten und Milchpulver und Eipulver und Corned beef, vor allem auch um fehlende Medikamente zu bekommen. Zu schweigen von den Ärzten, die sich langsam wieder ihre Bestecke und Utensilien zu beschaffen hatten. Noch war Herbst, aber der Winter bedeutete Hunger, vielfachen Tod und Seuchengefahr. Viele Amerikaner der Militärregierung machten sich Sorge um diese Deutschen, die man zu regieren hatte.
Viele aber dachten bloß an den schnellen Reichtum. Ich habe gesehen, wie sich dieser gefürchtete Menschenprüfer, der zu befinden hatte bei allen Anstellungen und Lizenzen über die vorhandene oder fehlende politische Belastung, zum Rennstallbesitzer durcharbeitete, wie sich jener andere, gleichfalls mächtig, den Knabentraum eines Harems aus »Fräuleins« erfüllte. Es war nach wie vor Krieg, auch wenn nicht mehr gekämpft wurde. Das ließen sich viele gesagt sein.
Bald kam ich durch meine neuen Funktionen mit der obersten Schicht der Besatzungsarmee in Berührung. Dort sah man die Zustände mit Besorgnis. Es wurde Zeit, daß die Deutschen selbst den Alltag ihrer Landsleute verantwortlich regelten. Was die Beutemacher betraf, so gab es ein gutes Mittel: man würde rasch demobilisieren, viele Sieger mit ihrem bißchen Beute heimschicken in die Staaten, neue Leute zur Ablösung herüberholen, die bereits ein etwas normalisiertes Land vorfinden könnten.
Leo Bauer hatte sich durchgesetzt mit dem Vorschlag, mich als deutschen Redakteur in die DANA zu entsenden, die Deutsch-Amerikanische Nachrichtenagentur. Zuerst aber brachte er mich, um das vorzubereiten, mit einem Manne

zusammen, der offensichtlich als Deutscher die Büros der Militärregierung in allen Fragen der Informations- und Medienpolitik beriet. Nun stand ich in irgendeinem guterhaltenen Gebäude, einer Bank oder einstigen Behörde, dem Partner und Gegenspieler meiner ersten deutschen Nachkriegsetappe gegenüber. Er hieß Eberhard Beckmann, hatte mich neugierig erwartet, unser Gespräch war freundlich, das war ein kluger Journalist, unbelastet im Dritten Reich, er hatte seiner Frau mit der unreinen Herkunft die Treue gehalten, für mich würde er sich bei den Amerikanern einsetzen. Zumal ich mit meinen Plänen, oder denen Leo Bauers, die eigenen Pläne Beckmanns nicht stören konnte, wie ich heute weiß.
Die amerikanischen Informationsdienste, im weitesten Sinne, residierten in Bad Nauheim, das unzerstört war. Bad Nauheim: der Ortsname klang mir düster. Hier hatte mein Schulfreund Walter Stein immer wieder Zuflucht vor dem Herzleiden gesucht. Folge eines Gelenkrheumatismus aus der Kriegszeit, wie die Ärzte sagten. Er starb dann mit zwanzig Jahren. Ich war ein Jahr jünger und habe diesen Tod nie verwunden.
Man hatte mich erwartet in der Villa, einer Hotelpension von mäßigem Glanz, wo die DANA emsig arbeitete, um die inzwischen von ihr zugelassenen deutschen Zeitungen mit Nachrichten zu versorgen. Bald saß ich vor dem amerikanischen Chefredakteur, der kaum deutsch konnte. Wir sprachen englisch. Ein Intellektueller, übrigens für mich von ungewohntem Typ. Wohl um die Fünfzig, leicht rundlich, blaue und spöttische Augen, keine Spur irgendeiner brennenden Ambition. Als er einen Augenblick herausgerufen wurde, schaute ich das Namensschild an auf seinem Schreibtisch. Eugene Jolas. Wie gut war es doch, daß ich in Zürich einigen Umgang gehabt hatte mit den Freunden von *James Joyce:* vor allem mit der Kölnerin Carola Giedion-Welcker, die sich unermüdlich in seiner letzten Lebenszeit gesorgt hatte um den fast blinden und todkranken Mann, und die nach seinem Tod in Zürich im Januar 1941 das erste Gedenkbuch herausgab. Ich selbst hatte Joyce einmal nachmittags in einem Pariser Café auf den Champs-Elysées beobachten können. Aber ich wußte durch seine Pariser Freunde von der Freundschaft des Dichters mit Eugene und Maria Jolas. Es gab von denen auch

Publikationen, wenn ich mich recht entsann. Mein Gedächtnis hatte also, wie sich herausstellte, auch dieses Detail gespeichert.

Als der Chef der Nachrichtenleute zurückkam, wagte ich die Frage, ob er mit Joyce bekannt gewesen sei. Das änderte alles in seinem Verhalten zu mir. Bis dahin war ich ein deutscher Bewerber um einen Job bei den Amerikanern; man würde ihn »screenen« müssen, wenngleich keine Überraschung zu erwarten war. Nun aber saß da einer, der wußte, daß es einen James Joyce gegeben hatte. Der Autor des ›Ulysses‹ war erst vor gut vier Jahren gestorben, in Amerika galt er nach wie vor als Pornograph und unverständlicher Literat. Jolas war entzückt. Ich war ein jüdischer Emigrant, der heimgekehrt war, ein deutscher Herr Doktor noch dazu; wenn ich etwas von Joyce wußte, durfte man mir auch sonst einiges zutrauen. Ich war eingestellt als Kulturredakteur, man brachte Formulare, sehr viele, die ich auszufüllen hätte. Übermorgen also in Bad Nauheim. Ein herzlicher Abschied.

Übrigens hatte es in Nauheim einen anderen Bewerber für den Job gegeben, den ich auch kurz kennenlernte: Felix von Eckardt. Wir hatten einen Augenblick miteinander gesprochen. Ich glaube mich zu erinnern, daß irgendein Amerikaner sich aufregte über einen Bismarckfilm, an dem Eckardt mitgearbeitet hatte. Ob der spätere Regierungssprecher des Bundeskanzlers Adenauer auch damals, auf dem Ledersofa zu Bad Nauheim, so gekleidet war wie später, weiß ich nicht mehr. Der Mitbewerber konnte sich rasch trösten: statt der Langeweile in Nauheim winkte ihm bald die Lizenz des ›Weser-Kurier‹ in Bremen.

Wie reist man, im November 1945, morgens von Frankfurt nach Bad Nauheim, um abends wieder zurückzufahren? Meinen amerikanischen Arbeitgebern schien das keine Sorge zu bereiten: da wartet zu einer bestimmten Zeit an einer bestimmten Ecke im Zentrum von Frankfurt ein Jeep, der bringt die Mitarbeiter zur DANA und abends auch wieder zurück. Das klang gut. Es war aber nicht gut. Mal kam der Jeep, doch viel zu spät, so daß man zu spät den Dienst antrat. Mal kam er gar nicht, oder war schon früher, aus irgendeinem Anlaß, davongefahren. Abends dieselbe Misere. Wie sollte man ruhig arbeiten, wenn die Gedanken abgelenkt wurden durch Sorge um die Rückreise und die morgige Anreise. Blieb die Eisenbahn. Das war eine Freude. Die überfüllten, ungeheizten, meistens auch lichtlosen Wagen wackelten durch die Frankfurter Vorstadtbahnhöfe, dann weiter nach Friedberg und Nauheim. Wer weiterfuhr, gelangte nach Butzbach und nach Gießen. Dies war Georg Büchners Landschaft. Nun hatte ich eine Wirklichkeit vor Augen, die ich mir aus Büchern erschreiben mußte, als es galt, die Welt des ›Hessischen Landboten‹ zu deuten. Bösartiges Biedermeier, wie im Woyzeck und in den Königreichen Popo und Pipi, hatte es immer wieder gegeben: nicht allein hier in Hessen, sondern allenthalben bei den Deutschen. Jetzt sah man die Folgen.

An meinem Schreibtisch in Bad Nauheim sichtete ich die Kulturnachrichten, die von amerikanischen Agenturen durchgegeben wurden, oder von zumeist amerikanischen Korrespondenten in München und Stuttgart oder Nürnberg. Bei einer solchen Information spielen die Vorlieben, Abneigungen, auch Gefälligkeiten des Nachrichtengebers eine Rolle. Nun war es meine Aufgabe, jene Nachrichten auszuwählen, die es nach der berühmten Formel der Londoner ›Times‹, »wert waren, gedruckt zu werden«. Übrigens mußte alles aus dem Englischen übersetzt werden.

Was ich gefiltert und übersetzt hatte, ging an die Redaktionen der inzwischen lizenzierten Zeitungen dieser amerikanischen Zone. Es gab bereits, seit Gründung der ›Frankfurter Rundschau‹, die ›Süddeutsche Zeitung‹, den ›Tagesspiegel‹ im amerikanischen Sektor von Berlin, auch die ›Stuttgarter Zeitung‹, wo mein Kamerad Dr. Karl Ackermann aus der schweizerischen Bewegung des ›Freien Deutschland‹ als einer der Lizenzträger fungierte und sich aufrieb in der Auseinandersetzung mit dem Pluralismus. Lizenzträger in Stuttgart war nämlich auch ein konservativ denkender Liberaler aus der Schule Gustav Stresemanns, Henry Bernhardt. Da gab es viel Anlaß zum Streit. Übrigens löste die amerikanische Behörde den Streit wahrhaft salomonisch. Beide Antagonisten wurden abberufen und zu Lizenzträgern je einer neugegründeten Zeitung ernannt. Ackermanns Widersacher gründete die ›Stuttgarter Nachrichten‹, er selbst bekam die Verantwortung für den ›Mannheimer Morgen‹. Die Operation ist beiden gut bekommen, und ihren Zeitungen auch.

Es machte mir Freude, jeden Tag bei Lektüre der Zeitungen festzustellen, was sich die Redaktionen ausgesucht hatten auf meiner Speisekarte. Lustig war es auch, darüber nachzudenken, warum irgendeine Nachricht, die ich für wichtig hielt, von sämtlichen Redaktionen ignoriert wurde. Bevor ich in Nauheim ans Werk ging, hatte es im Grunde keinerlei kulturelle Information gegeben. Übrigens gab es kaum etwas zu berichten. Jetzt aber, im Winter 1945/46, war neben allem sonstigen Hungern auch die Begierde wach geworden nach dem Anschauen von Spielen, nach Musik, nach Bildern, nach ungewohntem Denken. Da waren Orchester und Theatertruppen, die spielen wollten, man wollte so vieles wissen und erläutert sehen. Was immer man in Frankfurt oder München oder Mannheim an Veranstaltungen anzeigte, war überfüllt, wurde dankbar aufgenommen.
So ist hierzulande nie wieder studiert und diskutiert worden, niemals wurde die existentielle Bedeutung eines geistigen Lebens so offenkundig, wie damals. Seitdem höre ich nicht mehr hin, wenn sich abermals einer über den bürgerlichen Luxus der Oper mokiert und »Dichterlesungen« bloß noch als Parodie zu genießen glaubt. Es ist leicht, dergleichen als bürgerlichen Schwindel abzutun, allein diese Argumentation ist selbst erzbürgerlich. Wer fragt, was »dabei herausgekommen ist«, offenbart sich als bourgeoisen Rechner. Auch merkt man heutigen Politikern, die sich wenig aus kulturellen Fragen machen, weil das nichts mit »Sachzwängen« zu tun hat, sogleich an, daß sie jene Nachkriegserfahrung weder gemacht noch reflektiert haben. Das aber ist ein – politischer – Fehler.
Meine Tips, denn mehr konnte ich nicht bieten als – sozusagen – Feuilletonchef der DANA, schienen willkommen zu sein in den Redaktionen. Jolas erfuhr das und freute sich. Der Mann, der etwas von Joyce gewußt hatte, war also brauchbar. Im Dezember bereits ließ er mich rufen und schlug vor, ich solle von jetzt an, abwechselnd mit dem Redakteur Haas-Heye, die politische Redaktion leiten. Man setzte mich auf einen Sessel in der Mitte der Nachrichtenredaktion, die deutschen wie die amerikanischen Mitarbeiter brachten ihre Nachrichten und Kommentare, dann wurde auf dem Mittelsessel entschieden, was herausging und was nicht.

Zuerst war ich begeistert, dann wurde es unerträglich. Zwar wurde einem jeden eingetrichtert, man habe die Nachricht sorglich zu trennen von allen Meinungen und Kommentaren, allein es lief doch hinaus auf die Meinung von Siegern über Besiegte. Alle Sieger schienen sich einig zu sein: Angelsachsen und Russen und Franzosen. Noch galt die Anordnung, daß keine Nachricht zu bringen sei, die als Kritik an einer anderen Besatzungsmacht aufgefaßt werden könnte. Das sollte sich, auf amerikanischer Seite, ein Jahr später von Grund auf ändern. Der Kalte Krieg stand bevor.
Die Anweisung, daß alle Texte aus dem Englischen zu übersetzen seien, hatte groteske Folgen. Ich ließ die Groteske ablaufen und erreichte eine Wendung. Als nämlich der eingesetzte bayerische Ministerpräsident Dr. Wilhelm Hoegner seine Antrittsrede hielt, bekamen wir seinen Text in englischer Übertragung. Die mußte zurückübersetzt werden und wurde auch so gedruckt. Hoegner war mit Recht wütend, ich verwies auf die Anordnung, welche daraufhin geändert wurde. Von nun an durften wir deutsche Texte im Original weitergeben.
Der Winter war streng. In Zürich hatte ich bescheiden gelebt und gegessen. In Frankfurt erinnerte ich mich daran wie an einen Traum vom Schlaraffenland. Bei der DANA kümmerte man sich nicht darum, wie die deutschen Mitarbeiter zurechtkamen. Mir half in Frankfurt die Gemeinschaft der Verfolgten des Naziregimes, die mich im Frühjahr 1947 zum Landesvorsitzenden für Hessen wählen sollte. Auch bekam ich bisweilen CARE-Pakete aus den USA. Da gab es viele Leute, die mitaßen. Vor allem die Freunde, die mich bei sich aufgenommen hatten. Trotzdem wurde ich im Frühjahr 1946 schwer krank: eine Lungenentzündung. Allein ich hatte einen Freund gefunden. Den Dr. Walther Menne, der ein guter Arzt war, verschlug der Krieg in dieses Herzbad. Er hatte am Berliner Virchow-Krankenhaus gearbeitet. In Nauheim leitete er nunmehr ein pathologisches Institut. Da war es gut warm. Walther Menne war ein begabter Graphiker. Ich lernte ihn bei der Vorbereitung einer Graphikausstellung in Nauheim kennen. Der Name des Künstlers, den Menne voller Begeisterung vorzustellen gedachte, war mir unbekannt. Später wurde *HAP Grieshaber* mein Freund. Ich schaue hinüber zu den Arbeiten, die er mir geschenkt hat.

Walther und Erika Menne haben mir damals wohl das Leben gerettet. Ich war stark geschwächt, wollte insgeheim vielleicht gar nicht gesund werden. Wozu? Um diese Nachrichtenspiele weiterzuspielen? Der Arzt verbot mir die Winterreisen zwischen Frankfurt und Nauheim, nahm mich auf im gut geheizten Institut, das im Keller untergebracht war, oben wurde Schule gehalten. Vor allem behandelte er mich mit Medikamenten aus der Schweiz, von denen man raunte, die es aber nicht gab für deutsche Patienten. So kam ich davon.

In der DANA saß jetzt ein anderer auf dem Mittelsessel. Ich kehrte zwar noch einmal zurück, war aber entschlossen, hier nicht zu bleiben. Um so weniger, als aufs Stichwort einer aufgetreten war, der alles verändern konnte und auch veränderte. Plötzlich stand *Golo Mann* in unserem Redaktionszimmer und wollte mich sprechen. Er trug Uniform, war jedoch in der militärischen Laufbahn nicht weit gelangt. Dafür hatte er viel zu sagen, denn sein Rat war gefragt: er besaß eine gute Personalkenntnis, außerdem war er der Sohn Thomas Manns, was zählte. Gerade war er dabei, eine Kulturzeitschrift mit dem Titel ›Die Wandlung‹ zu gründen, oder durch Deutsche gründen zu lassen. Das bedeutete für Golo eine Rückkehr in die eigene Heidelberger Vergangenheit. Zwei Heidelberger Herausgeber hatte er für seinen Plan schon gewonnen: Karl Jaspers und Alfred Weber. In Marburg wurde der dritte gefunden: ein Kommunist, den die Russen aus dem Zuchthaus befreit hatten und der nun wieder an seiner alten Universität wirken sollte, als Ordinarius für Romanistik: der Professor Werner Krauss. Golo Mann war auf der Rückfahrt von Marburg, hatte aber wohl Pläne mit dem Rundfunk, also mit Radio Frankfurt, einem Sender der amerikanischen Militärregierung.

Radio Frankfurt gab es in Nauheim gleich nebenan, in einer anderen Villa und ehemaligen Hotelpension. Ich kannte die Leute dort, hatte auch ein paarmal etwas für sie geschrieben und gesprochen. Zuerst im Dezember 1945, das weiß ich noch: eine literarische Sendung über Bücher, die den spanischen Bürgerkrieg behandelten. Also Hemingway, Malraux, dazu der Roman ›Grüne Oliven und nackte Berge‹ von Eduard Claudius, einem unserer Freunde aus der Schweiz. Das Buch war soeben in München erschienen. Es war meine erste Rundfunksendung und ich bekam Respekt vor mir selbst. Übrigens setzte man sich in einem Badezimmer der Pension vor das Mikrophon, bekam ein Zeichen und legte los. Es wurde unmittelbar übertragen; viele Menschen, die vor Hunger und Kälte nicht einschlafen konnten, doch ihren Rundfunkapparat gerettet hatten, mögen zugehört haben.

Offenbar hatten meine Sendungen gefallen, denn Golo kam, um mich abzuwerben. Er machte sich lustig über unsere Nachrichten und Nachrichtenredaktion und meinte, es wäre doch viel lohnender, hinüberzuwechseln zu den Rundfunkleuten. Die würden nicht mehr lange in ihrer Pension bleiben müssen, sondern nach Frankfurt zurückkehren. Das Gebäude des Frankfurter Rundfunks war nur wenig beschädigt, konnte bald wieder genutzt werden. Ein Redaktions- und Verwaltungsgebäude, gleichfalls in der Eschersheimer Landstraße, sei bereits bezogen. Dort könne ich einziehen. Als was denn? Gleichfalls, ganz wie hier bei der DANA, als Chefredakteur. Der Rundfunk würde zum 1. Mai 1946 eine deutsche Verwaltung erhalten. Der Intendant war bereits gefunden, nun sollte es zwei Chefredakteure geben: einen für die Kultur, einen für Nachrichten und Politik. Dieser letztere Posten war mir zugedacht in Golo Manns strategischem Konzept. Der Intendant werde Eberhard Beckmann heißen.

Was konnte mir Besseres geschehen. Mit Beckmann, den ich inzwischen ein paarmal getroffen hatte, würde gut arbeiten sein. Der Rundfunk konnte für mich auch eine Wohnung finden; so würde ich die Unterkunft bei meinen bisherigen Gastgebern verlassen und mich selbst irgendwo einrichten. Ich mußte nicht mehr bangen um die Reise nach Nauheim. Der Schrecken muß stark gewesen sein, damals. Jedesmal wenn ich heute das Bahnhofsschild »Bad Nauheim« vorüberflitzen sehe, ist alles wieder da.

Ich willigte ein. Natürlich ist es dann ganz anders gekommen; trotzdem denke ich gern zurück an Radio Frankfurt. Golo Mann ist kein Mensch für den praktischen Alltag. Das habe ich erfahren im Lauf des Jahres 1946, als wir miteinander zu regieren hatten: ich als deutscher Chefredakteur und er als mein amerikanischer Kontrolloffizier im Nebenzimmer. Oft mochte man denken an die Redensart einer Mutter, die Walter Benjamin überliefert hat: »Ungeschickt läßt grüßen!« In den wichtigen Angelegenheiten jedoch war mein Zensor ein guter Organisator. Er überschaute die Machtpositionen und Intrigen eines Rundfunkhauses ebenso genußvoll, wie später die Ränke seines Wallenstein.

Was er sich ausgedacht hatte, verstehe ich heute ganz gut. Es hing mit Montesquieu zusammen und seiner Erfindung: dem politischen Prinzip der *Gewaltenteilung*. Angewandt auf den Frankfurter Sender nahm sich das etwa so aus: Zuoberst die Militärregierung, das verstand sich. Sie war jedoch zur Aufsichtsbehörde gewandelt. Programmgestaltung und Verwaltung oblagen von jetzt an den deutschen Redakteuren, mit dem Intendanten Beckmann an der Spitze. Dem unterstanden ein Verwaltungsleiter und jene von Golo Mann ausgeklügelten zwei Chefredakteure: einer für die Politik und die Nachrichten, das war ich, einer für die Kultur.

Auch den hat er gefunden. *Erich Lissner* war ein enger Freund des Romanisten Werner Krauss in Marburg. Er hatte sich – bescheiden, ehrgeizlos und angewidert vom braunen Gepränge – anständig durchgeschlagen »in jenen Jahren«, wie man bereits damals, in verlegener Umschreibung, die Hitlerei zu nennen pflegte. Lissner war ein guter Kerl, der Ausdruck paßt hier: sehr gebildet, weniger ironisch als humorvoll. Wenn er schrieb, so gleichsam zitatenhaft im altdeutschen Stil, was viele für altmodisch hielten, obwohl es mit bewußter Stilisierung zu tun hatte. Wenn ich es recht erinnere, so hatte er in München zum Kreis von Ernst Penzoldt gehört. Das paßte zu ihm, und über den Wert von Penzoldt, dem Unterschätzten, waren wir einer Meinung.

Auch sonst gab es zwischen uns viel Übereinstimmung: um so mehr von Lissners Seite, als er nach einem gemeinsamen Besuch bei Krauss in Marburg feststellen konnte, daß Krauss und ich sofort miteinander die Geheimsprache fanden. Durch jenen Besuch in Marburg wurde für mich abermals Zukunft vorherbestimmt. Werner Krauss verließ bald darauf die Büchnerwelt, um einen Ruf an die Universität Leipzig anzunehmen. Der einstige Marburger Kollege Hans-Georg Gadamer hatte das veranlaßt. So kam Krauss nach Leipzig, und so holte er mich zwei Jahre später gleichfalls an die Pleiße. Übrigens hat Krauss auch die Berufung von Ernst Bloch nach Leipzig wesentlich gefördert, wenn nicht veranlaßt.

Ob Golo Mann diese Harmonie zwischen den beiden als Antagonisten aufgebauten Redakteuren besonders gern hatte, ist schwer auszumachen. Lissner war gemütvoll, doch keineswegs gemütlich. Ich war ungemütlich, auf alle Fälle. Der Chefredakteur für Kultur war kein Marxist wie Krauss oder ich selbst. Eher ein christlicher Humanist, wenn solche Floskel irgend weiterhilft. Die Kompetenzen hatte unser Plandenker gut abgegrenzt; den Jugendfunk überließ er mir nur unwillig, konnte aber nicht abstreiten, daß im Jahre 1946 ein Radioprogramm für die junge Generation mit Politik zu tun haben müsse. Jugendredakteur war ein ehemaliger deutscher Kriegsgefangener in England, den die Besatzungsmacht, nach entsprechender »Umerziehung«, mitgebracht hatte nach Frankfurt. Er war Kommunist geworden, gleich vielen seiner Freunde aus dem Umerziehungskurs in England. Einmal, das war noch in Bad Nauheim, trafen sich die einstigen Kameraden zu einem Wiedersehen und politischem Meinungsaustausch. Man hatte mich dazu eingeladen. So lernte ich auch meinen Kölner Landsmann Karl-Eduard von Schnitzler kennen.

Redakteur für Literatur wurde Stephan Hermlin. Er hatte bis dahin für die ›Frankfurter Rundschau‹ gearbeitet, kam aber gern zum Rundfunk als einem Medium, wo er für seine literarische Arbeit einiges lernen konnte. Wir haben damals in regelmäßigen Sendungen einige neue Bücher und Autoren vorgestellt: jeweils mit ausgewählten Leseproben. Die Frankfurter Schauspieler wirkten dabei mit: ich erinnere mich an Richard Münch und Martin Held.

Da mich Lissner bald nach unserem Amtsantritt mit dem Verleger Max Niedermayer bekannt machte, ließ ich das Manuskript meines Büchner-Buches herbeischaffen. Lissner lektorierte und empfahl den Druck. ›Georg Büchner und seine Zeit‹ erschien in Niedermayers Limes-Verlag in Wiesbaden im September 1946. Die ›Frankfurter Rundschau‹ brachte, unter Hinweis auf das Buch, am 13. September 1946 den Abdruck eines Kapitels »Georg Büchners Bild«, das ich kurz vor dem Druck aus dem Manuskript entfernt hatte, weil es zu spekulativ war und nicht in den Rahmen paßte.

Soweit ich sehe, war mein Buch die erste Veröffentlichung einer literaturwissenschaftlichen Arbeit im Bereich der sogenannten Westzonen. Im sowjetischen Bereich hatte mich

Lukács überrundet, wie sich das gehörte: seine Broschüre über ›Deutsche Literatur im Zeitalter des Imperialismus‹ war schon 1945 in Berlin erschienen, im neubegründeten Aufbau Verlag.

Nun war ich also Chefredakteur und hatte einen Verleger, einen sehr liebenswerten Enthusiasten, der Sportler gewesen war und auch als Verleger fair zu sein gedachte. Bei ihm blieb ich dann, auch noch längere Zeit nach der Übersiedlung zu den »Russen« im Herbst 1948. Im Frühjahr 1947 veröffentlichte der Limes-Verlag eine Auswahl der literarischen Sendungen, die Hermlin und ich inzwischen für Radio Frankfurt geschrieben und gesprochen hatten. *›Ansichten über einige neue Schriftsteller und Bücher‹:* ich sehe uns beide noch, wie wir in der Rundfunkkantine den Titel herausfanden. Understatement verstand sich von selbst.

Die Aufteilung der Themen ergab sich aus unserer grundverschiedenen geistigen Entwicklung. In Hermlins Beiträgen überwiegen die Engländer und Amerikaner; daneben Majakowski und Anna Seghers. Hermlin ist auch polemischer als ich in diesen Beiträgen. Er legt sich an mit Friedrich Georg Jüngers ›Perfektion der Technik‹ und mit den Ansichten von Jaspers über die »soldatische Ehre«. Ein schöner Text grüßt Heinrich Mann zum 75. Geburtstag.

Ich schreibe und rede – natürlich – über Thomas Mann und Jean Giraudoux, aber auch über Thornton Wilder, in Erinnerung an Züricher Aufführungen. Damals habe ich wohl als erster in Deutschland über Erich Fromm öffentlich berichtet, nämlich über das Buch ›Die Furcht vor der Freiheit‹. Abermals in Erinnerung: diesmal an Horkheimer und die Seinen.

Unsere Sammlung von Funktexten sollte ein »gesamtdeutsches Buch« werden. Michael Tschesno nämlich hatte im sowjetischen Sektor von Berlin seinen Verlag Volk und Welt gründen können. Er brachte schon im ersten Jahr (1947) eine Neuausgabe meines Büchner und ein Jahr später eine neue und leicht veränderte Ausgabe der ›Ansichten‹: in einer Riesenauflage, waren es nicht 50 000?, als Taschenbuch. Die Auflagen in Wiesbaden und Berlin verschwanden sogleich bei gierigen Käufern. Jahrzehnte später hat Peter Härtling, im Rückblick, auf jene vergessenen ›Ansichten über einige neue Schriftsteller und Bücher‹ hingewiesen. Dies Taschenbuch habe dazu beigetragen, einer neuen Generation beim Lesen zu helfen. So mag es gewesen sein.

Als Chefredakteur für Nachrichten hatte ich alle Manuskripte abzuzeichnen; das war ungefähr so, wie in Nauheim bei der DANA. Lästig war die Verpflichtung, die Regionalnachrichten der »Rundschau aus dem Hessenland« jeweils begutachten zu müssen. Zumal immer wieder der Dr. Bernhard Grzimek beruhigt werden mußte, wenn nicht in jeder Sendung eines jeden Tages eine Nachricht aus dem Frankfurter Zoo erscheinen konnte. Meine eigene und liebste Sendung aber war, jeweils am Montagabend, der »Außenpolitische Kommentar der Woche«. Da half mir die Auslandserfahrung und die Kenntnis der Machtverhältnisse zwischen den Alliierten. Meistens sprach ich unmittelbar ins Mikrophon. Irgendwann einmal im Sommer war ich verhindert zur Zeit der Sendung und hatte den Kommentar auf Band gesprochen. Als ich am Abend durch die Straßen ging in der Nähe der Eschersheimer Landstraße, waren die Fenster weit geöffnet wegen der Hitze. Aus vielen Zimmern klang meine Stimme mit der außenpolitischen Belehrung. Manche Kommentare wurden im amerikanischen Hauptquartier, wo der General Lucius D. Clay regierte, ohne viel Zustimmung angehört. Einer davon führte schließlich den Abschied herbei von Radio Frankfurt.

Über den *Nürnberger Prozeß* mußten (und wollten) wir ausführlich berichten. Die Redakteure wechselten sich ab als Berichterstatter aus dem Gerichtssaal. Einmal fuhr auch Stephan Hermlin nach Nürnberg. Was er dann berichtete, war merkwürdig fahl und ausweichend. Wir sprachen nicht darüber. Ich konnte seine Inhibition beim Anblick jener Männer gut verstehen.

Schließlich fand ich, daß auch ich hinreisen müsse. Unsere Reise mit dem Auto, die über Würzburg führte, wo man kilometerlang durch Straßenreihen fuhr, ohne ein bewohntes und bewohnbares Haus zu entdecken, stand unter dem Unstern. Seit dem Exil pflegte ich viel zu rauchen: nur Zigaretten, mehr und mehr die schwarzen Franzosen. In Frankfurt hatte ich mich an die Camel und Chesterfield zu gewöhnen. Immer wieder legte mir Golo Mann einige Päckchen in die Schublade. Der Restbedarf mußte vom Schwarzen Mark bezogen werden. Folgen für die Gesundheit waren unverkennbar: jahrelang

wachte ich mit schweren Kopfschmerzen auf. Wenn Sorgen und Aufregungen hinzutraten, muße ich mich niederlegen, war unfähig zu irgendeiner Mitarbeit. So war es mir zur DANA-Zeit ergangen bei einem Empfang durch den Heidelberger Oberbürgermeister. Es gab Wein, den ich nicht vertrug. Die Beratung der Lizenzträger, wo ich nunmehr auch von denen gewählt werden sollte, fand ohne mich statt. Trotzdem wurde ich gewählt. Arno Rudert von der ›Frankfurter Rundschau‹ und Walther Karsch vom Berliner ›Tagesspiegel‹ hatten für mich plädiert.
Ähnlich lief es ab bei der Fahrt nach Nürnberg. Das Wiedersehen mit der einst so schönen Stadt traf mich stärker, als alle inzwischen gewohnten Trümmerlandschaften, die ich seit meiner Heimkehr anzuschauen hatte. Ich war unfähig, wie vorgesehen an der Gerichtsverhandlung teilzunehmen, mußte mich im Hotel niederlegen. Nach ein paar Stunden schien es besser zu gehen. Ich zog mich an, passierte die strengen Kontrollen, saß einen Augenblick im Saal, sah die Anklagebank, und mußte sogleich wieder ins Freie. Da kam zu viel zusammen. Ich ließ mir berichten und fuhr am andern Morgen wieder zurück nach Frankfurt.
Am Tag nach der Urteilsverkündung in Nürnberg sprach ich einen längeren Kommentar. Er muß vielen Hörern die eigenen Empfindungen geklärt und bestätigt haben. Nach der Urteilsvollstreckung habe ich noch einmal gesprochen: über den Weg nach Nürnberg. Nicht eifernd, denn hier war auch über mein Leben geurteilt worden, und über seinen bisherigen Ablauf.

Exkurs: Nach dem Urteil im Nürnberger Prozeß

Rundfunk-Kommentar (Radio Frankfurt) vom 2. Oktober 1946

Gestern abend, am 1. Oktober 1946, nach dem Urteil, las ich im Werk eines großen Deutschen: des Philosophen Immanuel Kant aus Königsberg. Es schien angemessen, den ›Traktat zum ewigen Frieden‹ zu wählen, der 1795 zuerst erschien. Da stieß man auf folgenden Satz: »Die Welt wird keineswegs dadurch untergehen, daß der bösen Menschen weniger wird. Das moralisch Böse hat die Eigenschaft, daß es in seinen Absichten sich selbst zuwider und zerstörend ist und so dem moralischen Prinzip des Guten, wenngleich durch langsame Fortschritte Platz macht.« Kant bemüht sich darzulegen, daß im Wesen keine Trennung bestehe zwischen der Politik und der Moral, wobei er Moral immer wieder und ausdrücklich gleichsetzt mit der Entwicklung der Humanität, der Menschlichkeit. Wesensgleichheit aber von Politik und Humanität, das schien ein geeignetes Thema am Abend eines Urteilsspruches, der gerade Verbrechen gegen die Humanität, gegen die Menschlichkeit im Namen angeblicher Politik zum Gegenstand gehabt hatte.

150 Jahre ist es her, seit Kants Schriften zur Förderung der Humanität, mitsamt dem ›Traktat zum ewigen Frieden‹, deutschen Lesern zugänglich gemacht wurden. Allein die Keitel und Jodl haben nie etwas anderes als Spott dafür gehabt, und mit ihnen die Franz von Papen und Konstantin von Neurath, zynische Rechtsanwälte wie Hans Frank oder Arthur Seyß-Inquart, und die nationalistisch hetzenden Schullehrer vom Schlage eines Julius Streicher. Wir sehen in Männern, wie sie eben genannt wurden, vor allem Typen, wenngleich die schlechtesten Vertreter einer Geisteshaltung. Allein gerade weil gewisse geistige Tendenzen in der Gestalt eines Papen oder Keitel oder Frank bis zur äußersten Konsequenz vorgetrieben wurden, wird es notwendig, den geistigen Hintergrund des Nürnberger Prozesses zu untersuchen.

Seit 150 Jahren hatten herrschende Gewalten in Deutschland nichts als Hohn gehabt für das angeblich »schlappe Gerede« von einem ewigen Frieden. Es waren die gleichen Kreise, die in Kants humanistischem Denken nichts sehen wollten als bloße

»Humanitätsduselei«. Es waren die gleichen Kreise, die das furchtbare Wort prägen konnten vom »frisch-fröhlichen Krieg«, in sich die Berufung kleiner Bismarcks spürten und das Wort von »Blut und Eisen« gern im Munde führten. Hier war eine Generation entstanden, die sich bemühte, ihr Erbe an immer neue Generationen weiterzureichen, für die der Offizier des Lebens höchste Zierde darstellte, und zwar, wenn möglich, der aktive Offizier. Es pflanzte sich die Kasernen- und Kasernenhof-Tradition fort, deren ausdrückliches Ziel darin bestand, dem jungen Menschen, der ihnen als Rekrut überantwortet wurde, alle Menschenwürde und bürgerliche Persönlichkeit zu nehmen, um eine willenlos gehorchende Maschine zu produzieren. Schon Wilhelm II. hatte seinen Rekruten zugemutet, sie müßten notfalls auf ihre Eltern und Kinder schießen können.

Die Erneuerer dieser Tradition im Dritten Reich hatten daraus ein Prinzip abgeleitet: es gäbe keine inhaltliche Grenze für die Ausführung von Befehlen eines Vorgesetzten, seien sie so unmenschlich wie immer. Die freie Entscheidung des einzelnen Menschen, auch des einzelnen Soldaten, über menschliche oder unmenschliche Handlungen und Befehle wurde ersetzt durch das starre Prinzip »Befehl ist Befehl«. Der Gegensatz zur Lehre eines Kant und Schiller war vollkommen.

Diese Moral des Kadavergehorsams wurde zum staatlichen Grundsatz erhoben: nicht bloß durch Feldwebel und Feldmarschälle, sondern auch durch Lehrer und Erzieher, die in der Blut-und-Eisen-Sprache schwelgten und im Krieg das Mittel aller Politik sahen. Lange vor 1933 hatte der spätere Kronjurist Görings, der Professor Carl Schmitt, drucken lassen, das Wesen der Politik bestehe darin, die Unterschiede zwischen Freund und Feind festzustellen; das galt als eine besonders »interessante« Lehre an den deutschen Universitäten, schon vor nunmehr 20 Jahren. Die Rechtsprechung der Strafsenate des Reichsgerichts tat das Ihre. In laufender Zahl verurteilten sie Pazifisten und linksgerichtete Schriftsteller als Landesverräter, wenn die es wagten, in Deutschland und im Ausland vor der geheimen Aufrüstung, der geheimen materiellen und geistigen Vorbereitung zu einem neuen Krieg zu warnen. Das alles lag vor 1933. Damals finanzierten seit langen Jahren deutsche Bankiers und Großindustrielle die Nazi-Partei, weil sie in ihr ein geeignetes Mittel sahen, die Gewerkschaften und die demokratischen Parteien zu zerschlagen, um so ein Hindernis bei Vorbereitung ihres Krieges aus dem Weg zu räumen. Nicht umsonst hatte man einen Feldmarschall als Staatsoberhaupt, und man hatte dem Feldmarschall schöne Rittergüter im Osten geschenkt, um ihn auch materiell an jene Gruppe der Großgrundbesitzer und nationalistischen Kriegstreiber zu binden. Hindenburgs bester Freund war der Junker von Oldenburg-Januschau, der bereits zur Zeit der Hohenzollern erklärt hatte, der Kaiser solle doch einfach durch einen Leutnant mit zehn Mann die »Quasselbude« des Reichstages schließen lassen. Die Konsequenz aus solcher Politik, die Synthese aus Handelsinteresse, Herrenklub-Eitelkeit, deutschem Militarismus und Nationalismus, völliger moralischer Bedenkenlosigkeit, hieß dann: Franz von Papen. Man konnte sich keine symbolischere Figur denken, um Hitler in den Sattel zu heben.

Auf solchem Untergrund, solcher Tradition, die 150 Jahre lang das Gegengewicht gegen Kants Gedanken der politischen Humanität gebildet hatte, entstand jene Tat einer Gruppe von Menschen, die sich heute als »Verschwörung gegen den Weltfrieden« darstellt. Der Tatbestand des Anklagepunktes Nummer 1 von Nürnberg erfüllte sich. Doch müssen wir uns in jedem Augenblick gegenwärtig halten, daß diese Verschwörung gegen den Weltfrieden, deren Teilnehmer gestern überführt wurden, nicht bloß das Werk der paar Männer, der Hitler, Himmler und Goebbels, Göring und Ribbentrop war, sondern daß eine unheilvolle Geschichtsentwicklung vorausgegangen war, um den Erfolg dieser Konspiration überhaupt erst möglich zu machen.

Zwei Dinge sind zu unterscheiden: einmal die Verschwörung, deren Täter und Teilnehmer gestern verurteilt wurden. Darüber kann es heute keinen Zweifel mehr geben. Hier war eine Gruppe von Menschen am Werk, um den Weltfrieden zu brechen, um den Krieg, »ihren« Krieg, vorzubereiten, von dem sie sich einen Beutefeldzug, und vielleicht gar noch historischen Ruhm versprachen. Allein bereits das römische Recht kannte die Frage »Cui bono?«, das heißt: Wer hat den Nutzen davon? Und diese zweite Frage muß man auch vor den Angeklagten von Nürnberg stellen. Daß sich eine Gruppe von Menschen zusammenfand, um einen Beutefeldzug zu unternehmen, hätte auch zu anderen Zeiten und bei anderen Völkern möglich sein können, und es ist möglich gewesen. Die entscheidende Frage war aber einmal, wie wir bereits sagten, die intensive jahrzehntelange geistige Vorbereitung, die große Teile unsereres Volkes willig machte, solches Abenteuer mitzumachen oder zu dulden. Dann aber vor allem das Werk derjenigen, die sich den eigentlichen Profit von einer solchen Weltherrschaft und Welteroberung versprachen. Und hier hat leider, durch Alter und Krankheit, der Erbe der Firma Krupp auf der Anklagebank gefehlt. Auch er nur ein Symbol, ein Zentrum von Kräften und Interessen, die diese Verschwörung gegen den Weltfrieden gewollt, finanziert und wahrscheinlich sogar weitgehend angeregt haben. Es ist kein Zufall, daß als nächster großer Prozeß, und als Folge des Nürnberger Prozesses, der Prozeß gegen die Nazi-Wirtschaftsführer und die Nutznießer des Nazi-Abenteuers in den Kreisen von Wirtschaft, Industrie und Finanz angeordnet wurde. Erst mit dem Urteil in solchem Prozeß wird der Tatbestand der »Verschwörung gegen den Weltfrieden« in allen Einzelheiten übersichtlich geworden sein.

Die weiteren Anklagepunkte 2-4 ergaben sich als Konsequenz aus dem Gesagten. Aus der Verschwörung gegen den Weltfrieden mußte mit Notwendigkeit die Entfesselung des Krieges, und zwar in der überraschenden Form des Angriffskrieges, wenn möglich des Blitzkrieges erfolgen. »Angriff ist die beste Verteidigung«: auch diese Phrase gehörte zum Repertoire jener nationalistischen Schlagworte von Blut und Eisen und vom frisch-fröhlichen Krieg. Aus dem Gerede von der »Humanitätsduselei« ergab sich damit die Notwendigkeit, daß auch während dieses Krieges keinerlei Rücksichten auf Menschlichkeit und völkerrechtliche Regeln anerkannt werden konnten. Das bedeutete, nach Punkt 3 der Anklage, die bewußte und konsequente Verletzung der völkerrechtlichen Regeln auch im Kriege, und in Punkt 4 die bewußte Verletzung aller Regeln der Menschlichkeit. Im Gegenteil: man machte sogar noch aus der Unmenschlichkeit eine Philosophie, eine Theorie von der Macht des Stärkeren und dem Willen zur Unmenschlichkeit. »Wenn ich das Wort Kultur höre, so entsichere ich meinen Browning«, schrieb der Nazidichter Hanns Johst. Seine Gesinnungsfreunde entsicherten ihren Revolver, wenn sie das

Wort Humanität hörten. Wie weit war man entfernt vom großen klassischen Zeitalter der Deutschen!

Das ist der Tatbestand und innere Zusammenhang, wie er Gegenstand der Anklage von Nürnberg wurde. Nun wollen wir versuchen, einen Rückblick auf das Prozeßverfahren zu geben.

Als bekannt wurde, daß alliierte Truppen bei der Besetzung Deutschlands einige Dutzend der einflußreichsten Naziführer gefangengenommen hatten, waren mehrere Möglichkeiten gegeben, mit den Menschen abzurechnen, die für so viel Unheil verantwortlich waren. Es war denkbar, daß man sie denjenigen Völkern zur Aburteilung ausliefere, gegen die sie sich in erster Linie vergangen hatten. Man ist in einigen Fällen auch so verfahren: Greiser und Forster zum Beispiel, denen die Ausrottung eines Teils der polnischen Bevölkerung vorgeworfen werden konnte, wurden den polnischen Staatsbehörden zur Aburteilung übergeben, das gleiche im Falle von Partei-Politikern und Offizieren, die sich in Jugoslawien, der Tschechoslowakei oder Norwegen Kriegsverbrechen hatten zuschulden kommen lassen. Hier urteilte ein nationales Gericht, das die Interessen der Geschädigten unmittelbar vertrat. Es wäre denkbar gewesen, Seyß-Inquart in ähnlicher Weise der holländischen, Rosenberg der russischen, Frank der polnischen oder Neurath der tschechischen Gerichtsbarkeit zu unterstellen, oder Sauckel den Franzosen zur Aburteilung zu übergeben.

Die zweite Möglichkeit bestand in einem Akt politischer Schnelljustiz. So hatten die italienischen Antifaschisten und Partisanen im Falle von Mussolini und Farinacci, von Pavolini und Starace gehandelt. Es war die Abrechnung der Antifaschisten mit den Führern des zusammengebrochenen Faschismus. Niemand – auch auf alliierter Seite – hätte sich hemmend in den Weg gestellt, wenn verzweifelte und erbitterte Menschen in Deutschland mit den Verursachern von so viel Unglück in ähnlicher Weise verfahren wären. Allein es hat in Deutschland eine Bewegung gefehlt, die mitgeholfen hätte, das Land durch eigene Kraft einer deutschen Widerstandsbewegung vom Nazismus zu befreien. Göring oder Kaltenbrunner hatten sich nicht vor einem Schnelltribunal deutscher Antifaschisten zu verantworten, wie Benito Mussolini vor seiner Erschießung.

Es blieb eine dritte Möglichkeit: der Fall eines großen interna-

tionalen Gerichtsverfahrens. Dieser Weg wurde eingeschlagen. Nicht darum ging es, wie mancher dachte, die Angeklagten durch einen langwierigen Prozeß ihrer Strafe zu entziehen. Es ging überhaupt nicht so sehr um die Angeklagten selber. Das waren Männer, die politisch ihr Spiel ausgespielt hatten und deren Leben im Grunde für jeden als verwirkt galt. Es ging um einen Akt der Verwirklichung internationalen Rechts.

Dieses Verfahren ist gerade bei uns sehr vielfältig mißverstanden worden. Die Hauptursache sehen wir darin, daß das Völkerrecht für den Durchschnittsdeutschen, dank systematischer und langjähriger Erziehung, als Illusion oder als etwas Unwirkliches betrachtet wurde. Das Wort Völkerrecht gehörte genau dem gleichen Komplex der »Humanitätsduselei« an, wie Kants Gedanken zum ewigen Frieden. Man glaubte nicht an die Existenz des Völkerrechts, und man hatte dementsprechend gehandelt. Allein auch im Strafrecht ist es gleichgültig, ob der Dieb das Strafgesetz über den Diebstahl anerkennt oder nicht: der § 242 des Strafgesetzbuches hat trotzdem Geltung. Es zeigte sich, daß ein Völkerrecht existiert, selbst wenn man in Deutschland nur Hohn für diesen Begriff gehabt hatte. Das Völkerrecht aber besteht, wie übrigens alles andere Recht auch, sowohl in Form des geschriebenen Rechts, nämlich der internationalen Verträge, wie des internationalen Gewohnheitsrechts. Es gibt immer noch zum Beispiel keine endgültige internationale Gesetzgebung über den Schutz der diplomatischen Immunität; trotzdem ist seit Jahrhunderten nach Gewohnheitsrecht der Diplomat, der Gesandte oder Botschafter eines Landes nach Völkerrecht unverletzlich.

Seit 1928 gab es überdies einen internationalen Vertrag: den Kriegsächtungspakt, der mit den Namen Briand und Kellogg verbunden ist. Auch Deutschland hatte ihn durch Gustav Stresemann in Paris unterzeichnen lassen. Die Führer des Dritten Reiches haben diesen Vertrag, wie so viele andere Verträge auch, gebrochen. Der Bruch eines Vertrages aber schafft die Tatsache dieses Vertrages nicht aus der Welt. Neben diesen internationalen Verträgen, die gebrochen wurden, standen die zahlreichen Regeln des Völkerrechts über die menschliche Behandlung der Kriegsgefangenen, das Verbot der Geisel-Erschießung, der Zwangsverschleppung, der Folterung und so fort: alles Grundsätze des Völkerrechts unter sämtlichen

Nationen, die sich zivilisiert nennen. Die Angeklagten von Nürnberg haben sie alle bewußt und willentlich übertreten. Allein diese Rechtsnormen blieben trotzdem bestehen, wie auch das Strafgesetz trotz des Verbrechens bestehen bleibt.

Aus diesem Grunde war es dem Nürnberger Gericht möglich, geltendes Recht, nämlich Völkerrecht, anzuwenden und die Angeklagten auf Grund des internationalen Strafrechts zu verurteilen. Das war durchaus nichts Neues: man war hier weit entfernt von einer Justiz, die man eigens für diesen Fall und diese Angeklagten angewandt hätte, so wie die Nazis mit Vorliebe Sondertribunale zu schaffen pflegten. Das internationale Strafrecht existiert seit mindestens 180 Jahren. Es hat sich im Laufe der letzten Jahrzehnte immer stärker und konkreter entwickelt, und es wäre falsch, das Nürnberger Tribunal lediglich als Sache der vier alliierten Großmächte zu betrachten, bloß weil die Richter nur von ihnen gestellt wurden. Hinter dem britischen, dem amerikanischen, dem französischen und dem russischen Richter aber muß man die Gesamtzahl der Vereinten Nationen sehen, die jene Richter mit der Wahrnehmung ihrer eigenen Rechte betraut hatten. So konnte der französische Ankläger den Fall der Niederlande und Belgiens, der russische Ankläger den Fall Jugoslawiens, Polens oder der Tschechoslowakei behandeln. Hinter der Gesamtzahl der Vereinten Nationen stand, verkörpert durch die unerschütterliche Ruhe und Würde der acht Richter von Nürnberg, die Gesamtzahl der freiheitsliebenden Völker und Menschen in aller Welt. Hinter ihnen stand das Völkerrecht.

Es wird Zeit, daß wir in Deutschland die Rechtsnatur des Völkerrechts erkennen und würdigen. Es wird Zeit, eine Etappe der Menschenentwicklung mitzuvollziehen, die wir bisher nicht mitgegangen waren. Das Wort von Kant, das wir an den Anfang stellten, wonach das moralisch Böse dem langsamen Fortschritt des Guten, nämlich des Rechts, den Weg bahne, bestätigt sich auch hier. Die Rechtsentwicklung führte von der Selbsthilfe der Raubritter zur staatlichen Gerichtsbarkeit. Sie führte in Deutschland von einer Vielzahl der Landestribunale zu einem übergeordneten Reichsgericht, so wie in den Vereinigten Staaten von Amerika das Bundesgericht zu einer der wichtigsten Garantien des dortigen Verfassungslebens geworden war. Heute erleben wir den Vorgang, daß sich über der Gerichtsbarkeit der Staaten und Länder eine Weltjustiz aufbaut, die nach den geltenden Regeln des Völkerrechts urteilt. Der Müller von Sanssouci bedeutete eine Etappe der preußischen Rechtsentwicklung: er machte dem absoluten Monarchen Friedrich von Preußen klar, daß es noch ein Kammergericht gebe, das der Willkür des Monarchen feste Grenzen setze. Die Richter von Nürnberg bedeuten eine Etappe in der Weltrechtsentwicklung, denn sie zeigen den internationalen Rechtsbrechern, den jetzigen und als Warnung allen künftigen, daß die Willkür der Staatsmänner und internationalen Abenteurer der Politik ihre Schranken findet im Völkerrecht und in den Gesetzen der Menschlichkeit. Hier liegt die zukunftweisende Bedeutung des Nürnberger Prozesses.

So auch ist das Urteil zu verstehen. Soweit wir sehen, ist das Nürnberger Urteil in unserem Lande teilweise mißverstanden worden. Man ist viel zu sehr vom Schicksal der 21 Angeklagten ausgegangen, viel zu wenig von der grundsätzlichen Bedeutung des Prozesses. Auch der Freispruch der Papen, Schacht und Fritsche bedeutet, ganz gleich, wie man zu ihnen stehen mag, einen Akt völkerrechtlicher Justiz. Viele haben schnell dahin geurteilt, das Gericht habe diese drei Angeklagten nunmehr von aller Schuld freigesprochen. Davon ist keine Rede, und es wäre grotesk, wollte man annehmen, ein Fritsche sei schuldlos oder gar ein Papen, während die Spruchkammern täglich ihre kleinen, verführten Mitläufer verurteilen. Das Nürnberger Gericht hat lediglich festgestellt, daß diese drei Angeklagten nicht der Verletzung völkerrechtlicher Gesetze mit genügender Beweiskraft schuldig befunden werden konnten. Wenn es einige andere Angeklagte mit Freiheitsstrafen davonkommen ließ, so hat es damit nur eine individuell geringere Schuld im völkerrechtlichen Sinne festgestellt, keineswegs aber irgendeine Unschuld schlechthin.

Es war auch im Sinne völkerrechtlicher Justiz, wenn die russischen Richter im Falle der freigesprochenen Angeklagten, im Falle der Freiheitsstrafe für Rudolf Hess und der Beurteilung von Reichsregierung und Generalstab, eine abweichende Ansicht vortragen ließen. Im Internationalen Gerichtshof im Haag sind solche abweichenden Ansichten einzelner Richter die Regel gewesen, wie man in den Protokollen aus dem Haag nachlesen kann. Im Schweizer Bundesgericht sind die Beratun-

gen der Richter öffentlich, auch dort wird nach dem Mehrheitsprinzip abgestimmt; die unterlegene Minderheit stellt ihre Meinung gesondert fest. Auch hier ist also ein einwandfreies völkerrechtliches Verfahren geübt worden.

Gerade aber der Freispruch der drei Angeklagten zeigt für uns Deutsche, daß nach dem völkerrechtlichen Prozeß der Fall nicht erledigt sein kann. Neben der völkerrechtlichen Schuld oder (in diesen drei Fällen) der Unschuld der Angeklagten steht ihre Schuld vor dem deutschen Volk. Wie wäre es denkbar, wollte man verführte Menschen und Mitläufer zur Verantwortung ziehen, stellte man nicht fest, wie sehr sich gerade die drei völkerrechtlich Freigesprochenen gegen die Grundrechte und auch gegen die einstige demokratische Verfassung des deutschen Volkes vergangen haben. Es gehört zur tiefen Tragik unseres heutigen Schicksals, daß es nicht möglich sein konnte, einem deutschen Gericht den Fall der Angeklagten von Göring bis Fritsche zu übergeben: an Anklagepunkten hätte es wahrlich nicht gefehlt!

Wir vermeiden es mit Absicht, über einzelne Angeklagte zu sprechen, wollen kein Wort äußern über jene Menschen, wie sie auch gewesen sein mögen, die nun in ihren Zellen den Tod oder die Haft langer Jahre erwarten. Wir wollen aber noch ein Wort zu den Freigesprochenen sagen. Ein Wort zu Hans Fritsche, der in Nürnberg bekannte, er habe seit 1943 gewußt, daß der Krieg verloren war, und der noch fast zwei Jahre lang, wider eigene Überzeugung, strahlenden Optimismus durch den Rundfunk verbreitete, Tausende zu einem sinnlosen Kampf und Verbluten aufforderte, fürchterliche Opfer und Vernichtungen durch organisierte Lüge möglich machte. Wie wäre es denkbar, daß sich die betrogenen Menschen nicht Rechenschaft fordernd gegen ihn stellen?

Sprechen soll man von Dr. Hjalmar Schacht, dem wir es heute danken können, wenn unsere Kassen leer sind, wenn Sparkassen, Rentenanstalten und Sozialversicherungsträger bettelarm wurden, weil er mithalf, die letzten produktiven Kräfte eines fleißigen und arbeitsamen Volkes in den Dienst von Aufrüstung, Krieg und sinnlosem Abenteuer zu stellen.

Sprechen soll man von Franz von Papen, und ich will gestehen, daß er mir vielleicht als Erbärmlichster unter den Angeklagten erscheint. Er hat immer wieder alle und alles verraten: Men-

schen und Überzeugungen. Er hat seinen katholischen Glauben mißbraucht, um in Rom oder Wien der Politik des Nazireiches Erfolge zu sichern; er hat die deutsche Demokratie verraten, um gemeinsam mit dem Bankier von Schröder das Hitler-Abenteuer zu beginnen. Er hat seinen einstigen Freund Kurt von Schleicher verraten; er hat den eigenen Sekretär verraten, der am 30. Juni 1934 fast vor seinen Augen erschossen wurde, und er ging hin, die Hand Görings zu drücken, der diesen Edgar Jung ermorden ließ. Er hat mitgeholfen, den Glauben an die Ehrlichkeit deutscher Politiker zu zerstören; er hat überall nur seinen eigenen Vorteil gesucht, ist vor nichts zurückgeschreckt – und hat sich bis heute nicht zu der Überzeugung durchringen können, all diese Jahre dem Feind der europäischen Kultur gedient zu haben. Gewiß, das Beweismaterial mag nicht ausgereicht haben, einen Franz von Papen nach geltendem Völkerrecht zu verurteilen. Allein wenn es einen Schuldigen gibt, der verantwortlich zu machen ist für unsere heutige Lage, so ist es dieser da.

Es gibt ein furchtbares Evangelien-Wort. Es ist das Wort, wonach das Ärgernis kommen muß, aber wehe dem Menschen, durch den das Ärgernis in die Welt gelangt. So etwas haben wir im weltlichen Bereich auf der Anklagebank in Nürnberg gesehen. Es mußte dahin kommen; alles war im Untergrund des deutschen Lebens reif, diese Krankheitskeime zur Entfaltung zu bringen. Mitgearbeitet hatten daran die Generale, die nach dem letzten Weltkrieg geblieben waren, auch als der Kaiser ging. Mitgeholfen hatten die Richter des Reichsgerichts, die mittaten bei der geheimen Aufrüstung. Mitgeholfen hatten jene Wirtschaftsführer, die mit ihrem Geld die Bürgerkriegsbanden organisierten. Mitgeholfen hatten die Stahlhelmführer und die nationalistischen Sprecher der Kriegervereine. Mitgeholfen hatten deutsche Erzieher und deutsche Intellektuelle. Man sehe sich den bürgerlichen Beruf der 21 Männer von Nürnberg an, um zu erkennen, daß noch viele ihresgleichen unter uns weilen, auch wenn sie nicht so weit gelangten, wie diese Frank, Frick und Funk. Mitgeholfen haben alle jene Politiker von Brüning über Papen und Schleicher, die daran arbeiteten, die deutsche Republik zu unterhöhlen, widerstandsunfähig zu machen und an den Terror auszuliefern.

Es mußte ja Ärgernis geben. Jene Männer von Nürnberg und

ihre Helfershelfer haben der Welt das Schauspiel dieser Erkenntnis geboten. Sie haben ihre Sühne erhalten, oder werden sie erhalten. Doch uns bleibt die Lehre: die Notwendigkeit einer geistigen Erneuerung, als Abkehr von jenem Kult von Blut und Eisen, des Hohns auf Freiheit, Humanität, Menschenrecht und Völkerrecht. Es bleibt die Rückkehr zur einfachen menschlichen Anständigkeit. *Das Urteil von Nürnberg wendet sich an uns alle. An uns liegt es, das Wort Kants dennoch wahrzumachen. Um es zu wiederholen: »Die Welt wird keineswegs dadurch untergehen, daß der bösen Menschen weniger wird. Das moralisch Böse hat die Eigenschaft, daß es in seinen Absichten sich selbst zuwider und zerstörend ist, und so dem moralischen Prinzip des Guten, wenngleich durch langsame Fortschritte Platz macht.«*

Die beiden Chefredakteure, also Lissner und ich, kamen gut aus miteinander. Mein Verhältnis zum Intendanten im Nebenzimmer, zu Eberhard Beckmann, wurde schwieriger. Ich hatte gar keinen Sinn für Hierarchien, mithin für Ungleichheit, und nur wenig Freude an der Macht in jeglicher Gestalt. Mich faszinierte die ungewohnte Arbeit, und ich arbeitete viel. Zudem war es gut warm im Funkhaus, wir bekamen in einer amerikanischen Kantine, die sich im Gebäude der einstigen Frankfurter Metallgesellschaft befand, ein warmes Mittagessen, übrigens ein Nachkriegsessen mit wenig Nährwert; am Licht brauchte nicht gespart zu werden: so blieb ich, wenn es irgend anging, in meinem Arbeitszimmer, bereitete Sendungen vor, hörte ab, genehmigte die gesammelten Nachrichten. Ich hatte in einer ganz hübschen Wohnung unterkommen können, in der Parkstraße: da konnte ich zu Fuß den Weg zwischen Wohnung und Arbeitsstätte zurücklegen. Mein Status als Verfolgter des Naziregimes verhalf mir bald auch zu eigenen Möbeln. Trotzdem empfand ich die Funkhäuser als eigentliches Zuhause.

Beckmann war ganz anders. Lang und dünn, vermutlich damals schon kränklich, gedemütigt im Dritten Reich, wollte er jetzt nachholen, was ihm so lange entgangen war: Macht und Erfolg, Umgang mit Siegern, symbolisiertes Ansehen. Alles mußte folglich bei ihm eine Spur ansehnlicher sein als bei seinem Chefredakteur. Er selbst hatte die Vorhänge für unsere Arbeitszimmer ausgesucht: bei ihm ging es ein bißchen teurer zu. Ich fand alle Vorhänge einfach scheußlich, gerade weil sie auf Kostbarkeit angelegt schienen, nahm die Unterschiede nicht ernst. Ich erinnere noch, daß der Intendant viel Zeit darauf verwandte, ein Funkgerät für seinen Dienstwagen zu organisieren. Das hatte weit weniger mit Kontrolle der Sendungen zu tun, als mit Prestige: ein Rundfunk im Auto war damals eine große Sache.

Ich war spontan, anfällig für Stimmungen, oft zornig und auch vorlaut. Eberhard Beckmann hatte im Großdeutschen Reich eine Hochschule der Verstellung absolvieren müssen. Er lä-

chelte viel, war stets verbindlich, doch häufig geneigt, die Menschen seines Umgangs als Figuren eines subtilen Spieles zu bewegen. Eines Spieles der Macht und um die Macht.
Eben darum kamen wir recht gut miteinander aus, weil mich die Arbeit reizte, nicht die Macht. Der jetzige Intendant von Radio Frankfurt hatte einen bürgerlichen Beruf ausgeübt, mußte erfolglos bleiben lange Zeit, ohne eigene Schuld, weshalb er nun fast süchtig war nach äußerem Glanz und nach der Bevorzugung. Ich war lange Zeit ein Niemand gewesen ohne Beruf, Paß, Wohnung, regelmäßige Arbeit nach meinem Geschmack, auch ohne ein festes Einkommen natürlich. Nun hatte ich alles: so gut man es damals haben konnte im Lande der Besiegten und als Angestellter bei den Siegern, die einen von einer Stunde zur anderen »feuern« konnten. So stürzte ich mich in die Arbeit, war mit allem, was mich selbst betraf, leicht zufriedenzustellen, begehrte nur ein bißchen auf, wenn ich merkte, daß man mich hereinlegen wollte. Ich kam schnell zurecht in dem ungewohnten Amt. Wenn es darauf ankam, konnte ich gut organisieren und einen Apparat leiten. Die juristische Schulung erwies sich immer wieder in meinem Leben als Gewinn. Ich hatte im Ausland gelebt, konnte Sprachen, kannte Menschen und Zusammenhänge, die den Deutschen unbekannt geblieben waren im Zeichen einer Reichspropaganda. In der Arbeiterbewegung und später im Exil hatte ich gelernt, wenn ich es überhaupt lernen mußte, keinen Unterschied zu machen zwischen den feinen und den kleinen Leuten. Servil oder hochfahrend bin ich nie gewesen, da glaube ich mich nicht zu täuschen.
So kam ich vor allem mit den Technikern und technischen Mitarbeitern, mit den Fahrern des Übertragungswagens und mit den Sekretärinnen gut aus. Zumal es sich offenbar herumsprach, daß ich meine Sache ordentlich machte, also kein Protektionsgeschöpf der Amis war, und sonst gar nichts. Ich habe kein schlechtes Andenken im Funkhaus hinterlassen, das weiß ich.
Auch mit Golo Mann konnte man gut arbeiten, meinem Kontrolloffizier im anderen Nebenzimmer. Mit ihm und seinem Kollegen Arthur Bardos, den ich Jahrzehnte später in Brüssel wiedersah, wo er mit den Europäern zu tun hatte. Golo kultivierte seine Abneigungen, die zahlreich waren,

erwies sich jedoch als ungemein fair. Er mußte unsere Kommentare abzeichnen. Manchmal wand er sich vor Abscheu über irgendwelche Thesen meines außenpolitischen Kommentars, häufiger noch über die literarischen Vorlieben, die Hermlin und ich entwickelten, aber dann zeichnete er schließlich doch mit angewidertem Gesicht ab. Damals stellte er für mich die Verbindung her zu seinem Vater in Kalifornien, denn hier in Frankfurt bedrängte mich plötzlich, mitten in aller Funkarbeit, der Gedanke, wieder ein Buch zu schreiben. Als ich das erste Exemplar von ›Georg Büchner und seine Zeit‹ in der Hand hielt, war es für mich ausgemacht: *das nächste Buch soll von Thomas Mann handeln.* Ich sprach mit Golo darüber, der Mut machte. Ich erhielt die Fahnen der Tagebücher ›Leiden an Deutschland‹ und durfte darüber am Rundfunk berichten, wenngleich das Buch selbst noch nicht in Deutschland gelesen werden konnte. Später erhielt ich auch den Umbruch der Erstausgabe des ›Doktor Faustus‹ in der Stockholmer Edition. Ich habe ihn binden lassen und besitze ihn noch.

Wir haben damals Sendungen gemacht, die mir im Gedächtnis blieben, und die man als Bandaufnahme hätte bewahren sollen. Leider wurden all diese Bänder später gelöscht, wie ich erfuhr. Es ist schade um unser Vierergespräch über deutsche Nachkriegsperspektiven. Da saßen die Brüder Klaus und Golo Mann zusammen mit Eugen Kogon und mir vor dem Mikrophon. *Klaus Mann* war von München gekommen, er wirkte frisch und neugierig, durchaus nicht hoffnungslos. Das war 1946. Noch kreisten seine Gedanken nicht um die ›Heimsuchung des europäischen Geistes‹. Wir haben bei dieser Gelegenheit, auch das weiß ich noch, über den Nürnberger Prozeß gesprochen.

Schade ist es auch, daß man ein Dreiergespräch nicht aufbewahrte, das *Eugen Kogon* und ich mit *Elisabeth Langgässer* führen durften. Das aber war später, am 16. Juli 1948, als ich längst nicht mehr am Rundfunk war und sich auch Erich Lissner von Beckmann getrennt hatte, um die Kulturredaktion der ›Frankfurter Rundschau‹ leiten zu können. Ich hatte die Langgässer im Herbst 1947 in Berlin auf dem Schriftstellerkongreß kennengelernt und war ihr sogleich verfallen: ihrem Zauber aus Klugheit und Freundlichkeit, Trauer und Vorwitz.

Von der schweren Krankheit ahnte man nichts, die fast genau zwei Jahre später zum Tod führen sollte.
Erich Lissner hat uns damals am Lautsprecher zugehört, Notizen gemacht und in seiner Zeitung berichtet über die Gedankengänge der drei Sprechenden und zum Thema: »Wie stehen wir zur moderndenn Literatur?« Sein kluger und kritischer Bericht darf heute als Dokument zitiert werden. Er rekonstruiert die Anfänge einer literarischen Auseinandersetzung in Deutschland nach zwei Weltkriegen. Da heißt es dann, unter anderem: »Wir waren soeben zu mitternächtlicher Stunde Zeugen eines Gespräches über die Frage: Wie stehen wir zur modernen Literatur? Wir hörten die Stimme von Elisabeth Langgässer, von Eugen Kogon und Hans Mayer – nur die Stimme von den dreien, denn wir saßen am Lautsprecher, und das Gespräch kam aus dem ›Mitternachtstudio‹ von Radio Frankfurt. Wir haben gebannt zugehört, obgleich wir im vorhinein als Auguren wußten, daß wir am Ende auch nicht mehr wissen würden als am Anfang.«
»Wie ging es zu? Es wurden ›Positionen‹ bezogen, wenn man auch im Vordergrund bemüht war, fast auf Diplomatenweise Gemeinsamkeiten zu suchen, Kompromißformeln anzubieten. Die Konzilianz, mit der gesprochen wurde, konnte nicht darüber hinwegtäuschen, daß eine Brücke nicht zu schlagen war . . .«
»Eine Hauptstation des weitverästelten Gesprächs war die Gegenüberstellung von Franz Kafka und Thomas Mann. Wer von beiden ist der ›Moderne‹? Nicht nach Alter, sondern nach Wesen und Wirkung. Elisabeth Langgässer meinte, die ›psychologisierende Methode‹ des sogenannten bürgerlichen Romans sei mit Thomas Mann in ihren Zenit getreten, damit aber auch zu Ende. Unserem Herzen ist heute dafür Kafka ganz nahe – sagte sie etwa –, bei ihm *steht* alles im ersten Moment, er schreibt aus einer festen ›Wertwelt‹ heraus – bei Thomas Mann dagegen ist der Zerfall offenbar. Auf die Gefahr, daß die Verwirrung vollständig wird, möchten wir unseren Leser immerhin aus der Kulisse darauf aufmerksam machen, daß sich sehr wohl eine Umkehrung denken ließe, dergestalt, daß Thomas Mann dann als der Positive, der Optimist, der Zukunftsgläubige erscheint, der, bei manchen Vorbehalten, schließlich doch an das Gute im Menschen glaubt, während es

bei Kafka weder Lösungen noch Erlösung gibt und der Mensch von Anfang an verdammt, seine Natur im theologischen Sinne korrumpiert ist – Kafkas Welt ist die Hölle. Wer von beiden ist nun ›modern‹? Eine Frage, auf die es keine Antwort gibt, eine Frage, die falsch gestellt ist. Hier bricht der fundamentale Zwiespalt auf. War das ganze Gespräch etwa eine Folge von Variationen über die Unvereinbarkeit zweier Standpunkte, hie Langgässer-Kogon, da Hans Mayer? Warten wir ab.«

»Ein Beispiel: Wenn etwa Kogon sagt, daß der christliche Schriftsteller dem Leben Sinn gibt und daß von seinem Werk die Kraft ausgeht, die Schwierigkeiten der Zeit zu verstehen und durchzustehen, so meinte er damit, daß nur der christliche Schriftsteller das kann. Dagegen konnte Hans Mayer die Frage stellen, was denn derjenige, der nicht den ›Zugang‹ zum Glauben hat, etwa mit dem ›Unauslöschlichen Siegel‹, dem letzten Roman Elisabeth Langgässers, anfangen könne. Die ›Langgässerin‹, wie sie gelegentlich süddeutsch-kollegial apostrophiert wurde, meinte darauf: Auf das Widmungsblatt ihres Buches habe sie das Wort gesetzt: COMMYSTIS COMMITTO, das heißt zu deutsch: ich übergebe es den Eingeweihten. ›Also: es gilt nur für die, die diese Existenz mitvollziehen. Nur sie sind imstande, auch das Kunstwerk zu vollziehen.‹ (Wohlgemerkt: Das sollte mehr heißen als nur ein Erfassen mit dem Verstande!) Dagegen meinte Kogon: ›Echte christliche Literatur – die nicht spezifisch christliche Themen zu behandeln braucht – trifft immer die gemeinsame Existenzgrundlage des heutigen Menschen.‹ Während also seine Partnerin unumwunden auf den Nichteingeweihten verzichtet, also im Grunde Mayers Dichotomie anerkennt, will Kogon auch den Uneingeweihten einbezogen wissen. Zwei durchaus verschiedene Auffassungen im Christlichen. Aha, die Fronten sind also nicht eingefroren . . .«

»Rainer Maria Rilke? Ist er modern? Doch nicht schon darum, weil sich wieder einmal eine Nachkriegsjugend an ihm berauscht, und es in Myriaden jüngster Gedichte ›rilkelt‹. Elisabeth Langgässer sprach sehr deutlich von der ›Realitätsentleerung‹, der Säkularisierung christlicher Inhalte in den ›Duineser Elegien‹, und Eugen Kogon ging so weit, darin ein Opiat zu sehen. Er bezeichnete das Christliche bei Rilke, wie im Österreichertum überhaupt, als eine ›Trockensubstanz‹, die erst in Wasser aufgelöst werden müsse. Die christlichen Zeiten und Figuren seien bei Rilke nur noch Requisiten, die der ›Schönheit‹ dienen, und Hans Mayer stimmte durchaus zu mit dem Bemerken, wenn er Gedichte von jungen Lyrikern zugeschickt bekomme, mit dem ›obligaten Engel‹, so könne er nicht weiterlesen.«

»Sind nun etwa die Russen ›modern‹ zu nennen? Hier sprach Hans Mayer des längeren aus frischer Kenntnis über die jüngste Produktion drüben. Er führte etwa aus: Der Roman sei an sich eine typisch bürgerliche Kunstform des 19. Jahrhunderts, und zwar entweder Entwicklungsroman (von ›Wilhelm Meister‹ bis zum ›Glasperlenspiel‹) oder Inventuraufnahme einer Gesellschaft (von Balzac bis Jules Romains und Theodore Dreiser) oder der typisch europäische Roman, in dem das Erzählende immer mehr zugunsten des Essays ausgeschaltet wird (wie bei Marcel Proust, Thomas Mann). Der sowjetische Roman habe dagegen eine ganz neue Funktion. Vieles in ihm (sagte Hans Mayer) wirkt auf uns seltsam, scheinbar oberflächlich, naiv, weil es nicht so neurotisch, nicht so zersetzt ist, wie unsere Welt. Es erscheint uns als platter Optimismus, weil wir ein Menschentum nicht mehr verstehen, das nicht neurotisch ist. Kogon entgegnete, der Sowjetschriftsteller nehme eben aus der Wirklichkeit das heraus, was nicht neurotisch sei, denn er darf ja sein Thema nicht frei wählen, sondern nur das, was der sowjetrussischen Entwicklung förderlich ist. Neurosen gäbe es gewiß hüben wie drüben. Es sei allerdings bezeichnend, daß den westlichen Schriftsteller gerade die Neurose besonders anzieht. ›Es gibt auch eine Neurose der Gesundheit‹, warf Elisabeth Langgässer schlagfertig ein.«

»Das Schielen nach ›Modernität‹ läßt einen leicht in den Graben fallen. Kogon zeigte die Gefahren der ›Modernität‹ am Beispiel Hanns Johsts, des ehemaligen Präsidenten der Reichsschrifttumskammer, den er in der Haft sprechen konnte. Er fragte ihn, wie er seine nationalsozialistische Überzeugung mit seiner Dichtung in Einklang bringe. Aber Johst begriff gar nicht, worauf Kogon hinauswollte. Er sah durchaus keinen Widerspruch in seinem Treiben, Dichtung war für ihn keine gesellschaftliche Funktion, sondern ein rein ästhetisches Spiel, außerhalb der Wirklichkeit, etwas rein Formales, das sich beliebig für jedes Regime oder System umschalten ließe. Eugen Kogon neigt wohl dazu, das Formale für sekundär zu halten. Daher hat er aus dem Gespräch mit Johst die Konsequenz gezogen, daß der Dichter die gegebene Wirklichkeit gestalten und in die Zukunft weisen müsse. Auf den Inhalt kommts für Kogon an. Er schlug geradezu vor, einmal das Schicksal der Südtiroler oder der Wolgadeutschen ruhig in der traditionellen Form des Romans oder des fünfaktigen Dramas darzustellen. Was Elisabeth Langgässer temperamentvoll mit der Bemerkung parierte, daß der neue Stoff auch die neue Form erzwingen werde.«

»Zwischen Tür und Angel: Wie stehen wir also zur modernen Literatur? Oder vielmehr, wie standen eigentlich die Disputanten zu ihr? War die Frage glücklich? Was heißt: ›stehen‹ hier? Natürlich, jeder Vergleich hinkt, so auch der mit der Gletscherspalte, den wir oben gebrauchten. Schon drei Personen auf die zwei Seiten zu verteilen geht nicht ohne Gewaltsamkeit. Wir dürfen annehmen, daß die drei Disputanten schon aus technischen Gründen in Tuchfühlung um das Mikrophon geschart waren. Auf einer mittleren Linie konnten sie sich zwar nicht treffen – jeder verharrte in seiner Ausgangsstellung. Aber es gibt ja auch sozusagen eine mittlere Geneigtheit, aus der jenes unendliche Gespräch entsteht, das unter Menschen guten Willens nicht ganz unfruchtbar bleiben kann.«

»Wir müssen die Feder hinlegen. Das Dreiergespräch aus dem Frankfurter ›Mitternachtsstudio‹ hat uns, auch nachdem längst die Absage gekommen war, noch Stunden munter gehalten. Und nun – wie in alten Zeiten – graut der Morgen nach einer durchwachten Nacht.«

Um die Übertragungswagen wurden wilde Kämpfe geführt zwischen den Abteilungen. Wir hatten deren zwei oder drei, wenn mir recht ist, mehr nicht. Da mußte jedesmal abgewogen werden, wer oder was vor allem wichtig war. Im übrigen hatte man die Opfer eines Interviews, wenn irgend möglich, ins Studio zu holen. Zu Heinrich von Brentano fuhren wir nach Darmstadt in sein Anwaltsbüro. Das wurde mühselig, an einem heißen Herbsttag. Brentano war Sprecher der Christlich-Demokratischen Union im Hessischen Landtag, allein gerade mit dem Sprechen haperte es arg bei diesem Interview. Der Abgeordnete war merkwürdig verstört und aufgeregt, hatte kaum Erfahrung mit dem Medium, wie sich zeigte. Der Wagen stand unten, wir saßen im ersten Stock, das Fenster war offen, immer wieder brach der Befragte ab, wollte eine andere Formulierung finden als Antwort auf eine meiner Fragen. Dabei handelte es sich ausschließlich um eine Befragung nach den Positionen seiner Partei, die oft genug von ihm im Landtag erläutert worden waren. Endlich war es dann soweit. Der Wagen, den man sehnlich in Frankfurt erwartete, durfte zurückkehren. Ich habe später oft an diese Episode gedacht, wenn man den Bundesaußenminister am Rundfunk hörte oder auf dem Bildschirm sah.

Sein späterer Bundeskanzler und Briefpartner hat es uns viel leichter gemacht. *Konrad Adenauer* wurde ins Funkhaus gebeten: in seiner Eigenschaft als Vorsitzender der christlich-demokratischen Fraktion in der wirtschaftlich vereinigten »Bizone«, nämlich dem anglo-amerikanischen Besatzungsgebiet. Es war der erste Schritt zum westdeutschen Staat, wie man weiß, und wie Adenauer genau wußte. Es war auch ein erster Versuch, durch die Quantität der wirtschaftlichen (virtuellen) Zusammenlegung eine neue politische Qualität zu bewirken: etwas deutsche Souveränität. Auch das wußte Adenauer natürlich, und er strebte es an. Mein Kölner Landsmann war von einem englischen Militär als Kölner Oberbürgermeister davongejagt worden, weil er nicht gehorchen wollte. Vermutlich kannte auch er die Kölner Witze über die Sturheit einer Besatzungspolitik, die mit Kolonisierungsmethoden in der Colonia Claudia Ara Agrippinensis, also in Köln, zu operieren gedachte. Der Kölner Karneval revanchierte sich mit dem Schlager: »Wir sind die Eingeborenen von Bizonesien . . .«

Nun kam der Kölner Oberbürgermeister meiner Jugendjahre zu uns ins Frankfurter Funkhaus. Ich sollte ihn nach den Auffassungen seiner Union befragen, und nach ihren politischen Perspektiven. Was ich erfragen wollte, war mir klar. Außerdem hatte ich vorher mit Leo Bauer gesprochen, der damals im Hessischen Landtag die kommunistische Fraktion leitete.

Adenauer kam pünktlich, er war begleitet von seinem Parteifreund Werner Hilpert. Ich stellte mich als Kölner Landsmann vor, mein Vater hatte mich früher einmal mitgenommen zu einem Empfang des damaligen Oberbürgermeisters, ich hatte dem Gastgeber die Hand geben dürfen. Außerdem war Adenauers ältester Sohn Konrad mein Studienkollege; wir hatten uns beim selben Repetitor vorbereitet. Das alles erlaubte ich mir einfließen zu lassen, um ein ersprießliches Klima herzustellen, denn es war sicher, daß man das Oberhaupt der Christlichen Demokraten vor mir gewarnt hatte. »Das ist ein ganz Roter!« Unser Gast war freundlich und gelassen, tat so, als erinnere er sich. Dann setzten wir uns vor das Mikrophon. Adenauer war mein Gegenüber. Er war damals 72, wirkte gesund, völlig selbstsicher, eine Vorbesprechung sei nicht nötig: ich solle meine Fragen stellen.

Er hatte keinen Anlaß, besonders auf der Hut zu sein. Das Gespräch sollte die Ansichten der Union über die Politik der Bizone erörtern. Die wurde damals schon weitgehend durch ihn selbst bestimmt: durch Konrad Adenauer. Freilich gab es neben der Union eine wiederzugelassene Zentrumspartei; ich habe damals vor dem Mikrophon auch mit dem Dr. Spiecker vom Zentrum sprechen können. Es war evident, daß Adenauer entschlossen war, diesem Dualismus irgendwann einmal ein Ende zu machen, was ihm auch gelang, wie man weiß. Er war durchaus nicht unangefochten in den eigenen Reihen, zumal in Hessen, wo die Union sich schwer tat mit dem, was die Leute von den ›Frankfurter Heften‹, also Eugen Kogon und Walter Dirks, als »Sozialismus aus christlicher Verantwortung« bezeichneten.

Natürlich hatte Adenauer wenig Freude an solchem Denken. Trotzdem machte es ihm nichts aus, in unserem Gespräch auch darauf einzugehen. In Hessen hatte sich eine Volksabstimmung erfolgreich für die Verstaatlichung von Grundindustrien ausgesprochen. Dr. Adenauer war durchaus mit diesem Ausgang des Abstimmungsverfahrens einverstanden. Daran mußte ich später denken, wenn der Bundeskanzler dieses Namens für die »soziale Marktwirtschaft« seines Wirtschaftsministers eintrat.

Ich erkläre mir das so: Konrad Adenauer war und blieb sein Leben lang ein Mann des juristischen Denkens. Er hatte eine juristische Bildung, keine politologische, die es außerdem damals noch nicht gab, und er besaß eine gewaltige Organisationserfahrung als Oberbürgermeister einer modernen Großstadt und als Fraktionsvorsitzender des Zentrums im Preußischen Landtag, außerdem verfügte der Mann vom Jahrgang 1874 über eine umfassende Personalkenntnis. Ideologische Erörterungen, etwa über Planwirtschaft oder Wirtschaftsliberalismus, nahm er nicht ernst: den Juristen beschäftigten einzelne Tatbestände, nicht Grundsatzdiskussionen. Wahrscheinlich wirkte sogar Sympathie mit bei den Debatten über Verstaatlichung. Das entsprach dem bürokratischen Denken dieses Politikers, der sich vor allem mit Juristen umgab und der sich die Wirtschaftsprobleme von ihnen und seinen Freunden, den Finanzleuten, erklären ließ. Zudem war zu bedenken, *wer* da verstaatlicht und wer dann die Ergebnisse angeblicher Vergesellschaftung zu dirigieren hat. Eine solche Rolle hätte ihm selbst nicht mißfallen.

Also bin ich davon überzeugt, daß Adenauer in unserem Gespräch durchaus gemeint hat, was er vortrug. Es entsprach der Lage in einem besetzten Land, das soeben erst begonnen hatte, eine gemeinsame Wirtschaftspolitik, besser Enttrümmerung, zu wagen, und zwar im Raum zwischen Hamburg und München, noch ohne die französische Zone, ohne die Wirtschaftsquellen des Saarlandes, doch – vielleicht – in der Hoffnung, wieder zusammenzuwachsen auch mit der Sowjetischen Besatzungszone. Ob freilich eben dies von Konrad Adenauer gewünscht wurde, war nicht auszumachen. Darüber haben wir nicht gesprochen. Jeder Politiker, nicht allein dieser hier, mußte sich damals hüten, zuviel »deutschen Patriotismus« zu bekunden. Da wurden alle vier Besatzungsmächte sogleich wach und unfreundlich: das hatte der wiederberufene Oberbürgermeister in Köln erfahren müssen.

Das Interview war nach dreißig Minuten zu Ende. Man hatte leicht und sachlich gefragt und geantwortet, es war ein vernünftiger Dialog. Adenauer schien befriedigt. Er war sehr freundlich, ganz unverkennbar aufgeschlossener als bei der Begrüßung. Nun zog er mich ins Gespräch. Jetzt erlebte ich den wirklichen Politiker Adenauer, der nicht zuhört, wenn es um Prinzipien geht, weil sich die eigenen Prinzipien ohnehin von selbst verstehen, aber genau wissen möchte, wie die Leute leben, und was man für sie tun kann. Nun wollte er wissen, wie ein deutscher Chefredakteur lebt als Angestellter einer Mi-

litärregierung. Das wollte er wirklich wissen, es war nicht Höflichkeit.
Was man denn so verdiene als Chefredakteur. Ich nannte ihm den Reichsmarkbetrag: das war einmal viel Geld gewesen. »Aber davon kann man doch nicht leben?« – »Natürlich nicht, aber wir erhalten ein warmes Mittagessen von der Militärregierung.« – Adenauer wollte wissen, was man da so auf den Tisch bekomme. Ich sagte es ihm. Werner Hilpert bestätigte es: er kannte sich aus.
»Aber Sie rauchen doch. Wie bekommen Sie dann die Zigaretten?« »Mein Kontrolloffizier ist eigentlich ein Deutscher, ein Sohn Thomas Manns. Der bringt mir oft Zigaretten mit aus der amerikanischen Kantine.« – »Auch Kaffee?« fragte Adenauer. »Auch Kaffee, von Zeit zu Zeit.«
Der Name Thomas Manns hatte Eindruck gemacht. Adenauer wußte plötzlich auch wieder, daß ich seinen Sohn Konrad erwähnt hatte. »Na, dann sind Sie doch gut versorgt. Der Konrad wird sich freuen, wenn ich ihm das erzähle!« Er gab mir herzlich die Hand und ging.
Der Alte hatte mir gefallen. Der vertraute Singsang des Kölners. Die Erinnerung an meine Jugend unter diesem Stadtregenten. Die Tatsache nicht zuletzt, daß auch er damals, im März 1933, als ich aus Köln fliehen mußte, schimpflich davongejagt worden war. Jener Robert Ley, den ich im Gerichtssaal erlebt hatte, war Sieger gewesen und eigentlicher Machthaber in Köln. Adenauer hatte man versteckt im Kloster zu Maria Laach. Das alles wußte ich. Ich war befriedigt von unserem Interview.
Das waren auch Leo Bauer und Walter Fisch, als sie später die Sendung hörten. Gewiß, dieser Adenauer war kein Kogon, allein man würde auch mit ihm eine Bündnispolitik betreiben können. Das war kein Feind. Wir hatten nicht begriffen, daß Konrad Adenauer unzugänglich war, schon aus Gründen seiner Religion, für andere Grundsätze als die eigenen. Außerdem war er ein Mann der Akten und der Alltagserfahrung, für den die Sachverhalte zählten, und die Tatbestände.
Kurt Schumacher wirkte dazu in allem wie ein glänzend besetzter Gegenspieler. Er kam bald darauf ins Funkhaus, doch lief alles mit ihm ganz anders ab. Keine Rede davon, daß man einen Dialog improvisiert hätte. Die an Dr. Schumacher

zu richtenden Fragen wurden aus Hannover angefordert. Es waren im wesentlichen dieselben, denen sich auch Adenauer zu stellen hatte. Ich wartete vor dem Funkhaus auf unseren Gast. Der Vorsitzende der Sozialdemokraten im Wirtschaftsrat der Bizone, denn in dieser Eigenschaft sollte er vom Rundfunk befragt werden, hatte Schwierigkeiten beim Aussteigen aus dem Wagen. Sein Fahrer, ein stattlicher Niedersachse, war geradezu zärtlich besorgt, dem offenbar kranken Mann zu helfen. Schumacher war sehr schlank, immer noch hatte er etwas vom Gehabe des deutschen Offiziers: das ist auch anderen immer wieder aufgefallen. Ein Offizier, der im ersten Weltkrieg den Arm verlor und während des zweiten, eigentlich bereits seit der sogenannten Machtergreifung von 1933, als Staatsfeind in den Lagern gequält worden war. Da wird man nicht freundlich.

Ich wurde kurz und kühl begrüßt. Das hatte ich mir gedacht. In Hannover hatte es Vorwarnung gegeben. Im Aufnahmeraum wirkte Schumacher stark erschöpft, noch vor Beginn des Interviews. Er trank Wasser. Meine Frageliste hatte er vor sich. Ich hatte Erfahrungen gesammelt mit Leuten vor dem Mikrophon und befürchtete, daß ein Gespräch mit diesem abweisenden und kränklichen Partner nur schwer entstehen werde. Allein im Augenblick, da ich aufs Zeichen die erste Frage gestellt hatte, saß ein durchaus anderer Schumacher im Raum. Die Antwort kam klar und klangvoll, druckreif, wie man das zu nennen pflegt. Der Politiker schien die vorbereitete Antwort gleichsam im Innern abzulesen. So konnten wir schnell den Fragenkatalog absolvieren. Was Schumacher im einzelnen ausführte, weiß ich kaum mehr so recht. Das läßt sich jedoch unschwer rekonstruieren, denn er hatte die offiziellen Thesen seiner Partei vorzutragen, und er tat das auch. Ein einziges Mal lächelte er spöttisch, als ich ihm von Adenauers Bemerkung über Staats- und Planwirtschaft sprach. Das nahm er nicht ernst.

Wir hatten so rasch gearbeitet, daß noch Zeit blieb. Ich erkundigte mich vorsichtig, ob man weiterfragen dürfe. Schumacher hatte Gefallen an unserem Dialog, er spürte natürlich, daß mir nichts ferner lag, als ihn irgendwo festzunageln, wie man in Hannover geargwöhnt haben mochte. Außerdem, wer hätte Kurt Schumacher festnageln können. Er war ungemein klug, wurde im Verlauf der Unterhaltung weitaus gelöster, begann, jenseits aller Monologe, eindringlich zu überzeugen. Adenauer hatte vor dem Mikrophon, bei aller Freundlichkeit des Verhaltens, den Fragesteller nicht beachtet: er trug vor, was er zu sagen hatte. Der scheinbare Adressat zählte nicht. Kurt Schumacher jedoch war offensichtlich ein Mann des Dialogs und auch der Überzeugungsarbeit. Das paßte kaum zu seinem Erscheinungsbild im allgemeinen Bewußtsein, wie es die Medien und die Bilder geformt hatten, allein ich spürte bei dieser einzigen Begegnung, daß er imstande war, seine Freunde wie seine Gegner immer wieder zu überraschen.

Sehr verbindlich wurde mir erlaubt, weitere Fragen zu stellen. Ich fragte nun, das war unvermeidlich, nach seiner Einschätzung der Rolle von Sozialdemokraten bei Gründung einer Sozialistischen Einheitspartei, also der SED, in der sowjetischen Besatzungszone, denn bald nach jenem Gespräch mit Schumacher kamen Wilhelm Pieck und Otto Grotewohl auf Einladung der Kommunistischen Partei nach Frankfurt, um eine Kundgebung auf dem Römerberg abzuhalten. Die heftige Reaktion Schumachers mußte erwartet werden: seine Aufgabe hatte er darin gesehen, die Sozialdemokratie im Westen vor einer solchen liebevollen Umarmung durch den Osten zu bewahren. Mich überraschte jedoch die Heftigkeit, mit welcher Schumacher die historische Verantwortung des Sozialdemokraten Grotewohl denunzierte, die er für Verrat an der SPD und an den deutschen Arbeitern hielt, für nichts anderes. Meine Aufgabe bestand in Fragen, nicht im Diskutieren.

Das Gespräch ging zu Ende. Schumacher wirkte gelöst, war freundlich, bedankte sich für die Einladung. Ich brachte ihn zurück zu seinem Wagen. Der liebevolle Betreuer und Fahrer trat in Tätigkeit. In Hannover muß Schumacher, nach seiner Rückkehr, gut von mir gesprochen haben, auch das weiß ich heute.

Damals hatte er noch sechs Lebensjahre vor sich. Das ist Zeitgeschichte, wie man weiß. Ich habe oft über dies Zusammentreffen nachgedacht. Schumacher glich keinem Sozialdemokraten irgendeiner Generation, wenn ich es richtig sehe. Mit Erich Ollenhauer hatten wir uns bereits um 1930 angelegt, als Rote Kämpfer, denn Ollenhauer war damals verantwortlich für das Verhältnis der SPD zu ihrer Parteijugend. Auch im Exil war ich mit Sozialdemokraten zusammengetroffen. In der Schweiz lebte der einstige preußische Ministerpräsident Otto Braun, er hatte zusammen mit Wilhelm Hoegner das »Freie Deutschland« bekämpft und ihm eine Gruppierung »Demokratisches Deutschland« als Gegengründung präsentiert. Das alles war berechenbar und typologisch genau zu bestimmen. Schumacher war anders, wie ich meine. Die langen Jahre in Schwaben hatten kaum abgefärbt auf den Westpreußen. Gemütvoll war er kaum, aber leidenschaftlich. Was er sich vorgenommen hatte, immer wieder heimlich überdacht in den Nächten als Gefangener, wurde durchgeführt. Bei einer kurzen Begegnung habe ich Herbert Wehner einmal diese Erfahrung mit Schumacher erzählt. Ich halte es nicht für Zufall, daß der mißtrauische Schumacher gerade zu einem Mann mit der Vergangenheit Wehners so starkes Vertrauen faßte. Wehner nickte, als ich ihm den Bericht gab. Er sprach ungemein herzlich vom großen Gegenspieler Konrad Adenauers.

Die große Chance

Wahrscheinlich wurden die Liberalen gleichfalls aufgefordert, vor dem Mikrophon ihre wirtschaftlichen und gesellschaftlichen Perspektiven zu erläutern, und vermutlich hat man damals *Theodor Heuss* ins Frankfurter Funkhaus gebeten. Ich weiß es nicht mehr; jedenfalls gibt es kein Interview von mir mit dem späteren Bundespräsidenten. Ich hätte mich auch, um das zu gestehen, nur ungern eben dieser Aufgabe unterzogen. Das klingt unfreundlich und muß erläutert werden. Theodor Heuss habe ich nie kennengelernt, doch ein paarmal gesehen und auch gehört. Als ich im Jahre 1954, noch als Leipziger Professor, in den erweiterten Vorstand der Deutschen Schillergesellschaft gewählt wurde, dem auch Heuss angehörte, hat der Bundespräsident, den man wahrscheinlich vor der Wahl eines Professors »von drüben« befragte, nicht widersprochen. Als ich meinen Wohnsitz wieder im Westen nahm, im Herbst 1963, hatte sich Heuss bereits als Privatmann zurückgezogen.

Meine Vorbehalte haben mit seiner Politik am Ende der Weimarer Ära zu tun, und mit Vorgängen vor dem Kriegsende. Theodor Heuss und Gertrud Bäumer: in ihnen verkörperte sich in der Weimarer Republik die Reichstagsfraktion der Deutschen Demokratischen Partei. Es war die Partei Walther Rathenaus gewesen. Auch die Partei der deutschen Staatsbürger jüdischen Glaubens. Meine Familie pflegte für Heuss und Gertrud Bäumer zu stimmen, mit Ausnahme des Vaters, der SPD wählte. Als die große Krise da war, am Ende der Zwanziger Jahre, zuerst als Strukturkrise der Wirtschaft, dann des Staates, siechten die Liberalen dahin. Sie versuchten es mit Kosmetik, wechselten gar den Namen, vielleicht weil Demokratisch unbeliebt zu werden schien, nannten sich plötzlich »Deutsche Staatspartei«, wodurch sie nicht ansehnlicher wurden, verbündeten sich, um zu demonstrieren, wie national man sei, mit einem »Jungdeutschen Orden«, der einen »Hochmeister« vorzeigte mit Namen Arthur Mahraun. Seinen Orden verwandelte der Hochmeister im Jahre 1930 in eine »Volksnationale Reichsvereinigung« und zog damit ein bei den Demokraten. Die Eheschließung erfolgte mit einem Namenswechsel: eben als Deutsche Staatspartei. Genützt hat es nichts. Am Ende stand die Zustimmung der Partei, und damit auch des Reichstagsabgeordneten Heuss, zum Ermächtigungsgesetz für den Reichskanzler des 30. Januar 1933. Die Menschen meiner Generation haben dies noch miterlebt, um es nie zu vergessen.

Ich spüre auch heute noch Erbitterung, wenn ich zurückdenke an die Kaffeehausstunden im Züricher Café Odeon, in den letzten Phasen des Krieges. Da gab es die Zeitungen der Welt, darunter natürlich auch die pompöse und höchst offizielle Wochenzeitung ›Das Reich‹, herausgegeben von Dr. Goebbels. Auf der ersten Seite jeweils der Leitartikel, gezeichnet »Reichsminister Dr. Goebbels«. Der Vorname blieb ausgespart. Die Namen manches Mitarbeiters schaut man heute bedrückt an, betroffen. Mußte man damals wirklich noch dabeisein, kurz vor der Katastrophe? Auch Theodor Heuss war dabei, und wenn ich es sah, dachte ich an die Staatsbürger jüdischen Glaubens.

Theodor Heuss hat stets beides sein wollen: Politiker und Literat. Ihm vorzuwerfen, daß er kein Bismarck war oder Churchill, oder ein Leo Trotzki, wäre absurd. Mir scheint jedoch, daß ihn diese ungelöste Frage seiner eigentlichen Berufung immer wieder in Konstellationen führte, die ich nicht verstand und nicht gutheißen konnte. Der Bundespräsident hat ein gutes Andenken hinterlassen, zum Gegenspieler des Bundeskanzlers wurde er nicht, trotz mancher Neigung dazu, wie man heute weiß. Seine Bücher sind nicht gut und nicht schlecht. Seine ›Aufzeichnungen 1945-47‹ sparen aus, was mißfallen könnte, verhüllen den Schreiber, und damit auch den Literaten.

Das Zusammenwachsen der beiden Besatzungszonen, der englischen mit der amerikanischen, wirkte sich allenthalben aus, wie zu erwarten war. Ich erhielt in Frankfurt einen Brief des britischen Informationsamtes, worin man mich bat, an einer Herbsttagung aller Chefredakteure der Besatzungszone teilzunehmen, um über meine Erfahrungen als Chefredakteur von Radio Frankfurt zu berichten. Man tagte in *Lüneburg*, einer schönen und zum Glück fast unzerstörten Stadt. Ich freute mich über die Einladung, denn ich kannte Norddeutschland fast gar nicht, mit Ausnahme des Oldenburgischen, als der Heimat meiner Mutter, doch bin ich zum Beispiel erst 1947 nach Hamburg gekommen. Die Backsteinbauten von Lüneburg kannte ich bloß aus Büchern.

In Frankfurt residierte nun ein anderer Kontrolloffizier im Nebenzimmer: Robert Lochner, ein Sohn des berühmten amerikanischen Journalisten Louis B. Lochner. Bob Lochner war aufgewachsen als amerikanischer Berliner mitten im Dritten Reich. Sein Vater hatte von Berufs wegen Umgang mit den Mächtigen: bis zum Krieg des Führers mit den Vereinigten Staaten. Ein richtiger Amerikaner mit Berliner Akzent. Auf den Bildern vom Besuch John F. Kennedys und von seiner Rede vor dem Schöneberger Rathaus erblickt man Robert Lochner in seiner Funktion als Dolmetscher des Präsidenten. Der Ausspruch »Ich bin ein Berliner« klang natürlich, und ganz glaubhaft, als Lochner diesen Absatz der Rede auf Deutsch vorzutragen hatte.

Lochner arbeitete immer schon bei Radio Frankfurt. Solange Golo Mann und Bardos da waren, hatte er sich hauptsächlich um die Nachrichtensendungen gekümmert. Inzwischen aber waren die beiden demobilisiert worden und zurückgekehrt. Wir erbten nun einander: Lochner und ich. Er war das Ideal eines »Kontrolloffiziers« und ist dann ein Freund geworden. Vermutlich ging die Einladung nach Lüneburg auf ihn zurück.

Diesmal reiste ich wie ein Mann der Militärregierung. Die Zeit der Qual und der Kälte, mein Trauma Frankfurt-Nauheim, schien fern zu liegen. Ich reiste mit einer Platzkarte und meinem Presseausweis; für die Rückreise von Lüneburg nach Frankfurt, die nachts erfolgen mußte nach dem Konferenzplan, war ein Schlafwagenplatz reserviert, man denke.

Die Hotels waren von den Engländern requiriert, mich hatte man bei einer freundlichen Bürgerfamilie untergebracht, die den grauen Alltag einer ersten Nachkriegszeit verstehen ließ: unter vergleichsweise milden Bedingungen und in einer damals noch kleinen Stadt, wo man einander kennt und hilft. Vielleicht haben sie bei dieser Gelegenheit zum erstenmal einen Juden bei sich aufgenommen und bewirtet. Unbehagen vermutlich auf beiden Seiten, doch überwog die Freundlichkeit.

Referenten waren die beiden Redakteure des Nordwestdeutschen Rundfunks, des NWDR: Peter von Zahn und Axel Eggebrecht. Ich sprach am zweiten Tag über Rundfunkprobleme. Damals bin ich wohl zum erstenmal für eine breitere Öffentlichkeit sichtbar geworden und erfuhr, daß man mich als Geheimtip zu handeln pflegte. Die beherrschende Gestalt war *Hinrich Kopf.* Man hat ihn herzlich und oft wohl auch spöttisch als einen »roten Welfen« tituliert. Er war beides nicht im Wortsinne. Während der Tagung reagierte er taktvoll und voller Humor. Ging ihm meine apodiktische Art des Redens und Argumentierens auf die Nerven? Er hat sich gut beherrscht. Kopf war unmittelbar nach Kriegsende zuerst Regierungspräsident in Hannover, dann Oberpräsident der Provinz gewesen. Nun wirkte er seit kurzem als Ministerpräsident des Landes Niedersachsen, auch einer Neugründung aus der preußischen Erbschaft.

In jenen Jahren sprach ich meist frei; es war auch gar keine Zeit für die Redaktion von Vorträgen aus einem gegebenen Anlaß. Nur Texte wie jenen Kommentar zum Nürnberger Urteil hatte ich sorgfältig formuliert, wie alle meine Rundfunkkommentare. In Lüneburg aber trug ich Erfahrungen in freier Rede vor. Es durfte gelacht werden, zumal ich nicht als ein »Mann der Amerikaner« auftrat, folglich die Absurditäten einer deutschen Redaktion unter amerikanischer Kontrolle genußvoll beschrieb. Vor allem Axel Eggebrecht hielt es ähnlich. Ich freute mich, diesen Mann kennenzulernen. Immer noch stand ich im Bann von Tucholsky und seiner ›Weltbühne‹. Eggebrecht hatte ich schon als Gymnasiast gelesen und gebilligt. Nun saßen wir beisammen.

Man hatte meinem Besuch mit Vorbehalten entgegengesehen, das war ersichtlich. Ein Kommunist erscheint bei den Sozialdemokraten, ein Mann der Amerikaner referiert vor den Presseleuten der englischen Zone. Es war zu spüren, wie man netter wurde. Was ich vortrug oder in der Debatte äußerte, schien zu gefallen. Es kam heraus, daß die Engländer nicht ohne Absicht auf meinem Besuch bestanden hatten. Nun bat mich der Leiter des Informationsamtes, ein Major, hieß er nicht Chaloner?, beiseite und fragte, ob ich nicht Frankfurt verlassen und nach Hannover ziehen wolle. Weshalb? Da werde eine Zeitschrift gegründet, etwas Neues in Deutschland, doch im angelsächsischen Bereich gut bekannt. Ob ich schon einmal ›Life‹ gesehen hätte, oder vor allem ›Time‹? Die kannte ich natürlich, noch unter Jolas hatten wir uns dort ausgiebig bedient.

Ob ich nicht mitmachen wolle bei einer solchen Gründung? Ich war höflich, aber durchaus nicht interessiert, wie ich mir gestand. Aus Frankfurt weggehen, wo offensichtlich eine neue westdeutsche Hauptstadt entstehen würde? Da waren auch meine Freunde, die protestieren würden. Außerdem Hannover! Das kannte ich immer nur als Bahnstation auf der Reise von Köln nach Berlin. Ich sagte dem Major, daß ich einstweilen gern weiterarbeiten möchte bei Radio Frankfurt. Irgendwann jedoch wolle ich zur Universität. Auf die Dauer sei der Journalismus für mich zu anstrengend und auch zu hurtig.

Man lud mich ein, vor der Abreise, auf alle Fälle, an einem Fest teilzunehmen, das die Mannschaft des neuen Presseorgans mit englischer Hilfe, nämlich mit Hilfe der Besatzungskantine, am Abend nach Ende der Tagung feiern wolle. Man werde dafür sorgen, daß ich den Zug mit dem Schlafwagen nicht versäume. So habe ich an diesem Gründungsfest teilgenommen. Ich erinnere bloß noch ein paar Gesichter: meist junge Leute, ganz unähnlich dem Typ, den sich amerikanische Kontrolloffiziere auszusuchen pflegten. Ich war ganz Abwehr. Mit wem saß ich hier beisammen? Es war nicht behaglich, wie mir schien. Merkwürdig scharf wurde gesprochen, auch war ersichtlich, daß man mich nicht haben wollte: aus welchen Gründen immer. Die Engländer hatten irgendwelche trockenen Kuchen auf den Tisch gestellt. Ich sehe auch noch irgendeinen grünen oder blauen Likör. Nicht meine Sache. Ein junger blonder Mann, sehr gescheit offensichtlich, wurde mit mir bekannt gemacht: der solle das Blatt herausgeben, wenn möglich zusammen mit mir. Wir verbrachten die Zeit bis zu meiner Abreise mit höflichem und gequältem Gespräch. Dann durfte ich abreisen.

Ich habe ihn erst spät auf Bildern entdeckt, meinen virtuellen Partner. Viel Vergessen hat sich über die Episode gelagert. Allein ich habe *Rudolf Augstein* schließlich doch wiederer-

kannt. Wir hatten in Lüneburg die Geburt des SPIEGEL gefeiert.
Siebzehn Jahre später, kurz vor meiner Abkehr von Leipzig, veranstaltete die Redaktion der ZEIT in der Hamburger Universität eine Tagung von Schriftstellern und Literaturwissenschaftlern aus beiden deutschen Staaten. Es ging hoch her dabei, sehr heftig, wie sich denken läßt. Damals warnte Hans Magnus Enzensberger seine westlichen Kollegen davor, solche Fragen an uns zu stellen, von denen man weiß, daß die Gegenseite darauf nicht antworten kann. Der Saal war überfüllt. In einer Pause kam Rudolf Augstein auf mich zu. Ich hatte ihn nicht wiedergesehen, doch seine Arbeit von Leipzig aus genau verfolgt. »Erinnern Sie sich noch an Lüneburg?« Allerdings. »Damals habe ich mein Glück verspielt«, sagte ich. »Sonst wäre ich ein reicher Mann.« Der Herausgeber des SPIEGEL ging ein auf das Gedankenspiel: »Und wir hätten eine literarisch hochwertige Zeitschrift!« Allein hätte man das angestrebt? Für mich steht fest: es wäre nicht gegangen. Ich nehme an, daß der Partner genauso gedacht hat in Lüneburg. Trotzdem: es war die große Chance.

Am Vorabend eines Kalten Krieges

Dann war es bald zu Ende mit meiner Arbeit beim Sender der amerikanischen Militärregierung. Das hatte ich gewußt seit geraumer Zeit, und andere wußten es auch. Mit Beginn des Jahres 1947 galten sie nicht mehr, die Normen der Kriegs- und ersten Nachkriegsallianz zwischen den Siegern. Die Stuttgarter Rede des damaligen amerikanischen Außenministers Byrnes ließ Entfremdung, kurz darauf offene Feindschaft sichtbar werden: vor allem zwischen Washington und Moskau. Präsident Truman schien jetzt erst erkannt zu haben, was er in Potsdam, bei jener Konferenz mit Stalin und Attlee, in Wirklichkeit gebilligt und zugestanden hatte. Nun war er darauf aus, die so geschaffenen Zustände mitten in Europa als provisorisch zu deklarieren. Stalin seinerseits betrachtete ohnehin alle Pakte und Verträge als vorläufig. Der römische Grundsatz pacta sunt servanda berührte ihn nicht. Freilich hatte er den zu mißachten gelernt, als er einen Pakt im Kreml mit dem Dritten Reich und seinem Sendboten Ribbentrop unterzeichnen ließ. Damals hielt Stalin diesen Vertrag für gültig und vertrauenswürdig. Für dies Vertrauen war teuer bezahlt worden. Ribbentrop starb am Galgen, doch es scheint, daß Stalin seitdem alle westlichen Unterhändler insgeheim für Betrüger hielt und demgemäß einschätzte. Die Wendung der amerikanischen Politik zu Beginn des Jahres 1947 mußte ihm, vor sich selbst, recht geben.

Ich wurde ein erstes Opfer des kommenden Kalten Krieges, noch bevor er ausbrach. Daß meine Kommentare zur Außenpolitik immer stärker mißfielen im amerikanischen Hauptquartier, wurde mir hinterbracht. Einmal mußte ich, es war im Herbst 1946, auf einer politischen Einschätzung bestehen und drohte mit Demission, die abgelehnt wurde. Allein das konnte nicht gut gehen auf die Dauer, denn die neuen Richtlinien machten uns klar, von jetzt ab müsse man sich nicht mehr zurückhalten im Urteil über andere Besatzungsmächte, lies: über die Russen.

Es kam dann zum Krach im Zusammenhang mit Tito. Der galt zu jener Zeit in Moskau noch als treuer Vasall, durchaus nicht, wie bald darauf, als Abschaum und titoistischer Revisionist. Er hatte sich mit den Amerikanern angelegt, oder auch die mit ihm. Als Flieger der USA das jugoslawische Gebiet überflogen, zwang man sie zur Landung. Die Entrüstung in Washington war beträchtlich: alle Pressestimmen und Nachrichtenagenturen stimmten darin überein. Mein Kommentar der Woche war kühl. Das Verhalten der Jugoslawen sei nicht schön gewesen, doch hätten die amerikanischen Flieger schließlich dort nichts verloren gehabt.

Das war die Höhe. So ging es nicht weiter mit diesem Chefredakteur. Golo Mann und Bardos waren nicht mehr da, auch Lochner hatte uns vorübergehend verlassen. Da war ein Neuer, und der erwies sich als der richtige Mann beim Hinausschmiß. Das war nicht mehr ein Historiker oder angehender Diplomat, oder ein Journalist vom Fach wie seine Vorgänger. Er war bloß ein Mann für Geschäfte von solcher Art. Ungewöhnlich klein, mit übergroßem Greisenkopf, wenngleich er wohl in meinem Alter sein mochte. Sprechweise eines Österreichers, treue blaue Augen, ungemein herzliches Verhalten, so daß man sogleich auf der Hut war. So mochte der Dr. Krokowski aus Thomas Manns ›Zauberberg‹ in tiefer Herzlichkeit von seinen Patienten als seinen »Kameraden« gesprochen haben, und auch die waren vermutlich auf ihrer Hut.

Der neue Mann war der Mann dieser Stunde. Freundschaftlich überbrachte er mir am Tag nach jenem Funkkommentar die seidene Schnur, womit die Sultane und Kalifen im Fall einer Ungnade die Gestürzten herzlich zur Selbstabschaffung aufzufordern pflegten. Die Metapher stimmte diesmal ganz gut. Man lud mich zur Demission ein. Und wenn ich das nicht tue? Keine Sorge, das amerikanische Hauptquartier hat bereits die Nachricht durchgegeben, daß ich demissionierte und daß man mich mit Bedauern ziehen ließe. Ab wann ich also demissioniert worden sei? Ab sofort. Die Herzlichkeit war nicht zu überbieten.

Ich bekam ein Staatsbegräbnis. Am nächsten Tag wurde ich vom Intendanten und der Versammlung aller Redakteure verabschiedet. Übrigens hatte die Militärregierung wissen lassen, daß man keine Einwände erheben werde gegen meine gelegentliche Mitarbeit am Rundfunk. Beckmann war nicht

»herzlich« bei diesem Finale, eher bedrückt: von meinem Nachfolger hielt er wohl nicht viel.
Ich habe dann eine heitere, sehr boshafte Rede gehalten. Lebhaft stand mir noch immer jener Hinauswurf in Straßburg im Gedächtnis, als ein zusammengeschobener Parteikongreß die Redaktion der ›Neuen Welt‹, uns Emigranten also, fristlos entließ, worauf alle Mitarbeiter, auch die Lehrlinge, mitgingen. Trotzdem erschien die Zeitung am Montag. Der Waisenhausdirektor Götz hatte, mit ein paar Gehilfen und mit Schere wie Kleister, seines Amtes gewaltet. Diese Geschichte erzählte ich nun in Frankfurt, vor den Redakteuren. »Seitdem weiß ich, daß niemand unersetzbar ist.« Man lachte verlegen. Eberhard Beckmann hat nicht gelacht. Etwas spitz replizierte er: »Nun, ich denke doch, daß wir auch ohne Schere und Kleister und ohne das Waisenhaus auskommen werden.« Dann übergab ich meine Arbeit an die Nachfolger.
Irgendwann später kam jemand im Auftrag des State Department. Ganz formlos, wie es sich versteht. Man wollte in Stuttgart den Rundfunk nach Frankfurter Muster organisieren und suchte einen Intendanten. Natürlich brauchte man gewisse Garantien. Den Überbringer der seidenen Schnur treffe ich bisweilen, da und dort. Wer uns sieht, vermutet eine herzliche Freundschaft.
Meine höhnische und belustigte Hochstimmung dauerte nicht lange. Dann kamen die Vormittage, wo ich arbeitslos herumlungerte. Plötzlich fehlte so vieles auch im Alltagsleben, was hilfreich gewesen war. Ich hielt mich augenblicksweise selbst für eine Niete, was mir früher, wenn die anderen so über mich geurteilt hatten, ganz fremd gewesen war. Zum erstenmal kamen mir Zweifel an mir. Besonders auch, weil Fisch und Bauer keineswegs entzückt waren über mein Ausscheiden bei Radio Frankfurt. Gewiß, mein Kommentar war richtig in der Substanz, aber hätte man den Leuten im Hauptquartier die Sache nicht ein bißchen schwerer machen sollen?
Diesmal ging es weiter mit Hilfe eines Sozialdemokraten. Der Gewerkschaftsfunktionär Franz Josef Furtwängler war beauftragt worden mit einer Neugründung der im Jahre 1933 liquidierten »Akademie der Arbeit«. Ich hatte mit ihm darüber ein Funkgespräch geführt. Jetzt kam Furtwängler und bot mir an, als Dozent für Gesellschaftswissenschaft bei der Akademie

der Arbeit mitzumachen. Die Universität Frankfurt hatte Räumlichkeiten für die Vorlesungen und Seminare bereitgestellt, auch eine erste Schülerschaft war bereits ausgesucht. Ich sagte sogleich und freudig zu. Es ging also trotzdem weiter. Plötzlich schien es Kontinuität zu geben zu meiner einstigen Arbeit für Horkheimer und die Seinen. Gleichsam in der Absicht, dies vor mir selber zu besiegeln, habe ich Max Horkheimer, ein Jahr später, als Gastredner in der Akademie der Arbeit begrüßen können.

Das Berliner Prinzip eines »Kulturbundes zur demokratischen Erneuerung Deutschlands« suchten die Kommunisten auch in den westlichen Besatzungszonen durchzusetzen, nämlich so etwas wie eine kulturelle Volksfront, wo Intellektuelle und Künstler, vorausgesetzt sie bekannten sich zum Antifaschismus, miteinander arbeiten konnten. Die Kommunisten befürchteten nicht, dabei überstimmt oder ausgeschaltet zu werden. Ihnen war wichtig, daß sie dabei waren und nicht draußen vor der Tür. So kam es zu wunderlichen Kombinationen. In Stuttgart erschien Johannes R. Becher aus Berlin, um den Kulturbund in der württembergischen Hauptstadt einzuweihen. Der Vorsitzende der Veranstaltung hieß Theodor Heuss. Das entsprang nicht dem Opportunismus, sondern war ein vernünftiges Handeln. Isoliert blieben die »Kulturschaffenden«, wie man nach russischem Vorbild formulierte, ganz machtlos und hilflos auch in ihrer Arbeit. Ohne Arbeitsmaterial, ohne Räume, ohne Ratgeber, unvorbereitet in den meisten Fällen auf den Kampf ums Überleben.

Was Becher und die Seinen vorschlugen, auf den Rat der sowjetischen Fachleute, leuchtete ein, fast allenthalben. In Berlin hatte man die Theater eröffnet, die Universitäten folgten nach, es gab Philharmonische Konzerte, den neugegründeten Aufbau-Verlag, erste Zeitschriften fanden ihren Weg nach Westdeutschland. Auch in Frankfurt sollten sich die angesehensten und politisch nicht belasteten Künstler und Literaten in einem Bund zusammenfinden, um gemeinsam zu beraten und den Besatzungsbehörden ihre Vorschläge zu unterbreiten. Der Frankfurter Kulturbund wurde geleitet von der Schriftstellerin Jo Mihaly, der Frau des Schauspielers Leonard Steckel.

Ich nahm teil an jenen ersten Beratungen der Kulturbundleute in Frankfurt. Neben Bauer und Stephan Hermlin saß Ernst Beutler, der uns zu gewinnen suchte für seinen Plan eines Wiederaufbaus des Goethehauses; Walter Dirks hat mit uns beraten; man erhitzte sich über Namen, die genannt wurden als künftige Leiter des Schauspiels, der Oper, der Museumskonzerte. Natürlich gehörte auch Beckmann zu unserem Kreis. Und der Rektor der Goethe-Universität, *Walter Hallstein.* Hallstein war Mainzer, wurde bereits mit 29 Jahren in Rostock zum Professor der Rechte ernannt und bekam 1941 einen Ruf an die Universität Frankfurt. Er hatte sich offensichtlich nicht eingelassen mit den braunen Organisationen, denn Militärregierung und Deutsche der Universität hielten diesen Juristen für geeignet, als erster Nachkriegsrektor die wiedergeöffnete Universität zu leiten.

Ich habe ihn einmal bei der juristischen Arbeit erlebt. Das war bereits im Frühjahr 1948, kurz vor der seit langem erwarteten Währungsreform vom 20. Juni. Die Amerikaner hatten sich so etwas ausgedacht wie einen Deutsch-Amerikanischen Klub. Da sollte man sich treffen, unter Seinesgleichen natürlich, um zu lernen, Verständnis füreinander aufzubringen. Ein schneller Weg: vom Verbot des Fraternisierens zur Traulichkeit eines gemeinsamen Klublebens. Um das erfolgreich ablaufen zu lassen, lud man genau fünfzig Deutsche, sorgfältig ausgesucht gleichzeitig nach den Regeln der Meinungsforschung und des Rotary Clubs, mit fünfzig Amerikanern zu einem ersten Gespräch ein. Man beschloß die Gründung. Die deutschen Teilnehmer sahen Büffets vor ihrem geistigen Auge, die Amerikaner erhofften sich deutsche Bekanntschaften. Dann sollten die Deutschen auf der Stelle, in geheimer Wahl, fünf Vertreter wählen; die Amerikaner würden das später auch nachholen. Es hub ein Gewisper und Intrigieren an wie bei einer schwierigen Parlamentsdebatte. Hallstein wurde natürlich gewählt, auch ich war unter den Fünfen.

Wir trafen uns dann, um die Satzung jenes Klubs zu entwerfen. Sie ist auch fertig geworden, dank Hallstein. Ich hielt die Lage für absurd, denn die Währungsreform stand vor der Tür, nur der Zeitpunkt wurde geheimgehalten. Der asketische Jurist begeisterte sich für die Aufgabe, fast war etwas wie Erregung zu spüren, wenn er die Gründe zu bedenken gab, die ein

Ausschlußverfahren, aus besagtem Klub, rechtfertigen würden. Er hat gut gearbeitet, nur war alles für die Katz, denn nach der Währungsreform konnten sich die Deutschen ihre eigenen Büffets leisten, auch ohne den Deutsch-Amerikanischen Klub.

Man erlebte damals einen ganz anderen Walter Hallstein als später in Bonn oder gar in Brüssel. Bei einer Feier zum ersten Geburtstag der ›Frankfurter Rundschau‹ war der Rektor ein herzlicher Gratulant, der sich seiner Freundschaft mit dem Kommunisten Emil Carlebach rühmte, einem der ersten Lizenzträger des Blattes. Später in Bonn betrieb die Regierung Adenauer, der Hallstein jetzt angehörte, das Verbot von Carlebachs Partei. Über den Rektor liefen Gerüchte um, sein abstraktes Juristentum betreffend. Er hat sicher niemals auf dem Schwarzen Markt zugelangt, soll deshalb aber, wie erzählt wurde, das rechtswidrige Verhalten hungriger Studenten schwer getadelt haben. Ich erlebte ihn beim Abendessen im Haus des jüdischen Staatskommissars für die Flüchtlinge und displaced persons. Das Essen war gut, die Magnifizenz war ein angenehmer Tischgenosse.

Immer habe ich gestaunt über das Bündnis Konrad Adenauers mit Walter Hallstein. Der Professor der Rechte war ein Meister der Abstraktionen, doch wußte er eigentlich, wie die Menschen zu leben hatten, deren Zukunft er festzuschreiben suchte? Der Bundeskanzler ließ sich die Normen zuliefern, die er brauchte. Allein er sah Menschen, nicht Rechtsfälle. An Hallstein wird auch weiterhin, vielleicht ohne Grund, denn er hat möglicherweise nur den Namen geliehen, die Hallstein-Doktrin erinnern. Sie wollte verhindern, daß in einem fremden Staat gleichzeitig zwei deutsche diplomatische Vertretungen zugelassen werden können: eine der Bundesrepublik und eine der DDR. Sie hat nicht lange standhalten können vor der Wirklichkeit, die Hallstein-Doktrin. Länger immerhin als unser Statut für den Deutsch-Amerikanischen Klub.

Im Frühjahr 1947 dozierte ich vor den sorgfältig von der Gewerkschaft ausgewählten Studenten der Akademie der Arbeit in einem Hörsaal der Goethe-Universität. Hallstein war wieder einmal tätig gewesen als Abgrenzer, so daß die Akademie bloß das Recht erhielt, sich als Institution »in der Universität« zu deklarieren, beileibe nicht als Bestandteil der Hochschule. Als ich von der Formel erfuhr, erinnerte sie mich an den historischen Streit der Hohenzollern mit Wien, wo man nur zugestand, daß es Könige geben könnte »in Preußen«, doch nicht »von Preußen«. Der Alte Fritz entschied dann die Frage auf dem Schlachtfeld. Solche Formeln der Juristen sind meistens nur begrenzt haltbar.

Meine Kollegunterlagen von damals sind verlorengegangen, merkwürdigerweise vermag auch das Gedächtnis nicht auszuhelfen. Es waren meine ersten »richtigen« Vorlesungen im Rahmen einer Hochschule, und ich hatte auch das nicht gelernt, mußte es lernen. Man berief mich als Dozenten für Gesellschaftswissenschaft, ich hatte bei Kelsen eine ganz gute Kenntnis der Staats- und Rechtstheorie erlangt, der ›Zeitschrift für Sozialforschung‹ mußte ich jahrelang die Referate liefern über Neuerscheinungen aus der Allgemeinen Soziologie: folglich behandelte mein erstes Kolleg die wichtigsten Lehrmeinungen in der neueren Soziologie. Vom Standpunkt einer herkömmlichen Wissenschaftspraxis war alles erschreckend dilettantisch, was wir trieben, allein was war damals nicht erschreckend dilettantisch: in jenen Nachkriegsjahren. Wir hatten keine Bücher; was ich selbst an Texten besaß oder mir zu verschaffen wußte, reichte nur für meine eigene Vorbereitung. Ich konnte den Hörern aus den Büchern vorlesen, bisweilen einiges von Wichtigkeit diktieren. Die Text-Exegese verbot sich: aus Mangel an Texten.

Meine Hörer kamen aus dem Krieg, sie waren glücklich, hier zu sitzen und arbeiten zu können. Zwischen ihnen und mir bestand ein geheimes Abkommen, das Treuherzigkeit voraussetzte. Ich berichtete von geistigen Auseinandersetzungen eines Gestern oder Vorgestern, suchte zu begründen, warum eben dies von mir ausgewählt wurde, nannte Namen, schilderte Lebensläufe und Denksysteme. Rousseau war dabei, auch Max Weber, Feuerbach natürlich und Marx, allein ich behandelte ebenso die französischen Gesellschaftslehren, denn in Genf hatte ich für Horkheimer eine umfangreiche Studie über die Soziologie von Émile Durkheim liefern müssen. Ich hatte mich dazu entschlossen, im wesentlichen frei vorzutragen: nach genauen Notizen. Man konnte und sollte mich jederzeit unterbrechen, was auch geschah. Die seminaristische Arbeit machte uns Spaß. Alles war ebenso dilettantisch wie nützlich. Ein Jahr später waren unsere Hörer imstande, einem Vortrag Max Horkheimers in unserem Hörsaal weitgehend folgen zu können.

Nach Ende des Semesters sollte mein erster Versuch starten, von Frankfurt nach Berlin zu gelangen. Ein solches Unterfangen war nicht ohne strategisch-taktische Vorbereitung möglich. Es gab einen einzigen Interzonenzug, der vom Westen nach Charlottenburg fahren durfte. Man mußte hinter Helmstedt aussteigen, den Zug verlassen, antreten zur Kontrolle der Papiere bei den sowjetischen Grenzwäschtern, erhielt einen Stempel in den Personalausweis, der damals noch einheitlich war in allen vier Zonen, dann durfte man wieder in den Zug steigen und weiterfahren.

So berichtet, nimmt es sich leidlich aus. Das war die Strategie, allein es gab auch die Taktik. Man brauchte eine Zulassung in Hannover, wenn man dort einstieg, oder irgendwo im Westfälischen, wohl in Dortmund, wenn mir recht ist, wollte man von Anfang an mitfahren. Wie kommt man an diese Zulassungskarte? Wie kommt man in den Zug, selbst mit der Karte, wenn ein Menschenknäuel den Zugang versperrt? Wie wird man reisen können, als einer, der mitkam: sitzend, stehend, liegend, kauernd? Es war ein Abenteuer, doch ich wollte es wagen.

Die Verbindung zu Tschesno in Berlin war nicht abgerissen. Auch sonst erreichten mich Botschaften und Nachrichten, aus denen hervorging, daß ich nicht vergessen war. Noch in Nauheim und bei der DANA kam ein Telegramm, worin mir die Generalintendanz des Rundfunks in der sowjetischen Besatzungszone angeboten wurde. Ich nahm an, daß Tschesno dahintersteckte. Der Name des Absenders sagte mir nichts. Später lernte ich den Mann kennen, im Guten und auch im Anderen. Unterschrieben hatte Wilhelm Girnus. Ich lachte damals über das Telegramm, zeigte es Jolas, der ebenfalls lachte, als ich den Text übersetzte. Er freute sich: dieser angeheuerte Redakteur war also auch anderen aufgefallen. Übrigens habe ich das Telegramm nicht beantwortet. Noch heute muß ich lachen im Gedanken daran. Generalintendant des Rundfunks in der Sowjetischen Zone oder dann in der

DDR! Das hätte noch gefehlt. Als ich nach Berlin kam, später nach Leipzig, lernte ich auch den Generalintendanten kennen, der »meinen« Posten einnahm: einen aus der langen Reihe der glücklosen Radiofunktionäre. Einmal hieß er Max Seydewitz: es war mein Parteivorsitzender der Sozialistischen Arbeiterpartei (SAP) aus den Tagen des Roten Kämpfers.
Ich hatte den Feldzug, der mich von Frankfurt über Hannover nach Berlin führen sollte, zu Tschesno in Niederschönhausen, gut vorbereitet. Mit dem Schlafwagen nach Hannover. Dort wartete die Zulassungskarte auf mich, sie war bestellt, bezahlt und bestätigt. Dann der Interzonenzug, da mußte man sehen, wie man mitkam. In Charlottenburg wartete auf mich ein Wagen aus dem Ostsektor. Ich telegraphierte kurz vor der Abreise aus Frankfurt nach Berlin, um meine Ankunftszeit mitzuteilen. Besser konnte man sich nicht absichern.
Aus alledem wurde nichts. Die Strategie war eindrucksvoll, allein die Taktik versagte, wie so oft in den großen Feldzügen. Es klappte nicht beim Zusammenspiel zwischen Frankfurt und Hannover, und damit klappte gar nichts mehr. Dabei fing alles so gut an. Die Fahrt im Schlafwagen verlief angenehm, es gab sogar ein leidliches Frühstück, dann stieg ich aus, im Hauptbahnhof von Hannover. Ein einziger Schalter in der Haupthalle war geöffnet, dort erhielt man die Zulassungskarten für den Interzonenzug, wenn man sie bestellt und bezahlt hatte und eine Quittung des Reisebüros vorweisen konnte. Der Schalter war kaum sichtbar hinter den Menschenmassen, die davor standen oder lagerten, in der Hoffnung, eine der nicht abgeholten Karten zu erlangen. Ich kam bis zum Schalter, man machte mir Platz, als ich sagte, ich sei kein Mitbewerber, sondern wolle meine Karte abholen. Nun stand ich am Schalter, und dann war alles aus. Ich zeigte meine Quittung und bestätigte Bestellung, aber der Schaltermann fand nichts vor. Da lag nichts. Nun wurden die Umstehenden unfreundlich: »Zurücktreten, zurücktreten!« Ich war offensichtlich ein Schwindler, der mit dem Trick arbeitete, bloß abholen zu wollen. Da war nichts abzuholen. Ich mußte weichen.
Der Sturz aus dem Wohlbehagen war entsetzlich, denn jetzt sah alles wie ein quälender Traum aus, ein Alptraum. Nach Berlin kam ich also nicht, in Hannover konnte ich nicht

bleiben, doch zurück nach Frankfurt konnte ich auch nicht mehr. Da brauchte ich gleichfalls eine Zulassungskarte, und die Amerikaner, meine Dienstherren, hatten in der englischen Zone nichts zu sagen. Die Stadt der Niedersachsen wandelte sich zur wüsten Insel, wo Robinson sehen mußte, wie er zurechtkam.

Ich habe mich immer wieder dabei überrascht, daß ich hilflos vor einer kleinen Misere versagte, winzige Pannen nicht beseitigen konnte, jedoch bei ernsten Schwierigkeiten, wo wirklich etwas auf dem Spiel stand, kühl reflektierte, zu planen und zu versuchen begann, und damit durchkam. Auch jetzt lief es so ab, an diesem sonnigen Morgen in Hannover. Der Interzonenzug freilich war ohne mich abgefahren, in Charlottenburg würde der Wagen leer zurückkehren zu Tschesno. Trotzdem dachte ich überhaupt nicht an die Rückkehr nach Frankfurt, als an das leichtere Ziel. Ich wollte nach Berlin, und ich würde es auch schaffen.

Mit Leuten hinter einem Schalter bin ich ein Leben lang immer wieder in Streit geraten, von denen habe ich nie etwas zu erhoffen. Bei deren Vorgesetzten komme ich schon eher zurecht. Das ist nun einmal meine Erfahrung gewesen und geblieben. An jenem Morgen fiel mir ein, daß ich im Herbst 1946 bei jener Tagung zu Lüneburg den Ministerpräsidenten des Landes Niedersachsen und seinen Pressechef Zechlin kennengelernt hatte. Beide hatten mich nach Hannover eingeladen. Den Männern konnte jetzt geholfen werden.

Ich erfragte mir den Weg zur Staatskanzlei, das war nicht weit vom Bahnhof, eine hübsche Villa in einem ruhigen Viertel. Der Ministerpräsident reiste im Land umher, auch sein Pressechef war nicht in Hannover, aber die Damen des Vorzimmers, und das bedeutete auch diesmal viel mehr, kannten sich aus, hatten von mir gehört, ich legte meinen Presseausweis vor, Zigaretten hatte ich auch und vor allem echten Nescafé: da konnte man in Ruhe eine neue Strategie für die Berliner Reise entwerfen. Ein Anruf der Staatskanzlei sicherte mir die Zulassungskarte für den nächsten Morgen, ich sollte sie am Nachmittag abholen, und bekam sie auch ausgehändigt. Blieb das Problem der Übernachtung. Da konnte auch die Landesregierung nichts bewirken. Das Gästehaus war belegt, Anrufe bei den Hotels vermochten nichts auszurichten. Übrigens vermutete man, als die Rede kam auf das Mißgeschick am Schalter, daß solche Karten irgendwo »verschwinden gemacht« würden, um dann auf einem speziellen Schwarzen Markt zu landen. Man schien sich auszukennen in der Staatskanzlei. Ich war ersichtlich nicht das erste Opfer solcher Machenschaften.

Wie ich die Nacht zubringen würde, das müsse ich leider selbst ausprobieren. Im übrigen erhielt ich wirklich gute Ratschläge für mein Verhalten am nächsten Tag. Man soll nicht zu früh am Bahnsteig sein, um auf den Interzonenzug zu warten. Dann gelangt man zwar rasch in den Zug, vielleicht auf einen Sitzplatz, muß aber hinter Helmstedt als letzter hinaus und zur Kontrolle. Dann sind alle anderen schon abgefertigt und sitzen auf den Plätzen. Dann muß man stehen bis Berlin. Kommt man jedoch zu spät zum Bahnsteig, trotz Zulassungskarte, dann kommt man nicht mehr mit, und alles fängt von neuem an. Am besten ist auch hier der goldene Mittelweg. Dann steht man zwar bis Helmstedt, kommt jedoch rasch wieder in den Zug und findet einen Sitzplatz auf der Rumpelfahrt durch die östliche Besatzungszone.

So sangen die Parzen der Niedersächsischen Staatskanzlei, ich lauschte ihnen und erwog es in meinem Herzen, muß jedoch etwas falsch gemacht haben, denn ich kam zwar mit am andern Morgen, doch stehend und eingekeilt irgendwo in den Gängen, kam zu spät hinter Helmstedt heraus und wieder herein, so daß ich abermals stehen mußte mit meinem Köfferchen: von Hannover bis Charlottenburg.

Ein krönender Abschluß, nach einer Nacht im Freien. Ich habe nur diese einzige Nacht als Erfahrung mit der Obdachlosigkeit. Wiederum fiel ich weich. Sommerlich warm, die Bänke im Park hinter dem Rathaus von Hannover, einem pompösen Bau aus der Kaiserzeit, entstanden wohl als Parallelaktion zum Reichstagsgebäude in Berlin und zum Leipziger Reichsgericht, waren trocken. Es wurde bald wieder hell, dann durfte man sich auf den Weg machen zum Bahnhof und zum Kampf um die Plätze. Eine harmlose Panne, ich war vierzig geworden vor ein paar Wochen, das ist kein Alter, gesund war ich auch, weshalb Aufhebens machen von jener Nacht im Freien.

Es war eine schlimme Nacht, und blieb mir als arge Erinnerung. Ein Mißgeschick, nichts weiter, wer redet hier von

Obdachlosigkeit und gar vom unbehausten Menschen? Aber in jener Nacht auf der Parkbank verflog der Impetus meiner Nachkriegsaktionen. Hinter viel Arbeit in Redaktionen und Sitzungen, viel ideologischer Schreibe oder Rede, war mir das eigene Bild zeitweise abhanden gekommen. Ich hatte zu viel zu tun, um mich selbst zu beachten. Wußte ich überhaupt, wie es um mich stand, und was ich von mir zu halten hatte?

In jener Nacht wußte ich es plötzlich wieder. Gescheitert auch diesmal und hier. Was war ich denn? Ein ehemaliger Bürger und vormals ein Roter Kämpfer; ein Ex-Emigrant und ein Ex-Redakteur; ein Kommunist ohne Parteibuch und Parteibindung, eine windige Sache, zumal mich die Nachrichten über den Osten, die ich als Redakteur empfing, längst insgeheim zu dem Entschluß gebracht hatten, den aufschiebend bedingten Wechsel auf meine Mitgliedschaft in der KPD oder auch SED nicht einzulösen. Wie sollte das weitergehen? Sicher ist, daß ich in jener bösen Nacht in einem klar sah: daß mich die Aktivität als politischer Schriftsteller oder auch als Politiker nicht befriedigte. Heute weiß ich, daß ich in jener Nacht *meinen Abschied nahm von der Politik.* Ich habe dann später alle Versuchungen abgewiesen, irgend etwas zu repräsentieren, eine Idee, eine Partei, einen Staat: etwas anderes darstellen zu wollen als mich selbst.

Als es hell wurde, begann ein schöner Sommertag. Ich machte mich auf den Weg zum Bahnhof, die schlimme Nacht schien vergessen. Keine Spur von Verzweiflung bei dem Mißgeschick im Zug. Berlin-Charlottenburg. Natürlich war da kein Wagen. Mein Telegramm aus Hannover kam zu spät an. Abermals das Zusammenwirken des Presseausweises, der Chesterfield und der Nescafébüchse. Auf der Polizeistation zu Charlottenburg durfte ich mit Pankow oder Niederschönhausen telefonieren. Der Wagen kam und brachte mich zu den Freunden. Ich hatte Zahnschmerzen, vermutlich als Folge einer Erkältung auf der Bank, mußte am anderen Tag zum Zahnarzt. Aber da waren Mischa und Rita Tschesno, ich traf Stephan Hermlin, der inzwischen nach Berlin gezogen war, und der mir dringend zuredete, es genauso zu machen. Man sähe doch, was sich im Westen vorbereitet. Mein eigenes Scheitern bei Radio Frankfurt sei ein Symptom. Als die Zahnschmerzen nachließen und ich mich geborgen wußte, nicht mehr unbehaust, kam ich dem näher, was ich wirklich wollte: Schreiben und Lehren.

Das entsprach den Gedanken, die man sich in Berlin über mich gemacht hatte. In Niederschönhausen, oder in Pankow, wie man in den Westzonen zu sagen und zu schreiben pflegte: als sei der plebejische Vorort Pankow bereits von Hause aus verächtlicher als der Villenvorort Grunewald oder Dahlem. Ganz Standhafte setzten den Ortsnamen Pankow zwischen Gänsefüßchen. Niederschönhausen war in vergangenen Zeiten eine gute Adresse gewesen: dorthin hatte Friedrich, als er König geworden war, die unnütze offizielle Gattin abgeschoben. Nun wohnten die Funktionäre der SED in den Villen dieser berlinischen Ostzone. Die sowjetische Besatzungsmacht residierte in Karlshorst. Später hat Ulbricht für seinen engsten Kreis aus Sicherheitsgründen eine schwerbewachte Siedlung errichten lassen. Die habe ich zweimal nur betreten: wenn ich zu Besuch war bei Johannes R. Becher, dem Minister für Kultur. Die anderen Mitglieder jedoch, die sich zur Nomenklatura rechnen durften, deren Namen also auf einer amtlichen Liste der Bevorzugten standen, blieben ungeschützt, wie ich festzustellen glaubte.
Man schlug mir vor, den Kurs zu nehmen auf eine Professur an einer Universität der Ostzone. Klangvolle Namen in Fülle: meine alte Universität Unter den Linden, oder Leipzig, Jena und Halle, Rostock und Greifswald, andere Hochschulen nicht gerechnet. Es kam hinzu, daß Michael Tschesno durchgesetzt hatte, sehr gegen die Pläne Bechers anplanend, einen zweiten Verlag neben Bechers Aufbau Verlag begründen zu können. Der Verlag Volk und Welt, den Tschesno seit dem Februar 1947 leitete, sollte jene moderne Belletristik sichten und herausgeben, die für den Aufbau Verlag, dessen Programm der einstige Expressionist Becher arg konservativ und prominentensüchtig anlegte, noch zu wenig abgelagert erschien. Das war ganz nach Tschesnos Geschmack; er würde den Aufbauleuten schon zeigen, was da noch alles zu entdekken war. Zum Beispiel ein paar Leute aus dem schweizerischen Exil, ganz unbekannt bisher und fast durch nichts ausgewiesen: Stephan Hermlin etwa und Eduard Claudius und Hans Mayer.

Das Buch über Georg Büchner und seine Zeit war – in der ersten Wiesbadener Ausgabe des Limes Verlages – auch in Ostberlin gelandet. Gelesen hatten es Paul Rilla und der junge Wolfgang Harich, die beide auf rasche Publikation drängten. Tschesno freute sich. Im Oktober sollte ein erster deutscher Schriftstellerkongreß in den vier Stadtsektoren von Berlin zusammentreten. Da würde der Büchner vorliegen, als ein deutsches Erzeugnis der marxistischen Literaturwissenschaft. Mit Hilfe dieses Buches aber war eine Habilitation an der Universität möglich, und damit eine Professur. So würde man am besten vorgehen. Schluß mit den Nachrichtenredaktionen und Radiostationen.

Das hörte ich gern, es war vernünftig. Zwar gab es damals auch Bestrebungen, mich in Hessen zu berufen, eine davon schien aussichtsvoll zu sein, allein die gemeinsame Entscheidung der Amerikaner und ihrer deutschen Vertrauensleute für einen restaurativen und konservativen deutschen Wiederaufbau, die täglich klarer sichtbar wurde, mußte auch im akademischen Bereich für mich zu mühsamen Konflikten führen. In der ›Frankfurter Rundschau‹ demonstrierten die Amerikaner an den Lizenzträgern Carlebach und Gerst, wen sie haben wollten und wen sie zu feuern gedachten. Es war schon richtig, dem Beispiel Hermlins, auch des Romanisten Werner Krauss zu folgen, des Freundes von Lissner, der seine Marburger Professur aufgegeben und einen Ruf nach Leipzig angenommen hatte.

Folglich wurde vereinbart, daß ich zurückkehren sollte im Oktober, als Gast jenes Literatenkongresses, um dort in Berlin mein Buch vorzustellen und anschließend mit den Universitäten zu verhandeln. Mein Zahn hatte sich beruhigt, die Zulassung zum Interzonenzug in Charlottenburg machte keine Schwierigkeiten, ich hatte bis zur Grenze einen Sitzplatz, auch in Hannover stand kein neues Debakel bevor. Kühl besichtigte ich die Stätte meiner Leiden, dann ging es zurück nach Frankfurt. Die Stadt am Main erschien mir plötzlich wie ein Wohnsitz auf Widerruf.

Den Sommer über blieb ich in Frankfurt und kümmerte mich um die VVN, die Vereinigung der Verfolgten des Naziregimes, die mich am 19. März, meinem vierzigsten Geburtstag, auf ihrer Jahrestagung zum Vorsitzenden für Hessen gewählt hatte. Da gab es viel zu tun, oft zu protestieren, manches zu verhindern. Jener Respekt, den man den Opfern bisher gezollt hatte, schien verbraucht. Stellte man die kühlen Gegner der einstmals Verfolgten zur Rede, so wurde man auf die DPs verwiesen, jene displaced persons, die mit Hilfe ihrer Pakete und guten Verbindungen zu amerikanischen Einkaufsläden den Schwarzen Markt von Frankfurt und Umgebung belieferten, dabei prächtig gediehen, und das auch anschauen ließen. Die Antwort lag nahe, jeder konnte sie sich selbst geben: daß man es mit Opfern eines Völkermordes und einer Verfolgung zu tun habe, wo nicht zwischen Menschenfreunden und Gangstern unterschieden wurde. Allein diese Replik wollten sich viele Überlebende in Deutschland nicht geben. Sie rechneten lieber auf: deine Leiden und meine Leiden. Ich habe diese Buchführung stets verabscheut. Nach einem Vortrag aus Anlaß von Erinnerungen an den Judenpogrom des 9. November 1938 kam ein Professor, drückte bewegt die Hand, um an gemeinsame Leiden zu erinnern. Ich habe sehr böse geantwortet: »Oh freilich, der eine kam nach Auschwitz, dem anderen wurde der Lehrstuhl verweigert.« Das ist ungerecht, ich weiß, es sieht ab von den Bombennächten und dem Tod so vieler begabter Menschen, die wußten, daß sie einen ungerechten Krieg zu führen hatten. Allein den »vernünftigen« Argumenten gegen unsere Verfolgten begegne ich allergisch. Die Gräfin Orsina in der ›Emilia Galotti‹ hat recht: »Wer über gewisse Dinge den Verstand nicht verlieret, der hat keinen zu verlieren. –«

Diesmal mußte ich mir keine Sorgen machen über die Reise nach Berlin zum Schriftstellerkongreß. Als Vorsitzender der VVN durfte ich über einen Dienstwagen mit Fahrer verfügen. So fuhren wir nach Berlin, später nach Leipzig und von dort durch Thüringen zurück an den Main.
Bei der Ankunft in Berlin, am Vorabend des Kongresses, der programmatisch als *Erster deutscher Schriftstellerkongreß in Berlin* firmierte und auf solche Weise eine spätere Kontinuität voraussetzte, zeigte sich rasch, daß die Tagung zwar von vier Besatzungsmächten gebilligt schien, daß es jedoch höchst verschiedene Wärmegrade der Zustimmung gab. Fünf Tage

waren vorgesehen, vom 4. bis 8. Oktober, für Referate und Aussprachen. An Rednern sollte es nicht fehlen, wie das Programm verhieß. Auch mein Name stand auf der Rednerliste.
Zum erstenmal betrat ich den »Klub der Kulturschaffenden«, wie man ihn gräßlicherweise genannt hatte; vermutlich gab es dafür ein russisches Vorbild. Er war Sitz des Herrenclubs gewesen, in der Jägerstraße, unweit der Wilhelmstraße. Hier hatte Franz von Papen intrigiert, hier war die Weimarer Republik gestürzt worden. Schöne Räume, ein vorzüglicher Aufenthalt: mit Kellnern, die wußten, was sich gehört. Teilweise waren sie dageblieben, nach wie vor, und wußten wiederum, was sich gehört. Es hatte sich nicht viel verändert: der Herrenclub hatte es auch den Leuten von der Nomenklatura angetan.
Vor den Scheinwerfern präsentierten sich die Vertreter von vier Besatzungsmächten an einem Tisch. Sie hatten den Kongreß einzusegnen, der am nächsten Tag im englischen Sektor eröffnet werden sollte. Die Unterschiede waren grotesk. Ein Engländer, blaß in jeglichem Sinne, brachte ein paar Redensarten vor. Der Amerikaner war Vertreter eines Vertreters von irgendeinem aus der Informationsabteilung. Er wirkte ungehalten über die Störung, knurrte bloß, daß er nicht recht wisse, was er sagen solle: das war sympathisch. Der französische Generalinspekteur Hepp, verantwortlich für die Kulturabteilung seiner Militärregierung, hatte eine Rede ausgearbeitet: es war offensichtlich, daß man den Kongreß ernstzunehmen gedachte. Der französisch lizenzierte »Kurier« in Berlin hat in der Tat durch Carl Linfert die Tagung, Rede für Rede, mit großer Sorgfalt verfolgt und analysiert.
Am Schluß sprach, durchaus programmatisch, der sowjetische Major und spätere Oberstleutnant *Alexander L. Dymschitz*. An ihn denke ich gern zurück, wenngleich mit einer leisen Trauer, denn die Entwicklung, die ich nahm, und jene andere, für viele von uns überraschende, die Alexander Lwowitsch dann später, unter Chruschtschow und Breschnew, nehmen sollte, mußte uns auseinanderführen. Auch als Gast des Schriftstellerkongresses konnte ich bei Tschesno wohnen und traf Dymschitz bereits am Tag meines Eintreffens in Berlin. Wir begrüßten uns herzlich; ich war ihm schon im Juni vorgestellt worden.

Der Kongreß der deutschen Schriftsteller aus vier Besatzungszonen, flankiert von Autoren, die aus den Emigrantenländern kamen, um teilzunehmen, international zur Kenntnis genommen durch den anwesenden Herman Ould, den Generalsekretär des PEN-Klubs, der aus London angereist war: alles war das Werk von Dymschitz. Er hatte den Plan entworfen und mit seinen Kollegen von der Kulturabteilung der sowjetischen Militärverwaltung abgesprochen. Es kam ihnen abermals darauf an, nicht ins Abseits zu geraten in Deutschland. Den Abgrenzungsbestrebungen vor allem der Amerikaner, die »Östliches« aus dem westdeutschen Kulturleben auszuschalten gedachten, und bereits im eigenen Lande unter Führung des Senators Joseph McCarthy damit begonnen hatten, sollte von Berlin aus durch das offene Gespräch begegnet werden. Keine Einladung freilich zum Schriftstellerkongreß war an jene Autoren ergangen, die geworben hatten für das Dritte Reich. Nicht durch gelegentliche Publikation von Gedichten oder Erzählungen irgendwo in der Presse oder in einem Verlag des Großdeutschen Reiches, sondern als Propagandisten.
Der Plan des Majors Dymschitz schien zu glücken. Die Eröffnung der Tagung durch Ricarda Huch und Günther Weisenborn war bewegend. Ehrung der toten Schriftsteller, der heimatlos Hingestorbenen, der Erschlagenen, der Selbstmörder. Eine gewaltige Tafel auf der Bühne des Hebbel-Theaters hatte die Namen vermerkt. Erschreckt las man: Was, auch der! Noch wußte man wenig von den einzelnen Schicksalen. Man stand beisammen in der Herbstsonne, diesmal in einem Westsektor der einstigen Reichshauptstadt. Man freute sich des Überlebens und der Überlebenden. Am großen Bankett, das die Russen am Abend im Ostsektor für den Kongreß veranstalteten, eröffnet durch ein Konzert russischer Interpreten, nahmen wohl alle Autoren teil. Ich erinnere mich, wie ungemein herzlich an jenem Abend das »Väterchen« Ernst Rowohlt gefeiert wurde. Er hatte sichs in den Kopf gesetzt, als erster einen Verlag zu gründen mit den Lizenzen der vier Besatzungsmächte. Was ihm auch gelang. Verstand man ihn recht, so gedachte er damit die kulturelle Einheit Deutschlands in aller Zerstückelung zu demonstrieren.
Es war ganz im Sinne von Dymschitz, allein es paßte durchaus nicht ins neue amerikanische Konzept. Genau in der Mitte der

Tagung mußte daher jene zerstörerische Disharmonie eingebaut werden, die allem Harmoniestreben von Dymschitz, und auch von fast allen deutschen Teilnehmern, rasch ein Ende setzte. Das lief planvoll ab am dritten Kongreßmorgen, gleich zu Beginn der Vormittagssitzung. Etwas bereitete sich vor, das war unverkennbar. Auf der Bühne der Kammerspiele in der Schumannstraße, unweit vom Bahnhof Friedrichstraße, mithin im Ostsektor, wurden die Mikrophone und Scheinwerfer der westlichen Medien aufgebaut. Sollte etwa plötzlich ein prominenter amerikanischer Autor erschienen sein, um sich den Debatten der deutschen Kollegen zu stellen? Der sowjetische Schriftstellerverband hatte, wie zu erwarten war, drei prominente Autoren entsandt: den auch in Deutschland aufgeführten Dramatiker Valentin Katajew, den Reporter und Romancier Boris Gorbatow, für mich vielleicht die eindrucksvollste Persönlichkeit, die ich damals in Berlin und auf dem Kongreß kennenlernte, er ist bald darauf gestorben, und als dritten einen ehemaligen Matrosen der Schwarzmeerflotte, der Theaterstücke geschrieben hatte, wie man erfuhr, auch Filme, dessen Namen uns allen jedoch unbekannt war. Heute kennt man den Namen von Wsewolod Wischnewski, und man kennt sein dramatisches Meisterwerk, die ›*Optimistische Tragödie*‹. Würden die Amerikaner nun einen Steinbeck oder Faulkner als Gegenspieler präsentieren, oder auch, um die geistigen Antithesen noch deutlicher zu machen, den Schriftsteller Thornton Wilder und seine Philosophie der Mr. Antrobus aus dem Stück ›Wir sind noch einmal davongekommen‹? Das wäre spannend geworden: Anna Seghers und Becher oder Dymschitz in einem Streitgespräch mit Wilder oder Steinbeck.

Es kam ganz anders. Billig ging es zu bei der Antithese. Viel hatte man geistig nicht anlegen wollen, um die Einheitlichkeit und Herzlichkeit unter den deutschen Autoren zu zerstören. Es ging fast genauso zu, wie kaum ein Jahr später in Breslau beim Weltkongreß der Intellektuellen. In Breslau machte der Russe Alexander Fadejew allen Gesprächen mit seiner Rede ein Ende, die in Moskau offensichtlich von Stalin selbst und seinem Kulturberater Andrej Shdanow inspiriert worden war. In Berlin waren es die Amerikaner.

Den spitzbärtigen Mann, der jetzt ans Rednerpult trat, kannte niemand von uns. Bei der Worterteilung wurde sein Name genannt: Melvin Joseph Lasky. Auch den kannte keiner. Ein Amerikaner offensichtlich, wie der Akzent verriet. Woher kam er so plötzlich? Hatte er bisher schon bei der Tagung mitgemacht? Was er zu sagen hatte, schien man irgendwo für wichtig zu halten, denn die Scheinwerfer flammten auf, als er begann.

Lasky machte seine Sache recht gut. Mich erinnerte er sogleich an jenen treuherzigen Mann in Frankfurt, der die seidene Schnur mitgebracht hatte. Auch Lasky sprach treuherzig, so daß man auf der Hut sein mußte. Er hielt sich nicht lange auf mit der Literatur: sein Thema waren die sowjetischen Schriftsteller, die am Kongreß teilnahmen. Er war mitfühlend, konnte sich gut in ihre Lage versetzen: endlich einmal hatten sie Gelegenheit, ganz frei zu atmen und ihre Meinung zu sagen, weil das – leider, leider – in der Sowjetunion nicht möglich sei. Sanft, herzlich, verständnisvoll.

Die Unruhe im Saal wuchs immer mehr. Das also hatte man vorbereitet. Dymschitz gestand uns später, er habe einen Augenblick daran gedacht, den Redner zu unterbrechen: hier im Theater hatte Dymschitz das Hausrecht. Glücklicherweise tat er es nicht. Zornbebend antwortete Valentin Katajew als ältester der so innig begrüßten sowjetischen Autoren. Er begann: »Ich habe die Rede des unbekannten Schriftstellers Lasky gehört und möchte ihm nun ein Grabmal des unbekannten Schriftstellers errichten!« In diesem Stil ging es weiter. Alles war vertan, was eigentlicher Sinn des Kongresses hätte werden können. Genauso wie später, im August 1948 in Breslau, als Alexander Fadejew gegen den Schriftsteller Sartre, den er offensichtlich nicht wirklich gelesen hatte, gegen den aber zu sprechen war, weil er die ›Schmutzigen Hände‹ schrieb, in ärmlicher Polemik vorbrachte: Wenn Hyänen imstande wären, auf der Schreibmaschine zu schreiben, so lieferten sie vermutlich Werke ab, wie jener Sartre. Auch in Breslau war damit ein Kongreß zu Ende.

In Berlin war nichts mehr zu machen. Der Kongreß schleppte sich hin bis zu seinem Ende. Er ist der erste und letzte deutsche Schriftstellerkongreß dieser Art geblieben. Lasky hatte mitgeholfen, eine drohende Kontinuität zu verhindern, was Sinn der Sache gewesen war. Es gab noch ein paar schöne literarische Vorträge: von W. E. Süskind aus München und von Rudolf

Leonhard, dem einstigen Expressionisten, der in Frankreich überlebt hatte und zu bedenken gab: »Wer falsch spricht, der denkt falsch!«, womit er die überlebende »Sprache des Unmenschen« meinte. Auch vorher gab es gute literarische Analysen: als Elisabeth Langgässer die Fragwürdigkeit einer Inneren Emigration analysierte und Hermlin die Grenzen einer sogenannten Naturlyrik sichtbar werden ließ, einer »Dichtung der Lurche und Molche«. Das Scheitern war trotzdem nicht zu leugnen. Die zuerst so brüderlichen Schriftsteller teilten sich jäh in eine westliche und eine östliche Fraktion, die unvermeidlichen Grenzgänger nicht gerechnet. Man beendete die Tagung wenigstens in guter Form. Viele sprachen zur Verständigung, so abermals Süskind. Auch ich kam in der Schlußsitzung noch einmal zu Wort. Gorbatow hielt eine kluge und vorsichtige Abschiedsrede, auf den »unbekannten Schriftsteller« ging er nicht weiter ein.

Ich habe Lasky zwei Jahre später, also 1949, noch einmal in ähnlicher Rolle eines sanften Anheizers erlebt. Das war bei meiner letzten Begegnung mit *Klaus Mann*. Der sollte in jenem Hebbel-Theater einen Vortrag halten, wo Ricarda Huch unsere Tagung eröffnet hatte, die sie dann auch abschloß mit einer schönen Geste des Dankes, nämlich mit den vor der Stirn gekreuzten offenen Handflächen. Ein Vortrag über André Gide war angesagt. Er sollte dann vor einem überfüllten Theatersaal erörtert werden. Hermlin und ich waren eingeladen, oben auf der Bühne mitzuhalten. Wir sagten ab, weil der sanfte Anheizer dabeisein würde, saßen in der ersten Reihe und machten unsere Glossen, was Klaus Mann ersichtlich irritierte. Der Redner war klug und nobel wie immer. Er sprach wirklich über Gide und sein literarisches Werk. Das schien nicht zu genügen. Es kamen die unvermeidlichen Fragen nach Thomas Mann, statt nach Gide. Lasky drängte auf Diskussion des politischen André Gide, allein Klaus Mann wich aus. Schließlich mußte Lasky deutlicher werden. Aber Gide habe doch großen Mut bewiesen als Kritiker der Sowjetunion. Jetzt war Lasky wieder bei seinem Thema. Klaus Mann gab eine, wie mir scheint, ausgezeichnete Antwort: »Ich halte es für ebenso falsch zu sagen, daß Gide mit einem rein positiven Vorurteil nach Rußland reiste, wie daß er mit einem rein negativen zurückkam!« Man kann es nicht besser sagen.

Lasky war nicht auf seine Rechnung gekommen. Nach dem Vortrag sprachen wir kurz mit dem Redner. Er lud uns nach Dahlem ein, was wir höflich ablehnten. Am Abend ist Klaus Mann aber, wie man heute weiß, heimlich zu Becher nach Ostberlin gefahren. Am 21. Mai ist er dann in Cannes in den Tod gegangen.

Lasky war seit der mißglückten Tagung ein gemachter Mann, organisierte Kongresse für kulturelle Freiheit, gründete Zeitschriften, denen er berühmte Beiträger zuführte, in Berlin entstand der ›Monat‹, in Wien das ›Forum‹, in England das ›Encounter‹ und so fort. Figaro hier, Figaro da. Ein guter Journalist. Wo er weilte, gediehen die Blätter, wandte er den Rücken, so welkten sie dahin. Woher das Geld kam, das wußten alle, waren oft aber erstaunt, wenn man es ihnen später sagte.

Vor der Abreise fand noch ein Abendessen statt, das die Russen für ihre Delgation gaben. Ein kleiner Kreis, der diesmal, so hatte sich's Dymschitz ausgedacht, über Literatur reden sollte. Ich sehe die Runde genau vor mir, habe auch die Gespräche in Erinnerung. Dymschitz mit den drei Schriftstellern, von uns waren Friedrich Wolf und Wolfgang Langhoff dabei, auch Hans Marchwitza, dann Tschesno, Hermlin und ich. Katajew und Wischnewski waren Dramatiker, Friedrich Wolf nicht minder, der übrigens gut russisch sprach und sich mit Tschesno und Dymschitz als Dolmetscher betätigen konnte. So brauchten wir keinen amtlichen Übersetzer. Langhoff war ein Theatermann. So erinnere ich vor allem die Gespräche über Theaterarbeit und Stilfragen. Der Naturalismus Stanislawskis war immer noch offizielles Theaterdogma, die Dramaturgie Tschechows und Gorkis hatte als Vorbild zu gelten. Der russische Futurismus und Expressionismus galt offiziell als beklagenswerter Irrweg. Diese ästhetische Auseinandersetzung war im Lande blutig ernst genommen worden, Sergej Tretjakow und Wsewolod Meyerhold hatten sie mit dem Leben bezahlt. Unser Gespräch trug alledem Rechnung. Es war ein ernstes Gespräch unter Leuten, deren Existenz betroffen war.

Es gab zwei Tendenzen an jenem Abend. Katajew und Friedrich Wolf verteidigten die tradierte Spielweise und Dramaturgie. Wolf hielt die eigenen Anfänge im Expressionismus für fehlerhaft, sein Ziel war auf das Volkstheater gerichtet, das im Grunde ein Guckkastenspiel bleiben sollte. Übrigens hat sich Carl Zuckmayer wohl ähnlich verhalten. Langhoff versuchte vorsichtig, von anderen Spielmöglichkeiten zu sprechen: eine offene Dramaturgie, neue Formen des Theaterbaus und der szenischen Gestaltung. Wischnewski stimmte zu, sehr leidenschaftlich sogar, wie einer, der endlich sagen darf, was er sich seit langem dachte.

Keiner von uns kannte die ›Optimistische Tragödie‹, sonst hätten wir begriffen, daß Wischnewski wahrlich in eigener Sache sprach. Die zaristische Welt Tschechows und des jungen Gorki hatte er kaum mehr gekannt, mit 14 Jahren zog er in den Weltkrieg, mit 17 in den Bürgerkrieg, seine Dramatik brauchte die Weite und die Massen, das ließ sich mit Stanislawski nicht bewältigen. Ich habe diesen wirklichen Revolutionär, der auch in Spanien gewesen war im Bürgerkrieg, später in einem neuen Weltkrieg, an jenem Abend bewundert. Auch er freute sich wohl über unsere Tafelrunde. Am 28. Februar 1951 starb er in Moskau, mit fünfzig Jahren.

Der Abend hatte Folgen für das Theater in Deutschland. Friedrich Wolf übersetzte die ›Optimistische Tragödie‹, er bearbeitete sie übrigens. Langhoff führte sie zuerst auf. Später kamen die Aufführungen bei Brecht am »Berliner Ensemble«, bei Peter Stein an der »Schaubühne«, kam das Drama ins Fernsehen. Jedesmal wenn ich den Matrosen auf ihrem Schiff und dem weiblichen Kommissar wieder begegne, dieser merkwürdigen Abwandlung einer Jeanne d'Arc, sehe ich Wischnewski vor mir, diesen erstaunlichen Mann und bedeutenden Schriftsteller, den schließlich der Stalinismus verschleißen sollte als Verfasser eines Stalinfilms über das ›Unvergeßliche Jahr 1919‹. Auch dies gehört zum Thema einer optimistischen Tragödie.

Von Berlin reisten wir mit dem Wagen nach Leipzig, das ich vorher nie gesehen hatte, und dessen Landschaft und Stadtbild wenig Eindruck machten. Man brachte mich im Gästehaus der Universität unter, denn seit den ersten Berliner Gesprächen im Sommer hatte es Fortschritte gegeben in Sachen meiner akademischen Laufbahn. Das Buch über Büchner war anerkannt worden als Habilitationsleistung. Nun wünschte man von mir ein paar öffentliche Vorlesungen zu hören. Die hatte ich vorbereitet vor Antritt der Reise zum Berliner Kongreß. Da man in Leipzig für mich eine Professur für Weltliteratur in Aussicht genommen hatte, was sich gerade auch Werner Krauss als Romanist wünschte, griff ich zurück auf Gedanken meines zuerst noch in Zürich, innerhalb unserer Zeitschrift ›Über die Grenzen‹, veröffentlichten Büchleins ›Von der Dritten zur Vierten Republik. Geistige Strömungen in Frankreich 1939-1945‹. In Frankfurt hatte ich darüber referiert. Der Vortrag über »Frankreich zwischen den Weltkriegen«, zeitlich also weiter gespannt, war gedruckt worden.

Ich hielt drei Vorlesungen in Leipzig, wohlwollend angehört von Mitgliedern der Philosophischen Fakultät, sonst jedoch von wenig Hörern. Was offiziell angekündigt wurde, wie meine Vortragsserie, erschien vielen Studenten eben dadurch bereits als suspekt. Darüber machten sich auch jene kaum Illusionen, die mich zu berufen gedachten und dann auch beriefen: im Frühjahr 1948. Ich trat meine Professur jedoch erst zu Beginn des Wintersemesters 1948/49 an. Bei der Rückfahrt sah ich Thüringen zum erstenmal. Mit mir reiste Wolfgang Fortner, den ich in seiner Heimatstadt Leipzig wiedertraf und mit zurücknehmen konnte nach dem Westen.

Für die ›Frankfurter Hefte‹ schrieb ich einen Bericht über den Berliner Kongreß der deutschen Schriftsteller. Er wurde im Dezemberheft 1947 gedruckt. Meine Überschrift sprach von der »Macht und Ohnmacht des Wortes«. Die Episode Lasky kam nicht vor; immer noch hoffte ich, mit vielen anderen, daß trotz allem eine Kontinuität denkbar sein könnte. Zwei Fragen hob ich heraus: die Isolation der deutschen Autoren, denn außer den drei Russen war niemand vom Ausland zur Tagung erschienen, ferner die Frage nach der Wahrheit des Schriftstellers. Ich gab zwei Beispiele: Rudolf Hagelstange sprach von der absoluten Wahrheit, der junge Wolfgang Harich relativierte sie und sprach mit den Worten des St.-Just aus ›Dantons Tod‹ von der »Wahrheit der Bösewichter und der rechtschaffenen Menschen«.

Mein Bericht schloß so: »Der Schriftsteller ist ohnmächtig, wenn er abermals, wie in vergangenen Jahren, das Objekt von Gewalten abgibt, die nicht aus seiner Sphäre sind, aus der Sphäre des Wortes und des Geistes. Er ist ohnmächtig, wenn er nicht die Gewalt des ›j'accuse‹ kennt und anzuwenden weiß, die Macht des anklagenden Wortes. Von solcher Entscheidung, die jeder für sich treffen muß, hängt die Zukunft der deutschen Literatur ab. Das wenigstens ist uns in Berlin klar geworden.« So denke ich noch heute. Der Zeitvergang hat mich durchaus nicht widerlegt.

Die Reise nach Polen

Ein halbes Jahr später, im Jubiläumsjahr der Revolution von 1848, trat abermals ein Kongreß deutscher Schriftsteller zusammen: in Frankfurt, wo er ein paarmal in der durch Oberbürgermeister Walter Kolb, trotz vielfachen Kopfschüttelns, wieder instandgesetzten Paulskirche tagte, sonst im Saal der Handwerkskammer. Diesmal fehlten die Autoren aus der sowjetischen Zone. Johannes R. Becher hatte in ihrem Namen abgelehnt, nach Frankfurt zu kommen. Der Kalte Krieg war im vollen Gang. Das wirkte hinein, wie zu erwarten stand, in die Erörterungen, literarische und andere, der westdeutschen Schriftsteller, die unter sich bleiben mußten: inmitten eines wunderlichen Pluralismus der Generationen und der literarischen Konzepte. Die Namen der gewählten Mitglieder des Präsidiums sprechen heute für sich. Damals wußte man nicht viel von ihnen, oder wußte man nicht mehr viel von ihnen und ihrer Arbeit. Rudolf Alexander Schröder und Theodor Plievier, Elisabeth Langgässer und Kasimir Edschmid, Herbert Burgmüller, Hans Werner Richter und Hans Mayer.

Ich mußte einige der schwierigen Debatten leiten und brachte die anti-östliche Fraktion, die es bereits gab, immer wieder gegen mich auf. Man wollte die Methode Laskys vom Berliner Kongreß imitieren, das war mir klar. Auch war unverkennbar, daß einige Wortführer dieser Position in ständiger Verbindung standen mit dem amerikanischen Hauptquartier. Das wurde zur allgemeinen Heiterkeit evident, als ein Antragsteller, der eine Entschließung einbrachte, worin Becher und den Seinen die tiefe Sympathie ausgesprochen wurde und das Bedauern darüber, daß man sie nicht hatte nach Westen reisen lassen, nicht mehr rechtzeitig zur Abstimmung erschien, weil er sich irgendwo verspätet hatte. Der Antrag war inzwischen abgelehnt worden. Eine Resolution wurde statt dessen angenommen, die sich mit den abwesenden Autoren aus dem Osten verbunden fühlte: als mit deutschen Schriftstellern. Diese Entschließung kam durch, weil sie Edschmid souverän zur Abstimmung brachte. Ich hatte in dieser heiklen Konstellation den Vorsitz abgegeben, um nicht neue Emotionen zu beschwören. Der Mann, der sich Rat geholt hatte, kam zu spät.

Auch ein Versuch, den aus Thüringen abgewanderten Theodor Plievier, der in der Sowjetunion gelebt hatte und mit Becher und Friedrich Wolf zurückgekehrt war, zu einer schallenden Absage an den Osten zu animieren, ging daneben. Plievier sprach nobel, sah keinen Anlaß, wie er betonte, den Wechsel eines Wohnorts als weltanschauliches Bekenntnis zu deuten. Natürlich war er das. Vergleicht man Plieviers Roman ›Stalingrad‹, von 1945, mit den Fortsetzungen ›Moskau‹ (1952) und gar ›Berlin‹ (1954), die am Bodensee und dann im Tessin geschrieben wurden, wo Plievier im Jahre 1955 starb, mit 63 Jahren, so ist seine Absage an die Sowjetunion nicht zu verkennen.

Wie ich selbst ins Präsidium gekommen war, noch dazu durch Wahl und in einer Atmosphäre, wo ich nicht mit der Hilfe politischer Freunde rechnen konnte, wie beim Berliner Kongreß? Die Schröder und Plievier, Langgässer und Edschmid waren bekannte Autoren, Burgmüller gab eine literarische Revue in München heraus, Hans Werner Richter wurde damals von vielen jüngeren Autoren, und auch von ältlichen Debütanten, als Familienoberhaupt angesehen. Übrigens hielt er sich draus bei all diesen erregten Debatten, wachte erst wieder auf im Präsidium, wenn die Rede auf Literarisches kam. Bekannt geworden war ich durch Radio Frankfurt, durch meine literarischen »Ansichten«, durch das Büchner-Buch, übrigens auch durch häufige Beiträge in der amerikanischen ›Neuen Zeitung‹, deren Feuilleton unter Erich Kästners Leitung wirksam mithalf, die Kritik wieder heimisch zu machen in Deutschland, wo allzu lange die panegyrische und affirmative »Kunstbetrachtung« als Verordnung gegolten hatte.

Hans Wallenberg kam nach Frankfurt und lud mich in Kästners Namen zur Mitarbeit ein. Ich sagte gern zu. Hans Habe war nicht mehr da. Mit ihm hätte ich nicht arbeiten wollen. Wir haben niemals miteinander gesprochen, allein ich bin ein Anti-Habe-Mann der ersten Stunde. Bereits in Genf hatte ich bei Oprecht gegen das rasch heruntergetippte Emigrantenbuch ›Drei über die Grenze‹ zu protestieren versucht, auch eine zornige Rezension geschrieben, die nicht gedruckt wurde, weil

mich Oprecht darum bat. Ich besitze sie noch und schaue sie heute bisweilen liebevoll an.
Die Arbeit für Kästner machte mir Freude. Außerdem kann man sich von der Wirkung einer Mitarbeit bei der ›Neuen Zeitung‹ heute kaum mehr eine Vorstellung machen. Was dort gedruckt wurde, fand gläubige Leser. Als Habe dekretierte, in einem künftigen Deutschland werde kein Platz mehr sein für Hermann Hesse, mußte sich der Autor des ›Steppenwolf‹ durch Thomas Mann trösten lassen.
In der ›Neuen Zeitung‹ erschien auch mein Interview mit dem aus Amerika zu einem ersten Besuch zurückgekehrten *Paul Hindemith*. Er hat damals, soviel ich weiß, sonst keine Erklärungen abgegeben. Ich schenkte ihm mein Buch und bekam mit einer Widmung das Textbuch zu ›Mathis der Maler‹.

Denke ich an jene letzte Zeit in Frankfurt zurück, so nenne ich sie für mich selbst die *Ära der Religionsgespräche*. Es waren para-religiöse Glaubenssätze, die man gegeneinanderstellte auf den Tagungen zu Berlin und Frankfurt, nicht minder ein paar Monate später, im August, auch in Breslau. Allenthalben waren irgendwelche halbreligiösen Fundamentalisten am Werk, auch ich war einer von ihnen, beispielsweise, wenn ich in Frankfurt in der Paulskirche mein Referat vortrug über – man kann es sich denken – die Stellung des Schriftstellers in der Gesellschaft. Auch da hat sich eine Photographie erhalten. Ich werde während meiner Rede gezeigt: damals noch ganz hager, rechthaberisch, streng im Ausdruck. Neben mir sitzt Rudolf Alexander Schröder, der den Vorsitz führt. Der gläubige Protestant und Verfasser geistlicher Lyrik trägt ein schwarzes Käppchen, er scheint insgeheim zu lächeln beim Zuhören. In Glaubenssachen kannte sich Schröder aus, auch in fremden.
Die Gegenreligion hatte nach mir der Hamburger Lektor des Rowohlt Verlags vorgetragen, Kurt Marek, der später als C. W. Ceram zu zeichnen pflegte. Es ging – auch das kann erraten werden – um das sogenannte Engagement des Schriftstellers. Im Grunde ein Streit um Tautologien, wie ich heute meine, denn alles hängt von der Definition der »Bindung« ab. Gebunden ist jeder wirkliche Literat: an den eigenen Ausdruckszwang, wie Benn das nannte. Der jedoch kann sich nur innerhalb einer vorgegebenen Gesellschaft

erfüllen. Auch Aussteiger sind engagiert. Die Entscheidung für Nichtteilnahme am Zeitgeschehen ist eine gesellschaftliche Entscheidung. Unser Religionsstreit wurde mithin zwischen zwei Formen des Engagements geführt. Das wußten wir nicht.

Aus dem Krieg waren viele Menschen, beileibe nicht bloß in Deutschland, zurückgekehrt, die sich vorwarfen, nichts verhindert zu haben. In der neutralen Schweiz offenbarte sich ein tiefes Unbehagen, ein »malaise suisse«, von Menschen, die nicht gelitten hatten, sondern in vielfacher Weise sogar profitiert. In Frankreich wurde erbittert diskutiert über die »littérature pure« und die »littérature engagée«. Davon zeugt die Auseinandersetzung zwischen zwei Autoren, die beide engagiert gewesen waren, als es darauf ankam: Sartre und Camus.

In Deutschland ging es, bei allen Gesprächen, um den sowjetischen Kommunismus. Der Kreml hatte durch Stalin und seinen Kulturideologen A. A. Shdanow immer wieder mitteilen lassen, was man unter dem Engagement von Schriftstellern verstehe, und was nicht. Den dialektischen Materialismus hatte man lehrbuchfähig gemacht: ein wahres Kunststück, angesichts der unbequemen Dialektik. Man etablierte die Literaturtheorie des Sozialistischen Realismus und konnte nun im einzelnen Fall bequem deduzieren, was darunter falle, und was nicht. Brecht kam erst nach dem Tode ins Paradies, zu Lebzeiten hatte er noch im Purgatorium des kritischen Realismus weilen müssen. Ein Lieblingsbegriff, der damals aufkam nach jahrzehntelanger Karenzzeit, hieß »Ästhetik«; auch da waren Fundamentalisten am Werk, die sich beim unbequemen einzelnen Kunstwerk oder Künstler nicht groß aufzuhalten liebten. Religionsgespräche.

Religiös ging es zu bei einem Gespräch, das Eugen Kogon und ich kurz vor der Währungsreform im überfüllten Auditorium der neubegründeten Universität Mainz führten: als Streitgespräch über »Zweimal Sozialismus«, nämlich über den Marxismus und den Sozialismus »aus christlicher Verantwortung«. Weit über tausend Menschen hatten sich eingefunden. Es war ein freies, kontradiktorisches Gespräch, alle Befangenheit hatten wir bald abgelegt, auch alle Versuche, mit Rhetorik etwas ausrichten zu wollen. Beide hatten wir gläubige Anhänger, das zeigte sich am Beifall, wenn wir abbrachen, um den anderen replizieren zu lassen. Wichtiger waren diejenigen, die wirklich zuhören und etwas lernen wollten, statt aller Bestätigung des bereits Geglaubten. So konnte und durfte es keinen Sieger geben. Wir fuhren bewegt und freundschaftlich am Abend zurück nach Frankfurt. Die französische Militärregierung gab uns ein frugales Essen: da hatte man selbst nicht viel zu beißen. Der Dialog war aufgezeichnet und sollte gedruckt werden. Ich las meine Korrektur, dann kam die Währungsreform und die Leute hatten andere Sorgen.

Ein Religionsgespräch, das wirklich etwas von einer Disputation im theologischen Sinne an sich hatte, fand irgendwann im Frühjahr 1948 in meiner Frankfurter Wohnung in der Parkstraße statt. Als Vorsitzender der VVN hatte ich Zugang zu den Weinen der Stadt Frankfurt. Da mich der Oberbürgermeister Walter Kolb gut leiden konnte, den ich bisweilen beriet, wenn literarische Preise zu verleihen waren und Grundsatzreden gehalten werden mußten, pflegte er sich mit Hochheimer Gewächsen zu revanchieren. So gab es, wenn ich Leute einlud, wenig zu essen, doch Gutes zu trinken. Allerdings konnten meine Gäste, ganz wie ich selbst, nicht allzuviel vertragen. Uns fehlte die »Unterlage«.

Diesmal waren die Leute von den ›Frankfurter Heften‹ zu Gast: Kogon und Walter Dirks und Clemens Münster. Dann wieder Emil Carlebach, der Kommunist, den man bei der ›Frankfurter Rundschau‹ auf Wunsch der Besatzungsmacht ziehen lassen mußte. Auch eine Mitarbeiterin der »Akademie der Arbeit«, eine Soziologin, war eingeladen worden. Anlaß des kleinen Festes war Max Horkheimer; er hatte in unserem Hörsaal der Akademie der Arbeit gesprochen und wollte gern ein paar Leute kennenlernen oder wiedersehen. Mit Horkheimer kam der Schriftsteller Rudolf Krämer-Badoni.

Der Abend, erfreulich in den Umfangsformen, bisweilen lustig durch den Glanz der Formulierungen, wurde zum Religionsgespräch, das, unter Einfluß der rheinhessischen Weine, immer stärker verwackelte. Am Schluß hörte keiner mehr so recht zu. Gegenspieler waren Walter Dirks, liebenswert und redlich argumentierend wie stets, und Emil Carlebach, der Respekt hatte vor einem katholischen Sozialisten, der wirklich einer war, und der sich im Marxismus auskannte. Horkheimer hörte zu, das konnte er mit Meisterschaft: ihm entging nichts, wie ich am andern Tag erfahren sollte. Auch Krämer-Badoni blieb in der Rolle des Beobachters. Er hat den Abend, oder Momente, die er gebrauchen konnte, in seinen Roman ›In der großen Drift‹ übernommen, der ein Jahr später (1949) herauskam.

Ich war der Gastgeber und nicht ein Disputant. Carlebach wollte hinaus auf die These, daß ein Sozialismus »aus christlicher Verantwortung« nicht schlüssig sei. Katholizismus und Atheismus: das gehe nicht zusammen. Es war die alte kommunistische Doktrin der Zwanziger Jahre. Die Disputation endet in meiner Erinnerung damit, daß sich der zarte Dirks, leicht schwankend, erhob, um mit erstaunlicher Heftigkeit auf den Tisch zu hauen: »Und ich glaube an den lebendigen Gott!« Das war wirklich ein Religionsgespräch gewesen, kein Schaugefecht. Alle Teilnehmer hatten die Überzeugungen vorgelebt, die hier vorgebracht wurden. Jedem durfte man glauben. Nach der Währungsreform war auch sie vorbei, die Ära der Disputationen. Die Leute hatten jetzt andere Sorgen.

Das Große Religionsgespräch jedoch sollte in Schlesien stattfinden, in Breslau, dem nunmehrigen Wrocław. In Frankfurt und im Frühsommer 1948 erreichte mich eine Einladung, sie kam vom Kulturbund in Berlin, unterschrieben hatte Alexander Abusch. Man teilte mit, daß vom 25. bis zum 28. August in Breslau – man schrieb bereits Wrocław, so daß ich mich erkundigen mußte, wo das liege – ein Kongreß der Intellektuellen zur Verteidigung der Kultur zusammentreten werde, und lud mich ein, als Mitglied einer deutschen Delegation daran teilzunehmen. Ich sagte sogleich zu und erfuhr bald darauf wenige Einzelheiten, die sich vor allem auf die Formalitäten unserer Reise bezogen.

Es war bereits kalt geworden im Kalten Krieg. Diesmal mußte eine neue Methode erprobt werden, wollte man aus dem deutschen Westen in den Osten gelangen. Keine Eisenbahnen, keine Autoreisen. Als es soweit war, fuhr ich mit dem Zug bis zur Zonengrenze hinter Helmstedt. Diesmal war der Zug leer, er war nicht mehr für den Interzonenverkehr bestimmt. Ich erinnere noch, aber schwach, daß ich ausstieg und, wie man mir mitgeteilt hatte, ein paar Schritte mit meinem Koffer hinübertrottete zur Östlichen Welt. Wahrhaftig ein »Wanderer zwischen den beiden Welten«, frei nach Walter Flex, der diesen Buchtitel erfand. Gut zehn Jahre später, als Folge der Revolten in Polen und in Ungarn, wurden Leute wie unsereiner im ›Neuen Deutschland‹ in der Tat als »Wanderer zwischen beiden Welten« tituliert, und das war nicht freundlich gemeint.

Drüben wurde ich erwartet. Abusch hatte einen Wagen geschickt, ich kam rasch nach Berlin, traf bereits im Klubhaus in der Jägerstraße einige andere Mitglieder der Delegation zum Breslauer Kongreß. Zum ersten Mal sah ich den Maler Max Pechstein, der mit uns reisen würde. Ich erstarrte in Ehrfurcht. Das war meine expressionistische Jugend. Zwei signierte Graphiken von Pechstein hingen in meinem Kölner Arbeitszimmer. Wie fern war das alles.

Ich war der einzige aus den Westzonen. Ob andere eingeladen wurden und abgesagt hatten, erfuhr ich nicht. Aus den Westsektoren der noch ungeteilten Stadt Berlin hatte sich der Architekt Hans Scharoun eingefunden, der spätere Erbauer der Berliner Philharmonie und erste Präsident der Berliner Akademie der Künste. Der Bremer Scharoun hatte in den Zwanziger Jahren in Breslau gearbeitet und gebaut: es lag ihm daran, wieder dorthin fahren zu können. Auch Gerhart Pohl, einstmals ein vertrauter Mitarbeiter Gerhart Hauptmanns, nahm die Einladung an, um wieder nach Schlesien zu können. Im übrigen würden die wichtigsten kommunistischen Schriftsteller der Sowjetischen Zone mitreisen: Anna Seghers und Friedrich Wolf, Bredel, Marchwitza und Abusch. Dazu Ernst Legal als Intendant der Staatsoper, die noch im einstigen Admiralspalast am Schiffbauerdamm untergebracht war. Und Becher? Er reiste nicht mit. Unter kaum verhülltem Vorwand hatte er abgesagt. Man erfuhr, nicht ohne Erstaunen, daß er es ablehnte, ein polnisches Schlesien zu besuchen. Wieder einmal hatte jene Verwirrung der Gefühle gewaltet, die alle offiziellen Verlautbarungen des Kulturpolitikers Johannes R. Becher unglaubwürdig machen mußte, weil der Redende oder Schreibende selbst nicht daran glaubte. Sein inneres Gefühl weigerte sich, die offiziell auch von ihm selbst anerkannte und als weise gepriesene Oder-Neiße-Grenze zu überschreiten. Anstelle von Becher würde Abusch die Delegation leiten, nämlich politisch repräsentieren. Führerin der Delegation war Anna Seghers.

Als es losging am anderen Morgen, stand uns eine strapaziöse Reise bevor. Unsere Papiere waren in Ordnung. Es würde keine Schwierigkeiten geben bei der Einreise nach Polen, doch wie würde man sie empfangen, eine deutsche Delegation? Man reiste mit einem Autobus der Berliner Kraftverkehrs-Gesellschaft, der seine Herkunft in der gelben Farbe und den gotischen Buchstaben nur allzu deutlich sichtbar machte. Damit sollten wir auf der Autobahn mitten durch Schlesien reisen, um in der Kongreßstadt einzutreffen.

Wir waren keine Delegation, erst recht keine deutsche Delegation, und trotzdem eine. Eingeladen waren einzelne, das galt für alle Teilnehmer der Tagung. Wahlen hatten nicht stattgefunden, durch wen auch? Man mußte uns als einzelne nehmen und dulden, oder auch nicht. Trotzdem waltete Regie, politische und organisatorische, wir waren inszeniert, und wußten das. Wußten es auch andere Teilnehmer: Picasso und Fernand Léger, Ronald Searle und Paul Hogarth, Max Pechstein und der Schweizer Hans Erni, um einige Maler zu nennen? Künftige Nobelpreisträger der Literatur wie der Jugoslawe Ivo Andrić und der Italiener Salvatore Quasimodo; Goffredo Petrassi, der Musiker, und Max Frisch; der Historiker Taylor aus Oxford und der schwedische Schriftsteller Karl Vennberg: wußten sie es? Andere wußten es natürlich, und es war ihnen recht, denn die Sowjetunion hatte diesen Kongreß angeregt, und die Sowjetunion hatte die Hauptlast eines Krieges getragen, der gewonnen worden war, und daher alles erst möglich machte. Was eigentlich? Die Mannschaft damaliger Kommunisten und Sympathisanten war eindrucksvoll: Lukács und Hanns Eisler und Ernst Fischer, Paul Eluard und die Nobelpreisträgerin Irène Joliot-Curie, Martin Andersen Nexö, mein bewunderter Autor von ›Pelle der Eroberer‹, den ich nun kennenlernte und ein paar Jahre später in Leipzig zum Ehrendoktor promovieren durfte, der Maler Renato Guttuso und die Schriftstellerin Natalia Ginzburg.

Es sieht nach einem »name dropping« aus, soll aber andeuten, daß damals 500 Intellektuelle und Künstler in der Aula der Technischen Hochschule von Breslau in einer »Besetzung« getagt haben, die beispiellos war und geblieben ist. Es hat sich nicht wiederholt. Immense Hoffnung hatte sie getrieben, die beschwerliche Reise in eine Stadt anzutreten, die ein Zwitter geworden war, nicht deutsch und nicht polnisch: nach allen Vertreibungen und Menschentransfusionen. Die Hoffnung wurde vertan. Überdenkt man die späteren Lebensläufe mancher Teilnehmer, so weiß man, daß es ihnen wirklich um eine »Verteidigung der Kultur« ging inmitten von Kaltem Krieg und wirklicher neuer Kriegsgefahr. Merkwürdig glanzlos wirkte die Delegation aus den USA: da saßen Menschen, die zu Hause kaum mehr etwas zu verlieren hatten. Die wichtigsten Amerikaner jedoch, die man erwarten konnte, durften dem Senator McCarthy und seinem Komitee gegen die »unamerikanischen Aktivitäten« keinen neuen Vorwand geben. Das war die Konstellation der Breslauer Tagung.

Alles auf dieser Reise war neu für mich. Schlesien und das Riesengebirge kannte ich nur aus Schilderungen der Berliner Verwandten. Auch im östlichen Preußen bin ich niemals gewesen. Die Lausitz, dann der Grenzübergang nach Polen; es ging glatt und zeremoniell zu. Die polnischen Grenzbeamten hatten offenbar Anweisung erhalten, alle Reisende zum Breslauer Kongreß zuvorkommend abzufertigen, auch eine Delegation der Deutschen. Immer wieder Zerstörungen, noch dünne Besiedlung des Landes, die Felder wurden nicht immer bestellt in diesen Sommertagen, man machte einander darauf aufmerksam, wenn gearbeitet wurde für die Ernte: das waren Friedenszeichen. In der westdeutschen Berichterstattung wurde immer wieder behauptet, alles liege brach, da bereite sich eine Steppe vor. Was man vor Augen hatte, sah durchaus nicht so aus, doch es fehlte an vielem, an Menschen wie an Geräten, das konnte man sogar als Durchreisender ausmachen. Das Bild der Kriegszerstörung, wir waren's gewohnt, sahen nichts, was besonders schrecklich wirken mochte. Alles war schrecklich genug. Keine schöne Reise, trotzdem war ich neugierig und erwartungsfroh. Die Schlesier unter uns wirkten bedrückt, man verglich ein Damals mit dem jetzigen Anblick.

Die stark verwüsteten Vororte von Breslau ließen größere

Zerstörung des Stadtkerns befürchten, allein das täuschte. »Dem Erdboden gleichgemacht«, auch hier die Cäsarformel, war ein Areal, das der letzte Gauleiter, wie man uns berichtete, niederlegen ließ, um einen Flugplatz anzulegen in der belagerten Stadt. Zu wessen Rettung? Wir wurden in einem altmodischen großen Hotel gegenüber dem Hauptbahnhof untergebracht. Schöne Zimmer mit Bad, wir durften uns den Nebenschläfer aussuchen. Ich habe dann auf der ganzen Reise mit *Willi Bredel* das Zimmer geteilt. Einem lustigen Hamburger, der Schweres ertragen hatte. Werftarbeiter aus einer alten sozialdemokratischen Familie, der zu den Kommunisten geht, zu schreiben beginnt als ein begabter Erzähler, den man jedoch sogleich entmutigt, wobei Lukács nicht unbeteiligt ist; er kommt ins Konzentrationslager und hat darüber in seinem Buch ›Die Prüfung‹ berichtet, dem wichtigsten Dokument über die Anfänge des Terrors, neben den ›Moorsoldaten‹ von Wolfgang Langhoff. Exil in der Sowjetunion; verantwortlicher Herausgeber, zusammen mit Brecht und Lion Feuchtwanger, der Exilzeitschrift ›Das Wort‹; einer der Begründer des »Nationalkomitees ›Freies Deutschland‹«. Wir haben viel gelacht auf dieser Reise vor dem Schlafengehen. Er war freundlich und väterlich zu mir, dem trotz allem verirrten Bürgersohn. Abermals spürte ich die Kraft und Herzlichkeit eines Menschen aus der Arbeiterschaft, der genau wußte, warum er sich für den Sozialismus entschied.

Daß man sich aber auf dem Weg dahin befinde, war uns nicht zweifelhaft. Erwartungsfreudig waren wir beide. Sieh mal, auch Der ist gekommen, auch Jener. Bredel half mir über die große Krise hinweg, als der Redner vom Moskauer Zentralkomitee alles jäh erfrieren machte. Bredel kannte sich aus und belehrte mich: man würde bald wieder andere Direktiven ausgeben, und alles wird repariert. Nichts ist seitdem repariert worden.

Das schöne Rathaus war so weit wiederhergestellt, daß man einen festlichen Abend dort verleben konnte: vor vollen Tafeln und mit vielen Getränken. Wir konnten nicht viel vertragen. Max Pechstein war weitgehend damit beschäftigt, sich von solchen Strapazen zu erholen. Ich traf Bekannte aus Zürich: Max Frisch und François Bondy und es gab sofort Streit. Wahrscheinlich verschwammen mir schließlich die Bilder je-

nes Abends, doch meine Freude und Hoffnung blieb noch ungetrübt. Es war gut, hiersein zu können.
Auch war nicht zu verkennen, daß sich *ganz Polen* zu diesem Kongreß bekannte, froh und stolz war, so viele Künstler und Gelehrte nun zu Gast zu haben. Alle Vertreter der polnischen Literatur, jenseits der Generationen wie der politischen Meinungen, schienen sich über die Tagung zu freuen. Ihr Repräsentant, der den Kongreß offiziell begrüßte, war ein bedeutender Schriftsteller vom Jahrgang 1894, Jarosław Iwaszkiewicz. Ich habe auf dieser Reise auch mit dem Lyriker Julian Tuwim sprechen können, der uns in Warschau begrüßte, und mit der großen Dame der damaligen polnischen Literatur, Sofia Nałkowska. Ihre Erzählungen oder »Medaillons« aus den Konzentrationslagern waren hart und genau, ich las sie erst viel später in deutscher Übersetzung. Nachträglich wunderte ich mich über unser freundliches, künstlerisch bewegtes Gespräch in Warschau: immerhin war es für sie ein Gespräch mit einem Deutschen.
Der Kongreß tagte am Ufer der Oder. Das Gebäude der Technischen Hochschule war unbeschädigt, übrigens auch die berühmte Jahrhunderthalle von 1913, für deren Einweihung ein ›Festspiel in deutschen Reimen‹ von Gerhart Hauptmann geschrieben wurde, das so wenig den offiziellen Legenden über das Jahr 1813 entsprach, daß der Deutsche Kronprinz säbelklirrend seine Loge verließ. In dieser Erinnerungsstätte preußischer Gloria fand die Abschlußkundgebung unserer Tagung statt. Hier sprach, und man hielt den Atem an, der Däne Martin Andersen Nexö zu den Tausenden *in deutscher Sprache*, und man merkte sofort, daß viele ihn auch ohne Übersetzung verstanden hatten.
Alles war gut vorbereitet, die Wahlen zum Präsidium liefen ab wie erwartet. Wer auch hätte sich einem Präsidium widersetzen mögen, das zwei berühmte Gelehrte umfaßte, Madame Joliot-Curie und den Engländer Julian Huxley, den späteren Präsidenten der Unesco, zwei Schriftsteller (Andersen Nexö und Fadejew) und den italienischen Maler Renato Guttuso. Unter den Vizepräsidenten fand man Jorge Amado, den Romancier aus Brasilien, den amerikanischen Bildhauer Joe Davidson, den einstigen spanisch-republikanischen Ministerpräsidenten José Giral und den tschechischen Sprachwissen-

schaftler Jan Mukařowský. Das Präsidium konnte sich sehen lassen. Auch erste Reden ließen noch Hoffnung aufkommen. Dann sprach Alexander Fadejew. Seit dem Erscheinen seines Buches ›Die junge Garde‹ im Jahre 1946 galt Fadejew, dem es zu Beginn der Dreißiger Jahre gelungen war, vom Vorstandsmitglied der Revolutionären Autoren des RAPP hinüberzuwechseln ins Präsidium jenes Sowjetischen Schriftstellerverbandes, den Stalin im Jahre 1934 eigens gründen ließ, um sich der Leute des RAPP zu entledigen und ihren Verband aufzulösen, als besonderer Liebling Stalins. Der hatte ihn ins Zentralkomitee der Bolschewiki wählen lassen. Was Alexander Alexandrowitsch Fadejew in Breslau vortragen würde, durfte als Lehrmeinung gelten. Es war sicherlich genehmigt durch den Ideologen Shdanow, dessen plötzlicher Tod übrigens während des Kongresses bekanntgegeben wurde. Ich hatte nicht den Eindruck, daß die sowjetische Delegation, zu der Opfer des Shdanowismus gehörten wie Ilja Ehrenburg und Leonid Leonow oder der große Wsewolod Pudowkin, ein Klassiker des sowjetischen Films, besonders traurig war.

Das Treffen zu Breslau war seit der ersten Planung als eine Bewegung der Sammlung verstanden worden: man wollte gemeinsam den Kalten Krieg verhindern, erst recht einen Krieg zwischen den Siegern; man hatte nicht gesiegt über die Kulturzerstörer des Dritten Reiches, um eine neue Zerstörung zu dulden. »Verteidigung der Kultur«, diese Formel des Kongresses, wurde von uns wörtlich genommen. Das war keine rhetorische Metapher.

Dieser allgemeinen Erwartung stellte Fadejew seinen Text entgegen, hochmütig vorgetragen, wobei vielleicht Unbehagen des Redners mitwirkte, vor einem Gremium sprechen zu müssen, dessen Applausritual nicht reguliert werden konnte wie in Moskau. Es war eine Rede, die Spaltung beabsichtigte, nicht Gemeinsamkeit. Eine politische Rede nach dem Herzen von Carl Schmitt, wo die Freunde sorgsam von den Feinden getrennt werden müssen, und es gab viele Feinde im Text von Fadejew. Sein Bild von der Schreibtischhyäne Jean-Paul Sartre ist seitdem immer wieder zitiert worden, allein nicht bloß Sartre wurde mit solchen Schmuckfloskeln bedacht. Die westliche Literatur und Kunst, so mußte man folgern, war ein

einziger Abschaum des Verfalls und der Sittenlosigkeit, abgesehen von ein paar patentierten Freunden der Sowjetunion. Man durfte sich ausdenken, wie es in jener Rede dem Pablo Picasso ergangen wäre, hätte er nicht im Saal gesessen, um sich über Kopfhörer die summarische Verdammung des »Modernismus« anzuhören. Picasso blieb freundlich, er hatte eine Auswahl seiner Keramiken mitgebracht.
Übrigens hat sich mein Gedächtnis getäuscht. In meiner Erinnerung lag der Empfang im Rathaus vor der Kongreßeröffnung und der Rede von Fadejew. In Wirklichkeit trafen wir uns an den vollen Tafeln erst am Abend nach jenem Desaster. Die Eröffnungsfeier wurde zum Trauermahl, wenn man ehrlich sein wollte. Ich wollte das nicht. Ein Zeuge, der sorgfältig notierte und die Eindrücke datierte, hat festgehalten, daß ich offenbar noch am Abend, nach jener Rede, vor mir selbst und den anderen versuchte, in Übereinstimmung zu bleiben: sogar mit Alexander Fadejew.
In seinem ›Tagebuch 1946-1949‹ notiert *Max Frisch* unter dem 25. August und in Breslau: »Fadejew, der Führer der russischen Schriftsteller, hat den Kongreß eröffnet, indem er uns die Leviten gelesen hat, ganz allgemein, dann namentlich. Wenn er die Schriftsteller kennt, die er im Laufe einer Stunde maßregelt, indem er sie als Hyänen oder Mystiker oder Pornographen anspricht, verfügt er über eine beneidenswerte Belesenheit.« Am nächsten Tag, als ein Amerikaner scharf auf Fadejew antwortet, merkt Frisch an: »Fadejew sitzt ohne Kopfhörer. Wie ich bisher feststellen konnte, versteht er kein Englisch . . .«
Es ging auch in Breslau nach dem Verdikt von Fadejew zu wie in Berlin nach der Ansprache von Lasky: nun war alles Reden über das Thema der Tagung – deutsche Literatur in Berlin, Verteidigung der Kultur in Breslau – zur lästigen Abschweifung degradiert. Geredet wurde hier in Polen bloß noch für oder gegen Fadejew, was man gleichsetzte mit einem Für oder Gegen die Sowjetunion. Der Schriftsteller, der im Namen der bolschewistischen Doktrin gesprochen hatte, gedachte nicht auf Argumente zu antworten. Man war der Sieger und man hatte die Macht. Über wieviel Divisionen verfügt die Gegenpartei im Saal?
Der Kongreß war gescheitert. Die Engländer wollten abreisen

nach jener Generalabrechnung mit westlicher Verkommenheit, wobei auch Julian Huxley den Platz im Präsidium geräumt hätte. Die Polen baten inständig, man solle dableiben und die Tagung zu Ende führen. So wurde es gehalten, doch eine Auseinandersetzung fand nicht mehr statt. Fadejew antwortete erst gar nicht: das überließ er dem Chefredakteur Saslawski und dem Kollegen Ilja Ehrenburg. Im Saal gedieh das Freund-Feind-Schema zu voller Pracht. Ich saß neben Paul Eluard, als ein jugoslawischer Redner das Wort nahm. Ich kannte Eluard aus Zürich, er hatte sich bei mir nach Hermlin erkundigt. Plötzlich hörte er dem Redner zu, weil Unruhe aufkam in der Versammlung. Tito war inzwischen gebannt worden, für viele grenzte es an Unverschämtheit, daß hier in Breslau einer aus Titos Land zu Wort kommen sollte. Auch Eluard dachte so. Er fragte mich zornig, wer denn diese Worterteilung zugelassen habe.

Ich selbst werde mich, wohl oder übel, wiedererkennen müssen in dem, was Frisch über unsere Gespräche in Breslau und später in Warschau aufgezeichnet hat. Meine Erinnerung sieht einiges anders, vielleicht war ich bei diesen Aussprachen inmitten einer Atmosphäre von Festivität nicht mehr ganz nüchtern. Mein Name fällt nicht. »Ein deutscher Emigrant, den ich aus der Schweiz kenne, dessen brillante Vorträge über Thomas Mann in genauer Erinnerung sind . . .« Der Emigrant habe sich »wacker entwickelt«, heißt es sarkastisch. Im Breslauer Rathaus gerieten wir aneinander, François Bondy war dabei. Das war also, anders als ich es zu erinnern glaube, *nach* der Rede von Fadejew. Offenbar muß ich sie vor den beiden Schweizern verteidigt haben. Frisch notiert mein negatives Urteil über André Gide, folglich ging es auch bei unserer zornigen Auseinandersetzung um die Dekadenz. Nun hatte mein Ressentiment gegen Gide damals, was Frisch nicht wissen mochte, durchaus nichts mit dem Moralismus eines Fadejew zu tun, das darf man glauben. Allein Gide hatte in München auf einem sonderbaren Jugendkongreß eine programmatische Rede gehalten, die mich verbitterte, nicht mich allein. Das biblische Wort vom Geist, der weht, wo er will, war vom Autor des »Immoralisten« proklamiert worden als eine Lebensmaxime für die Jugend und die Zukunft. Als gäbe es nicht Mittel, den Geist zu behindern.

Doch weiß ich, daß ich Frisch und Bondy, die ganz zu Recht den Kongreß für gescheitert erklärten, heftig erwiderte: »Wenn ihr das schon in Zürich gewußt habt, warum dann die beschwerliche Reise nach Polen. Das konnte man bequemer gleich in Zürich zu Papier bringen!« Also hatte ich an jenem Abend noch Hoffnung oder begriff nicht, daß alles schon aus war. Meine deutschen Kollegen hatten festgelegt, daß ich, nachdem Anna Seghers zu Wort gekommen war, über die Westzonen sprechen sollte. Ich setzte einen Text auf über »Echte und falsche Kultur in den Westzonen Deutschlands«, dann aber sprach doch Alexander Abusch zum Kongreß, mein Beitrag wurde in deutscher Sprache in der großen Schlußnummer der Kongreßzeitung gedruckt. Ich besitze ihn nicht mehr, kann mir ungefähr denken, was ich damals schrieb.

Ich sehe mich noch auf einer Bank am Ufer der Oder, unweit des Tagungsortes. Anna Seghers möchte wissen, wie es in Westdeutschland im Alltag zugeht. Ich gebe Auskunft über Lebensmittel, Löhne und Preise, nach bester Kenntnis, die nicht sehr groß ist. Sie notiert alles in einem winzigen Notizbuch.

Von Breslau ging es zuerst nach Südosten, später nach Norden, dem Lauf der Weichsel folgend. Wir übernachteten in Krakau, ein Besichtigungsprogramm mit Wawel und Jagiellonischer Bibliothek. Ich bewunderte die herrliche Stadt, blieb aber unerregt: keinem von uns stand der Sinn nach Tourismus. Wir waren dann in Auschwitz, lag diese Besichtigung vor Krakau oder später?, ich weiß es nicht mehr. Dann rollte der gelbe Berliner Omnibus in Richtung der polnischen Hauptstadt. Unser Bus war stets umlagert in Breslau, wir haben kein böses Wort gehört. Einer berichtete, in einem Laden, wo er deutsch sprach, habe eine Frau plötzlich fassungslos geweint. Man hatte ihre drei Söhne als Geiseln erschossen.

In Warschau nahm uns das Hotel auf, hieß es nicht Bristol?, wo einst die Gestapo gewütet hatte. Am Abend ein festlicher Empfang durch Bolesław Bierut, den aus der sowjetischen Emigration importierten Kommunistenführer und nunmehrigen Staatspräsidenten. In heutigen Filmen aus Polen wurde er zum Synonym des Stalinismus. Ich schaute ihm aus der Nähe zu, wie er die Stufen emporstieg im Schloß, uns zu begrüßen. Die Nationalhymne im Dreiertakt. Stilvoll und glanzvoll, ohne Frage. Vielleicht hätte Brecht auch hier gefragt, »worauf« der Glanz fiel.

Auf dem Fest sah ich Max Frisch wieder. Er hatte den Kongreß vorzeitig verlassen, um in Polen umherzufahren. Das ›Tagebuch‹ berichtet darüber. Es zeichnet auch ein zweites Gespräch nach, das wir am Abend in Warschau führten. Der Tonfall des Berichterstatters ist unfreundlich. Man schreibt den 1. September 1948. Vor neun Jahren begann der Überfall auf Polen, und damit der Zweite Weltkrieg. Ich suche, so wird notiert, das Gespräch mit Frisch. »Wir hätten einander in Breslau mißverstanden und das möchte er nicht . . . Ich müsse ihn verstehen, meint er, ein Mensch in seiner Lage, was sollte er anderes tun?«

Der Kommentar ist grausam, wohl auch ungerecht: »Menschen mit einer Überzeugung sollten nicht trinken; sonst verrutscht sie wie eine Larve, wenn man schwitzt . . .« Abermals: es wird schon so gewesen sein. Allein die Rückschau erlaubt heute noch andere Deutungen. Übrigens auch für Max Frisch, was die Absage an alle »Überzeugungen« betrifft. Zudem: zwischen den Dialogen in Breslau und hier in Warschau lag die Fahrt nach Auschwitz, auch wohl meine zögernd ins Bewußtsein dringende Erkenntnis, daß ich abermals zwischen allen Stühlen gelandet war. In Frankfurt hatte ich die Erfahrung mit den Amerikanern machen müssen, dies hier war Erfahrung mit den Russen. Im Oktober begann das Semester in Leipzig. Eine Professur mit dem Stempel Stalins. Ich hatte zuerst Dymschitz und die Seinen kennengelernt. Nun kam die Erfahrung mit Namen Fadejew hinzu. War es dies, was ich dem Schweizer begreifbar machen wollte? Ich weiß es nicht, und er wollte es nicht wissen.

Noch ein Wort über Alexander Fadejew. Er hat die ›Junge Garde‹ im Jahre 1951 umgearbeitet, bis sie allen Erfordernissen des Sozialistischen Realismus und den strengen ethischen wie ästhetischen Maximen der Breslauer Rede entsprechen mochte. Am 13. Mai 1956 erschoß er sich in Moskau im 55. Lebensjahr. Man raunte etwas vom Alkoholismus, doch ist der Zusammenhang mit dem Versuch einer Entstalinisierung

unter N. S. Chruschtschow und nach dem XX. Kommunistischen Parteitag nicht zu verkennen.
Kaum drei Monate nach diesem Selbstmord, im August 1956, kam ich nach Moskau: man hatte mich eingeladen, an der Lomonossow-Universität für ein paar Wochen über deutsche Literatur zu referieren. Das »Tauwetter«, wie man mit dem Titel eines Romans von Ehrenburg zu formulieren pflegte, schien einen Frühling anzukündigen. Ich machte Besuch im Museum für Wladimir Majakowski, also in jener Wohnung, wo er sich am 14. April 1930 erschossen hatte. Zwei ältere Damen, Verwandte des Dichters, die mich umherführten, schenkten mir eine Photographie, die mich immer wieder rätselhaft anzieht. Man zeigte auch eine andere Photographie, die berühmt war, auch ich kannte sie von Abbildungen, doch was ich hier sah, verwirrte mich. Ich hatte das Bild anders in der Erinnerung. Es wurde vermutlich gegen Ende der Zwanziger Jahre aufgenommen. Vier Männer im Raum, kaum Möbel, doch ein Flügel. Am Flügel sitzt der junge Dimitri Schostakowitsch. Über das Instrument beugt sich der Theatermann Meyerhold. Zwei Schriftsteller: Majakowski und der junge Fadejew.
Zwei Selbstmörder, einer am Vorabend, einer nach Ausklang der Stalin-Ära. Wsewolod Meyerhold ist 1940 umgekommen, zehn Jahre nach Majakowskis Tod. Schostakowitsch hat überlebt. Ihn traf man in seiner Musik, als Verwirrung der Gefühle. Auf dem Bild mit seinen Freunden schaut er spöttisch drein, doch zuversichtlich. Seine Augen blicken klar, fast ungeschützt. Ich stand einmal vor ihnen, als ich dem Musiker in Leipzig vorgestellt wurde, beim Bach-Fest von 1950. Schostakowitsch schaute auf uns alle mit kalter Verachtung. Einen Tag später saß er schräg vor mir in der Thomaskirche, wo der Thomaskantor Günther Ramin die Hohe Messe in h-Moll von Bach leitete, mit den vereinigten Chören der Leipziger Thomaner und der Kruzianer aus Dresden. Ich konnte den Russen beobachten. Er sah nichts, die Augen waren blicklos, auch als man sich erhob. Dann wieder die Kälte und Verachtung. Als Schostakowitsch zurückgekehrt war nach Leningrad, schrieb er Präludien und Fugen.
Als ich jene Photographie anschaute im Hause Majakowskis, kannte ich sie, und kannte sie doch nicht. Die Überraschung

war Meyerhold: der hatte auf den Reproduktionen gefehlt. Ein paar Jahre später sah ich abermals eine Wiedergabe des merkwürdigen Dokuments. Diesmal fehlte Alexander Fadejew.

Von *Auschwitz* ist mir kein Bild geblieben. Mein Gefühl verschloß sich; ich ließ die Einbildungskraft nicht zu. Keinen Augenblick hatte ich das Empfinden einer Identifikation. Peter Weiss verspürte die Todeslandschaft als »Meinen Ort«. Er kam davon nicht los. In mir war bloß Fremdheit und Befremden. Wie an sonstigen Stätten eines Gemetzels: man vermag sich nicht vorzustellen, was vorging, als Byzanz erobert wurde oder Rom, bei der Zerstörung von Karthago wie von Jerusalem, im Teutoburger Wald, als die Cherusker mehr als zwanzigtausend Legionäre niedermachten oder an irgendwelchen Altären abschlachteten. Greuel der christlichen Kreuzfahrer und der christlich-spanischen Eroberer einer Neuen Welt. Stätten solcher Art erzeugen weder Mitleid noch Furcht, bloß Fremdheit.

Auschwitz war trotzdem anders, ist wohl auch deshalb beispiellos geblieben, bisher. Man zeigte uns die Wand der Hinrichtungen; die Hungerbaracken; die Rampen einer Aussonderung, wo ein deutscher Befehlshaber und Befehlsempfänger das Jüngste Gericht spielen durfte; die Stätte, wo man für den Kommandanten Rudolf Höss den Galgen errichtet hatte. Keiner von uns sprach. Ich ging zusammen mit Anna Seghers und Friedrich Wolf, zwei Juden gleich mir.

Ein Bild ist mir geblieben: die gehäuften Überreste aus Sachen und Menschenteilen. Schuhe und Kinderschuhe, Berge von Frauenhaar. Arme Besitztümer, ein kleines Glück, das man den Opfern wegnahm mit dem Leben. Sonst weiß ich nichts mehr von Auschwitz. Eine öde Landschaft, auch jetzt im Spätsommer. Nichts half der Einbildungskraft, und das war gut so. Bisweilen dringt es in meine Träume, doch ortlos und zeitlos. Dann spüre ich einen Anruf im Traum und strecke die Arme aus.

Die zweite Emigration

Nach der Rückkehr aus Polen verfaßte ich, abermals für die ›Frankfurter Hefte‹, einen Bericht über den Breslauer Kongreß. Der Text erschien im Novemberheft 1948: damals hatte ich bereits meine ersten Vorlesungen in Leipzig absolviert. Es klang daher wie ein Abschiedswinken der Redaktion, wenn sie meinen Bericht mit einem Vorspann versah, worin es hieß: »Die breslauer Tagung der Intellektuellen stand im Mittelpunkt heftiger Debatten und mehr oder minder einseitiger Berichterstattung . . . Unter solchen Umständen bleibt nichts anderes übrig, als beide Seiten zu hören. Aber man sollte die Besten beider Seiten mit ihren besten Argumenten zu Wort kommen lassen. Da im Westen die Stimme des Westens – und wahrlich nicht nur mit seinen besten Vertretern! – genug zu hören war, geben wir hier unserem Freund und Gegner Hans Mayer das Wort.« Unterzeichnet hatte »Die Schriftleitung«. Der Text stammte von Eugen Kogon.
Unser Freund und Gegner. Die graziöse Formel zollte nur scheinbar ihren Respekt vor der strengen Polarisierung des Politischen im Sinne von Freundschaft und Feindschaft, wie sie Fadejew in Breslau als notwendige und heilsame Konfrontation empfohlen hatte: worauf der Kongreß seinen Sinn verlor. Eugen Kogon und die Seinen hielten demgegenüber an der Dialektik fest: daß man beides sein könne, Freund wie Gegner.
Dazu paßte auch mein Kongreßbericht. Nichts wird spürbar von jener Parteilichkeit, die Frisch und Bondy im Breslauer Rathaus so stark gegen mich erbittert hatte. Obwohl ich im Begriff stand, mich in den sowjetischen Machtbereich zu begeben, hatte ich für die ›Frankfurter Hefte‹ formuliert: »Vielleicht waren gerade in dem Referat Fadejews, das weit stärker politisch angelegt war als literarisch, alle Themen der späteren Auseinandersetzung bereits angedeutet, wenngleich dem Präsidenten des sowjetischen Schriftstellerverbandes die Härte der Antithese gelegentlich wichtiger erschienen war als die Subtilität der einzelnen Untersuchungen.«
Es war ein Bericht in der Sklavensprache. Ich mußte sie

fünfzehn Jahre lang lernen und praktizieren. Als ich gegen Ende dieses Jahres 1948 in Berlin mit Bertolt Brecht zusammentraf, wurde mir deutlich am Beispiel des großen Kollegen, der vor einem Ausschuß gegen »unamerikanische Umtriebe« hatte aussagen müssen, daß eine Sklavensprache, die vieldeutig zu sein hat und auch das Gegenteil der Aussage mit einbeziehen kann, in den verschiedensten Gesellschaftsformen anwendbar bleibt: durchaus nicht nur in einer Sklavengesellschaft. Jedenfalls bedeutete sie das Gegenteil einer Freund-Feind-Konstellation nach dem Herzen von Carl Schmitt. Allerdings übernahm Brecht, gleich nach seinem Eintreffen im Klub der Kulturschaffenden in der Jägerstraße, das Prinzip, alle »Schwierigkeiten beim Schreiben der Wahrheit« durch List zu überwinden, auch für das Leben in einer Gesellschaft, wo die einstigen Sklaven, die »Verdammten dieser Erde«, wie es im Liede heißt, angeblich die Herrschaft übernommen hatten.

In meinem Kongreßbericht blieb ich nach wie vor hoffnungsvoll: »Es mag nicht im Sinne aller Doktrinen und Politiken liegen, daß sich bedeutende Köpfe aus West und Ost zu einer gemeinsamen Tagung zusammenfanden. So mußte also dieser Kongreß sogleich als ›rein kommunistisch‹ deklariert werden; oder es mußte sein Verlauf als ›Befehlsempfang‹ und unechte Einmütigkeit abgestempelt werden; oder es mußte umgekehrt aus seinem Verlauf das Resultat ›unübersteigbarer weltanschaulicher Gegensätze‹ gefolgert werden. Alles das war falsch.«

Freilich heißt es dann weiter: »Trotzdem möchte ich die Differenzen durchaus nicht unterschätzen . . . Es wäre denkbar, daß mit dem Ruf nach ›geistiger Freiheit‹ eine Politik der gesellschaftlichen Versklavung der Intellektuellen betrieben werden könnte. Nichts scheint mir daher wesentlicher als die reale Debatte über die wirkliche Lage, über die Rolle und Funktion der Geistigen in unserer Zeit.«

Hatte ich begriffen, daß ich mit solchen Hoffnungen und Befürchtungen insgeheim wieder einmal zwischen die Stühle geraten war, und was für Stühle! Neben ihnen mußten die einstigen Positionen vom Anfang des Straßburger Exils idyllisch wirken. Der Ablauf des Breslauer Kongresses meinte den Gegensatz, nicht den Dialog. In Moskau hatte man, nachdem

Fadejew seinen Bericht erstatten konnte, die Vorkehrungen getroffen. Es wurde mitgeteilt, daß solche Kongresse, wie hier in Breslau, weiter anzustreben seien. Man müsse nur die Organisationsform ein bißchen modifizieren. Statt so vieler individueller Teilnehmer solle man das nächstemal die Repräsentanten großer Massenbewegungen zusammenführen. Also die Frauenorganisationen und die Jugendverbände, die gut kontrollierten Staatsgewerkschaften und die nicht minder gut kontrollierten Staatsschriftsteller, viele andere noch. Im Moskauer Sprachgebrauch hieß das: »Parteien und Massenorganisationen«. Da kannte man sich aus, konnte den Applaus regulieren und mußte keinem Julian Huxley oder gar den Titoisten irgend Rede und Antwort stehen. Solche Kongresse fanden auch statt. Sie haben keine Erinnerung hinterlassen, ich habe an keinem teilgenommen. Es war wieder einmal eine Praxis, über welche wir bereits im ›Roten Kämpfer‹ von 1930 gespottet hatten, nämlich die »Einheitsfront der Veranstalter mit sich selbst«.

Im September traf in Frankfurt ein Telegramm aus Leipzig ein. Der Dekan der Gesellschaftswissenschaftlichen Fakultät, Professor Friedrich Behrens, ein Wirtschaftswissenschaftler, den ich ein Jahr zuvor in Leipzig kennengelernt hatte, wies in einem kurzen Hinweis, wobei ein unfreundlicher Unterton mitklingen mochte, darauf hin, daß die Vorlesungen im Oktober zu beginnen hätten. Man erwarte mich unbedingt zum Semesterbeginn in Leipzig. Als ich in der Tat rechtzeitig zur Stelle war und im Verlauf der gemeinsamen Arbeit die fachliche Tüchtigkeit und Loyalität von Fritz Behrens schätzen lernte, gab man die Erklärung für jenes schroffe Fernschreiben. In Leipzig hatten sich bereits einige Gegner meiner Berufung gemeldet, die an meinem Kommen zweifelten und Andeutungen machten: der wolle bloß die Professur in Leipzig erhalten, um nun im Westen besser verhandeln zu können. Folglich lag den Kollegen, die mich berufen hatten, viel daran, rasch Klarheit zu erhalten. Will er kommen, oder war alles nur ein Berufungsspiel? Man hatte in Leipzig, nicht allein an der Universität, sondern auch mit Künstlern, besonders Musikern, schlechte Erfahrungen gemacht.

Natürlich war es mir Ernst mit der Professur und mit Leipzig. Allein wie gelangt man im Kalten Krieg vom Main an die

Pleiße? Diesmal brauchte ich mehr Gepäck beim Überschreiten der innerdeutschen Grenze als beim Antritt der kurzen Reise nach Polen. Hilfe kam von einer Seite und in einer Form, die bewiesen, daß es noch etwas anderes gab zwischen Menschen als die kriegerische Trennung: deine Leute und meine Leute! Mein ehemaliger Kontrolloffizier von Radio Frankfurt, Robert Lochner, war wieder in Frankfurt, er hielt Verbindung zu mir. Als ich anfragte, ob er mir einen Platz im amerikanischen Flugzeug nach Berlin besorgen könne, sagte er zu. Hat er gewußt, was ich plante? Lochner war ein Mann der Vermittlung, nicht der Inquisition.

Nun saß ich in der amerikanischen Militärmaschine auf dem Weg nach Tempelhof. Es war übrigens mein erster Flug, doch hatte ich wenig Freude an dieser neuen Erfahrung. Alle Zeitformen waren verschränkt in diesem sonderbaren Lebensmoment: das Nächste und das Künftige, das Einst und Dereinst. Gleich nach der Ankunft im westlichen Berlin würde mich ein Wagen nach Ostberlin bringen, dann weiter nach Leipzig. Dort fand am Abend in der Kongreßhalle eine Veranstaltung statt über die Breslauer Tagung. Ich war als Redner angekündigt. Anschließend begann das erste Semester für den mittlerweile ernannten Professor für die »Geschichte der Nationalliteraturen«. So hatte man in Leipzig das Fach umschrieben, weil der Goethesche Begriff der Weltliteratur manchem Ideologen zu »kosmopolitisch« vorkommen mochte. Doch wie läßt sich das ungeheure Fach begrenzen und lehrbar machen, diese »Geschichte der Nationalliteraturen«? Schließlich gab es in Leipzig ausgezeichnete Germanisten und Romanisten und Anglisten und Slawisten, nicht zu reden von den Ägyptologen und Sinologen und so vielen anderen. Worauf hatte ich mich eingelassen?

Würde man verlangen, daß ich der Sozialistischen Einheitspartei beitrat? In Frankfurt hatte ich Wilhelm Pieck und Otto Grotewohl gehört. Sie sprachen bei einer Kundgebung auf dem Römerberg; man machte mich mit ihnen bekannt. Sie waren freundlich, schienen sich darüber zu freuen, daß ich an der Leipziger Universität mitarbeiten würde. Auch dem Kultusminister der Sowjetischen Besatzungszone, Paul Wandel, war ich in Frankfurt begegnet. Leo Bauer hatte ein Interview für Radio Frankfurt zwischen uns vermittelt. Außerdem gab es

Tschesno und Hermlin und Langhoff. Ich fuhr nicht ins Ungewisse.

Dennoch war ich nicht zuversichtlich. Zweimal gescheitert seit der Heimkehr: vor mir selbst, und nicht allein vor mir. Als Redakteur der Amerikaner und als Kongreßgast der Russen. Das wenigstens hatte ich nüchtern konstatieren müssen. Und wenn es abermals schiefging? »Guten Muts« war ich diesmal nicht. Vielleicht war diese zweite Emigration bloß von kurzer Dauer. Sollte ich es wünschen oder fürchten? Das wußte ich nicht. Fünfzehn Jahre sind daraus geworden. Es hat mich nicht gereut.

Personenregister

Von Hans Mayer erschienen im Suhrkamp Verlag

Außenseiter. 1975
auch: *suhrkamp taschenbuch* 736
Nach Jahr und Tag. Reden. 1945–1977. 1978
Thomas Mann. 1980

Brecht in der Geschichte. Drei Versuche. 1971
Bibliothek Suhrkamp 284
Goethe. Ein Versuch über den Erfolg. 1973
Bibliothek Suhrkamp 367
Doktor Faust und Don Juan. 1979
Bibliothek Suhrkamp 599

Anmerkungen zu Brecht. 1965
edition suhrkamp 143
Anmerkungen zu Richard Wagner. 1966
edition suhrkamp 189
Das Geschehen und das Schweigen. Aspekte der Literatur 1969
edition suhrkamp 342
Der Repräsentant und der Märtyrer. 1971
edition suhrkamp 463
Versuche über die Oper. 1981
edition suhrkamp 1050

Georg Büchner und seine Zeit. 1972
suhrkamp taschenbuch 58
Richard Wagner in Bayreuth. 1876–1978. 1978
suhrkamp taschenbuch 480

Über Hans Mayer. Herausgegeben von Inge Jens. 1977
edition suhrkamp 887

Materialien zu Hans Mayer »Außenseiter«. Herausgegeben von Gert Ueding. 1978
suhrkamp taschenbuch 448

Hans Mayer zu ehren. 1978